天主實義 · 텬쥬실의

上卷 · 상권

利瑪竇 · 리마두 지음

盧鏞弼 · 노용필 옮김

韓國史學

상권 차례

해설 : 『天主實義』 · 『텬쥬실의』

1. 『天主實義』

이탈리아 태생의 예수회 신부 마테오 리치Matteo Ricci(리마두利瑪竇, 1552-1610)가 중국에 천주교를 전파하기 위해 마카오Macao에 첫발을 디딘 것은 1582년이었다. 이후 감옥에 억류되는 등 천신만고 끝에 간신히 1601년부터 북경北京 거주가 허용되자, 그는 곧 『천주실의天主實義』를 완성하여 1603년에 초판初版을 발행하였다.

그 자신이 남긴 기록에 의하면, 『천주실의』는 1609년까지 4판이 발행되었고, 그 가운데서 2개의 판본은 천주교 교인이 아닌 이교도異敎徒들에 의해서 출판이 되었다고 한다. 이런 사실은 『천주실의』에 대해 천주교 교인은 물론이고 일반 대중의 관심이 매우 깊었고, 그리하여 독자층이 폭넓게 형성되어 가고 있었음을 알려주는 것이라 하겠다.

지금까지 간행된 『천주실의』의 판본들을 중국 학자들이 조사한 바를 종합하면, 1605년부터 1898년까지 광동廣東 · 항주杭州 · 복건현福建縣 · 상해上海 · 헌현獻縣 등 곳곳에서 중각重刻 혹은 중인重印이 이루어지고, 1904년부터는 상해上海 토산만土山灣 자모당慈母堂 및 上海 土山灣 인서관印書館 그리고 홍콩香港 납잡륵정원納匝肋靜院 등에서 새로운 활자판活字版이 출판되었다. 이렇게 초판을 중각한 판본인 초판중각본初版重刻本이 빈번하게 출판되는 과정에서, 그 이전과는 달리 독자들의 심층적인 이해를 돕기 위해서 본문에 그 내용을 압축한 주석註釋을 삽입하고 그것을 정리해서 목록目錄으로 작성하여 上卷상권 · 下卷하권의 서두에 각각 삽입한 새로운 체재體裁의 주석목록본註釋目錄本이 출현하였다.

이 주석목록본은 본문에 주석을 삽입하고 그것을 정리하여 목록으로 서두에 삽입한 간주형間註型으로, 이 책 『天主實義 · 텬쥬실의』 상권 · 하권의 影印영인 자료가 바로 이 형태이다. 이후 활자活字로 조판組版되면서 본문의 주석을 본문 위에 별도의 칸을 마련하여 제시한 두주형頭註型이 새로이

등장하였다. 그러므로『천주실의』주석목록본은 애초에는 간주형으로 출판되다가 이후 그것을 근간으로 금속 활자로 조판하면서 두주형으로 출판하기에 이르렀던 것이다.

이러한『천주실의』가 조선에 처음 수용된 초기에는 필사본으로 널리 보급되기 시작하였다. 윤지충尹持忠(1759-1791)의 다음과 같은 말에서 이러한 사실이 잘 드러나고 있다.

> 「죄인罪人 윤尹(지충持忠) 공공供」. … 계묘癸卯(1783)년 봄에 저는 진사進士가 되었습니다. 이듬해 겨울 서울에 가서 명례방골에 사는 중인中人 김범우金範禹의 집에 우연히 들렀더니, 그 집에는『천주실의』라는 책과『칠극七克』이라는 책, 이렇게 두 권이 있었습니다. … 저는 그 두 책을 빌려서 소매에 넣고 시골집에 돌아와 베꼈습니다. (안응모·최석우 역주,『한국천주교회사』상, 1979, pp.345-346)

윤지충이 1784년 서울 명례방 소재 김범우(미상-1786)의 집에서 이렇듯이『천주실의』등을 빌려와서 필사했다고 밝히고 있음에서 당시에 이미『천주실의』가 수용되었음은 물론이고 필사되어 전파되고 있었음이 입증된다. 이때 그가 빌려와서 필사했다는 이『천주실의』는 그의 말에서 정확히 드러나지 않지만, 당시 중국에서 유행하던 주석목록본『천주실의』를 수용하여 이를 필사했음이 거의 틀림이 없다.

2.『텬쥬실의』

당시 조선에서『천주실의』를 수용하여 필사를 통해 유행함과 동시에 언문으로 번역하고 필사한 이른바 언해필사본諺解筆寫本『텬쥬실의』가 등장하여 유행하였다. 이 책『天主實義·텬쥬실의』상권·하권의 영인 자료『텬쥬실의』가 바로 그 실물이다. 그런데 이『텬쥬실의』의 구성과 내용을 분석해본 결과, 그 내용이 초판중각본이 아닌 주석목록본을 저본底本으로 삼아 언해한 것임이 확인되므로, 조선에서는 당시 중국에서 유행하던 주석목록본『천주실의』를 수용하여 곧 언해하고 필사한『텬쥬실의』가 크게 유행하였음이 입증된다.

이러한『천주실의』의 언해 작업과 관련하여 1784년 어간에 이가환李家煥(1742-1801)이 그것을 주관하였다는 사실이, 이규경李圭景(1788-미상)의『오주연문장전산고五洲衍文長箋散稿』에 전재轉載된 이만수李晩秀의 소위「토사주문討邪奏文」내용 중에 전해지고 있어 크게 주목된다. 핵심 대목은 다음과 같다.

> "… 처음에 이벽李蘗은 양학洋學이라는 것이 있다는 말을 듣고, 이승훈李承薰을 변장시켜 그의 아버지 동욱東郁이 공사貢使로 가는 길에 딸려 보냈는데, 그는 중국에 들어가 서양 사람이 살고 있는 곳에 가서 서양 서

적을 가지고 돌아와서 ⓐ이벽·정약종丁若鍾·정약용丁若鏞·이가환李家煥 등과 함께 강독講讀하여 본받았습니다. 그리고 ⓑ이승훈이 사서 가지고 온 사서邪書들을 ⓒ언문諺文으로 번역하여 널리 퍼뜨렸는데, 이 일은 가환이 주관하였습니다. … "(이규경, 『오주연문장전산고』 경사편 3 석전류 3 서학 「사교邪教의 배척에 관한 변증설」)

요컨대 중국에서 이승훈(1756-1801)이 "사서 가지고 온 사서들을(ⓑ)" "이벽·정약종·정약용·이가환 등과 함께 강독하여 본받았(ⓐ)"으며, "언문으로 번역하여 널리 퍼뜨렸는데, 이 일은 가환이 주관하였(ⓒ)"다는 것이다. 이승훈은 이가환의 조카였으므로 이런 일은 충분히 가능했을 것이며, 그리고 이 '사서들' 중에는 『천주실의』도 제일 먼저 물론 포함되어 있었을 것이고, 이를 "언문으로 번역하여 널리 퍼뜨리는" 일을 이가환이 "주관하였다"는 사실도 역시 진실일 것이다. 그렇더라도 이 '언문 번역'이 "이벽·정약종·정약용·이가환 등과 함께 강독"한 결과물이었지, 그 '언문 번역' 자체를 이가환 혼자서만 한 것은 아니었고, 이러한 천주학 관련 서적 곧 천주서天主書를 필사하여 '널리 퍼뜨리는 일'만을 이가환이 문자 그대로 '주관'했던 것으로 여겨진다.

그런데 이러한 언해 천주서의 필사와 관련하여, 이 기록에서 드러난 이가환과 같은 양반 학자가 아닌 농사꾼과 아낙네들이 직접 필사하였다는 기록이 있어 당시의 실제 상황을 정확히 파악하는 데에 더할 나위 없이 요긴하다. 정조 12년(1788) 8월 3일(壬辰) 이경명李景溟이 제출한 상소문의 한 대목이 그것으로, 이 상소문의 내용 중 주목되는 관련 대목만을 제시하면 다음이다.

"아, 요즈음 세속에 이른바 서학이라고 하는 것은 참으로 후세에 있어서 하나의 큰 변괴입니다. 근년에 성상께서 하교를 분명히 게시하셨고 처분을 엄정하게 하셨음은 제가 다시 사실을 자세히 말씀드릴 필요가 없습니다만 시일이 조금 오래되니 그 단서가 점점 치열해져 서울에서 먼 시골에 이르기까지 더욱 서로 속이고 꾀어 이르지 않는 곳이 없습니다. 암만 지극히 어리석은 농사꾼과 무지한 시골 아낙네라도 언문으로 그 책을 베껴 신명처럼 받들고, 혹 농사일을 철폐하는 데에 이르더라도 외워 익히며 비록 죽더라도 후회하지 않습니다 (雖至愚田氓 沒知村婦 諺謄其書 奉如神明 至或廢事誦習 雖死靡悔)"(『승정원일기』 정조 12년 8월 3일 임진)

이경명은 '하나의 큰 변괴'인 '서학'이 "서울에서 먼 시골에 이르기까지" "이르지 않는 곳이 없음"을 크게 우려하였는데, 그러면서 "암만 지극히 어리석은 농사꾼(至愚田氓)과 무지한 시골 아낙네(沒知村婦)라도 언문으로 그 책을 베껴 신명처럼 받들고, 혹 농사일을 철폐하는 데에 이르더라도 외워 익히며 비록 죽더라도 후회하지 않습니다"라고 기술하고 있음이 주목된다. 따라서 정조 12년(1788) 당시에 이미 이렇게 '지극히 어리석은 농사꾼·무지한 시골 아낙네'의 '언문으로 책 베껴(諺謄其書)' '읊어 익히기(誦習)'가 '혹 농사일을 철폐하는 데에 이르더라도(至或廢事誦習)' '비록 죽더라도 후회하지 않는(雖死靡悔)' 실정에 있었음이 이로써 명명백백하게 입증된다고 하겠다.

이렇게 전파된 언해필사본 천주서『텬쥬실의』등은 언문 해독 능력을 갖춘 이들에게는 문자 그대로 '복음'을 접하는 듯한 감흥을 불러일으켰을 것이며, 그래서 자기 손으로 직접 베껴 지니고서는 애지중지하며 읽고 또 읽었을 것이다. 그렇지만 채 언문을 깨치지 못한 이들에게는 언문을 깨쳐 술술 읽어내려가는 이들이 야속하다고 느낄 정도로 그야말로 선망의 대상이 되었을 것이다. 그러므로 미처 언문을 깨치지 못한 이들은 그들이 들려주는 내용을 한번 들을라치면 어떻게든 그 내용을 잊어버리지 않도록 깡그리 외워서라도 기억하려고 힘을 기울였을 것이다.

그럼에 따라 점차 그 내용은 물론 기도문 자체도 외워 읊을 수 있게 되었던 듯하다. 이러한 정황에 대해서는 윤기尹愭(1741-1826)가 1792년에 지은 「감회感懷 팔백자八百字」라는 글에서 다음과 같이 기술하고 있음에서 낱낱이 우러나온다.

(3)ⓓ우리나라 사신들 귀국 길에 재앙을 싣고 와서 / 서적이 상자에 가득한데
ⓔ시험 삼아 책 속의 뜻 물어보면 / 물이 끓듯 매미 울듯 어지럽게 아뢴다네 …
ⓕ교대로 읊으며 비는 방법을 쓰니 / 참으로 요사하여 상서롭지 못하네

이 대목에서 "우리나라 사신들 귀국 길에 재앙을 싣고 와서 / 서적이 상자에 가득한데(ⓓ)"라고 하였음이 먼저 눈에 띈다. 여기에서의 '서적'은 분명히 '천주서'를 가리키는 것임이 분명하며, "상자에 가득한데"라고 하는 표현은 다소 과장된 듯도 하지만, 따라서 그만큼 중국으로부터 수입하는 천주서의 분량이 대단한 규모로까지 확대되었던 사실을 드러낸다고 읽힌다.

그 다음 대목에서 "시험 삼아 책 속의 뜻 물어보면 / 물이 끓듯 매미 울듯 어지럽게 아뢴다네(ⓔ)"라고 했는데, 그들이 이렇듯이 "물이 끓듯 매미 울듯 어지럽게 아뢴" 것은 다름이 아니라 그 내용을 죄다 외워서 언제 어디서든지 줄줄 읊을 수 있었기 때문일 것이다. 설령 언문을 미처 깨치지 못해 언해필사본 천주서를 직접 읽고서 그 내용을 꿰지 못했을지라도 주변에서 누군가가 이를 읽고 그 문구를 알려줄라치면 정신을 바짝 차리고 한 글자 한 획도 놓치지 않으려 안간힘을 쓰며 귀담아들어서 그 내용 전부를 외우다시피 했으므로 그럴 수 있었을 법하다.

이런 면모는 곧 이어지는 대목에서 "교대로 읊으며 비는 방법을 쓰니(ⓕ)"라고 했음에서 더욱 명료하게 입증된다고 하겠다. 이렇게 '교대로 읊으며 비는 방법'을 통해 필수적인 기도문을 완벽하게 입에 붙이고 나서 그 사실을 사제司祭의 찰고察考를 통해 확인을 받은 후 비로소 영세領洗를 주는 절차를 거쳤을 것인데, 여기서 이 '교대로 읊으며 비는 방법'이라는 것은, 천주교에서 기도를 여러 명이 함께 할 때 참여자를 두 부류로 나누어서 먼저 '계啓'라 하여 한 부류가 기도문 앞부분의 한 소절을 읊으며

빌고 나면, '응應'이라 하여 나머지 부류가 이어받아서 기도문의 다음 한 소절을 읊으며 비는 고유의 기도 방식을 가리키는 것으로 여겨진다.

이렇게 해서 천주교에 입교하는 평민 혹은 그 이하 신분층의 사람들이 급증하게 되었고, 그 여파는 양반층으로까지 옮아가는 추세에 이르게 되었던 모양이다. 윤기尹愭의 같은 글 가운데 다음과 같은 부분에서 그런 상황이 실감 나게 묘사되어 있어서 그런 분위기를 충분히 느낄 수 있다.

(4)ⓖ어리석은 백성 이미 현혹되었고 / 영특한 선비들도 휩쓸리누나 …
ⓗ사람들이 전해 듣고 남보다 뒤질세라 / 앞다투어 양식 싸들고 파도처럼 몰려드니 /
말류의 폐단이 끝내 이런 지경이라
ⓘ아아, 이젠 쓸어낼 수 없게 되었네

당시에 "어리석은 백성 이미 현혹되었고 / 영특한 선비들도 휩쓸리는(ⓖ)" 상황에 처해 있었음이 명백하다. 그리고 이러한 추세는 "사람들이 전해 듣고 남보다 뒤질세라 / 앞다투어 양식 싸들고 파도처럼 몰려(ⓗ)"드는 지경에 다다랐던 것이라 여겨진다. 그래서 결국 윤기는 "아아, 이젠 쓸어낼 수 없게 되었네(ⓘ)"라고 한탄하기에 이르고 말았다. 정조正祖 재위 당시에 이미 이렇듯이 모든 신분층에 걸친 천주학天主學의 전국적인 확산이 당시의 실제 상황이었다. 그래서 정부는 탄압의 수단을 쓰는 것밖에는 달리 방도를 도저히 찾을 수 없는, 그래서 더욱 수습하기 어려운 상태로 돌입하게 되었다고 하겠다.

총괄하건대 중국에서 출판된 『天主實義』 주석목록본이 조선에 수용되어 필사본으로 유행하기 시작한 것은 윤지충(1759-1791) 관련 기록에서 찾아지듯이 1784년으로 규명되고, 그것이 『텬쥬실의』로 언해된 것은 그 작업을 주관한 이가환(1742-1801) 관련 기록에서 드러나는 바대로 1784년 어간이었음이 확인된다. 따라서 주석목록본 『天主實義』가 조선에 수용되어 필사되어 유행하기 시작하면서 동시에 언문으로 언해가 이루어져 『텬쥬실의』가 등장하게 되는 것이 1784년 어간으로 특정된다.

그러한 『텬쥬실의』 필사와 관련해서 '지극히 어리석은 농사꾼·무지한 시골 아낙네'의 '언문으로 책 베껴' '읊어 익히기'가 '혹 농사일을 철폐하는 데에 이르더라도' '비록 죽더라도 후회하지 않는' 실정이 된 것은 이경명이 그러한 당시의 실정을 고스란히 담아 상소문을 제출했던 게 1788년으로, 그리고 '어리석은 백성 이미 현혹되었고 영특한 선비들도 휩쓸리'며 '사람들이 전해 듣고 남보다 뒤질세라 앞다투어 양식 싸들고 파도처럼 몰려드'는 상황에 대해 윤기가 적나라하게 기술한 게 1792년으로 역시 특정된다.

따라서 천주학은 정조正祖(1777-1800)가 재위하고 있던 당시에 이미 이렇듯이 모든 신분층에 걸쳐

전국적으로 확산되고 있었던 게 실제 상황이었다. 그래서 결국 정부는 탄압의 수단을 쓰는 것밖에는 달리 방도를 도저히 찾을 수 없어서 이후 순조純祖가 즉위한 1800년 이듬해인 1801년(辛酉) 소위 신유박해를 필두로 그 이후 천주학은 대대적인 박해迫害를 받기에 이르게 되었던 것이다.

이 책에 수록된 영인 자료 주석목록본『天主實義』과 언해필사본『텬쥬실의』가 이러한 역사의 발단이자 그 과정의 산물이다. 또한 이후 전개된 파란만장한 애환의 증거라 하겠다.

〈참고문헌〉

노용필,『한국천주교회사의 연구』, 韓國史學, 2008; 金景善 译,『韩国摄取西洋文化史研究』, 北京: 學苑出版社, 2021.

노용필,「천주교 한글 교리서『텬쥬실의』·『교요서론』의 언해 · 필사 · 보급」,『한국 천주교회와 서양 음악, 신학 교육, 한글 보급』, 한국천주교주교회의, 2021;『朝鮮後期天主學史研究』, 韓國史學, 2021.

盧鏞弼,「緒論 : 朝鮮後期 天主學史의 大勢」,『朝鮮後期天主學史研究』, 韓國史學, 2021.

노용필,「해설 :『天土實義』·『텬쥬실의』·『천주실의』」,『천주실의』, 어진이, 2021.

일러두기

1. 주석목록본註釋目錄本의 한문漢文 원문原文을 〈원문〉란欄에, 언해필사본諺解筆寫本 『텬쥬실의』의 언해문을 〈언해〉란에 우선 차례로 제시하였다. 이 둘 사이의 차이점이 있는 경우에는 그 사실을 〈교주〉란에 정리하였으며, 국역하는 데에 요긴하였던 자전字典의 용례用例 근거를 제시하는 경우에는 그 사항을 〈역해〉란에 정리하엿다. 그런 후 이를 토대로 완성한 국역의 내용은 〈국역〉란에 제시하였다.

1. 주석목록본註釋目錄本 『천주실의天主實義』 「목록目錄」 및 언해필사본諺解筆寫本 『텬쥬실의』 「목록」(「샹권」에는 이렇게 표기되어 있으나, 「하권」에는 「목녹」으로 되어 있음)을 상권 및 하권의 맨 처음에 원문과 같이 제시하여 독자의 가독력可讀力을 높이고자 하였다.

1. 주석목록본의 원문은 한문漢文이라 띄어쓰기가 전혀 되어 있지 않지만, 내용 파악은 물론 국역을 원활히 하기 위하여 내용상 띄어쓰기를 하여 단락을 지웠다.

1. 주석목록본 원문에는 「서序 · 인引」의 편집 차례가 「天主實義 重刻序」(李之藻, 1607) ―「天主實義 序」(馮應京, 1601) ―「天主實義 引」(利瑪竇, 1603)으로 되어 있으나 작성 시기의 선후를 고려하고 독자들의 내용에 대한 순조로운 이해를 돕기 위해서 이 책에서는 순서를 「天主實義 序」(馮應京, 1601) ―「天主實義 引」(利瑪竇, 1603) ―「天主實義 重刻序」(李之藻, 1607)로 바꾸었다.

1. 주석목록본의 「目錄」 및 언해필사본의 「목록」에는 소제목만 나열되어 있을 뿐이지만, 본문의 서술 내용 중 '강학講學' · '강도講道' 등의 용어를 곳곳에서 구사하고 있다는 사실에 착안하여 '강'을 취하여 순서에 따라 [제1강] · [제2강] … 등을 그 소제목 앞에 붙여 차례로 삼아 체계적으로 정리함으로써 서술 내용 전반에 대한 독자의 체계적이고 심층적인 이해를 돕고자 하였다.

1. 언해필사본이 주석목록본을 저본底本으로 삼아 언해하였으므로, "원문:천주실의天主實義 서序 / 언해:텬쥬실의 서"로 표식하여 그 내용을 제시하였다. 보듯이 '원문:천주실의天主實義 서序'와 같은 방식으로 한자漢字 앞에 한글토를 먼저 붙인 것은 오늘날의 독자에게 편의를 제공하기 위해서이기도 했지만, 한편으로는 작업 과정 중 오탈자誤脫字를 방지하기 위한 측면도 고려한 것이다.

1. 언해필사본의 언해필사가 이뤄진 당시는 띄어쓰기가 통용되던 시대가 아니었으므로 띄어쓰기가 전혀 되어 있지 않지만, 오늘날의 독자가 읽기 편리하게 하도록 띄어쓰기를 하였다.

1. 언해필사본 글꼴을 그대로 옮기는 것을 원칙으로 삼았다. 다만 같은 글자가 이어진 경우의 표식은 오늘날의 시민들이 익숙한 〈훈글(HNC) 문자표〉 중 '〃'로 바꾸어 표기하였다. 「텬쥬실의 셔」 맨 처음 "일즉 쥬역을 닑다가 우러〃" 부분의 '우러〃'가 그 하나로, 현재말로 바꾸면 '우러러'이다.

1. 언해필사본이 주석목록본을 저본底本으로 삼아 언해하면서 주석목록본 원본에는 없는 상세한 주석을 덧붙였기에 그대로 따랐다. 「텬쥬실의 셔」 중에 "건원이一건은 하늘 성정이오 원은 쥬지라 쯧一"과 같은 부분이 그렇다. 언해필사본에서는 이 주석 부분이 한석漢籍에서와 같이 2줄의 협주夾註로 되어 있으나, 여기에서는 본문과 식별하기 쉽게 하기 위하여 '一 一' 표시를 붙여 그 안에 담았다.

1. 언해필사본에서 필사 과정에 생긴 것으로 판단되는 오자誤字가 간혹 있는데, 이런 경우에는 바로 잡았다. 예컨대 제7장에서 "즁ᄉ ᛁ ᄀᆞᆯ오ᄃᆡ 텬쥬 ᛁ 우늬에 지존ᄒᆞ신 쥬 ᛁ 되심은 의심이 업ᄉᆞ나" 부분에서 '되심은'이 '됨심은'으로 되어 있는 경우가 그러하다.

서序 · 인引

원문 : "천주실의天主實義 서序"

언해 : "텬쥬실의 서"

국역 : 천주실의 서

| 원문 | (1)

"천주실의天主實義 대서국이자大西國利子 급기향회우及其鄕會友 여오중국인문답지사
야與吾中國人問答之詞也 천주하天主何 천지인물지상주야天地人物之上主也 실운자實云
者 불공야不空也 오국육경사자吾國六經四子 성성현현聖聖賢賢 유왈有曰 임하유혁臨下有
赫 왈일 감관사방監觀四方 왈일 소심소사小心昭事"

| 언해 |

"텬쥬실의는 태셔국 리즈—마두—와 그 회우ㅣ 우리 즁국 사름으로 더브러 문답훈 말이
라 텬쥬는 엇지 닐옴이뇨 텬디 인믈의 샹쥬ㅣ시오 실의라 ᄒᄂᆫ 자ᄂᆫ 뷔이지 안타 ᄯᅳᆺ이라
우리나라 스셔뉵경에 디〃 셩현의 말이 잇ᄉᆞ니 굴온 하토에 림ᄒᆞ심이 혁〃ᄒᆞ시다 ᄒᆞ고 굴
온 ᄉᆞ방을 붉이 보신다 ᄒᆞ고 굴온 쇼심ᄒᆞ야 붉이 셤긴다 ᄒᆞ니"

교주 주석목록본 원문의 '天地人物之上主也' 대목이 초판중각본에는 '上帝也'로, 주석목록본 원
문의 '有曰 臨下有赫 曰 四方 曰 小心昭事' 대목이 초판중각본에는 '曰 畏上帝 曰 助上帝
曰 事上帝 曰 格上帝'로 되어 있음에 유의하였다.

역해 방금 앞의 경우에서와 같이 초판중각본의 '上帝' 및 '天帝'를 주석목록본에서는 일률적으
로 '上主' 혹은 '天主'로 바꾸거나 '上帝'를 아예 거론하지 않음이 확연히 드러난다. 이러한
면모가 앞의 李之藻 「序」에서도, 아울러 이 馮應京 「序」에서 뿐만이 아니라 뒤의 利瑪竇
「引」에서도 그리고 주석목록본의 본문에서도 일관되고 있음을 간과해서는 안 된다고 본
다. 이는 초판중각본의 출판 이후 야기된 用語 '上帝'에 대한 해석 논란을 이 주석목록본의
출판을 통해서 명료하게 탈피하고자 함은 물론이고 '天主'의 본래 의미를 확립하여 온전
히 전달하기 위함이었음이 분명하다고 생각한다.

| 국역 |

『천주실의』는 서쪽 큰 나라의 이마두利瑪竇와 그의 고향 수도회修道會 벗이 우리 중국
사람과 묻고 답한 문장이다. '천주'는 무엇이냐. 천지·사람·사물의 위에 계신 주님이시
다. '실'이라 말하는 것은 '비어있지 않음'이며, 우리나라의 6경六經[『시경詩經』·『서경書
經』·『역경易經[주역周易]』·『춘추春秋』·『예기禮記』·『악기樂記』]·4서四書[『논어論

語』·『대학大學』·『중용中庸』·『맹자孟子』]에서 성인들·현인들이 이르기를, '아래 땅에 임하심에 밝고 뚜렷함이 있으시다.'라고 하였으며, 이르기를, '사방을 살펴보신다.', 이르기를, '세심하게 환히 섬기신다.'라고 하였다.

| 원문 | (2)

"부수이위공공지설夫誰以爲空空之說 한명자천축득지漢明自天竺得之 호사자왈好事者曰 공자상칭서방성인孔子嘗稱西方聖人 태위불여殆謂佛與 상여고선기설相與鼓煽其說 약출오육경상若出吾六經上 오지천축중국지서烏知天竺中國之西 이대서우천축지서야而大西又天竺之西也 불가서절폐타와자 | 인명 |권유우속지언佛家西竊閉他臥刺 人名 |勸誘愚俗之言 이연지위윤회而衍之爲輪廻 중절노씨추구만물지설中竊老氏芻狗萬物之說 이연지위적멸而衍之爲寂滅 일체진개육합一切塵芥六合 직욕초탈지이위고直欲超脫之以爲高 중국성원언인中國聖遠言湮 선유능복기심이장기세鮮有能服其心而障其勢 차혹내악유한허정지편且或內樂悠閒虛靜之便 외모왕양굉사지기外慕汪洋宏肆之奇 전염치빙명리지로前厭馳聘名利之勞 후섭침륜육도지고後慴沈淪六道之苦"

| 언해 |

"그 뉘러 감히 일노써 뷔고 뷘 말이라 ᄒᆞ리오 쇼위 불도ᄂᆞᆫ 한 명뎨 때 텬축으로브터 온지라 호소쟈—브즈럽시 일을 됴화ᄒᆞᄂᆞᆫ 쟈— ᄀᆞᆯ오ᄃᆡ 공ᄌᆞ의 일즉 닐ᄏᆞ른바 셔방 성인을—셩방에 성인이 잇다 ᄒᆞᄂᆞᆫ 말이 비록 공ᄌᆞ의 말이라 ᄒᆞ나 외셜에 잇스니 밋지 못홀 말이라—부처를 닐옴인가 ᄒᆞ야 서로 더브러 션동ᄒᆞ야 우리 경셔 우희셔 나옴과 ᄀᆞᆺ치 넉이나 엇지 알니오 텬축은 중국셔편이오 태셔ᄂᆞᆫ 쏘 텬축 셔편이라 불가 | 셔흐로 폐타와ᄌᆞ의 어린 풍속 권유ᄒᆞᄂᆞᆫ 말을 도적ᄒᆞ야 부루워 륜회—악쟈 죽어 쳔흔 즘승이 된다 말—지셜을 ᄆᆞᆫ들고 중간에 노씨의 금슈만물 의논흔 말을 도적ᄒᆞ야 부루워 적멸지학—허무흔 말—을 ᄆᆞᆫ드럿시니 일졀 텬디를 초기 ᄀᆞᆺ치 보와 쒸여나고 버셔나고져 흠으로써 놉흠을 삼으니 중국이 성인이 멀고 도 | 쇠ᄒᆞ야 능히 그 ᄆᆞᄋᆞᆷ을 항복게 못ᄒᆞ며 그 형셰를 막을 쟈 젹고 쏘 혹 안흐로 그 한가ᄒᆞ고 고요흠의 편흠을 즐기고 밧그로 그 넓고 큰 말의 이샹흠을 ᄉᆞ모ᄒᆞ며 싱젼에 명리—일홈과 직물—의 분쥬흠을 스려ᄒᆞ고 신후에 륜회의 골몰흠을 겁ᄒᆞ야"

교주 언해필사본의 '셔방 성인을—셩방에 성인이 잇다 ᄒᆞᄂᆞᆫ 말이' 부분에서 뒤의 '셩'은 앞의 '셔'와 같이 '셔'로 되어야 옳다고 판단된다. 한편 초판중각본 및 주석목록본의 원문에는 동일하게 '閉他臥刺人名'라고 표기되어 있다. 이는 '閉他臥刺'에 '人名'이라는 주석을 달고 있는 것이다.

> [역해] 이는 '閉他臥刺' 곧 이오니아Ionia의 그리스 철학자 피타고라스Pythagoras(기원전 582년 경－기원전 497년 경)의 한자 표기로 말미암아 의미 전달에 혼란이 혹 야기될 것을 염려하여 초판중각본에서부터 '人名'이라는 주석이 붙인 유일한 사례이다. 이렇듯이 훗날 주석목록본에서 본격적으로 본문에 상세하게 주석을 붙이고 그것을 정리하여 각 권의 앞에 목록으로 제시한 것도 이러한 취지를 이은 것임이 틀림없다고 풀이된다.
>
> 원문 '一切塵芥六合'의 '一切'에 관한 『中韓辭典』, 1989, p.2817; 2006, p.2381의 풀이 '① 일체의. 모든. 온갖' 중 '온갖'을 취하여 국역하였다.

| 국역 |

대저 누가 텅 빈 주장이라 여기리오. 불교는 한漢 명제明帝 때 천축天竺[인도印度의 옛 이름]으로부터 얻어왔으니, 부질없이 말하기 좋아하는 자가, '공자가 일찍이 서쪽 지방 성인이라 부른 것이 겨우 부처를 이른 것인가.'라 하고 서로 그 주장을 고취하고 선동하여 우리 6경에 나오는 것같이 합니다, 천축이 중국의 서쪽이면서 대서大西 또한 천축의 서쪽임을 어찌 알겠습니까. 부처가 서쪽의 피타고라스Pythagoras가 어리석은 풍속을 권유하는 말을 절취하여 '윤회輪廻[수레바퀴가 끝없이 돌듯이 사람의 영혼이 없어지지 않고 돎]'라는 말을 만들고, 중간에 노자老子의 모든 사물에 관한 아무 소용없는 주장을 절취하여 '적멸寂滅[고요히 없어져 버림]'이라는 말을 만들어서, 온갖 먼지·쓰레기와 천지·사방四方[육합六合]을 곧장 뛰어넘어 벗어나고자 함을 최고로 여겼으니, 중국에서 성인은 멀고 그 말씀조차 파묻히니 그 마음을 생각하면서 그 형세를 막을 수 있음이 드물었다. 또한 혹은 안으로는 느긋하고 한가하며 비워서 고요한 편안함을 즐기고 밖으로는 여유 있으면서 널리 늘어놓는 기이함을 사모하여, 죽기 전에는 명예와 이익에 빨리 응답해야 하는 수고를 꺼리고 죽은 뒤에는 여섯 세계[지옥地獄·아귀餓鬼·축생畜生·아수라阿修羅·인간人間·천상天上]의 고통을 두려워하였다.

| 원문 | (3)

"고권극호천古倦極呼天 이금호불의而今呼佛矣 고사천지사직산천조녜古祀天地社稷山川祖禰 이금사불의而今祀佛矣 고학자경외소사古學者敬畏昭事 이금염불작불의而今念佛作佛矣 고사자인량천공古仕者寅亮天工 불감자가자일不敢自暇自逸 이관만민以瘝萬民 이금대은거조而今大隱居朝 도선출세의逃禪出世矣 부불천축지군사야夫佛天竺之君師也 오국자유군사吾國自有君師 삼황三皇오제五帝삼왕三王주공周公공자孔子 급아태조이래개시

야及我太祖以來皆是也 피군사모만이가셜우기샹彼君師侮慢而駕說于其上 오군사흠약이립극우기하吾君師欽若而立極于其下 피국죵지무책이彼國從之無責爾 오사쇼학이죵피吾舍所學而從彼 하거何居 졍ㅈ왈程子曰 유쟈본쳔儒者本天 셕씨본심釋氏本心 샤심지여법쳔師心之與法天 유아무아지별야有我無我之別也 양쟈죡이졍지의兩者足以定志矣"

| 언해 |

"녯젹은 하ᄂᆞᆯ을 브ᄅᆞ지〃더니 이제ᄂᆞᆫ 부처를 브ᄅᆞ지〃고 녯젹은 텬디와 샤직과 산쳔과 조샹을 위ᄒᆞ야 졔ᄉᆞᄒᆞ더니 이제ᄂᆞᆫ 부처를 위ᄒᆞ고 녯젹 학쟈ᄂᆞᆫ 하ᄂᆞᆯ을 향ᄒᆞ야 공경ᄒᆞ고 두리며 ᄇᆰ이 셤기더니 이제ᄂᆞᆫ 렴불ᄒᆞ고 불ᄉᆞ를 지으며 녯젹 벼슬ᄒᆞᄂᆞᆫ 쟈ᄂᆞᆫ 하ᄂᆞᆯ에셔도 아주ᄂᆞᆫ 공부를 졍셩되이 밋어 감히 스스로 겨를치 못ᄒᆞ야 만민을 근심ᄒᆞ더니 이제ᄂᆞᆫ 크게 숨ᄂᆞᆫ듯시 죠졍에 거ᄒᆞ고 즁을 좃차 셰샹을 써난 톄ᄒᆞᄂᆞᆫ지라 대뎌 부처ᄂᆞᆫ 텬츅에 인군과 스승이라 우리나라도 인군과 스승이 잇ᄉᆞ니 삼황오뎨와 삼왕과 쥬공공ᄌᆞ와 우리 태조 황뎨브터 옴으로 다 우리 인군과 스승이라 뎌 나라 인군과 스승은 오만ᄒᆞ야 말을 하ᄂᆞᆯ 우희 놉히고 우리나라 인군과 스승은 공경ᄒᆞ야 위를 하ᄂᆞᆯ 아ᄅᆡ 셰우니 뎌 나라의 좃참은 ᄭᅮ지름이 업거니와 우리야 비혼 바를 놋고 뎌를 좃참이 무슴의 리〃오 졍ᄌᆞ—송나라 명현—ㅣ 글오되 유쟈ᄂᆞᆫ 하ᄂᆞᆯ을 근본ᄒᆞ고 불쟈ᄂᆞᆫ ᄆᆞ옴을 근본ᄒᆞᆫ다 ᄒᆞ니 하ᄂᆞᆯ을 법밧음과 ᄆᆞ옴을 스승ᄒᆞᆷ이 내가 잇고 내가 업다 ᄒᆞᄂᆞᆫ 분별이니—유도ᄂᆞᆫ 근본이 잇다 ᄒᆞᆷ이오 불도ᄂᆞᆫ 근본이 업다 ᄒᆞᆷ이라— 두 말에 죡히 ᄯᅳᆺ을 뎡ᄒᆞᆯ지라"

교주 언해필사본의 '이제ᄂᆞᆫ 부처를 위ᄒᆞ고'가 원문에는 '而今祀佛矣'로 되어 있으며, 언해필사본의 '이제ᄂᆞᆫ 렴불ᄒᆞ고 불ᄉᆞ를 지으며'가 원문에는 '今祀佛矣'로 되어 있음에 유의하였다. 또한 언해필사본의 '녯젹 벼슬ᄒᆞᄂᆞᆫ 쟈ᄂᆞᆫ 하ᄂᆞᆯ에셔도 아주ᄂᆞᆫ 공부를 졍셩되이 밋어 감히 스스로 겨를치 못ᄒᆞ야 만민을 근심ᄒᆞ더니 이제ᄂᆞᆫ 크게 숨ᄂᆞᆫ듯시 죠졍에 거ᄒᆞ고 즁을 좃차 셰샹을 써난 톄ᄒᆞᄂᆞᆫ지라' 부분이 원문에 '古學者敬畏昭事 而今念佛作佛矣 古仕者寅亮天工 不敢自暇自逸 以瘝萬民 而今大隱居朝 逃禪出世矣'라고 되어 있음에 역시 유의하였다. 언해필사본의 '위를 하ᄂᆞᆯ 아ᄅᆡ 셰우니'가 원문에는 '立極于其下'라 되어 있음에 유의하였다.

역해 원문 '寅亮天工'의 '天工'에 대해서 『漢韓大字典』, 1967, p.309; 2002, p.504에는 '하느님이 하는 일'이라는 풀이가 있고, 『中韓辭典』, 1989, p.2298; 2006, p.1948에는 '①하늘이 하는 일. ②하늘의 조화. … 하늘의 기능.' 등의 풀이가 있으므로, 그 중에서 '하늘이 하는 일'이 가장 적합하다고 여겨 이를 취하여 국역하였다.

원문 '而今大隱居朝'의 '大隱居朝'와 관련하여서는 『漢韓大字典』, 1967, p.305; 2002,

p.499에 '大隱隱朝市'의 항목에 '참된 隱士는 자기의 닦은 道가 행하여지지 않으면 혹은 조정에 출사하여 小官도 不辭하고 혹은 市中에서 醫員‧賣卜者 노릇까지도 함.'이라고 하는 풀이가 있음이 참조되었고, 이를 실마리로 삼아 工康琚, 「反招隱詩」; [梁] 昭明太子 蕭統, 『文選』 卷22 詩乙의 '小隱隱陵藪(작은 隱者는 산이나 물가에 은거하고) 大隱隱朝市(큰 은자는 조정이나 시장에 은거하니) 伯夷竄首陽(백이는 수양산에 [쥐가 숨듯이] 숨어들었고) 老聃伏柱史(老子는 柱[下]史[라는 직책을 맡아 엎드려] 숨어있었다.'고 함에서 '大隱'의 의미에 관해 확인할 수가 있었다. 김영문 (외) 역, 『문선역주』 4, 소명출판, 2010, pp.24-25 참조.

|국역|

옛날에는 몹시 진력나게 하늘을 부르짖더니 지금은 부처를 부르짖고, 옛날에는 하늘‧땅‧토지 및 오곡五穀의 신神[사직社稷]‧산‧하천‧조상祖上에게 제사지내더니 지금은 부처에게 제사지낸다. 옛날에는 학자가 하느님을 공경하고 두려워하여 밝히 섬겼으나, 지금은 부처를 외며 절을 세운다. 옛날에는 벼슬하는 자가 하늘이 하는 일을 공경하고 도움에 감히 스스로 한가롭거나 스스로 편안해져 모든 백성에게 소홀히 하지 못했으나, 지금은 크게 숨는다고 하면서도 조정朝廷에서 낮은 관직이라도 맡아 숨기고 지내거나 속세를 피해 참선參禪하며 세상과 교제를 끊는다. 무릇 부처는 천축天竺의 임금이요 스승이었고 우리나라에도 당연히 임금이자 스승이 있었으니 삼황三皇[복희씨伏羲氏‧신농씨神農氏‧황제黃帝 또는 천황天皇‧지황地皇‧인황人皇이라고도 함]‧오제五帝[복희씨伏羲氏‧신농씨神農氏‧황제黃帝‧요堯‧순舜 또는 소호少昊‧전욱顓頊‧제곡帝嚳‧요堯‧순舜이라고도 함]‧삼왕三王[하夏나라의 우왕禹王, 은殷나라의 탕왕湯王, 주周나라의 문왕文王‧무왕武王, 문왕과 무왕은 부자父子이므로 한 임금으로 본다고 함]‧주공周公‧공자孔子 및 우리 태조太祖[명明나라의 주원장朱元璋]이래로 모두 그렇다. 저들의 임금이자 스승은 하느님을 업신여기면서 그 위에서 우쭐거리며 말하였고, 우리들의 임금이자 스승들은 하느님을 공경하여 순종하면서 그 아래에서 극진함을 나타냈으니 저 나라의 쫓음에는 책임이 없으나 우리는 배운 바를 버리고 저들을 쫓아 어찌 살겠는가. 정자程子[정이程頤‧정자程子 형제의 존칭]가 이르기를, '유학자는 하늘을 근본으로 삼고, 부처는 마음을 근본으로 삼는다.'고 하였으니, 마음을 스승으로 여김과 하늘을 본받음은 내가 있고 내가 없음의 구별이니 유교‧불교 둘 다 뜻을 정하기에는 충분하다.

| 원문 | (4)

"시서야是書也 역인오육경지어歷引吾六經之語 이증기실以證其實 이심저담공지오而深詆譚空之誤 이서공서以西政西 이중화중以中化中 견위인지기인륜見謂人之棄人倫 유사물유사물遺事物 외언불저불염猥言不著不染 요위탈윤회야要爲脫輪廻也 내윤회지탄명심乃輪廻之誕明甚 기필지력우신모其畢智力于身謀 분정휴우막외分町畦于膜外 요위독친기친要爲獨親其親 독자기자야獨子其子也 내건부지위공우명심乃乾父之爲公又明甚 어성즉인대이우금수語性則人大異于禽獸 어학즉귀우위인語學則歸于爲仁 이시우거욕而始于去欲 시역혹유오국지소소미문時亦或有吾國之素所未聞 이소상문이미용력자而所嘗聞而未用力者 십거구의十居九矣"

| 언해 |

"이 글은 우리 경셔 뜻을 쓰으러 그 진실홈을 증거흐고 깁히 허무흔 의논의 그름을 쑤지지니 셔역으로써 셔역을 드스리고 즁국으로써 즁국을 화케 흐려니와 사름이라 닐오고 인륜을 브리며 스물을─일과 물건─ 더지고 외람이 닐오딕 간섭지 아니흐고 모드지 아니흔다 홈을 보니 륜회지과롤 버셔나고져 홈이나 륜회의 허탄홈은 붉음이 심흔 거시오 제 몸 도모흐기에 힘을 다흐고 경계논─근본디경─피막─가죽─밧긔 눈흐니 홀노 그 어버히롤 어버히흐고 홀노 그 아돌을 아돌하고져 홈이나─육신 부모 외에 대부모는 아지 못흔다 뜻─ 하늘에계신 아비의 공변됨이 쏘한 심히 붉은지라 셩리롤 말흔즉 사름이 금슈와 크게 다르고 학업을 말흔즉 션에 도라옴은 욕심을 브리기로 시죽흐니 간혹 우리나라의 본딕 듯지 못흐든 이도 닛거니와 일죽 듯고 힘쓰지 못흔 쟈 열에 아홉이라"

> **교주** 언해필사본의 '이 글은 우리 경셔 뜻을 쓰으러'가 원문에는 '是書也 歷引吾六經之語'로 되어 있으며, 언해필사본의 '셔역으로써 셔역을 드스리고'가 원문에는 '以西政西'로 되어 있음에 유의하였다. 언해필사본의 '외람이 닐오딕 간섭지 아니흐고 모드지 아니흔다 홈을' 대목이 원문에는 '猥言不著不染'이라, 그리고 언해필사본의 '제 몸 도모흐기에 힘을 다흐고 경계논 피막 밧긔 눈흐니' 부분이 원문에는 '分町畦于膜外'로 되어 있음에도 유의하였다.

> **역해** 원문 '以西政西'의 '政'을 주석목록본 자체의 판각 이후 手記로 '攻'으로 수정한 자취가 전해지고 있는데[부록의 원문 영인 자료를 참조하시라], 이렇게 굳이 '攻'으로 수정하지 않고 '政'으로 두어도 '政'의 의미에는 '바르게 한다'가 있으므로 문맥상으로 더욱 정확한 것으로 헤아려 그대로 두고자 한다.
> 원문 '以中化中'의 '化'는 『中韓辭典』, 1989, p.974; 2006, p.808의 풀이에 '④삭이다. 없애

다. 소화하다.'가 있는데, 이 중에서 '소화하다'가 가장 적절하다고 판단하여 이를 취하기
로 하였다.

| 국역 |

이 책은 우리 6經[『역경易經[주역周易]』·『시경詩經』·『서경書經[상서尙書]』·『춘추
春秋』·『주례周禮』·『예기禮記』]의 어구語句를 두루 인용해서 그 사실을 입증하고 공허
한 이야기의 그릇됨을 깊이 꾸짖어서, 서쪽 대서大西의 것인 천주교로써 같은 서쪽의 천
축天竺 것인 불교를 바로잡고 중국의 것인 유교로써 같은 중국의 것인 도교를 소화해냈
다. 사람이 사람으로서의 윤리를 저버리고 사물을 남기면서도 외람되게 말하기를 드러내
지도 않았고 물들이지도 않았노라고 했음을 보건대, 요지는 '윤회輪廻'를 탈피한 것이어서
마침내 윤회의 허탄함이 매우 명확해졌도다. 부처가 제 몸을 도모함에 슬기의 힘을 다하
고 경계를 나눔은 염두에 두지 않았으니 요지는 홀로 그 어버이만을 어버이로 여기며 홀
로 그 자식만을 자식으로 여기는 것이어서, 마침내 하늘의 아버지께서 공변되심이 오히려
매우 명확해졌다. 심성에 관해 말함에 이르러서는 사람은 날짐승·길짐승과 크게 다르며,
학문에 관해 말함에 이르러서는 어진 일을 행하는 데로 돌아옴은 욕망을 버림에서 시작된
다. 그때에는 또한 어쩌면 우리나라에서는 평소에 듣지 못하였거나 일찍이 들었지만 힘쓰
지 못한 자가 있음이 열에 아홉이었다.

| 원문 | (5)

"이자주유팔만리利子周遊八萬里 고측구천高測九天 심측구연深測九淵 개불상호말皆不
爽毫末 오소미상궁지형상吾所未嘗窮之形象 기이궁지유확거旣已窮之有確據 즉기신리則
其神理 당유소수불무야當有所受不誣也 오배즉유소존이불론吾輩卽有所存而不論 논이불
의論而不議 지소상문이미용력자至所嘗聞而未用力者 가무경연오可無憬然悟 척연사惕然
思 자자연이도호孜孜然而圖乎 우생야만愚生也晚 족불편곤역足不徧閫域 식불월정천識不
越井天 제목격공담지폐第目擊空譚之弊 이낙부인지담실야而樂夫人之譚實也 근제기단謹
題其端 여명달자공역언與明達者共繹焉"

| 언해 |

"리즈-마두- 두루 팔만 리에 노라 놉히 구텬-하늘 놉흔 층-을 통ᄒ고 깁히 구연을-
싸 속 깁흔 곳- 혜아려 호말도 틀니지 아니ᄒ니 우리 일ᄌᆨ 궁구치 못ᄒᆫ 형상을 임의 다 궁
진히 ᄒ야 확실흔 증거 잇신즉 그 신이ᄒ고 거룩홈이 반ᄃ시 밧은바 잇서 속지 아니흔지

라 우리 무리 혹 아ᄂᆞᆫ바 잇ᄉᆞᄃᆡ 의논치 못ᄒᆞ고 의논ᄒᆞᄃᆡ 뎡치 못흠과 일즉 듯고 힘ᄡᅳ지 못
ᄒᆞᆫ 쟈ᄅᆞᆯ 가히 ᄭᆡ닷고 싱각ᄒᆞ야 부즈런이 도모치 아니ᄒᆞ랴 나ㅣ 셰샹에 나믜 ᄂᆞ겨 블은 문
터 밧긔 디경을 두루 붋지 못ᄒᆞ고 지식은 우물 밋희 하ᄂᆞᆯ을 넘지 못ᄒᆞ나 뷘 말의 폐단을 눈
으로 보고 이 의논의 진실흠을 즐겨ᄒᆞ야 삼가 그 ᄯᅳᆺᄎᆞᆯ 드러 명달ᄒᆞᆫ 쟈로 더브러 흠긔 논리
ᄒᆞ노라”

> **교주** 언해필사본의 '놉히 구텬을 통ᄒᆞ고 깁히 구연을 혜아려' 부분이 원문에는 '高測九天 深測
> 九淵'으로 되어 있으며, 언해필사본의 '우리 무리 혹 아ᄂᆞᆫ바 잇ᄉᆞᄃᆡ 의논치 못ᄒᆞ고' 대목이
> 원문에는 '吾輩卽有所存而不論'으로 되어 있음에 유의하였다. 그리고 언해필사본의 '가히
> ᄭᆡ닷고 싱각ᄒᆞ야 부즈런이 도모치 아니ᄒᆞ랴' 대목이 원문에는 '可無憬然悟 惕然思 孜孜然
> 而圖乎'로, 언해필사본의 '지식은 우물 밋희 하ᄂᆞᆯ을 넘지 못ᄒᆞ나'가 원문에는 '識不越井天'
> 으로 되어 있음에도 유의하였다.

> **역해** 원문 '吾輩卽有所存而不論'의 '卽'은 『中韓辭典』, 1989, p.1045; 2006, p.875의 풀이에 '③
> 설령[설사] …할지라도[일지라도, 하더라도]'가, '存'은 同書, 1989, p.421; 2006, p.344의
> 풀이 중 '⑤보류하다. 제쳐 놓다. 남기다'의 용례 해설 가운데 '存而不論; 보류해두고 논의
> 하지 않다'가 있어 이를 활용하여 국역하였다.
> 원문 '可無憬然悟'의 '可無'와 관련하여서 『中韓辭典』, 1989, p.1257; 2006, p.1074의 풀이
> 에 보면, '可無可有'는 '없어도 좋고 있어도 좋다'로, '可有可無'는 '있어도 되고 없어도 된
> 다. 별로 요긴하지 않다'로 되어 있음을 참조하여, 이 '可無'를 '없어도 좋겠는가'로 국역하
> 였다.

| 국역 |

이마두利瑪竇[마테오 리치]가 8만 리를 두루 돌아 가장 높은 곳 하늘 높이를 계측하고
아주 깊은 웅덩이를 측량하여 모두 조금도 틀리지 않았고, 우리가 일찍이 깊이 연구하지
못한 바의 형상을 다 깊이 연구하여 이미 확실한 증거가 있음을 궁구한 경우에는 그 신비
로운 이치는 당연히 꾸밈없이 받아들이는 바가 있어야 한다. 우리들이 설령 보류해두고
논의하지 않은 바와 논의하였으되 따지지 않은 바가 있고, 일찍이 들었으되 힘쓰지 못한
바에 다다르더라도 문득 깨닫고 두려워하며 생각하여 부지런히 힘써서 도모함이 없어도
좋겠는가. 제가 태어남이 늦었고 발걸음은 문지방 밖의 지역에 두루 미치지 못하였으며
지식은 우물 위 하늘을 넘지 못하였으나, 다만 허황된 이야기의 폐단을 눈으로 보고 많은
사람들의 진실한 이야기를 즐겼으니 삼가 그 실마리를 제목으로 삼아 지혜에 밝고 사리에
통달한 이마두와 함께 늘어놓는다.

| 원문 | (6)

"만력이십구년맹춘곡단후학풍응경근서

萬曆二十九年孟春穀日後學馮應京謹序"

| 언해 |

"만력 이십구년 밍츈 곡조-졍월초일-에 후학 풍응경은 삼가 셔ᄒ노라"

역해 字典의 일반적인 해설에 따르면, '孟春'은 '음력 정월', '穀旦'는 '穀日'과 같이 '음력 정월 조 여드렛날'의 다른 이름이다.

| 국역 |

만력 29년(1601) 음력 정월 초여드렛날에 후학 풍응경馮應京이 서문을 짓다.

원문 : "천주실의天主實義 인引"
언해 : "텬쥬실의 인"
국역 : 천주실의 인

| 원문 | (1)

"평치용리平治庸理 유경어일惟竟於一 고현성권신이충故賢聖勸臣以忠 충야자충야야者 무이지위야無二之謂也 오륜갑호군五倫甲乎君 군신위삼강지수君臣爲三綱之首 부정의지사夫正義之士 차명차행此明此行 재고석在古昔 치세지란値世之亂 군웅분쟁群雄分爭 진주미결眞主未決 회의자懷義者 막불심찰정통소재언莫不深察正統所在焉 즉봉신순지則奉身殉之 망혹여역야罔或與易也 방국유주邦國有主 천지독무주호天地獨無主乎 국통어일國統於一 천지유이주호天地有二主乎 고건곤지원故乾坤之原 조화지종造化之宗 군자불가불식이앙사언君子不可不識而仰思焉"

| 언해 |

"덧〃한 리를 공평이 의논홈은 오직 ᄒ나희 ᄆᆞᆺ츨지니 고로 현셩이 신하를 권ᄒᆞ딕 충셩으로써 ᄒ라 ᄒ니 충셩은 둘히 업는 뜻이라 오륜에 인군이 읏듬이오 군신이 삼강에 머리되니 대뎌 바로고 을흔 션비는 이 힝실에 붉은 고로 혹 셰샹이 어ᄌᆞ러움을 맛나 믓 영웅이 눈화 다토와 ᄎᆞᆷ 님금을 결단치 못ᄒᆞᆯ 즈음에 의를 품은 쟈ㅣ 졍통 잇는 바를 살피지 아니치 못ᄒᆞ야 몸을 밧드러 좃차 혹 밧괴이지 아니ᄒᆞᄂ지라 나라희 님금이 잇ᄉᆞ니 텬디에 홀노 님금이 업ᄉᆞ랴 나라는 ᄒᆞᆫ 님금에 통솔ㅡ일통 뫼엿다 말ㅡ하엿ᄂᆞ니 엇지 텬디에 두 님금이 잇ᄉᆞ랴 그런 고로 건곤의 근원과 조화의 읏듬을 군ᄌᆞㅣ 불가불 알아 우러〃 ᄉᆡᆼ각홀거시어늘"

> **교주** 언해필사본의 '덧〃한 리를 공평이 의논홈은 오직 ᄒ나희 ᄆᆞᆺ츨지니' 부분이 원문에는 '平治庸理 惟竟於一'로, 언해필사본의 '몸을 밧드러 좃차 혹 밧괴이지 아니ᄒᆞᄂ지라' 부분이 원문에는 '則奉身殉之 罔或與易也'로 되어 있음에 유의하였다.

> **역해** 역해:원문 '莫不有安排之者'의 '莫不'에 관해 『中韓辭典』, 1989, p.1590; 2006, p.1365의 풀이에 '…하지 않는 자가[것이] 없다. 모두 …하다'가 있어, 이 중에서 '모두 …하다'를 취하여 국역하였다.
> '造化之宗'의 '造化'를 '造物主'로 국역한 것은 『漢韓大字典』, 1967, p.1224; 2002, p.2055 및 諸橋轍次, 『大漢和辭典』 卷11, 1968, p.72의 풀이를 취하였다. 한편 한글학회, 『우리말

큰 사전』 셋째권, 어문각, 초판, 1992; 초판 2쇄, 1997, p.3747 및 국립국어연구원, 『표준국어대사전』 하, 두산동아, 1999, pp.5558-5559의 '造化' 항에는 이러한 풀이가 없지만, 『동아 새국어사전』, 초판, 1990; 제4판 2쇄, 2001, p.2119에는 '②천시 만물을 창조하고 주재主宰하는 일, 또는 그 신. 조물주.'로 명시되어 있음 역시 취하여 반영하였다.

| 국역 |

온 세상을 화평하게 하며 나라를 다스리는 평범한 이치는 오직 하나에 다하니, 그러므로 현인賢人·성인聖人이 신하에게 권장하기를 '충忠'으로써 하라고 하였습니다. '충'이라는 것은 둘이 없음을 이르는 것이며, 오륜五倫[군신유의君臣有義·부자유친父子有親·부부유별夫婦有別·장유유서長幼有序·붕우유신朋友有信]은 임금이 최상이요, 임금·신하는 삼강三綱[군위신강君爲臣綱·부위자강父爲子綱·부위부강夫爲婦綱]의 머리입니다. 무릇 올바른 도의를 지닌 선비는 이것에 밝아 이것을 행하니 옛날에 세상의 어지러움을 만나 많은 영웅들이 나누어져 다투어 참다운 임금을 결정하지 못하여도 도의를 품은 자는 정통이 있는 바를 모두 깊이 살펴 곧 몸을 받들어 목숨을 바쳤으며 그렇지 않으면 바꿈을 허락하지 않았습니다. 나라에 임금이 있으니 천지에 홀로 주님이 없겠습니까. 나라가 [임금] 하나에게 통솔되었는데, 천지에는 두 주님이 있겠습니까. 그러므로 천지의 근원과 조물주의 으뜸을 군자는 깨달으면서 우러러 생각하지 않을 수가 없습니다.

| 원문 | (2)

"인류지항망人流之抗罔 무죄불범無罪不犯 교탈인세巧奪人世 유미염족猶未饜足 지어도참천주지위至於圖僭天主之位 이욕월거기상而欲越居其上 유천지고불가제승惟天之高不可梯升 인욕난수人欲難遂 인이류포사설因而謬布邪說 기광세민欺誑細民 이민몰천주지적以泯沒天主之跡 망이복리허인妄以福利許人 사인흠숭이제사지使人欽崇而祭祀之 개피차개획죄어천주蓋彼此皆獲罪於天主 소이천주강재所以天主降災 세세이중야世世以重也 이인막사기고而人莫思其故 애재애재哀哉哀哉 기비인투위주자호豈非認偸爲主者乎 성인불출聖人不出 추류서선醜類胥煽 성실지리誠實之理 기어소멸의幾於銷滅矣"

| 언해 |

"인류의 패역흠이 범치 아니흐는 죄 업서 공교흔 슐노 늄의 셰샹을 앗고 오히려 부족흐야 감히 텬쥬의 위를 참남흐야 그 우희 너머 거흐고져 흐는 딗 니르나 오직 하늘은 스드리로써 가히 오라지 못흔지라 제 욕심을 일우기 어려온즉 샤특흔 말을 꿈여 어린 빅셩을 속

여 텬쥬의 자최를 꺼치고 망녕되이 화복으로써 사룸을 공등ᄒᆞ야 뎌룰 흠슝ᄒᆞ고 졔헌ᄒᆞ게 ᄒᆞ니 이와 뎌ㅣ 다 텬쥬의 죄인이라 이런 바로 텬쥬ㅣ 경쳑ᄒᆞ시ᄂᆞᆫ 지앙을 ᄂᆞ리샤 ᄃᆡ〃로 거듭ᄒᆞ시ᄃᆡ 사룸이 ᄭᆡ둣지 못ᄒᆞ니 슬프고 슬픈뎌 엇지 도적으로 쥬룰 삼ᄂᆞᆫ 환이 아니냐 셩인은 나지 안코 츄악ᄒᆞᆫ 류ᄂᆞᆫ 서로 션동ᄒᆞ야 셩실ᄒᆞᆫ 도리ㅣ 거의 슬화 멸홀지라"

교주 언해필사본의 '텬쥬의 위룰 참남ᄒᆞ야'가 원문에는 '至於圖僭天主之位'로, 언해필사본의 '망녕되이 화복으로써 사룸을 공등ᄒᆞ야'가 원문에는 '妄以福利許人'으로 되어 있음에 유의하였다. 또한 언해필사본의 '이와 뎌ㅣ 다 텬쥬의 죄인이라 이런 바로 텬쥬ㅣ 경쳑ᄒᆞ시ᄂᆞᆫ 지앙을 ᄂᆞ리샤' 부분이 원문에는 '蓋彼此皆獲罪於天主 所以天主降災'로, 그리고 언해필사본의 '엇지 도적으로 쥬룰 삼ᄂᆞᆫ 환이 아니냐'가 원문에는 '豈非認偸爲主者乎'로 되어 있음에도 유의하였다.

역해 주석목록본 원문의 '至於圖僭天主之位' 대목 중 '天主'가 초판중각본에는 '天帝'로, 또한 주석목록본 원문의 '蓋彼此皆獲罪於天主' 대목 중 '天主'가 초판중각본에는 '上帝'로 각기 되어 있으며, 언해필사본에서는 이를 따르고 있으므로 이를 반영하여 국역하였다.

| 국역 |

사람들이 거침없이 맞서서 기만하니 범하지 않은 죄가 없으며, 교묘하게 다른 사람의 세상을 빼앗고도 오히려 만족하지 못하고 천주의 위격을 함부로 사용하면서 그 위에 올라가 앉고자 하는 데에 이르렀습니다. 다만 하늘은 높아 사다리로 오를 수 없어 사람의 욕심이 마음먹은 대로 되기 어려우니 그런 까닭에 그릇된 주장을 어긋나게 퍼뜨려 서민을 거짓으로 속여 천주의 자취를 사라지게 하고 망령되이 행복과 이득을 사람들에게 허락함으로써 사람들로 하여금 흠모하고 공경하면서 제사지내게 하였습니다. 저것과 이것이 모두 천주께 죄를 지은 게 아니겠습니까. 그래서 천주께서 재앙을 내려 대대로 거듭하였지만, 그러나 사람이 그 까닭을 생각하지 못하였으니 슬프고 슬픕니다! 어찌 도적을 인정하여 주인으로 삼음이 아니겠습니까. 성인은 나지 않고 추잡한 부류가 서로 선동하니 성실한 도리가 거의 사라져 없어졌습니다.

| 원문 | (3)

"두야종유출향竇也從幼出鄕 광유천하廣游天下 시차려독視此廥毒 무추불급無陬不及 의중국요순지맹意中國堯舜之氓 주공중니지도周公仲尼之徒 대리천학필불능이이염언大理天學必不能移而染焉 이역간유불면자而亦間有不免者 절욕위지일증竊欲爲之一證 복유하방

고려復惟遐方孤旅 언어문자言語文字 여중화이與中華異 구수부동개동口手不同開動 신재
질노망矧材質鹵莽 공욕소이미명지恐欲昭而彌瞑之 비회구유개언鄙懷久有慨焉 이십여년
二十餘年 단식점전읍도旦夕瞻天泣禱 앙유천주긍유생령仰惟天主矜有生靈 필유개효광정
지일必有開曉匡正之日 홀승이삼우인견시忽承二三友人見示 위수불식정음謂雖不識正音
견투불성見偸不聲 고위불가固爲不可 혹방유인측교의문성或傍有仁惻矯毅聞聲 흥기공지
興起攻之 두내술답중사하문오제지의竇乃述答中士下問吾儕之意 이성일질以成一帙"

| 언해 |

"나ㅣ 어려로브터 본토를 써나 널니 텬하에 놀새 이 독흔 해가 밋지 아니흔 곳이 업솜을
보고 쯧ᄒ건대 즁국은 요슌의 ᄭᅵ친 빅셩이오 쥬공즁니의-공ᄌ의 ᄌ호- 무리라 대리텬
학-셩교-이 반ᄃ시 이단의 옴기고 므들미 되지 아니리라 ᄒ엿더니 ᄯᅩ흔 혹 끌님을 면치
못흔 쟈 잇스니 그윽이 흔번 증거코져 ᄒ디 원방 외로온 긱이 언어와 문ᄌㅣ 즁국으로 더
브러 다ᄅ니 입과 손으로 능히 열어 음즉이지 못ᄒ고 하믈며 직질이 노둔ᄒ니 붉히고져ᄒ
나 더욱 어두온지라 ᄆ옴에 개탄이 넉인지 이십 여 년에 죠셕으로 하늘을 우러 〃 울음으
로 긔도ᄒ며 싱각ᄒ디 인ᄌ하신 쥬ㅣ 싱민을 긍련이 넉이샤 반ᄃ시 열어붉혀 귀졍홀 날이
잇스리라 ᄒ엿더니 문득 두세 벗이 글노써 내게 뵈여 닐오디 비록 이음은 분명이 통치 못
ᄒ나 도젹을 보고 소릭ᄒ지 아니홈은 진실노 가치 아니ᄒ니 혹 겻히 어진 이와 강용흔 이
소릭를 듯고 흥긔ᄒ야 ᄃᆞ스릴 쟈 잇스리라 ᄒ엿거늘 내 이제 즁ᄉ-즁국션비-와 문답흔
쯧을 긔록ᄒ야 흔 질 글을 일우니"

교주 주석목록본 원문의 '大理天學'이 초판중각본에는 '天理天學'으로 되어 있는데, 주석목록본에 의거하였다. 한편 언해필사본의 '대리텬학이 반드시 이단의 옴기고 므들미 되지 아니리라 ᄒ엿더니 ᄯᅩ흔 혹 끌님을 면치 못흔 쟈 잇스니' 부분이 원문에는 '大理天學必不能移而染焉 而亦間有不免者'로 되어 있음에 유의하였다. 언해필사본의 '하물며 직질이 노둔ᄒ니 붉히고져ᄒ나 더욱 어두온지라'가 원문에는 '矧材質鹵莽 恐欲昭而彌瞑之'로 되어 있으며, 언해필사본의 '진실노 가치 아니ᄒ니 혹 겻히 어진 이와 강용흔 이 소릭를 듯고 흥긔ᄒ야 ᄃᆞ스릴 쟈 잇스리라 ᄒ엿거늘' 부분 또한 원문에 '固爲不可 或傍有仁惻矯毅聞聲 興起攻之'로 되어 있음에 유의하였다.

역해 원문 '大理天學'의 '大理'는 '위대한 이치'로 국역하였으며, '天學'은 이 대목에서 '天主學'을 지칭하는 게 분명해보이지만 곡해의 여지가 있으므로 원문 그대로 '天學'으로 풀어 두었다. 中國에서의 '天學'의 개념 및 그 해석과 관련해서는 吳守賢, 『司馬遷與中國天學』, 西安:陝西人民敎育出版社, 2000. 江曉原, 『天學眞原』, 瀋陽:遼寧敎育出版社, 2004. 江曉原

・鈕衛星,『中國天學史』, 上海:上海人民出版社, 2005. 田合祿・田峰,『增修周易眞原:中國最古老的天學科學體系』第2版, 太原:山西科學技術出版社, 2011. 方瀟,『天學與法律:天學視域下中國古代法律則天之本源路徑及其意義探究』, 北京:北京大學出版社, 2014 등 참조.

| 국역 |

저 이마두利瑪竇는 어려서부터 고향을 떠나 온 세상을 유람하면서 이 사나운 독이 미치지 않는 곳이 없음을 보았는데, 중국은 요堯·순舜의 백성이요 주공周公·공자孔子의 무리이니 위대한 이치의 천학天學이 틀림없이 바뀌거나 물들지 않을 것이라 짐작하였지만 그러나 또한 간혹 면할 수 없는 것들이 있었습니다. 슬그머니 한번 증명해보고자 하다가 다시 생각하건대 먼 지방의 외로운 나그네가 언어·문자가 중화와 달라 입과 손이 같이 열리고 움직이지 않으며 더군다나 자질이 덜렁대고 거칠어서 밝히려 하지만 더욱 어둡게 할까 두려워서 저의 심정에 오랫동안 개탄함이 있었습니다. 20여 년 동안 아침저녁으로 하늘을 바라보고 울며 기도하면서 우러러 천주께서 가엾게 여겨 백성을 용서하시고 틀림없이 열어 밝혀 바로잡을 날이 있으리라 생각하였습니다. 홀연히 두세 벗이 견해를 알려 주었으니 이르기를 비록 바른 발음은 식별하지 못하더라도 도둑을 보고도 소리 지르지 않음은 물론 해서는 안 된다고 하였으며, 혹은 곁에 어진 이가 있어 측은히 여겨 굳세고 과감하게 이 소리를 듣고 떨쳐 일어나 책망하리라 하였습니다. 제가 마침내 중국 선비가 우리들의 생각에 대해 질문한 답변을 기술하여 한 질의 책을 완성했습니다.

| 원문 | (4)

"차차嗟嗟 우자이목소불도지위무야愚者以目所不睹之爲無也 유고자불견천猶瞽者不見天 불신천유일야不信天有日也 연일광실재然日光實在 목자불견目自不見 하환무일何患無日 천주도재인심天主道在人心 인자불각人自不覺 우불욕자又不欲者 부지천지주재不知天之主宰 수무기형雖無其形 연전위목즉무소불견然全爲目則無所不見 전위이즉무소불문全爲耳則無所不聞 전위족즉무소부도全爲足則無所不到 재초자여부모지은야在肖子如父母之恩也 재불초여헌판지위야在不肖如憲判之威也 범위선자필신유상존자리凡爲善者必信有上尊者理 부세계약운무시존夫世界若云無是存 혹유이불예인사或有而弗預人事 기불색행선지문豈不塞行善之門 이대개행악지로야호而大開行惡之路也乎 인견벽력지향人見霹靂之響 도격고수徒擊枯樹 이불즉급어불인지인而不卽及於不仁之人 즉의상무주언則疑上無主焉 부지천주보구不知天主報咎 회회불루恢恢不漏 지즉미중이遲則彌重耳"

슬프다 어린 쟈는 눈의 보지 못ᄒᆞᄂᆞᆫ 바로써 업다 홈이 마치 쇼경이 하ᄂᆞᆯ을 보지 못홈으로 하ᄂᆞᆯ에 날 잇심을 밋지 아니홈과 ᄀᆞᆺᄒᆞ니 그러나 닐빗ᄎᆞᆫ 실노 잇겟마ᄂᆞᆫ 눈이 스스로 보지 못홈이라 엇지 날이 업숨을 근심ᄒᆞ리오 텬쥬의 도ㅣ 사름의 ᄆᆞᄋᆞᆷ에 잇겟마ᄂᆞᆫ 사름이 스스로 ᄭᆡᄃᆞᆺ지 못홈이오 ᄯᅩ 살피고져 아니ᄒᆞ야 하ᄂᆞᆯ의 쥬ᄌᆡ를 아지 못ᄒᆞ니 비록 그 형상은 업스나 젼능이 눈이 되샤 보지 못ᄒᆞᄂᆞᆫ 거시 업고 젼능이 귀ㅣ 되샤 듯지 못ᄒᆞᄂᆞᆫ 거시 업고 젼능이 발이 되샤 니ᄅᆞ지 못ᄒᆞᆯ ᄃᆡ 업ᄂᆞ니 어진 ᄌᆞ식의게ᄂᆞᆫ 부모의 은혜 ᄀᆞᆺ고 어질지 못ᄒᆞᆫ ᄌᆞ식의게ᄂᆞᆫ 법관의 위엄 ᄀᆞᆺᄒᆞ시니 므릇 션ᄒᆞᆫ 쟈ᄂᆞᆫ 반ᄃᆞ시 상쥬 계신 의리를 밋ᄂᆞᆫ지라 만일 닐오ᄃᆡ 셰셰에 이 놉ᄒᆞ신 쥬ㅣ 업다 ᄒᆞ며 혹 잇스ᄃᆡ 사름의 일에 간예치 아니ᄒᆞ다 ᄒᆞ면 이ᄂᆞᆫ 힝션ᄒᆞᄂᆞᆫ 문을 막고 힝악ᄒᆞᄂᆞᆫ 길을 크게 열미 아니냐 사름이 벽력소ᄅᆡ ᄒᆞᆺ갓 ᄆᆞᄅᆞᆫ 나무를 치ᄃᆡ 악ᄒᆞᆫ 자의게 밋지 아니홈을 보고 우희 쥬ㅣ 업ᄂᆞᆫ가 의심ᄒᆞ나 텬쥬의 션악을 갑흐심이 회〃ᄒᆞ야 급박지 아니 ᄒᆞ시ᄃᆡ 식야 닐치 아니ᄒᆞ고 틀녀 어긔지 아니ᄒᆞ야 더욱더 될스록 벌이 더욱 즁ᄒᆞᆯ지라"

> **교주** 언해필사본의 '어진 ᄌᆞ식의게ᄂᆞᆫ 부모의 은혜 ᄀᆞᆺ고 어질지 못ᄒᆞᆫ ᄌᆞ식의게ᄂᆞᆫ 법관의 위엄 ᄀᆞᆺᄒᆞ시니' 부분이 원문에는 '在肖子如父母之恩也 在不肖如憲判之威也'로 되어 있으며, 또한 '텬쥬의 션악을 갑흐심이 회〃ᄒᆞ야 급박지 아니 ᄒᆞ시ᄃᆡ 식야 닐치 아니ᄒᆞ고 틀녀 어긔지 아니ᄒᆞ야 더욱더 될스록 벌이 더욱 즁ᄒᆞᆯ지라' 부분이 '不知天主報答 恢恢不漏 遲則彌重耳'로 되어 있음에 유의하였다.

> **역해** 주석목록본 원문의 '不知天主報答' 대목 중 '天主'가 초판중각본에는 '天之'로 되어 있음에 유의하였으며, 국역은 주석목록본에 입각하여 하였다.

아아! 어리석은 자가 눈으로 볼 수 없는 바로써 없다고 함은 마치 눈먼 자가 하늘을 보지 못하니 하늘에 태양이 있음을 믿지 못함과 같습니다. 그러나 햇빛은 실제로는 있지만 눈이 스스로 보지 못함이지 어찌 태양이 없음을 근심하겠습니까. 천주의 도리가 사람 마음에 있지만 사람이 스스로 깨닫지 못하며, 또한 깨닫고자 하지 않는 자는 하늘이 주재하심을 알지 못하니 비록 그 형상은 없을지라도 그러나 전능이 눈이 되시니 곧 못 볼 바가 없고, 전능이 귀가 되시니 곧 못 들을 바가 없고, 전능이 다리가 되시니 오고 가지 못할 곳이 없습니다. 닮은 자식에게는 마치 부모의 은혜와 같고, 닮지 않은 자식에게는 마치 헌법 재판관의 위엄과 같으니, 무릇 선을 행하는 자는 틀림없이 하늘 위에 계신 존엄한 분께 섭리가 있음을 믿습니다. 이 세상 곳곳에 만약 이르기를 이 [존엄하신] 분께서 계시지 않다고 하거나 혹은 계시기는 하지만 사람의 일에 관여하지 않으신다고 하면, 어찌 선행의 문을 막고 악행의 길을 크게 엶이 아니겠습니까. 사람이 천둥벼락 소리를 들었어도 겨우 말라 죽은 나무를 쳤을 뿐이고 곧 어질지 않은 사람에게 미치지 아니함을 보면 위에 주님께서 계시지 않은가 의심합니다. 천주께서 죄과를 갚으심이 매우 넓고 커서 빠뜨리지 않으시니 깨달음이 굼뜨면 벌이 더욱 무거워집니다.

| 원문 | (5)

"고오인흠약상존顧吾人欽若上尊 비특분향제사非特焚香祭祀 재상상만물원부在常想萬物原父 조화대공造化大功 이지기필지지이영차而知其必至智以營此 지능이성차至能以成此 지선이비차至善以備此 이치각물만류소수以致各物萬類所需 도무결흠都無缺欠 시위지대륜자운始爲知大倫者云 단기리은이난명但其理隱而難明 광박이난진지廣博而難盡知 지이난언知而難言 연이불가불학然而不可不學 수지천주지과雖知天主之寡 기과지익其寡之益 상승어지타사지다尙勝於知他事之多 원관실의자願觀實義者 물이문미이미천주지의야勿以文微而微天主之義也 약부천주若夫天主 천지막재天地莫載 소편숙재지小篇孰載之"

| 언해 |

"싱각건대 우리 사름이 샹쥬를 공경홈이 특별이 향촉과 졔스 뿐 아니라 홍샹 만물의 대부모와 조화의 대은공을 싱각ᄒ야 그 지극흔 지혜로 이를 경영ᄒ시고 지극흔 능으로 이를 일우시고 지극흔 션으로 이를 갓초샤 각가지 물과 각가지 류의 쓸 바를 도모지 결흠이 업게 ᄒ심을 알아야 비로스 큰 륜긔를 아는 쟈라 닐을지라 다만 그 리ㅣ 은미ᄒ야 붉히기 어렵고 광대ᄒ야 다 알기 어렵고 알디 말ᄒ기 어려오나 그러나 불가불 비홀지니 비록 텬쥬의 젹은 일을 알지라도 그 젹음의 니익홈이 오히려 다른 일을 만히 아는 디셔 승홀지라 원컨대 이 글을 보는 쟈ㅣ 글의 미홈으로써 텬쥬의 리ㅣ 미ᄒ다 ᄒ지 말나 텬쥬는 텬디로도 싯지 못홀지니 젹은 글노 뉘 능히 시르리오"

언해필사본의 '싱각건대 우리 사름이 샹쥬를 공경홈이 특별이 향촉과 졔스 뿐 아니라 홍샹 만물의 대부모와 조화의 대은공을 싱각ᄒ야' 부분이 원문에 '顧吾人欽若上尊 非特焚香祭祀 在常想萬物原父 造化大功'으로 되어 있음에 유의하였다.

역해 '非特焚香祭祀' 중 '非特'의 국역과 관련해서는 『中韓辭典』, 1989, pp.691-692; 2006, pp.575-576에 '非特=非但'이며 '비단 …뿐만 아니라'로 풀이되어 있음을 참조하였다.

원문 '若夫天主'의 '若夫'에 관한 『中韓辭典』, 1989, p.1958; 2006, p.1662의 풀이 가운데 '②그런데'가 있어 이를 취하여 국역하였다.

| 국역 |

돌이켜보니 우리 사람이 하늘 위에 계신 존귀하신 분을 공경하여 순종하면서도 비단 향을 사르고 제사를 지낼 뿐만 아니라 언제나 온갖 사물의 근원이신 아버지의 조물주로서 위대한 은공을 생각하면서 그 분께서 틀림없이 지극한 지혜로써 이를 경영하시고 지극한 권능으로써 이를 예비하시며 각각의 사물과 온갖 부류가 바라는 바를 모두 모자르거나 부족하지 않게 하심을 알아야 비로소 위대한 섭리를 아는 것이라고 말합니다. 다만 그 섭리가 은밀하여 밝히기 어렵고 넓어 다 알기 어려우며 알지만 말하기 어렵습니다. 그러므로 배우지 않을 수 없으며 비록 천주께서 하신 일의 조금만 알지만 그 조금의 이익이 오히려 다른 일의 많음을 아는 것보다 낫습니다. 바라건대 이 『천주실의』를 보는 분께서는 글이 미약하다고 해서 천주님의 뜻이 미약하다고는 하지 마십시오. 그런데 천주께서 천지로도 싣지 못하니, 이 작은 글로써 누가 실을 수 있겠습니까.

| 원문 | (6)

"시時

만력 삼십일년 세차 계묘 칠월 기망 이마두 서

萬曆 三十一年 歲次 癸卯 七月 旣望 利瑪竇 書"

| 언해 |

"째

만력 삼십일년 셰츠 계묘 칠월 긔망 리즈마두는 셔ᄒᆞ노라"

역해 字典의 일반적인 해설에 따르면, '旣望'은 '음력 15일'의 다른 이름이다.

| 국역 |

때는 만력 31년(1603) 계묘 7월 음력 15일에 이마두가 씁니다.

원문 : "천주실의天主實義 서序"

언해 : "텬쥬실의 셔"

역해 이지조李之藻의 이 「序」가 오늘날 전해지는 초판중각본 및 주석목록본에는 '重刻序'로 표기되어 있으나, 언해필사본 『텬쥬실의』에는 분명 '셔'로 되어 있으므로 애초에는 '序'로 되어 있었다고 판단되어 언해필사본에 따른다.

국역 : 천주실의 서

| 원문 | (1)

"상독역이지앙관어천嘗讀易而至仰觀於天 부찰어지俯察於地 원취제물遠取諸物 근취제신지언近取諸身之言 불각위연흥탄왈不覺喟然興歎曰 천지만물天地萬物 구유진리俱有眞理 관물찰리觀物察理 내견본원乃見本原 부수유원목유근夫水有源木有根 천지인물지유일대주天地人物之有一大主 가불식이존친지호可弗識而尊親之乎"

| 언해 |

"일즉 쥬역을 닑다가 우러 〃 하늘을 보고 굽어 ᄯᅳᆯ 살피여 멀니 만물에 취ᄒᆞ고 갓가히 내 몸에 취ᄒᆞ라 ᄒᆞᄂᆞᆫ 말에 니ᄅᆞ러 위연이 탄식ᄒᆞ야 ᄀᆞᆯ오ᄃᆡ 텬디 만물이 다 춤리 잇ᄉᆞ니 물건을 보고 물리를 살피면 이에 본원을 볼지니 나무는 ᄲᅩᆯ희 잇고 물은 근원이 잇ᄂᆞᆫ지라 텬디 만물의 ᄒᆞᆫ대 쥬ㅣ 계심을 가히 알아 놉히고 친치 아니ᄒᆞ랴"

교주 원문의 이 부분 전체가 初版本 및 初版重刻本에는 없으며 註釋目錄本에만 있는 것으로, 초판목록본의 원문에는 이렇게 되어 있다. "석오부자어수신야昔吾夫子語修身也 선사친先事親 이추급호지천而推及乎知天 지맹씨존양사천지론至孟氏存養事天之論 이의내기비而義乃綦備 개즉지즉사蓋卽知卽事 사천사친동일사事天事親同一事 이천기사지대원야而天其事之大原也 설천막변호역說天莫辨乎易 역위문자조즉언易爲文字祖卽言" 이 가운데 '孟氏存養事天之論' 부분은 『孟子』「盡心章」 "存其心 養其性 所以事天"을 지칭하는 것이다. 이 부분의 국역은 다음과 같다 "옛날 우리 孔子께서는 몸을 닦아야 하며 그리고 또 먼저 어버이를 섬기면 하늘을 아는 데에도 이르게 해야 한다고 말씀하셨는데, 孟子의 [그 본심을] 보존하고 [본성을] 길러서 하늘을 섬긴다는 논의에 이르러서 定義가 마침내 갖춰졌다. 대개 곧 아는 것과 곧 섬기는 것이 하늘을 섬시고 어버이를 섬기는 것과 같은 하나의 일이니 하늘은 그 섬김의 큰 근원이다. 하늘을 설명함에 『周易』보다 바르게 함이 없으니 『周易』이 문자의 元祖가 되어 곧 말하기를"
이 부분 이후에는 초판중각본과 주석목록본의 원문이 한 단락 전체가 바뀌어 크게 차이가 나는 경우가 없다. 다만 서로 부분적으로 문장이 약간 달라진 경우가 있을 뿐이라, 큰 문제가 될 소지가 없다. 그렇다고 할지라도 앞으로 일일이 구체적으로 지적할 바대로 초판 중각본의 '上帝'가 주석목록본에서는 거의 일률적으로 '天主'로 바뀌고 있는 사실 등에 각별하게 유의해야 한다.

諺解筆寫本에는 원문의 '不覺'에 대한 언해가 누락되었다. 그리고 언해필사본의 '나무는 쐴휘 잇고 물은 근원이 잇느지라' 대목이 원문에는 '夫水有源木有根'으로 되어 있음에 유의하였다.

| **역해** | 원문의 '嘗讀易而至仰觀於天 俯察於地 遠取諸物 近取諸身之言' 부분 중에서 '仰觀於天 俯察於地 遠取諸物 近取諸身' 대목은 『周易』 원문에서 있는 그대로 인용한 게 아니라 『周易』 「繫辭傳」 下의 "仰以觀於天文 俯以察於地理" 대목 및 "古者包犧氏之王天下也 仰則觀象於天 俯則觀法於地 觀鳥獸之文 與地之宜 近取諸身 遠取諸物" 대목을 축약하여 합성한 것으로 가늠된다. 梁鶴馨 (외)解譯, 『주역』, 자유문고, 증보판 1쇄, 2004, p.425 및 450 참조.

| 국역 |

일찍이 『주역周易』을 읽으면서 '우러러 하늘을 보고 굽어 땅을 살펴, 멀리는 많은 사물에게서 얻고 가까이는 자신에게서 얻어라.' 하는 말에 이르러, 자신도 느끼지 못한 채 한숨 쉬고 탄식하며 말하였다. "천지 만물에 다 참된 이치가 있다. 사물을 보아 이치를 살피면 마침내 근본 원리를 볼 것이니, 무릇 물에는 원천이 있고 나무에는 뿌리가 있다. 천지·사람·사물에 위대한 주님 한 분이 계시니 깨닫고도 존경하며 친애하지 않을 수 있겠는가."

| 원문 | (2)

"역역운易亦云 건원통천乾元統天 위군위부爲君爲父 우언제출호진又言帝出乎震 자양씨해지이위제자紫陽氏解之以爲帝者 천지주재天之主宰 연즉천지지의然則天主之義 불자리선생창의不自利先生刱矣 즉차천주실의지리則此天主實義之理 역병비신기亦幷非新奇 회이어이씨지탄망迴異於二氏之誕妄 개이씨부지인주蓋二氏不知認主 이이인위신而以人爲神 경지여주敬之如主 존지승어군부尊之勝於君父 망기대본대원忘其大本大原 배기성경현전背其聖經賢傳 양가애야良可哀也"

| 언해 |

"쥬역에 쏘 닐오듸 건원이-건은 하늘 셩졍이오 원은 쥬지라 뜻- 하늘을 통일ᄒᆞ야 님금이 되여 아비 된다 ᄒᆞ고 쏘 닐오듸 뎨ㅣ-샹뎨라 ᄒᆞᆫ 데 쓰라- 진방에-님금의 위를 ᄀᆞᄅ침이라- 나셧다 하니 쥬ᄌᆞㅣ 플어 굴오듸 뎨라 ᄒᆞᄂᆞᆫ 쟈ᄂᆞᆫ 하늘 쥬지라 ᄒᆞ니 그런즉 텬쥬

라 ᄒᆞᄂᆞᆫ 쯧이 리션싱-마두-로브터 비로소 난 말이 아닌즉 텬쥬실의ᄂᆞᆫ 또ᄒᆞᆫ 새롭고 긔이
ᄒᆞᆫ 쯧이 아니라 멀니 불노의-불도노도- 허탄ᄒᆞ고 망녕됨과 ᄀᆞᆺ지 아니ᄒᆞ니 불노ᄂᆞᆫ 쥬를
아지 못ᄒᆞ고 사름으로써 신을 삼아 공경홈을 쥬ᄀᆞᆺ치 ᄒᆞ고 놉힘을 군부에셔 승ᄒᆞ야 그 대
본-큰 근본-대원을-큰 근원- 닛고 셩경현뎐을 비반ᄒᆞ니 진실노 ᄋᆞᆨ통ᄒᆞᆫ지라"

> **교주** 주석목록본의 '易亦云'이 초판중각본에는 '卽言'으로 되어 있다. 주석목록본의 '紫陽氏解
> 之以爲帝者' 대목 중 '紫陽氏 … '가 '而紫陽氏 …'로 되어 있으며, 이 '紫陽氏'를 언해필사본
> 에서 '쥬ᄌᆡ'로 풀었음에 유의하였다.

> **역해** 원문의 '乾元統天 爲君爲父' 대목은 『周易』「乾爲天」의 '乾元者 始而亨者也' 부분과 「說
> 卦傳」의 '乾爲天爲圜爲君爲父 … ' 부분을 합성한 것이며, 원문의 '帝出乎震' 대목은 「說
> 卦傳」의 '帝出乎震 齊乎巽 … ' 부분에서 그대로 인용한 것이다. 원문 확인은 『周易』, 保景
> 文化社, 1983, p.638. 梁鶴馨 (등) 解譯, 『주역』, 2004, pp.50-51 및 pp.476-477 그리고
> pp.472-473. 또한 이기동 역해, 『주역강설』, 성균관대학교 출판부, 1997; 2판 2쇄, 2007,
> pp.67-78 참조.
> 朱子를 '紫陽氏'라 지칭한 것은 朱子가 자신의 부친이 독서하던 산의 이름 '紫陽'을 따서
> 자신의 서재 이름을 '紫陽書室'이라 하였던 데에서 유래한다.
> 원문 '又言帝出乎震 … 亦幷非新奇'에서 李之藻가 지적한 바대로, 朱子가 '帝'의 의미를 '主
> 宰'로 풀었으므로 '天主'의 의미를 利瑪竇가 창안해낸 게 아니며, 그런즉 이 '天主實義'의
> 이치도 역시 새롭고 기묘한 게 아니라는 사실을 지적하고, 또한 이러한 李之藻의 「天主實
> 義序」의 내용 서술로 연유해서 1595년 南昌에서 初版 잘행 당시 『天學實義』에서 『天主實
> 義』로 개명되었다는 점에 대해서는 方豪, 「李之藻與西人之接觸及對天主敎之硏究」, 『李之
> 藻硏究』, 臺北:臺灣商務印書館, 1966, pp.22-23를 참조하시라.

| 국역 |

『주역』에도 역시 이르기를 '건괘乾卦의 으뜸이 하늘을 통솔하여 임금이 되고 아비가 된
다.'고 하였고, 또 말하기를 '제帝가 진震의 방향에서 나왔다.'고 하였다. 주자朱子가 풀어
서 '제帝'라는 것을 하늘을 주재함으로 여겼으니, 그렇다면 천주의 의미는 이마두利瑪竇선
생으로부터 시작한 게 아니며, 곧 이 『천주실의』의 이치 역시 아울러 새롭고 기묘한 게 아
니다. 부처·노자老子 둘의 허탄하고 망령됨을 기이하게 여겨 회피하니 대개 부처·노자
가 주님을 깨달아 인정하지 못하고 사람으로 신을 삼아 공경하기를 마치 주님같이 하며
높임을 임금·아비보다 우월하게 하여 그 큰 근본과 큰 근원을 잊고 그 성경 속 현인賢人
들의 전승을 어겼으니 참으로 애석하도다.

| 원문 | (3)

"이선생학술利先生學術 일본진원一本眞元 담천지소이위천심석譚天之所以爲天甚晰 도세지녕불망본사瞻世之佞佛忘本者 불승측연不勝惻然 수창언론단遂昌言論斷 원본사설原本師說 연위천주실의십편演爲天主實義十篇 용이훈선방악用以訓善防惡"

| 언해 |

"리션싱의 학슐은 ᄒ갈 ᄀᆺ치 ᄎᆷ근원을 말미암아 텬쥬의써 텬쥬되심을 의논홈이 심히 붉으니 셰상에 불도를 니밧고 근본 닛는 쟈로 보매 측연이 넉임을 이긔지 못ᄒ야 곳 의논을 발ᄒ야 스승의 말ᄉᆷ을 근본ᄒ야 텬쥬실의 십편을 긔록ᄒ야써 션을 ᄀᄅ치고 악을 막게 ᄒᄂ니"

> **교주** 주석목록본 원문의 '一本眞元' 중 '眞元'이 초판중각본에는 '事元'으로 되어 있음에, 그리고 주석목록본 원문의 '瞻世之佞佛忘本者' 대목이 초판중각본에는 '瞻世之藝天佞佛也者'로 되어 있음에 유의하였다. 한편 주석목록본의 원문 '不勝惻然' 부분이 초판중각본에는 없는 것이 삽입된 것이다. 그리고 주석목록본 원문의 '遂昌言論斷' 대목이 초판중각본에는 '而昌言排之'로 되어 있음도 유의하였다.

> **역해** 원문 '一本眞元'의 '一本'에 관한 『中韓辭典』, 高麗大 民族文化硏究所, 初版, 1989, p.2797; 全面改訂 2版 3刷, 2006, p.2365의 풀이 중 '④근본이 같다'가 이 문맥에서는 가장 적합한 것으로 여겨져 이를 취하여 국역하였다.
> 원문 '不勝惻然'의 '不勝'을 『中韓辭典』, 1989, p.204; 2006, p.165의 풀이 '①…을 참을 수 없다. …에 견디지 못하다.' 중 '…을 참을 수 없다'를 취하여 국역하였다.
> 李之藻의 이 「序」의 원문에서 『천주실의』를 10편이라 했는데, 현재 전하는 것은 8편이다. 여기에서 왜 10편이라 하였는지 의문이나 현재 전하는 8편으로 국역하였다.

| 국역 |

이마두 선생의 학술은 근본이 같은 참된 근원으로 하늘이 하늘 되신 까닭을 아주 분명하게 이야기했으며, 세상의 사특한 불교로 근본을 잊은 사람을 보고는 측은히 여김을 참을 수 없어 마침내 옳은 말로 논의하여 결정하였다. 선생의 설명을 원래 그대로 서술하여 『천주실의』 8편을 만들어서 선을 가르치고 악을 방비하게 하노라.

| 원문 | (4)

"기언왈其言曰 인지사기부모人知事其父母 이부지천주지위대부모야而不知天主之爲大

父母也 인지국가유정통人知國家有正統 이부지천주통천지위대정통야而不知天主統天之爲大正統也 불사친불가위자不事親不可爲子 불식정통불가위신不識正統不可爲臣 불사천주불가위인不事天主不可爲人 이우근간우선악지변상앙지응而尤懃懇于善惡之辯祥殃之應 구론만선미비불위순선具論萬善未備不謂純善 섬악누성纖惡累性 역위제악亦謂濟惡 위선약爲善若登 등천복당登天福堂 작악약타作惡若墮 타지명옥墮地冥獄 대약사인회과사의大約使人悔過徙義 알욕전인遏欲全仁 염본시이척강감念本始而惕降監 면고외이천조설綿顧畏而遄澡雪 이서기무획려우황천대주以庶幾無獲戾于皇天大主"

| 언해 |

"그말에 닐ㅇ딕 사ㄹㅁ이 그 부모 셤길 줄은 알딕 텬쥬ㅣ 대부모 되시ㄴ 줄을 아지 못ㅎ고 사ㄹㅁ이 국가에 정통—통합일국ㅎ 바ㄹㄹ 님금— 잇ㄴ 줄은 알딕 텬쥬의 하ㄴㄹ을 통일ㅎ신 큰 정통이 되ㄴ 줄을 아지 못ㅎ니 부모ㄹㄹ 셤기지 아니ㅎ면 ㅈㄱ식이 되지 못ㅎ 거시오 정통을 아지 못ㅎ면 가히 신하되지 못ㅎㄹ거시오 텬쥬ㄹㄹ 셤기지 아니ㅎ면 가히 사ㄹㅁ이 되지 못ㅎㄹ지니 더욱 션과 악의 분별과 샹셔와 지앙이 응ㅎㅁ에 은근이 근구ㅎㄹ지라 갓초 의논ㅎ딕 모든 션이 갓초지 못ㅎ면 슌젼ㅎ 션이라 닐ㅇ지 못ㅎ고 미ㅎ 악이라도 셩품을 더러이면 또ㅎ 완젼ㅎ 악이라 닐ㅇㄹ지니 션을 ㅎㅁ은 오라기와 ㄱㄷㅎ니 오라면 텬당이오 악을 ㅎㅁ은 써러짐과 ㄱㄷㅎ니 써러지면 디옥이라 이 의논의 대략 ㄸㅅ이 사ㄹㅁ으로 ㅎ여곰 허물을 뉘ㅇㅅ고 의에 옴기며 욕심을 막고 션을 온젼이 ㅎ며 원시ㄹㄹ 싱각ㅎ야 림ㅎ야 보심을 놀나고 도라보고 두림을 끈지 아니ㅎ야 ㅅㅕㄹ니 죄ㄹㄹ 씻ㅅ면 거의 대쥬ㅅㅢ 죄ㄹㄹ 엇지 아니ㅎㄹ지라"

교주 언해필사본의 '또ㅎ 완젼ㅎ 악이라 닐ㅇ지니'가 원문에는 '亦謂濟惡'으로, '이 의논의 대략 ㄸㅅ이'가 '大約'으로, 그리고 언해필사본의 '욕심을 막고 션을 온젼이 ㅎ며 원시ㄹㄹ 싱각ㅎ야 림ㅎ야 보심을 놀나고' 부분이 원문에는 '遏欲全仁 念本始而惕降監'으로 'ㅅㅕㄹ니 죄ㄹㄹ 씻ㅅ면 거의 대쥬ㅅㅢ 죄ㄹㄹ 엇지 아니ㅎㄹ지라' 부분이 '遄澡雪 以庶幾無獲戾于皇天大主'로 각기 되어 있음에 유의하였다.

주석목록본 원문의 '而不知天主之爲大父母也'에서 '天主'가 초판중각본에는 '惟帝'로, 주석목록본 원문의 '而尤懃懇于善惡之辯祥殃之應'에서 '懃懇'이 초판중각본에는 '慇懃'으로, 주석목록본 원문의 '登天福堂'에서 '天福堂'이 초판중각본에는 '天堂'으로, 주석목록본 원문의 '墮地冥獄'이 초판중각본에는 그대로, 주석목록본 원문의 '以庶幾無獲戾于皇天大主'에서 '皇天大主'가 '皇天上帝'로 되어 있음에 각기 간과되어서는 안 되겠다.

역해 주석목록본 원문의 '天福堂'·'地冥獄'을 있는 그대로 존중하여 국역에서는 '천당[천복당天福堂]'·'지옥[지명옥地冥獄]'으로 표기해두고자 한다.

원문 '以庶幾無獲戾于皇天大主'의 '庶幾'에 관한 『漢韓大字典』, 民衆書林, 초판, 1966; 제3
판, 1967, p.422; 全面 改訂·增補版 제2판 제5쇄, 2001, p.685의 풀이에 '①가까움. 거의
되려 함'이 있으며, 『中韓辭典』, 1989, p.2157; 2006, p.1828의 풀이에 '②→庶幾乎'로 되
어 있고, '庶幾乎'의 풀이에는 '거의 …(할 것이다). 대체로 …(할 것이다). 오직 …만이'가
있는데, 이 문맥에서는 '오직 …만이'가 적절하다고 여겨져 이를 취하여 국역하였다. 그리
고 '獲戾'에 관해서 『中韓辭典』, 1989, p.1380; 2006, p.1184의 풀이에 '죄. 죄과'라 하였고,
'獲'에 대해서는 同書, 1989, p.1028; 2006, p.859의 풀이 중 '獲罪'를 '죄를 얻다'라고 하였
기에, 이를 취하여 '獲戾'를 '죄를 짓다'로 국역하였다.

| 국역 |

그 말은 이렇다. "사람이 그 부모 섬길 줄을 알면서도 천주께서 위대한 부모이심을 알지
못하며, 사람이 국가에 정통正統[임금]이 있음을 알면서도 천주께서 하늘을 통솔하여 위
대한 정통[하느님]이 되심을 알지 못한다. 부모를 섬기지 않으면 자식이 되지 못하고 정통
을 인식하지 못하면 신하가 될 수 없으며, 천주를 섬기지 않으면 사람이 될 수 없다. 그러
나 더욱 선·악의 분변과 상서·재앙의 감응에 정성스럽고 간절하여 상세히 모든 선을 논
의해도 갖추지 못하니 순전한 선이라 일컫지 못하고 미세한 악이라도 성품을 더럽히니 다
만 구제해야 할 악이라고 일컬을 뿐이다. 선을 함은 오르기와 같으니 천복당天福堂[천당]
에 오르고 악을 지음은 떨어짐과 같으니 지명옥地冥獄[지옥]에 떨어진다. 대략 사람으로
하여금 잘못을 뉘우쳐서 변하여 의로워지며 욕망을 저지하고 순전히 어질어서 근본의 시
초를 생각하면서 천주께서 내려오시어 살피심을 두려워하고 끊임없이 돌아보며 어려워하
면서 빨리 죄를 씻음으로써 오직 하느님 위대하신 주님께 거의 죄를 짓지 않게 될 것이다."

| 원문 | (5)

"피기제항침지彼其梯航琛贄 자고불여중국상통自古不與中國相通 초불문유소위희문주
공지교初不聞有所謂義文周孔之敎 고기위설故其爲說 역초불습오렴낙관민지해亦初不襲吾
濂洛關閩之解 이특어소심소사대지而特於小心昭事大旨 내여경전소기乃與經傳所紀 여권
사합如劵斯合 독시천당지옥獨是天堂地獄 구자미신拘者未信 요어복선화음要於福善禍淫
유자항언儒者恒言 찰호천지察乎天地 역자실리亦自實理"

| 언해 |

"뎌산을 넘고 바다흘 건너 챨니 오ᄂ 쟈이나 ᄌ고로 듕국으로 더브러 샹통치 못ᄒᆞ야 원
리 쥬공공ᄌ의 ᄀᄅ침이 잇슴을 듯지 못ᄒᆞ고 그 말ᄒᄂᆞᆫ 바 ᄯ혼 렴락관민-경셔를 쥬낸 송

나라 군주들 난 짜 일홈ㅡ의 풀님으로 쓰지 아니ᄒ엿시되 특별이 그 조심ᄒ야 붉이 셤기ᄂᆫ 대의ᄂᆫ—쥬룰 공경ᄒᄂᆫ 말— 즁국 경셔의 긔록ᄒᆫ 바롤 더브러 서로 합ᄒ고 홀노 텬당디옥 말은 고집된 쟈 밋지 아니ᄒ나 대뎌 복션화음지리ᄂᆫ—경셔에 션ᄒᆫ 쟈ᄂᆫ 복주고 음난ᄒᆫ 쟈ᄂᆫ 화준다 말— 션비의 홍샹ᄒᄂᆫ 말이오 ᄯᅩ 텬디룰 살펴보면 스스로 진실ᄒᆫ 리ㅣ 잇ᄂᆫ지라"

교주 주석목록본의 '而特於小心昭事大旨' 대목 중 '小心昭事'가 초판중각본에는 '知天事天'으로, 주석목록본의 '如劵斯合' 중 '如'가 초판중각본에는 '與'로 되어 있음에 유의하였다.

역해 원문의 '梯航'은 '梯山航海'의 축약으로 험한 산에 사다리를 놓고 오르고 배를 타고 바다를 건넌다는 뜻이며, 아주 먼 곳에서 왔다는 사실을 가리킨다. 그리고 '琛贄'의 '琛'은 '보배寶貝'를, '贄'는 '幣帛'을 가리키며, 그럴 때 가져오는 선물을 나타낸다.

| 국역 |

그가 아주 먼 곳에서 오면서 가져온 값진 선물은 옛적부터 중국과 서로 통하지 못하여 처음에 소위 복희伏羲, [주周나라의] 문왕文王, 주공周公, 공자孔子의 가르침이 있음을 듣지 못하였다. 그러므로 그 주장하는 바도 역시 처음에 염계濂溪 지방 주돈이周敦頤, 낙양洛陽 지방 정호程顥·정이程頤 [형제], 관중關中 지방 장재張載, 민중閩中 지방 주희朱熹의 해석을 따르지 않았다. 그러나 특별히 매우 주의 깊게 명백히 섬기는 요지에는 바로 중국의 경전에 기록된 바와 마치 약속이라도 한 것 같이 일치한다. 오직 이 천당·지옥에 대해 거리끼는 자들은 믿지 않았으나, 요점은 선한 자는 복 받고 음란한 자는 화를 입는다는 데에 있으니 유학자가 항상 하는 말이며 천하에서 살펴보면 또한 저절로 밝혀지는 이치이다.

| 원문 | (6)

"사선축악舍善逐惡 비어염강장이척숭산부창해比於厭康莊而陟崇山浮漲海 역하이이亦何以異 구비부군부지급苟非赴君父之急 관충효지대關忠孝之大 혹고지이호랑교경지우或告之以虎狼蛟鱷之愚 이불신야而弗信也 이필욕투신시지而必欲投身試之 시불역명완불영심재是不亦冥頑弗靈甚哉 임여무이臨女無貳 원자심성실학原自心性實學 불필의급화복不必疑及禍福 약이징우경타若以懲愚儆惰 즉명토알양則命討遏揚 합존시의合存是義 훈속입교訓俗立敎 고자고심固自苦心"

"션을 놋고 악을 좃참은 비컨대 평안훈 길을 스려호야 놉흔 산에 오라고 험훈 바다희 쓸과 무어서 다릇리오 진실노 군부의 급홈을 구원호눈 충효의 큰 관계 아닌티 혹 **호랑**과 **교악의**-교악은 바다에 큰 고기와 독룡이니 사름을 샹해오는 거시라- 환으로써 고호티 밋지 아니호고 반드시 몸소 더져 시험코져 호면 엇지 우환호고 지각 업슴이 심훈 자 아니냐-악을 피홈을 교악 굿치 홀거슬 아니 피훈다 뜻- 네게 림격호시니 의심치 말나 흠은 원리 심성을 두스리눈 실훈 학문으로브터 난 말이니 반드시 복션화음지리룰 의심치 아니 홀지라 만일 어린 쟈룰 경계호고 게어란 쟈룰 경쳑호려 호면 곳 명호야 쳐 악을 막고 션을 나타냄이 의리에 합당호나 풍속을 굿르치고 교룰 세움은 진실노 무옴을 고로히 쓸지라"

교주 주석목록본의 '比於厭康莊而陟崇山浮漲海' 대목이 언해필사본에는 '비컨대 평안훈 길을 스려호야 놉흔 산에 오라고 험훈 바다희 쓸과'로, '苟非赴君父之急 關忠孝之大' 대목이 '진실노 군부의 급홈을 구원호눈 충효의 큰 관계 아닌티'로 각기 되어 있음에 유의하였다.

주석목록본의 '或告之以虎狼蛟鱷之愚' 대목의 '愚'가 초판중각본에는 '患'으로 되어 있어 朱維錚 主編,『利瑪竇中文著譯集』, 上海:復旦大學出版社, 2001, p.100에도 그리 전해지기도 하지만, 주석목록본의 '愚'를 취하여도 새기기에 따라 뜻이 통하지 않는 게 아니므로 그대로 둔다.

원문 맨 마지막의 '固自苦心' 대목을 송영배 역, 「서문」,『천주실의』, 서울대학교출판부, 1999, p.26의 원문 인용에서는 누락시켰다. 다만 국역에 있어서는 이 대목을 뒤의 문장으로 이어 붙여서 '진실로 고심을 하며 이 [리치]의 책을 일찍이 읽어 보니'라고 하였다.

역해 원문 '弗靈'의 '靈'에 대한 국역에는『中韓辭典』, 1989, p.1423; 2006, p.122에 '(동작이나 기능 따위가) 재다. 재빠르다. … 잘 든다. 영리하다. 약빠르다'로 풀이되어 있음을 참조하였다. 여기에서는 그 중에서도 '영리하다'는 풀이가 적절한 것으로 여겨져 이를 취하였다.

원문 '合存是義'의 '合'은『中韓辭典』, 1989, p.913; 2006, p.751의 풀이 중 '④맞다. 어울리다. 부합하다'는 의미의 동사로 풀 수도 있으나, 이 문맥에서는 '⑦응당 …해야 한다. 마땅히 …해야 한다'는 의미의 조동사로 푸는 게, 그리고 '存'은 同書, 1989, p.421; 2006, p.344의 풀이 중 '⑦가지다. 품다. …'는 의미의 동사로 푸는 게 합당하겠다 싶어 각각 그렇게 취하여 국역하였다.

원문 '固自苦心'의 '固'에 관해서는『漢韓大字典』, 1967, p.268; 2002, p.441의 풀이 중 '⑦ 항상고 늘'이, 그리고 '自'에 관해서는 同書, 1967, p.1029; 2002, p.1708의 풀이 중 '부터 할자 무엇 무엇부터 시작함'이 적합하다고 여겨져 이를 취하여 국역하였다.

선을 버리고 악을 뒤쫓음은 큰길이 싫어서 높은 산을 오르고 험한 바다를 배 타고 가는 것과 비교하여 또한 어찌 다르겠는가. 만약 임금·아버지의 위급함에 달려가지 않으면 충성·효도의 크기와 관련되지만, 혹시 호랑이·이리·악어·고래의 우매함을 알려주어도 믿지 않으면서 그러나 틀림없이 몸을 던져 살펴보고자 한다면 이것 역시 사리에 우매하고 완고하여 영리하지 못함이 심하지 않은가! '네게 왕림했으니 의심하지 말라.'는 말은 원래 심성이 진실한 학문으로부터 왔으니 악을 쫓으면 화를 입고 선을 행하면 복을 받음에 반드시 이르게 됨을 의심하지 말라는 것입니다. 만약 어리석음을 징계하고 게으름을 훈계할 때에는 명령하고 책망하여 악을 막으며 선을 드러내도록 올바른 도리를 응당 품게 하여야 하며, 풍속을 가르치고 교화를 설정하는 데에는 늘 고심함으로부터 시작해야 한다.

| 원문 | (7)

"상독기서嘗讀其書 왕왕불류근유往往不類近儒 이여상고而與上古소문素問주비周髀고공考工칠원漆園제편諸編 묵상감인默相勘印 고수연불궤어정顧粹然不詭於正 지기검신사심至其檢身事心 엄익비해嚴翼匪懈 즉세소위고비이유자則世所謂皐比而儒者 미지혹선未之或先 신재信哉 동해서해東海西海 심동리동心同理同 소부동자所不同者 특언어문자지제特言語文字之際 이시편자출而是編者出 즉동문아화則同文雅化 우이위지전모又已爲之前茅 용이고취휴명用以鼓吹休明 찬교려속贊教厲俗 불위우연不爲偶然 역기도연亦豈徒然 고부당여제자백가固不當與諸子百家 동류이시의同類而視矣"

| 언해 |

"일즉 그 글을 닑으니 간혹 유셔와 ᄀᆞᆺ지 아니ᄒᆞᄃᆡ 샹고적 초문과 쥬비와 고공과 칠원 모든 글노 더브러 ᄌᆞᆷ〃이 서로 합ᄒᆞ니 도라보건대 슌슈ᄒᆞ고 졍대ᄒᆞ야 몸을 살피고 ᄆᆞ음을 ᄃᆞᄉᆞ리ᄂᆞᆫᄃᆡ 니ᄅᆞ러 엄ᄒᆞ고 소심ᄒᆞ야 게어ᅀᆞ지 아니ᄒᆞᆫ 즉 셰샹에 닐온바 통달ᄒᆞᆫ 션ᄇᆡ라도 혹 지나리 업슬지니 밋븐 뎌 동ᄒᆡ셔ᄒᆡ l ᄆᆞ음이 ᄀᆞᆺ고 리 l ᄀᆞᆺᄒᆞᄃᆡ ᄀᆞᆺ지 아니ᄒᆞᆫ 바쟈ᄂᆞᆫ 특별이 언어문ᄌᆞ라 이제 이 ᄎᆡᆨ이 나신 즉 ᄀᆞᆺᄒᆞᆫ 글노써 ᄀᆞᆺ치 화ᄒᆞᆯ 거시오 ᄯᅩ 션진이 되야 후진으로써 니어 븕히면 교화ᄅᆞᆯ 돕고 풍속을 ᄀᆞ다듬음이 우연치 아니ᄒᆞᆯ지라 엇지 헛되이 넉이리오 진실노 맛당이 져ᄌᆞ빅가로―유도 모든 글이라― 더브러 ᄀᆞᆺ치 보지 못ᄒᆞ리로다"

> **교주** 주석목록본의 '顧粹然不詭於正' 대목이 언해필사본에는 '도라보건대 슌슈ᄒᆞ고 졍대ᄒᆞ야'로 되어 있음에 유의하였다.

역해 『素問』은 중국 醫學書 가운데 가장 오랜 것으로 널리 알려진 『黃帝內經』의 한 부분으로, 「上古天眞論篇」, 「四氣調神大論篇」, 「生氣通天論篇」, 「陰陽類論篇」 등 하늘·기운·음양 등등에 관한 내용을 담은 81편으로 구성되어 있으며, 黃帝와 그의 신하 岐伯이 묻고 답하는 말들을 기록한 형식을 취하고 있다. 『漢書』 「藝文志」에 보면 "『素問』이라는 명칭은 漢·晉 때 생겼다. 그래서 『隋書』 「經籍志」에 비로소 著錄되었다."라고 하였으며, 이후 戰國 시대의 사람이 지은 보는 설이 일반적이라고 한다. [宋]王應麟, 『漢書考·漢書藝文志考證』, 北京:中華書局, 2011, pp298-299. 鈴木由次郎, 『漢書藝文志』, 東京:明德出版社, 初版, 1968; 4版, 1983, p.298. 興膳 宏 (外), 『隋書經籍志詳攷』, 東京:汲古書院, 1995, pp.680-682. 李世烈 解譯, 『한서예문지』, 자유문고, 초판, 1995; 3쇄, 2005, pp.306-307 및 오만종 (외), 『중국 고대 학술의 길잡이-『漢書·藝文志』 註解-』, 전남대학교출판부, 2005, p.336 그리고 이케다 마사카즈 지음, 이정환 옮김, 『황제내경』 上 素問, 청홍, 2001 및 崔亨柱 譯解, 『황제내경소문』(상·하), 자유문고, 2004 참조.

『周髀』는 『周髀算經』의 略稱으로 통용되기도 하나, 이 '주비'는 원래 周나라의 해시계 혹은 그 바늘gnomon 자체를 가리키는 것이라고 한다. 『주비산경』은 隋나라 國子監 안에 설립된 算學 이후 唐나라 高宗 顯慶 元年(656)에 이르러 비로소 국자감 안에 算學館을 설치하면서 李淳風 등이 注釋한 소위 '算經十書'를 갖추게 될 때 『九章算術』 등 보다 가장 먼저 편집되었으므로 그 중에서도 가장 오래된 동양 최고의 天文書이자 算學書로 손꼽는 게 중국 학계의 관행이다. 錢寶琮 校點, 「校點算經十書序」, 『算經十書』, 北京:中華書局, 1963; 李儼·錢寶琮, 『李儼錢寶琮科學史全集』 第4卷, 沈陽:遼寧敎育出版社, 1998, p.1. 이밖에 唐如川, 『周髀今解』, 上海:學林出版社, 2015. 江曉原, 『『周髀算經』新論·譯注』, 上海:上海交通大學出版社, 2015. 程貞一·聞人軍 譯註, 『周髀算經譯注』, 上海:上海古籍出版社, 2012; 重印, 2016 그리고 차종천 譯, 『구장산술·주비산경』, 범양사출판부, 2000 참조.

『考工』은 중국 周나라의 이상적인 국가 경영을 이루기 위해 부국정책을 수행하면서 엄정한 국가 및 과학 관리 체제를 유지하는 임무를 담당하던 『周禮』의 六官[天官冢宰·地官司徒·春官宗伯·夏官司馬·秋官司寇·冬官考工記] 중 다양한 분야의 기술을 지니고 발휘하여 온갖 물건을 제작하고 운용하는 직책에 대해 상세히 설명하고 있는 『考工記』를 지칭하는 것으로 읽힌다. 錢玄 (外) 注譯, 『周禮』, 長沙:嶽麓書社, 2001. 郝鐵川, 『經國治民之典:『周禮』與中國文化』, 開封:河南大學出版社, 1995. 丁進, 『周禮考論:周禮與中國文學』, 上海:上海人民出版社, 2008. 馮紹霆, 『周禮 遠古的理想』, 上海:上海古籍出版社, 2008 및 聞人軍 譯注, 『考工記譯注』, 上海:上海古籍出版社, 2008; 重印, 2010 그리고 池載熙 (外) 解譯, 『주례』, 자유문고, 2002 참조.

『漆園』은 곧 『莊子』를 지칭하는 것이다. 『漢韓大字典』, 民衆書林, 初版, 1966; 3版, 1967, p.742; 第2판 제6쇄, 2002, p.1202의 풀이 중 '漆園史'에 대해 '莊子를 이름. 일찍이 蒙이란 곳에서 漆園의 벼슬아치가 되었기 때문'이라고 하였으며, 諸橋轍次, 『大漢和辭典』 卷7,

初版, 1959; 縮刷版, 東京:大修館書店, 1968, p.208의 풀이에서 이 '漆園'이 戰國時代 楚나라의 莊周 곧 莊子를 이른다고 하였음을 참조하였다. 「序」의 이 대목에서 李之藻가 『莊子』를 굳이 거론한 것은, 그 내용 중 「應帝王」篇의 '帝王' 및 「天下」篇의 '天下' 개념이 『천주실의』에서 구사된 그것들과 상관이 매우 깊다고 하는 차원에서 그런 게 아닐까 싶다. 혹은 『장자』도 『천주실의』 자체가 그러하듯이 問答으로 내용 전개가 篇마다 종종 이루어지고 있는 형식을 취하고 있다는 점도 고려되었던 게 아닐까 싶기도 하다. 張涅, 「『莊子』'外雜篇'對于 應帝王 篇的思想發展」/「『莊子·天下』學術史意義禮記」, 『先秦諸子思想論集』, 上海:上海古籍出版社, 2005 및 조현숙 옮김, 『장자』, 책세상, 2016 참조.

원문 '則世所謂皐比而儒者'의 '皐比'에 관한 『中韓辭典』, 2006, p.642의 풀이에 '③敎師'가 있으나, 『漢韓大字典』, 1967, p.858; 2002, p.1404의 풀이 '②將軍. 학자 등의 좌석. 호피를 깔았으므로 이름' 중 '학자'를 취하여 국역하였다.

원문 '亦豈徒然'의 '徒然'에 관한 『中韓辭典』, 1989, p.2364; 2006, p.2004의 풀이 '소용없다. 쓸데없다. 헛되다' 중 '소용없다'를 취하여 국역하였다.

원문 '固不當與諸子百家'의 '固'에 대한 『漢韓大字典』, 1967, p.268; 2002, p.441의 '⑥진실로고 ㉠말할 것도 없이. 물론 ㉡본디부터' 중에서 이 문맥에서는 '본디부터'가 가장 적합하다고 판단되어 이를 취하여 국역하였다.

| 국역 |

일찍이 그 책을 읽으니 이따금 부류가 유교에 가깝지 않지만 아주 오랜 옛날 [『황제내경黃帝內經』의] 「소문素問」, 『주비(산경)周髀(算經)』, [『주례周禮』의] 「고공(기)考工(記)」, 『칠원漆園』[『장자莊子』] 등 여러 서적과 더불어 묵묵히 조사해 봐도 일치하니 돌이켜보건대 순수하여 올바름에 어그러지지 않는다. 그 몸을 살피고 마음을 힘씀에 이르러 엄중하게 근신하며 나태하지 않았으니 곧 세상에서 소위 학자라고 불리는 유학자라도 어쩌면 앞서지 못한다. 믿노라! 동양과 서양에서 마음이 같고 이치가 같음을! 같지 않은 바의 것은 특히 언어·문자의 경우이지만 이 책이라는 것이 나오니 곧 같은 문장으로써 우아해지리라! 또한 이미 [예전에 군대가 진군할 때] 앞에서 깃발을 들어야 북을 치며 나팔을 불어서야 분명히 멈추니 교화를 칭찬하여 풍속을 엄숙하게 함은 뜻밖에 그렇게 되는 게 아니며 또한 어찌 다만 소용이 없겠는가. 본디부터 천주교를 [중국 춘추전국春秋戰國 시대의] 제자백가諸子百家와 같은 부류라고 보는 것은 부당하다.

| 원문 | (8)

"여우왕맹박씨余友汪孟樸氏 중각어항重刻於抗 이여위참변수어而余爲僭弁數語 비감현

역외지서非敢炫域外之書 이위문소미문以爲聞所未聞 성위공대황황誠謂共戴皇皇 이흠숭요의而欽崇要義 혹역유습이미지용력자或亦有習而未之用力者 어시성언於是省焉 이존심양성지학而存心養性之學 당불무비익운이當不無裨益云爾"

| 언해 |

"우리 벗 왕씨 밍박이 항쥬 싸희셔 이 글을 판각ᄒᆞ매 나ㅣ 외람이 두어말 셔를 긔록ᄒᆞᄂᆞ니 감히 외국글에 볽은 톄ᄒᆞ미 아니라 듯지 못ᄒᆞ든 바를 드르니 진실노 ᄒᆞᆫ가지로 황〃−만황의 황이라 말−을 우러〃 흠슝ᄒᆞᄂᆞᆫ 요긴ᄒᆞᆫ 뜻이라 닐온 거시오 쏘ᄒᆞᆫ 혹 일즉 드릇시ᄃᆡ 힘쓰지 못ᄒᆞᆫ 자잇셔 이에 살피니 ᄆᆞ음에 두어 셩픔 양ᄒᆞᄂᆞᆫ 학에 도음이 업지 못ᄒᆞ리로다"

교주 주석목록본 원문의 '誠謂共戴皇皇' 대목 중 '皇皇'이 초판중각본에는 '皇天'으로 되어 있음에 유의하였다.

역해 원문 '於是省焉'의 '於是(于是)'에 관련해서는 『中韓辭典』, 1989, p.2937; 2006, p.2482의 풀이 '그래서. 이리하여, 그리하여' 가운데 이 문맥에서는 '그리하여'가 적합하다고 판단된 어 이를 취하여 국역하였다.

원문 '存心養性之學'의 '存心'은 『中韓辭典』, 1989, p.422; 2006, p.345에 '어떤 마음[생각]을 먹다[품다]'라는 풀이가, 그리고 '養性'은 同書, 1989, p.2763; 2006, p.2339에 '천성을 함양하다'라는 풀이가 있기에 이를 취하여 이 대목을 '마음에 품고 천성을 함양하는 학문'으로 국역하였다.

원문 '當不無裨益云爾'의 '不無'에 관한 『中韓辭典』, 1989, p.207; 2006, p.167의 풀이 '없지 않다. 조금은 있다' 중 '조금은 있다'를 취하여 국역하였다.

| 국역 |

우리의 벗 왕맹박汪孟樸 씨가 항주杭州에서 거듭 판각板刻하였지만 내가 외람되이 두어 말씀을 드린다. 감히 외국의 책을 자랑하려는 게 아니라 들어본 적이 없는 바를 들었다고 여겨 함께 하느님을 받들고 공경하여 모여서 숭배하는 요긴한 뜻을 진심으로 이르는 것이다. 어쩌면 또한 익혔으나 공부에 힘쓰지 못한 것이 있을까 그리하여 살피면서 곧 마음에 품고 천성을 함양하는 학문에 당연히 이로움이 조금은 있어야 한다.

| 원문 | (9)

"만력강어협흡지세일전재심절서후학이지조관수근서萬曆疆圉叶洽之歲日躔在心浙西後學李之藻盥手謹序"

"만력 졍미 셰심일에 졀셔 후학 리지조는 삼가 셔ᄒᆞ노라"

교주 주석목록본의 '彊圉叶洽'이 초판중각본에는 '彊犀洽'로 되어 있음에 유의하였다.

역해 '彊圉'는 '彊圄'로도 표기되며 또 그 중 '彊'이 '强'으로도 표기되기도 하는데 이는 十干의 '丁'이며, '叶洽'은 '協洽'로도 표기되기도 하는데 이는 十二支의 '末'이므로, '彊圉叶洽'은 '丁末'를 가리키는 것이다. 王力 主編, 『中國古代文化常識』, 北京:中國人民大學出版社, 2012, pp.23-24; 王力 主編, 『中國古代文化常識』 揷圖修訂第4版, 北京:北京聯合出版公司, 2014; 第2次 인쇄, 2015, pp.52-53; 王力 著, 李鴻鎭 譯, 『中國古代文化常識』, 螢雪出版社, 1992, pp.33-35 참조.
원문 '日躔在心'의 직역直譯은 '태양의 궤도가 마음에 있는 날'이 될 터인데, 언해필사본에서 '셰심일에'라고 한 것에서 '셰심일'이 '洗心한 날에'일 것이라 추정되고, 이 '洗心'이 '마음을 깨끗하게 함'(국립국어연구원, 『표준국어대사전』 중, 두산동아, 1999, p.3486), '마음의 더러운 것을 씻어냄·과오를 뉘우쳐 마음을 고침·改心함'(『漢韓大字典』, 1967, p.702; 2002, p.1141)이라는 의미이므로 '改心한 날에'로 국역하였다.

| 국역 |

만력萬曆 졍미丁末(1607년) 개심改心한 날에 졀강浙江 서쪽의 후학後學 이지조李之藻가 물에 손을 씻고 삼가 서문序文을 쓰다.

제1편

원문:"수편首篇 논천주시제천지만물論天主始制天地萬物 이주재안양지而主宰安養之"

언해:"텬쥬ㅣ 비로소 텬디만물을 지으샤 쥬지ᄒ시고 안양ᄒ심을 의논홈이라"

교주 언해필사본 '샹권 목록'에는 '슈편은 텬쥬ㅣ 비로소 텬디만물을 지으시고 쥬지ᄒ시고 안양ᄒ심을 의논홈이라'으로 되어 있다.

국역:천주께서 처음 천하 만물을 창조하시고 주재하시면서 편안히 기르심을 논하다

| 원문 | (1)

"중사왈中士曰 부수기지학夫修己之學 세인숭업世人崇業 범불욕도품생명凡不欲徒稟生命 여금휘등자與禽彙等者 필어시탄력언必於是殫力焉 수기공성修己功成 시칭군자始稱君子 타기수융他技雖隆 불면소인류야不免小人類也"

| 언해 |

"즁ᄉㅣ —즁국 션비니 후에 다 이듸로 보라— ᄀᆞᆯ오ᄃᆡ 대뎌 슈신ᄒᆞᄂᆞᆫ 학은 셰샹 사ᄅᆞᆷ의 숭샹ᄒᆞᄂᆞᆫ 업이라 므릇 ᄒᆞᆫ갓 싱명을 밧고 금슈로 더브러 ᄀᆞᆺ지 안코져 ᄒᆞᄂᆞᆫ 쟈ᄂᆞᆫ 반ᄃᆞ시 이 학업에 힘을 다ᄒᆞ야 몸을 닥고 공을 일우어야 비로소 군ᄌᆞ라 닐ᄏᆞᆺ고 다ᄅᆞᆫ 진됴ᄂᆞᆫ 비록 놉흐나 종리 소인의 류롤 면치 못ᄒᆞᄂᆞᆫ지라"

| 국역 |

중국선비가 말한다 : 대저 자기를 닦는 학문은 세상 사람이 숭상하는 일입니다. 무릇 다만 생명을 받고 짐승 무리들과 같지 않고자 하는 자는 틀림없이 그리하여 힘을 다하여 자기를 닦고 공적을 이루어야 겨우 군자라 일컬어지지만 다른 재주가 비록 뛰어날지라도 소인의 부류를 면하지 못하는 것입니다.

| 원문 | (2)

"성덕내진복록成德乃眞福祿 무덕지행無德之幸 오위지행誤謂之幸 실거기완이實居其患耳 세지인世之人 노유소지이지路有所至而止 소이선기로所以繕其路 비위기로非爲其路 내위기로소지이지야乃爲其路所至而止也"

| 언해 |

"덕을 일움은 춤 복녹이오 덕 업시 다힝홈은 다힝이 아니오 실은 근심에 거홈이라 셰샹

사름의 길이 향호야 긋치는 곳이 잇스니 그 길을 닥금은 그 길을 위흠이 아니라 그 길을 힝
호야 긋칠 바를 위흠이니"

교주 언해의 '셰샹 사름의 길이 향호야 긋치는 곳이 잇스니' 부분이 원문에는 '世之人 路有所至
而止'라고 되어 있음에 유의하였다.

| 국역 |

덕을 이룸은 바로 참된 행복이요 덕이 없는 행운은 잘못 말해서 행운이지 실제로는 그
근심을 마음에 품었을 따름입니다. 세상 사람의 길은 이르거나 그치게 되는 곳이 있으니
그 길을 수리함은 그 길을 위함이 아니라 마침내 그 길이 이르거나 그치게 되는 곳을 위함
입니다.

| 원문 | (3)

"오소수기지도吾所脩己之道 장해소지여將奚所至歟 본세소급本世所及 수이략명雖已畧
明 사후지사死後之事 미지하여未知何如 문선생주류천하聞先生周流天下 전수천주경지傳
授天主經旨 적인위선迪人爲善 원령대교願領大敎"

| 언해 |

"내 몸 닥는 길은 장춧 어듸를 니를 바뇨 이 셰샹에 힝홀 바는 대략 임의 알앗시나 수후
에 일은 엇더흠을 아지 못하니 드르매 션싱이 쥬류텬하호야 텬쥬셩경 쯧을 젼호야 사름을
션으로 인도혼다 호니 큰 교 밧기를 원호노이다"

교주 언해의 '이 셰샹에 힝홀 바는 대략 임의 알앗시나' 부분이 원문에는 '本世所及 雖已畧明'으
로 되어 있음에 유의하였다.

| 국역 |

제가 자기를 닦는 길은 장차 어디에 이르는 것일지요. 이 세상에 이르는 바는 비록 이미
대략 이해하였더라도 죽은 뒤의 일은 어떠한가를 알지 못합니다. 들자니 선생님께서 천하
를 두루 유랑하며 천주교 성경의 취지를 전해주어 사람들을 인도하여 선하게 한다 하니
큰 가르침 받기를 원합니다.

"서사왈西士曰 현사고賢賜顧 불식욕문천주하정하사不識欲問天主何情何事"

| 언해 |

"셔ᄉ—셔국 션빈니 리마두씌셔 ᄒᄂ 말—ㅣ ᄀᆯ오ᄃᆡ 은혜로이 도라보시니 아지 못거라 텬쥬의 무ᄉᆷ ᄯᆮ과 무ᄉᆷ 일을 뭇고져 ᄒᄂ뇨"

> **교주** 원문에는 '賢賜顧'라 했는데, 언해에서는 '은혜로이 도라보시니'라고 했음을 유의하였다. 또한 원문에 '不識欲問天主何情何事'이라 한 부분을 언해에서는 '아지 못거라 텬쥬의 무ᄉᆷ ᄯᆮ과 무ᄉᆷ 일을 뭇고져 ᄒᄂ뇨'라고 풀었음에 유의하였다. 언해에서 '셔ᄉ'에 대해서 '셔국 션빈니 리마두씌셔 ᄒᄂ 말'이라는 註釋을 달았음이 특히 주목된다.

| 국역 |

서양선비가 말한다 : 고려해주셔서 매우 감사합니다. 천주님의 어떤 뜻과 무슨 일을 묻고 자 하시는지 모르겠습니다.

| 원문 | (5)

"중사왈中士曰 문존교도연이지현聞尊教道淵而旨玄 불능이편언실不能以片言實 단귀국 유숭봉천주但貴國惟崇奉天主 위기시제건곤인물謂其始制乾坤人物 이주재안양지자而主宰 安養之者 우생미습문愚生未習聞 제선정미상강諸先正未嘗講 행이회아幸以誨我"

| 언해 |

"즁ᄉㅣ ᄀᆯ오ᄃᆡ 드르니 놉흐신 교ㅣ 도ᄂ 심오ᄒ고 ᄯᆮ은 현묘ᄒ다 ᄒ시니 능히 조각 말노 다치 못ᄒ려니와 다만 귀국이 흠슝ᄒᄂ 텬쥬ᄂ 비로ᄉ 텬디 인물을 지어 쥬직ᄒ고 안 양ᄒ시ᄂ 쟈라 닐오나 내 일즉 익히 듯지 못ᄒ고 모든 션현—전대 어진 사ᄅᆷ—이 일즉 강 논치 못ᄒ엿시니 다ᄒᆡᆼ히 나를 ᄀᆞᄅ치소셔"

> **교주** 원문의 '愚生'이 판본에 따라서는 '恩生'으로 되어 있기도 하다. 송영배 (외) 옮김, 「『천주 실의』 판본들의 對校와 校勘」, 『천주실의』, 서울대학교출판부, 1999, p.453의 지적에 따라 '愚'로 표기하였다.

| 국역 |

중국선비가 말한다 : 듣자니 높으신 가르침의 도리가 깊으면서 취지는 오묘하다 하는데, 몇 마디의 말씀으로는 만족할 수가 없습니다. 다만 선생님 나라에서 흠숭하는 천주께서는

처음 천지·사람·사물을 창조하시고 주재하시며 편안히 기르시는 분이라 이르지만, 제가 일찍 익히 듣지 못하고 모든 옛 사람이 일찍이 강론하지 못하였으니, 바라옵건대 제게 가르쳐주십시오.

| 원문 | (6)

"서사왈西士曰 차천주도此天主道 비일인일가일국지도非一人一家一國之道 자서조동自西徂東 제대방함습수지諸大邦咸習守之 성현소전聖賢所傳 자천주개벽천지自天主開闢天地 강생민물降生民物 지금경전수수至今經傳授受 무용의야無容疑也 단귀국유자但貴國儒者 선적타국鮮適他國 고불능명오역지문어故不能明吾域之文語 암기인물諳其人物"

| 언해 |

"셔스ㅣ ᄀᆞᆯ오ᄃᆡ 텬쥬도리ᄂᆞᆫ ᄒᆞᆫ 사ᄅᆞᆷ과 ᄒᆞᆫ 집과 ᄒᆞᆫ 나라의 도ㅣ 아니라 보텬하 모든 나라히 공번되이 닉혀 딕흴 도ㅣ라 성현의 젼ᄒᆞᆫ 바 텬쥬ㅣ 텬디를 긔벽ᄒᆞ고 만믈을 조셩홈으로브터 지금ᄭᆞ지 셩경 셩뎐으로 주고 밧으니 의심ᄒᆞᆯ 거시 업ᄉᆞᄃᆡ 다만 귀국 션비ㅣ 타국을 통ᄒᆞᆫ 이 젹은 고로 능히 우리 디방 문ᄌᆞ와 언어ᄅᆞᆯ 닉혀 인믈의 ᄉᆞ졍을 서로 아지 못ᄒᆞᄂᆞᆫ지라"

> **교주** 언해의 '보텬하 모든 나라히 공번되이 딕흴 도ㅣ라' 대목이 원문에는 '自西徂東 諸大邦咸習守之'로, '셩경 셩뎐으로 주고 밧으니' 부분이 '經傳授受'로, '인믈의 ᄉᆞ졍을 서로 아지 못ᄒᆞᄂᆞᆫ지라'가 '諳其人物'로 되어 있음에 유의하였다.

| 국역 |

서양 선비가 말한다: 천주님의 도리는 한 사람과 한 집과 한 나라의 도리가 아니라, 서쪽으로부터 동쪽에 이르기까지 여러 큰 나라가 모두 그것을 익혀 지킵니다. 성인과 현인이 전한 바 천주께서 천지를 처음 열고 내려오셔서 백성과 사물을 만드심으로부터 지금까지 성경을 주고받았으니 의심이 용납되지 않습니다. 다만 그대 나라의 선비가 다른 나라에 드물게 가기 때문에 우리 지역의 문자·언어에 밝지 못하여 그 인물을 익숙히 알 수가 없었습니다.

| 원문 | (7)

"오장역천주지공교吾將譯天主之公敎 이징기위진교以徵其爲眞敎 고미론기존신자지중차현姑未論其尊信者之衆且賢 여기경전지소운與其經傳之所云 차선거기소거지리且先擧其

所據之理"

| 언해 |

"내 쟝춫 텬쥬의 공변된 교롤 번역ᄒᆞ야 춤됨을 증거홀지니 그 놉히고 밋는 쟈의 어질고 만흠과 경뎐에 실닌 바ᄂᆞᆫ 아직 다 의논치 못ᄒᆞ나 몬져 그 증거홀 도리롤 드노라"

교주 언해의 '경뎐에 실닌 바ᄂᆞᆫ'이 원문에는 '其經傳之所云'으로 되어 있음에 유의하였다.

| 국역 |

제가 장차 천주님의 공변된 가르침을 번역하여 그것이 참된 가르침임을 증명할 것이지만, 그분의 가르침을 받들어 믿는 자가 많으며 게다가 현명하다는 것과 그 성경에 말한 바를 잠시 논의하지 않고, 이제 그 의거한 바의 이치를 먼저 들겠습니다.

[제1강]

원문 : 인능추리별우금수人能推理別于禽獸
언해 : 사ᄅᆞᆷ이 능히 추리홈이 금슈와 다름이라
국역 : 사람은 이치를 미루어 헤아릴 수 있음이 날짐승·길짐승과 다르다

| 원문 | (1)

"범인지소이이어금수 凡人之所以異於禽獸 무대호영재야 無大乎靈才也 영재자능변시비 靈才者能辯是非 별진위別眞僞 이난기지이리지소무而難欺之以理之所無 금수지우禽獸之愚 수유지각운동雖有知覺運動 차동우인差同于人 이불능명달선후내외지리而不能明達先後內外之理 연차緣此 기심단도음탁其心但圖飮啄 여부득시필배與夫得時匹配 자생궐유운 孳生厥類云耳"

| 언해 |

"므릇 사ᄅᆞᆷ이 금슈와 다ᄅᆞᆫ 바쟈ᄂᆞᆫ 령지에서—령혼의 직능이니 아직 처음 문답에 령혼 슈졍을 ᄇᆞᆰ히지 못ᄒᆞᆫ 고로 령혼이라 아니ᄒᆞ고 령지라 ᄒᆞ니라— 더 큰 거시 업ᄂᆞ니 령지ᄂᆞᆫ 능히 시비롤 분변ᄒᆞ고 진위롤 구별ᄒᆞ야 리의 업ᄂᆞᆫ 바로써 속이지 못ᄒᆞ고 금슈의 쥰〃홈은 비록 지각운동이 잇서 적이 사ᄅᆞᆷ과 ᄀᆞᆺᄒᆞ나 능히 션후ᄂᆡ외와 스물의 리롤 ᄇᆞᆰ히지 못ᄒᆞᄂᆞᆫ

고로 그 소욕이 다만 먹고 마시고 즈웅이 합ᄒ야 낫코 ᄭ쎠 그 류를 널닐 ᄯ름이로ᄃᆡ"

> **교주** 언해의 '젹이 사ᄅᆞᆷ과 ᄀᆞᆺᄒ나 능히 션후ᄂᆡ외와 ᄉᆞ물의 리를 ᄇᆞᆰ히지 못ᄒᄂᆞᆫ 고로' 부분이 원문에는 '差同于人 而不能明達先後內外之理 緣此'로 되어 있음에 유의하였다.

> **역해** 원문의 '靈才'를 언해의 본문에서는 '령ᄌᆡ'로 풀고 그 주석에서는 '령혼의 지능'이라 하였지만, 이 '靈才'의 '才'에 관한 『漢韓大字典』, 民衆書林, 초판, 1966; 제3판, 1967, p.504; 全面改訂·增補版 제2판 제5쇄, 2001, p.812의 풀이에는 '①재주재 재능'도 있지만 '②바탕재 성질'도 있으니 '바탕·성질'을 취하는 게 옳다고 여겨져 여기에서는 '靈性'으로 국역하였다. 이후도 마찬가지다.

| 국역 |

무릇 사람이 날짐승·길짐승과 다른 까닭은 영성보다 더 큰 것이 없으니, 영성이라는 것은 옳고 그름을 밝혀 진실과 거짓을 분별하니 이치가 없는 바로써 속이기 어려운 것입니다. 날짐승·길짐승의 어리석음은 비록 지각운동이 있어 사람과 조금 같아도 먼저와 나중, 안과 밖의 이치를 분명하게 통달할 수는 없습니다. 이로 말미암아 그 마음이 단지 마시고 먹으며 사귀어 그때를 만나 짝을 지워 그 부류의 새끼를 까고 낳는다고 말할 뿐입니다.

| 원문 | (2)

"인즉초발만류人則超拔萬類 내품신령內稟神靈 외도물리外覩物理 찰기말이察其末而 지기본知其本 시기고연視其固然 이지기소이연而知其所以然 고능불사금세지고로故能不辭今世之苦勞 이전정수도以專精修道 도신후만세지안락야圖身後萬世之安樂也"

| 언해 |

"사ᄅᆷ인즉 만류에 ᄲᅱ여나 안흐로 신령ᄒᆫ 픔을 밧고 밧그로 ᄉᆞ물의 리를 보와 그 ᄭᅳᆺ출 살피매 그 근본을 알고 그 진실노 그런 거슬 보매 그 그리되게 ᄒᆫ 바를 아ᄂᆞᆫ 고로 능히 금셰의 고로옴을 ᄉᆞ양치 아니ᄒᆞ고 졍실이 도를 닥가 신후 만셰의 안락을 도모ᄒᆞᄂᆞ니"

> **교주** 언해의 '그 그리되게 ᄒᆫ 바를 아ᄂᆞᆫ'이 원문에는 '知其所以然'으로, '금셰의 고로옴'이 '今世之苦勞'로 되어 있음에 유의하였다.

| 국역 |

사람은 곧 온갖 부류보다 월등히 뛰어나 안으로 신령함을 받고 밖으로 사물의 이치를 보아 그 말단을 살피면서 그 근본을 알며, 그것이 본디부터 그러함을 보면서 그것이 그리된 까닭을 압니다. 그러므로 응당 지금 세상의 괴로움과 수고로움을 사양하지 않고 오로지 도리를 닦음에 정진함으로써 죽은 뒤 영원한 세월의 편안함과 즐거움을 꾀합니다.

| 원문 | (3)

"영재소현靈才所顯 불능강지이순부불진자不能强之以殉夫不眞者 범리소진시凡理所眞 是 아불능불이위진시我不能不以爲眞是 리소위탄理所僞誕 불능불이위위탄不能不以爲僞 誕 사우인신斯于人身 유태양어세간猶太陽於世間 보편광명普遍光明 사영재소시지리捨靈 才所是之理 이순타인지소전而殉他人之所傳 무이호심멱물無異乎尋覓物 방차일광이지등 촉야方遮日光而持燈燭也"

| 언해 |

"령직 나타나는 바에는 능히 춤되지 못혼 쟈로써 강박ᄒ야 좃게 못ᄒᆞᄂ 지라 므릇 리의 춤을 혼거슨 능히 춤을 혼거시 아니라 못ᄒᆞ고 리의 허탄흔 거슨 능히 허탄흔 거시 아니라 못홀지니 이 령직ㅣ 사름에게 잇심이 태양이 셰샹에 두루 빗쵬과 ᄀᆞᆺᄒᆞ니 만일 령직의 올 타 ᄒᆞᄂ 리를 놋코 다른 사름의 젼흠을 좃차면 마치 물건을 찾ᄂ 쟈ㅣ 날빗츨 ᄀᆞ리오고 등 촉을 잡음과 ᄀᆞᆺᄒᆞ지라"

> **교주** 언해의 '능히 춤되지 못혼 쟈로써 강박ᄒ야 좃게 못ᄒᆞᄂ 지라' 부분이 원문에는 '不能强之 以殉夫不眞者'로 되어 있으며, '이 령직ㅣ 사름에게 잇심이'가 '斯于人身'으로, 그리고 '다 른 사름의 젼흠을 좃차면'이 '殉他人之所傳'으로 되어 있음에 유의하였다. 한편 언해의 '능 히 춤을 혼거시 아니라'의 '혼거시'는 원문 '我不能不以爲眞是'와 견주어 볼 때 분명 '흔거 시'의 오류임이 분명하다.

> **역해** 원문 '我不能不以爲眞是'의 '不能不'에 관한 『中韓辭典』, 高麗大 民族文化硏究所, 初版, 1989, p.201; 全面改訂 2版 3刷, 2006, p.162의 풀이 '①…하지 않을 수 없다. …하지 않고 서는 못 배기다. ②…하지 않을 리 없다' 중 '…하지 않을 수 없다'가 이 문맥에서는 적합하 다고 판단되어 이를 택하여 국역하였다.

| 국역 |

영성이 드러낸 바에 그것이 진실하지 못한 자에게 목숨을 바치도록 강요할 수는 없습니 다. 무릇 이치가 진실하고 옳은 바를 우리가 진실하지 않고 옳지 않다고 생각하지 않을 수 는 없으며, 이치가 거짓되고 허황된 것을 거짓되지 않고 허황되지 않다고 생각할 수는 없 습니다. 이것이 사람 육신에 있음이 마치 태양이 이 세상에 두루 광명을 비추는 것과 같으며, 영성의 올바른 이치를 버리면서 다른 사람이 전하는 바에 목숨을 바치면 물건을 찾아 구하면서 바야흐로 햇빛을 가리고 등불·촛불을 잡는 것과 다르지 않습니다.

| 원문 | (4)

"금자욕문천주교원今子欲聞天主教原 즉오직진차리이대則吾直陳此理以對 단장리부석但杖理剖析 혹유이논或有異論 당실절변當悉折辯 물이탄아勿以誕我 차론천주정도공사야此論天主正道公事也 불가이사손폐지不可以私遜廢之"

| 언해 |

"이제 즈네 텬쥬교 근원을 듯고져 ᄒᄂ딕 내 몬져 이 리를 베퍼딕 답홈은 다만 리를 의지하야 씩치고 ᄂᆞ화 혹 소견의 다른 의논이 잇스면 맛당이 ᄶᅥ거 변난ᄒᆞ고져 홈이 날노써 허탄이 넉이지 말나 이는 텬쥬 정도롤 강논ᄒᆞᄂᆞᆫ 공변된 일이라 가히 외면 겸손으로써 다토와 변논홈은 폐치 못홀지니라"

> **교주** 언해의 '이제 즈네 텬쥬교 근원을 듯고져 ᄒᄂ딕' 부분이 원문에는 '今子欲聞天主教原'으로, '가히 외면 겸손으로써 다토와 변논홈은 폐치 못홀지니라'가 '不可以私遜廢之'로 되어 있음에 유의하였다.

| 국역 |

지금 그대가 천주께서 가르치신 근원에 대해 듣고자 하니, 바로 제가 이 이치를 솔직하게 진술하여 대답하겠는데, 다만 이치에 의뢰하여 옳고 그름을 갈라 결정하더라도 어쩌면 다른 의견이 있을 수 있어서 마땅히 다 시비를 가려 진위를 밝혀야 하니 저를 허망하다고 여기지 마십시오. 이는 천주의 바른 도리와 공변된 사안을 논의하는 것이라서 개인적인 겸손으로 그만두지 못합니다.

| 원문 | (5)

"중사왈中士曰 자하상호玆何傷乎 조득우익이상산림鳥得羽翼以翔山林 인품의리이궁사물人稟義理以窮事物 고론유상리언이故論惟尙理焉耳 리지체용광심理之體用廣甚 수성현역유소부지언雖聖賢亦有所不知焉 일인불능지一人不能知 일국혹능지지一國或能知之 일국불능지一國不能知 이천국지인혹능지지而千國之人或能知之 군자이리위주君子以理爲主 리재즉순理在則順 리부재즉불理不在則咈 수득이이지誰得而異之"

| 언해 |

"즁亽ㅣ 굴오딕 이 무어시 샹ᄒ리오 새는 늘개를 엇어 산림에 놉히 날고 사름은 의리에 ᄆ러 亽물을 궁구ᄒᄂ니 고로 의논은 오직 리를 슝샹ᄒᄂ지라 리의 톄와 용이 심히 넓으니―만 가지 亽리 다 톄용이 잇ᄉ니 톄는 근본이오 용은 끗치다― 비록 셩현이라도 ᄯ흔 아지 못ᄒᄂ 바 잇ᄂ 고로 흔 사름이 능히 아지 못ᄒ야 혹 일국이 알고 일국이 능히 아지 못ᄒ야 일쳔국 사름이 능히 아ᄂ지라 군즈는 리로써 젼주ᄒ야 리ㅣ 잇신 즉 슌ᄒ고셔 아닌 즉 틀닐지니 뉘 능히 달니 ᄒ리오"

교주 언해의 '군즈는 리로써 젼주ᄒ야'가 원문에는 '君子以理爲主'로, '뉘 능히 달니 ᄒ리오'가 '誰得而異之'로 되어 있음에 유의하였다.

역해 원문 '何傷'의 '傷'에 관해서『中韓辭典』, 高麗大 民族文化硏究所, 1989, p.2013; 全面 改訂 2版 3刷, 2006, p.1707의 풀이에 '⑥방해하다. 지장을 주다.'가 있을뿐더러 그 用例에 '何傷'을 제시하고는 '무슨 지장이 있겠는가!'로 풀어 제시하였기에, 이를 취하여 '무슨 지장이 있겠습니까'라고 국역하였다.

| 국역 |

중국선비가 말한다 : 이에 무슨 지장이 있겠습니까. 새는 날개를 얻음으로써 산과 숲을 날고 사람은 바른 도리로써 사물을 깊이 밝혀내므로 논의는 오직 이치를 숭상하는 것일 뿐입니다. 이치의 본체와 소용이 넓고 두터우니 비록 성인·현인이더라도 역시 알지 못하는 바가 있는 것입니다. 한 사람은 알 수 없더라도 한 나라가 알 수 있거나, 한 나라는 알 수 없지만 천 나라의 사람은 알 수 있는 것입니다. 군자는 이치로써 주장하니 이치가 있는 경우에는 순조롭고 이치가 없는 경우에는 거슬리니 누가 깨닫고도 기이하게 여기겠습니까.

[제2강]

원문:천지유주재이리수단징지天地有主宰以理數端徵之

언해:텬디의 쥬직잇심을 증거홈이라

국역:천지에 주재主宰가 계심을 여러 단서로써 입증하다

"셔사왈西士曰 자욕선순子欲先詢 소위시제작천지만물所謂始制作天地萬物 이시주재지자이시주재지者而時主宰之者 여위천하막저명호시야予謂天下莫著明乎是也 인수불앙목관천人誰不仰目觀天 관천지제觀天之際 수불묵자탄왈誰不黙自嘆曰 사기중필유주지자재斯其中必有主之者哉 부즉천주夫卽天主 오셔국소칭두사시야吾西國所稱陡斯是也 자위자특게이삼리단이증지玆爲子特揭二三理端以證之"

"셔스ㅣ 골오디 즈네 몬져 닐온바 텬디 만물을 조성흠과 쥬지ㅎ시는 쟈를 뭇고져 ㅎ니 내 닐오디 텬하에 이에셔 더 나타나 붉은 쟈 업다 ㅎ노라 사룸이 뉘러 우러러 하늘을 보지 못ㅎ며 하늘을 볼 즈음에 뉘ㅣ 줌〃이 탄식ㅎ야 골오디 뎌 가온대 반두시 쥬ㅎ시는 쟈 잇스리라 아니ㅎ리오 텬쥬는 우리 셔국에셔 닐큿는 바 두스라 이제 즈네를 위ㅎ야 특별이 두세 가지 리 끗츨 드러 증거ㅎ리라"

> **교주** 언해의 '텬쥬는 우리 셔국에셔 닐큿는 바 두스라' 부분이 원문에는 '夫卽天主 吾西國所稱陡斯是也'로 되어 있음에 유의하였다.

> **역해** 언문본의 이 '두스라' 부분이 원문에는 '陡斯是也'라고 했는데, 여기에서 '陡斯'는 '데우스 Dew'의 音譯으로 곧 '천주'를 의미한다.

| 국역 |

서양선비가 말한다 : 그대가 먼저 이른바 처음 천지 만물을 만들면서 때맞춰 주재하신 분에 관해 물었고, 제가 천하에 이보다 더 명확하게 드러난 것은 없다고 일렀습니다. 사람이 누군가 눈으로 하늘을 우러러보지 못하다가 하늘을 보았을 때 누구나 묵묵히 스스로 탄식하며 말하기를, '이 가운데 틀림없이 주재하시는 분이 계시는구나' 하지 않겠습니까. 그분이 곧 천주이시니 우리 서쪽 나라에서 일컫는 바 '데우스Dew'가 이분이십니다. 이제 그대를 위하여 다만 이치의 두세 가지 단서로써 입증하겠습니다.

[제3강]

원문 : 일이양능징一以良能徵

언해 : ㅎ나흔 량능으로써 증서ㅎ고

국역 : 하나는 타고난 재능으로써 입증하다

| 원문 |

"기일왈其一曰 오불시거지능위吾不恃擧之能爲 양능야良能也 금천하만국각유자연지성정今天下萬國各有自然之性情 막상고유莫相告諭 이개경일상존而皆敬一上尊 피난자被難者 유애망구籲哀望救 여망자부모언如望慈父母焉 위악자爲惡者 문심경구捫心警懼 여구일적국언如懼一敵國焉 즉기비유차달존則豈非有此達尊 능주재세간인심能主宰世間人心 이사지자능존호而使之自能尊乎"

| 언해 |

"그 ㅎ나흔 글오딕 빗호지 아니ㅎ고 능흠은 량능—사룸의 원릭 잇는 능이라—이라 이제 텬하 만국 사룸이 각〃 주연흔 젼셩과 뜻이 잇서 서로 고ㅎ야 알게 아니ㅎ고 쏘흔 놉흐신 쥬를 공경홀 줄을 아느니 급흔 난을 닙은 쟈는 슬피 부릭지져 구ㅎ심을 브라기 스랑ㅎ는 부모 곳치 ㅎ고 악을 ㅎ는 쟈는 제 무옴을 어로믄지며 은연이 두리기를 흔 적국을 딕흠과 곳치 ㅎ니 이는 온 텬하에 공번되이 놉희실 쥬ㅣ 계셔 셰샹 인심을 쥬직ㅎ야 주연이 놉히게 ㅎ심이 아니냐"

> **교주** 언해의 '빗호지 아니ㅎ고 능흠은'이 원문에는 '吾不恃擧之能爲'로 되어 있음에 유의하였다. 한편 언해에는 '도흔'으로 필사되어 있는데 이는 '쏘흔'의 잘못 표기인 것으로 읽어 바로 잡아 두었다.

| 국역 |

그 첫째는 이렇습니다. 자기가 믿어 실행하지 않아도 할 수 있음은 타고난 재능입니다. 지금 천하 많은 나라가 각기 자연스러운 성품과 정성이 있어 서로 알려 깨우치지 않았지만 모두 한결같이 하늘 위에 계신 높으신 분을 공경합니다. 재난을 입은 자는 슬피 부르짖으며 구원을 바라기를 마치 자애로운 부모를 한결같이 바라봄과 같이하며, 악을 행하는 자는 마음을 어루만지며 경계하며 두려워하기를 마치 모든 적국을 두려워함과 같이 하니, 곧 이 존귀하신 분께서 계셔 이 세상 인간의 마음을 주재하시면서 이들로 하여금 스스로 높일 수 있도록 하심이 아니겠습니까.

[제4강]

원문 : 일이천동징一以天動徵

언해 : ᄒ나흔 텬동으로ᄡᅥ 증거ᄒ고

국역 : 하나는 하늘의 움직임으로써 입증하다

| 원문 | (1)

"기이왈其二曰 물지무혼무지각자物之無魂無知覺者 필불능우본처소必不能于本處所 자유소이동自有所移動 이중도수而中度數 ᄉᆞ이도수동使以度數動 즉필자외영재이조지則必藉外靈才以助之"

| 언해 |

"그 둘은 굴오ᄃᆡ 물의 혼도 업고 지각도 업ᄂᆞᆫ 쟈ᄂᆞᆫ 반ᄃᆞ시 능히 제 본 처소에셔 스스로 음죽여 옴겨 도수에 맛지 못ᄒ고 그 도수에 맛게 운동흠은 반ᄃᆞ시 밧긔 신령ᄒᆞᆫ 쟈 잇서 도음이니"

> **교주** 언해의 '그 도수에 맛게 운동흠은 반ᄃᆞ시 밧긔 신령ᄒᆞᆫ 쟈 잇서 도음이니' 대목이 원문에는 '中度數 使以度數動 則必藉外靈才以助之'로 되어 있음에 유의하였다.

> **역해** 원문의 '度數'에 관한 여러 종류의 사전에 나타난 풀이를 찾아본 결과, 『동아 새국어사전』, 두산동아, 초판, 1990; 제4판 2쇄, 2001, p.619에는 '①거듭된 번수나 횟수 ②(각도·온도·광도 따위의) 크기를 나타낸 수치의 정도 ③어떠한 정도' 등으로, 국립국어연구원 엮음, 『표준국어대사전』상, 두산동아, 1999, p.1547에는 '①거듭되는 횟수 ②각도, 온도, 광도 따위의 크기를 나타내는 수 ③일정한 정도나 한도' 등으로 풀이되어 있음을 두루 참조하였으나, 여기에서는 그대로 두어도 크게 문제되지 않겠다 싶어서 '도수'라 국역하기로 하였다.

| 국역 |

그 둘째는 이렇습니다. 사물에 영혼도 없고 지각도 없다고 하는 것은 반드시 본래 머물러 있는 곳에서 스스로 움직여 옮겨도 도수에 맞출 수 없지만, 도수에 맞도록 움직이게 하려면 반드시 밖의 신령함을 빌려 도움을 받아야 할 것입니다.

"설여현석어공設汝懸石於空 혹치수상或實水上 석필취하지지石必就下至地 방지불능부
능方止不能復動 연부석지취히緣夫石自就下 수지여공水之與空 비석지본치소고야非石之
本處所故也 약풍발우지若風發于地 능어본처자동能於本處自動 연개수발난동然皆隨發亂
動 동비도수動非度數"

| 언해 |

"셜스 돌을 혹 공즁에 들며 혹 물 우희 두면 반드시 느려와 짜희 니르러야 긋치고 다시
동치 못ᄒᄂ니 느려옴은 돌의 형셰오 물과 공즁은 돌의 본쳐소 아닌 연고라 만일 바람이
짜희 발ᄒ매 능히 본쳐소에서 스스로 음즉이나 그러나 발ᄒᄂ 대로 어즈러이 동ᄒ니 그
동홈이 도수ㅣ 아니어니와"

> **교주** 언해의 '느려옴은 돌의 형셰오'이 원문에는 '緣夫石自就下'로 되어 있음에 유의하였다.

| 국역 |

설령 그대가 돌을 공중에 들어 올리거나 혹은 물 위에 두더라도 돌은 반드시 아래로 내
려가 땅에 이르러서야 멈추고 다시 움직이지 못합니다. 이런 이유로 그 돌은 당연히 아래
로 내려가니, 물과 공중은 돌이 본래 머물러 있는 곳이 아닌 까닭입니다. 만약 바람이 땅에
서 발생하면 본래 머무르는 곳에서 저절로 움직일 수 있지만, 그러나 모두 따라 일어나 어
지럽게 움직이니 그 움직임은 도수가 아닙니다.

"지여일월성신至如日月星辰 병려우천並麗于天 각이천위본처소各以天爲本處所 연실무
혼무지각자然實無魂無知覺者 금관상천今觀上天 자동운행自東運行 이일월성신지천而日
月星辰之天 자서순역지自西循逆之 도수각의기즉度數各依其則 차사각안기위次舍各安其
位 증무직홀차특언자曾無織忽差忒焉者"

| 언해 |

"일월성신 ᄀᆺ흔듸 니르러는 다 하늘에 잇서 각〃 하늘노써 본 쳐소를 삼으나 그러나 실
노 혼도 업고 지각도 업ᄂ 쟈로듸 이제 보니 웃하늘은 동으로브터 운힝ᄒ고 일월셩신 하
늘은 셔흐로브터 거스려 힝ᄒ듸 도수는 각〃 그 법을 의지ᄒ고 ᄎ례ᄂ 각〃 그 위를 평안
이 ᄒ야 호말도 틀니지 아니ᄒ니"

역해 원문 '至如日月星辰'의 '至如'는 『中韓辭典』, 1989, p.3108; 2006, p.2625의 풀이에 보면 '=至于②'라 했고, 이에 따라 '至于②'에는 '…으로 말하면. …에 관해서는'으로 되어 있음에서 이 대목에서는 '…으로 말하면'이 적절한 것으로 판단되어 이를 취하여 국역하였다.

언해의 'ᄎᆞ례'는 원문의 '次舍'를 그렇게 푼 것이지만, '次舍'에는 『漢韓大字典』, 1967, p.652; 2001, p.1063의 풀이에 따르면 '①궁중宮中의 숙직하는 곳 ②궁중에서 숙직하는 사람'이라는 의미가 있다고 하는데, '次'에는 '머무를'의 뜻도 있으므로 이 '次舍'를 밤하늘의 별자리와 같은 '머무르는 곳'으로 푸는 게 타당하지 않나 생각하였다.

언해의 '호말'을 원3문에는 '纖忽'이라 하였으니, 이 '호말'은 '毫末'로 '터럭 끝'이라는 뜻으로, '纖忽'과 서로 통하는 말이라 여겨진다.

| 국역 |

해·달·별로 말하면 함께 하늘에서 빛나며 각각 하늘을 본래의 머무르는 곳으로 삼으나 실은 영혼도 없고 지각도 없습니다. 지금 위의 하늘을 보니 동쪽으로부터 운행하고 해·달·별들은 하늘에서 스스로 서쪽으로부터 거슬러 가더라도, 도수는 각각 그 법칙에 의거하여 머무는 곳이 각각 그 위치를 안정되게 하니 지금까지 옷감의 올만큼도 어긋남이 없습니다.

| 원문 | (4)

"당무존주알선주재기간倘無尊主斡旋主宰其間 능면무패호재能免無悖乎哉 비여주도강해譬如舟渡江海 상하풍도上下風濤 이무복탕지우而無覆蕩之虞 수미견인雖未見人 역지일주지중亦知一舟之中 필유장타지공必有掌舵智工 탱가지악撑駕持握 내가안류평도야乃可安流平渡也"

| 언해 |

"만일 젼능ᄒᆞ신 쥬ㅣ 그 ᄉᆞ이에 들니고 ᄌᆞ졔ᄒᆞᆷ심이 업스면 능히 어김이 업스랴 비컨대 비ㅣ 바다흘 건늘졔 바람 물결이 흉용ᄒᆞ디 파션ᄒᆞᆯ 근심이 업슴은 비록 밧그로 사ᄅᆞᆷ을 보지 못ᄒᆞ나 반ᄃᆞ시 비 가온데 치 갑은 능ᄒᆞᆫ ᄉᆞ공이 잇서 붓드러 운힝ᄒᆞ기에 가히 평안이 흐ᄅᆞ고 슌히 건늘 거시오"

主幹旋主宰其間'으로, '바람 물결이 흉용ᄒᆞ되 파션ᄒᆞᆯ 근심이 업슴은' 부분이 '上下風濤 而無覆蕩之虞'로 되어 있음에 유의하였다.

역해 원문 '譬如舟渡江海'의 '譬如'에 관한 『中韓辭典』, 1989, p.1725; 2006, p.1476의 풀이에 '①예를 들다 ②만일. 만약. 가령'이 있는데, 그 용례 풀이에 '~說; 예를 들어 말하면'이 있기에 이를 취하여, '예를 들어'로 국역하였다.

| 국역 |

만일 존귀하신 주님께서 그 사이에 알선하고 주재하지 않으시면 어긋남이 없음을 면할 수 있겠습니까. 예를 들어 배가 강과 바다를 건널 때 위아래에서는 바람이 일고 파도가 쳐도 뒤집히거나 쓸려갈 우려가 없음은 비록 배에 탄 사람에게는 보이지 않을지라도, 또한 한 척의 배 가운데에는 키를 잡는 슬기로운 사공이 틀림없이 있어 그가 배를 젓고 손잡이를 잡아야 마침내 안전하게 흘러가 평탄하게 건널 수 있습니다.

[제5강]

원문: 일이조수작동징一以鳥獸作動徵
언해: ᄒᆞ나흔 금슈의 동작ᄒᆞᆷ으로써 증거ᄒᆞ고
국역: 하나는 날짐승·길짐승의 동작으로써 입증하다

| 원문 | (1)

"기삼왈其三曰 물수본유지각物雖本有知覺 연무영성然無靈性 기혹능행영자지사其或能行靈者之事 필유영자위형동지必有靈者爲形動之 시관조수지류試觀鳥獸之類 본명완불령本冥頑不靈"

| 언해 |

"그 세흔 굴오ᄃᆡ 물이 혹 지각만 잇고 령셩은 업ᄉᆞᄃᆡ 혹 능히 령혼 잇ᄂᆞᆫ 쟈의 일을 ᄒᆡᆼᄒᆞᆷ은 반ᄃᆞ시 령혼 잇ᄂᆞᆫ 쟈ㅣ 스러 동케 ᄒᆞᆷ이니 시험ᄒᆞ야 보건대 금슈의 류ᄂᆞᆫ 본ᄃᆡ 쥰〃ᄒᆞ야 령치 못ᄒᆞ나"

교주 언해의 '혹 능히 령혼 잇ᄂᆞᆫ 쟈의 일을 ᄒᆡᆼᄒᆞᆷ은 반ᄃᆞ시 령혼 잇ᄂᆞᆫ 쟈ㅣ 스러 동케 ᄒᆞᆷ이니' 부분이 원문에는 '其或能行靈者之事 必有靈者爲形動之'로 되어 있음에 유의하였다.

원문 '本冥頑不靈'의 '冥頑不靈'에 관한 『中韓辭典』, 1989, p.1580; 2006, p.1357의 成語 풀이에 '우둔하고 완고하여 융통성이 없다'라고 하였으나, 이 문맥에서는 '우둔하고 완고 하여 영하지 못합니다'라고 국역함이 적절하다고 여겨져 그리 국역하였다.

| 국역 |

그 셋째는 이렇습니다. 사물에는 설사 원래 지각이 있더라도 그러한 영성은 없습니다. 그것이 혹은 영이라고 하는 것의 일을 행할 수 있음은 틀림없이 영이라는 것이 있어 형상 이 되어 움직인 것입니다. 시험 삼아 보건대 날짐승·길짐승의 부류는 본래 우둔하고 완 고하여 영하지 못합니다.

| 원문 | (2)

"연기지구식然饑知求食 갈지구음渴知求飮 외증격이박청명畏矰繳而薄靑冥 경망고이잠 산택驚網罟而潛山澤 혹토포或吐哺 혹궤유或跪乳 구이보신자자俱以保身孶子 방해취리防 害就利 여영자무이與靈者無異"

| 언해 |

"그러나 주리매 먹기를 구ᄒ고 갈ᄒ매 마시기를 구ᄒ고 화ᄉᆞᆯ을 두려 놉히 공중에 늘고 그믈을 놀나 깁히 산림에 줌기고 혹 므러다 먹이며 혹 꿀어 졋을 ᄯᅥᆯ니며 몸을 본존ᄒ고 삭 기를 치매 해로옴을 피ᄒ고 리로옴에 나아가 이 령혼 잇ᄂᆞᆫ 쟈로 더브러 다ᄅᆞᆷ이 업ᄂᆞᆫ 듯ᄒ 니"

언해에서는 '산림에 줌기고'라 했으나 원문에는 '潛山澤'으로 되어 있음에 유의하였다.

| 국역 |

그러나 굶주리면 먹을 것을 구할 줄 알고 목마르면 마실 것을 구할 줄 알며 줄을 매어 쏘 는 화살을 두려워하면서 푸른 하늘을 낮게 날며 그물에 놀라서 산과 못에 잠깁니다. 토하 거나 새끼에게 먹이거나 꿇어 새끼에게 젖을 주기도 하고 함께 자신을 보존하고 새끼를 키우면서 해로움을 막고 이로움을 취하니 영이 있는 것과 다르지 않습니다.

| 원문 | (3)

"차필유존주자此必有尊主者 묵교지黙敎之 재능여차야纔能如此也 비여관만천전비과어 차譬如觀萬千箭飛過於此 매매중곡每每中鵠 아수미견장궁我雖未見張弓 역식亦識 필유양

공必有良工 발전내가무실중운發箭乃可無失中云"

| 언해 |

"이는 반드시 조믈쥬의 마련ᄒᆞ신 령능으로 이 ᄀᆞᆺᄒᆞᆫ지라 비컨대 쳔만 술이 ᄂᆞ라와 미 〃 관혁을 맛치니 내 비록 활 당긔는 사ᄅᆞᆷ은 보지 못ᄒᆞ나 ᄯᅩᄒᆞᆫ 잘 쏘는 쟈ㅣ 술을 발ᄒᆞ야 맛치는 줄을 알지니라"

> **교주** 언해의 '이는 반드시 조믈쥬의 마련ᄒᆞ신 령능으로 이 ᄀᆞᆺᄒᆞᆫ지라' 부분이 원문에는 '此必有尊主者 黙敎之'로, '잘 쏘는 쟈ㅣ'가 '有良工'로 되어 있음에 유의하였다.

| 국역 |

이는 틀림없이 존귀하신 주님께서 계시면서 묵묵히 가르치시니 겨우 이와 같을 수 있는 것입니다. 예를 들면 천만 개의 화살이 날아와 여기를 지나가 항상 과녁 가운데 맞으니, 제가 비록 활 당기는 것을 보지는 못하더라도 또한 재주 있는 장인이 화살을 쏘아 결국 적중시키는 데에 실수하지 않았음을 아는 것입니다.

| 원문 | (4)

"중사왈中土曰 천지간물天地間物 지번지색至煩至賾 신유주재信有主宰 연기원제조화만물然其原制造化萬物 하이징야何以徵也"

| 언해 |

"즁ᄉᆞㅣ ᄀᆞᆯ오ᄃᆡ 텬디간 물리 지극히 번거ᄒᆞ고 지극히 깁흐니 쥬지 계심은 밋거니와 그 원시에 조화 만물ᄒᆞ심을 엇지 ᄡᅥ 증거ᄒᆞ리오"

> **교주** 언해의 '텬디간 물리'가 원문에는 '天地間物'로 되어 있음에 유의하였다.

| 국역 |

중국선비가 말한다 : 천지 가운데 사물의 이치가 지극히 번거롭고 지극히 깊으니 주재하시는 분이 계심을 믿습니다. 그러나 그분께서 근원을 창조하시고 모든 사물을 조화롭게 하셨음은 무엇으로 입증하겠습니까.

| 원문 | (5)

"서사왈西土曰 대범세간허다사정大凡世間許多事情 재어조믈리사유이宰於造物理似有

二 지론물초원주至論物初原主 절무이야絶無二也 재장이삼이해지再將二三理解之"

| 언해 |

"셔스ㅣ 글오되 셰간 허다 스졍이 조물ㅎ신 리에 둘히 잇ᄂᆞᆫ 듯ㅎ나 최초 조물ㅎ신 쥬ᄅᆞᆯ 의논ㅎ면 일뎡 둘히 업ᄂᆞᆫ지라 ᄯᅩ 두세 가지 리ᄅᆞᆯ 가져 푸ᄂᆞ니"

> **교주** 언해의 '조물ㅎ신 리에 둘히 잇ᄂᆞᆫ 듯ㅎ나' 부분이 원문에는 '宰於造物理似有二'로, '최초 조물ㅎ신 쥬ᄅᆞᆯ 의논ㅎ면' 대목이 '至論物初原主'로 되어 있음에 유의하였다.

| 국역 |

서양선비가 말한다 : 무릇 이 세상 허다한 사정 가운데 사물을 창조하고 주재하는 이치에는 둘이 있는 듯하지만, 사물의 시초 근원이신 주님을 논의함에 이르는 데에는 결코 둘이 없습니다. 다시 곧 두서너 이치로 풀겠습니다.

[제6강]

원문:일이물불능자성징一以物不能自成徵
언해:ㅎ나흔 물이 스스로 일우지 못홈으로써 증거ㅎ고
국역:하나는 사물이 저절로 이뤄질 수 없음으로써 입증하다

| 원문 | (1)

"기일왈其一日 범물불능자성凡物不能自成 필수외위자必須外爲者 이성지以成之 루대방옥불능자기樓臺房屋不能自起 항성어공장지수恒成於工匠之手 지차知此 즉식천지불능자성則識天地不能自成 정유소위제작자定有所爲制作者 즉오소위천주야卽吾所謂天主也"

| 언해 |

"그 ㅎ나흔 므릇 물건이 능히 스스로 일우지 못ㅎ야 반ᄃᆞ시 밧긔 ㅎᄂᆞᆫ 쟈ᄅᆞᆯ 기ᄃᆞ려 일우ᄂᆞ니 누되와 방옥이 능히 스스로 니러나지 못ㅎ야 ᄒᆞᆼ샹 공쟝의 손에 일우ᄂᆞᆫ지라 이 ᄀᆞᆺᄒᆞᆫ 즉 텬디ㅣ 능히 스스로 일우지 못ㅎ야 일뎡 지으신 쟈ㅣ 계시니 곳 내의 닐온바 텬쥬ㅣ시라"

> **교주** 언해의 '이 ᄀᆞᆺᄒᆞᆫ 즉'이 원문에는 '知此'로, '일뎡 지으신 쟈ㅣ 계시니'가 '定有所爲制作者'로

되어 있음에 유의하였다.

그 첫째는 이렇습니다. 무릇 사물은 저절로 이뤄질 수 없으며 반드시 밖에서 하는 자가 이뤄줘야 하니 망루·돈대·방·집이 저절로 만들어질 수 없고 항상 장인의 손에서 이뤄집니다. 이를 알게 된 경우에는 천지가 저절로 이뤄질 수 없고, 실행하여 제작하시는 분이 정해져 계신다는 것을 깨닫게 되니 곧 우리의 이른바 천주이십니다.

| 원문 | (2)

"비여동주소구譬如銅鑄小毬 일월성숙출해日月星宿出海 만물비언萬物備焉 비교공주지非巧工鑄之 동능자성호銅能自成乎 황기천지지체지대況其天地之體之大 주야선행晝夜旋行 일월양광日月揚光 진숙포상辰宿布象 산생초목山生草木 해육어룡海育魚龍 조수수월潮水隨月 기간원수방지지민其間員首方趾之民 총명출우만품聰明出于萬品 수능자성誰能自成"

| 언해 |

"비컨대 구리쇠로 젹은 텬디를 부어 만들매 일월셩신과 산쳔초목 등물을 갓초왓시니 공교흔 쟝인이 아니면 구리가 엇지 능히 스스로 일우랴 하믈며 텬디의 광대흠과 쥬야의 쳬번흠과 일월의 운힝흠과 셩신의 비포흠과 산에는 초목이 나고 바다엔 어별이 잇고 조슈는 둘을 좃차 진퇴하고 그 즁에 머리는 두렷하고 불은 모난 사름이 그 스이에 쳐하야 총명이 만류에 쮜여나나 뉘 능히 스스로 일우리오"

교주 언해에서 '쳬번'을 애초에는 '운힝'으로 하였다가 고쳤는데, 그것은 그 다음에 '일월의 운힝흠'에도 '운힝'이 나오므로 이를 피하기 위한 선택이었던 듯하다.

예컨대 구리로 작은 공을 주조함에 해·달·별·바다에서 나는 것 등 모든 사물을 갖추었으니 기교 있는 장인이 주조하지 않으면 구리가 저절로 이룰 수 있겠습니까. 하물며 하늘·땅 자체의 크기, 낮·밤의 순환, 달·해의 떠올라 빛남, 별자리의 펼침, 산에서 나는 풀·나무, 바다에서 자라는 고기·용, 바닷물의 달 인력 좇음, 그 사이에 둥근 머리와 네모진 다리의 사람이 총명함은 모든 사물보다 뛰어나지만 누가 저절로 이룰 수 있습니까.

| 원문 | (3)

"여유일물능자작기如有一物能自作己 필의선유일기이위지작必宜先有一己以爲之作 연기이유然旣已有 기하용자작己何用自作 여선초미시유기如先初未始有己 즉작기자칙작기者必非己也 고물불능자성야故物不能自成也"

| 언해 |

"만일 흔 물건이라도 능히 스스로 제 몸을 지으려 흐면 반드시 맛당이 제 흔 몸이 몬져 잇서야 지을지니 그러나 임의 제 몸이 잇신 즉 이 몸은 뉘가 지엇다 흐리오 최초에 제 잇기 젼에 제 몸을 시죽흐야 지은 쟈는 반드시 제가 아니라 고로 물건이 능히 스스로 일우지 못흠이오"

> **교주** 언해의 '이 몸은 뉘가 지엇다 흐리오'가 원문에는 '己何用自作'로 되어 있음에 유의하였다.

> **역해** 원문 '己何用自作'의 '何用'에 관한 『中韓辭典』, 1989, p.918; 2006, p.755의 풀이에 '①어찌 …할 필요가 있는가. …할 필요가 없다'가 있으므로 이 가운데 '어찌 …할 필요가 있는가'를 취하여 국역하였다.
> 원문 '如先初未始有己'의 '未始'는 『中韓辭典』, 1989, pp.2246-2247; 2006, pp.2074 및 2075의 풀이에 '＝未嘗'이라고 했고, 이 '未嘗'의 풀이에 '일찍이 …한 적이 없다. 지금까지 [아직] …못하다'고 했기에 이 중에서 '아직 …못하다'를 취하여 '만약 최초에 아직 자기가 있지 못했을 때'로 국역하였다.

| 국역 |

만일 저절로 자기를 만들 수 있는 사물이 하나라도 있었으면 틀림없이 응당 먼저 하나라도 자기를 만들려고 생각하는 게 있었을 것입니다. 그러나 기왕에 이미 있으니 자기가 어찌 저절로 만들겠습니까. 만일 최초에 자기가 아직 있지 못했을 때 자기를 만든 것은 틀림없이 자기가 아닙니다. 그러므로 사물은 저절로 이룰 수가 없습니다.

[제7강]

원문：일이물차서안배징一以物次序安排徵
언해：흐나흔 물의 초례로써 증거흐고
국역：하나는 사물의 순서 배치로써 입증하다

| 원문 | (1)

"기이왈其二曰 물본불영物本不靈 이유안배而有安排 막불유안배지자莫不有安排之者 여관궁실如觀宮室 전유문이통출입前有門以通出入 후유원이종화과後有園以種花果 정재중간庭在中間 이접빈객以接賓客 실재좌우室在左右 이편침와以便寢臥 영주거하楹柱居下 이부동량以負棟梁 모자치상茅茨置上 이폐풍우以蔽風雨 여차호처치협의如此乎處置協宜 이후주인안거지이위쾌而後主人安居之以爲快 즉궁실필유교장영작則宮室必由巧匠營作 이후능성야而後能成也"

| 언해 |

"그 둘흔 물이 본디 령홈이 업스디 온당흔 안비 잇서 이 안비 즁에 버셔날 쟈 업스니 가령 궁실을 보면 압희문이 잇셔 출입을 통흐고 뒤희 동산이 잇서 화초와 과목을 심으고 쓸은 즁간에 잇서 빈긱을 응졉흐고 침실은 좌우에 잇서 거쳐를 편케 흐고 기동은 아릐 거흐야 들보를 밧들고 기와는 우희 덥허 풍우를 フ리오니 이 ス치 맛당흐게 비포흔 연후에야 쥬인이 평안이 거흐야 바야흐로 쾌홀지니 이 궁실은 반드시 공교흔 쟝인으로 말미암아 경영흔 후에야 능히 일울 거시오"

> **교주** 언해의 '온당흔 안비 잇서 이 안비 즁에 버셔날 쟈 업스니' 대목이 원문에는 '而有安排 莫不有安排之者'로 되어 있음에 유의하였다.

> **역해** 원문 '莫不有安排之者'의 '莫不'에 관해 『中韓辭典』, 1989, p.1590; 2006, p.1365의 풀이에 '…하지 않는 자가[것이] 없다. 모두 …하다'가 있어, 이 중에서 '모두 …하다'를 취하여 국역하였다.

| 국역 |

그 둘째는 이렇습니다. 사물이 본디 영리하지 않지만 편안히 배치함이 있으면 모두 편안히 배치됩니다. 예컨대 궁실을 보면 앞에 문이 있어 통해서 출입하고 뒤에 동산이 있어서 화초와 과수를 심으며, 뜰이 중간에 있어서 손님을 응접하고 방이 좌우에 있어서 편하게 누워 잠자게 하며, 기둥은 아래에 있음으로써 들보를 바치고 기와는 위에 둠으로써 비바람을 막습니다. 이같이 배치된 곳에 적합하고 마땅해서 뒤에 주인이 편안히 살며 즐겁다고 여기게 하려면, 궁실은 반드시 솜씨 있는 장인이 공사를 실행한 뒤에야 완성될 수 있습니다.

| 원문 | (2)

"우관동주지자又觀銅鑄之字 본각위일자本各爲一字 이능접속성구而能接續成句 배성일편문장排成一篇文章 구비명유안치지苟非明儒安置之 하득자연우합호何得自然偶合乎 인지천지만물因知天地萬物 함유안배일정지리咸有安排一定之理 유질유문有質有文 이불가증감언자而不可增減焉者"

| 언해 |

"쏘 판각ᄒᄂᆞᆫ 주ᄌᆞ를 보면 본ᄃᆡ 각〃 ᄒᆞᆫ 글ᄌᆞ로ᄃᆡ 능히 서로 니어 귀졀을 일우어 일편 문장이 되니 진실노 붉은 션븨의 안비홈이 아니면 엇지 글ᄌᆞ가 스스로 우합ᄒᆞ리오 이를 인ᄒᆞ야 다 안비혼 일뎡지리 잇서 질박홈도 잇고 문명홈도 잇서 가히 더ᄒᆞ고 덜지 못홀 줄을 알지니"

> **교주** 언해의 '쏘 판각ᄒᄂᆞᆫ 주ᄌᆞ를 보면'이 원문에는 '又觀銅鑄之字'으로, '질박홈도 잇고 문명홈도 잇서'가 '有質有文'로 되어 있음에 유의하였다.

> **역해** 원문 '有質有文'의 '質'과 '文'을 利瑪竇 原著, 藍克實・胡國楨 譯註, 『天主實義』; Matteo Ricci, S.J., The True Meaning of the Lord of Heaven (T'ien-chu Shih-i), Translated by Douglas Lancashire and Peter Hu Kuo-chen, S.J., 利氏學社, 臺灣:臺北, 1985, p.79에서는 각기 'matter'와 'form'으로 번역하였고, 송영배, 「제1편」, 『천주실의』, 서울대학교출판부, 1999, p.52에서는 이를 인용하며 각기 '질료'와 '형상'으로 번역한 바가 있다. 여기에서는 노용필, | 『문심조룡』의 내용 구성과 그 특징 |, 「최치원의 『문심조룡』 수용과 전・비 중심의 역사 인식 및 서술」, 『한국고대인문학발달사연구』 (1) 어문학・고문서학・역사학 권, 한국사학, 2017, pp.250-257을 토대로 중국 고대의 '인문저술논집 또는 인문창작이론서'라고 여겨지는 梁 나라 劉勰 『文心雕龍』의 서술 내용에 담긴 용어의 용례들을 염두에 두고 고려하여 각기 '바탕'과 '무늬'로 역해하는 게 옳겠다고 판단하였다.

| 국역 |

또 구리로 주조한 글자를 보면 본디 각기 한 글자이나 접속해서 구절을 이루고 배열해서 한 편의 문장을 이루니, 참으로 현명한 선비가 적당하게 배치하지 않았으면 어찌 자연스럽게 짝이 맞았겠습니까. 이 때문에 하늘・땅・모든 사물에는 다 적당하게 배치하는 하나의 정해진 이치가 있으며 바탕도 있고 무늬도 있으면서 더하거나 덜할 수가 없음을 아는 것입니다.

| 원문 | (3)

"부천고명상복夫天高明上覆 지광후하재地廣厚下載 분지위양의分之爲兩儀 합지위우주合之爲宇宙 진숙지천고호일월지천辰宿之天高乎日月之天 일월지천포호하日月之天包乎火 화포호기火包乎氣 기부호수토氣浮乎水土 수행어지水行於地 지거중처地居中處 이사시착행而四時錯行 이생곤충초목以生昆虫草木 수양원조교룡어별水養黿鼉蛟龍魚鼈 기육비금주수氣育飛禽走獸 화난하물火煖下物"

| 언해 |

"대뎌 하늘은 놉고 붉아 우희로 덥고 싸흔 넓고 후흐야 아리로 시러 느화 두 쪽이 되고 합흐야 우쥬 되며 성신 하늘은 일월 하늘에서 놉고 일월 하늘은 불을 싸고 불은 긔운을 싸고 긔운은 물 우희 쓰고 물은 싸우희 힝흐고 싸흔 가온대 거흐니 스시는 츠례로 힝흐야 곤충 초목을 살니고 물은 교룡어별을 양흐고 긔운은 비금쥬슈를 기르고 불은 아리 물건을 덥게 흐니"

> **교주** 언해의 '물은 교룡어별을 양흐고'가 원문에는 '水養黿鼉蛟龍魚鼈'로 되어 있음에 유의하였다. 그 가운데 '魚鱉'로 표기되어 있는 데에서 '鱉'은 '금계金鷄'의 의미이므로, '자라'의 표기로는 '鼈'이 옳다고 판단하여 수정하였다.

> **역해** 이 부분에서 黿鼉는 자라·바다거북, 蛟龍은 상어·용, 그리고 魚鼈은 물고기·자라를 지칭한다.

| 국역 |

무릇 하늘은 높고 밝아 위에서 덮고, 땅은 넓고 두터워 아래에서 실으니 나눠 두 짝이 되고 합하여 우주가 되며 별자리의 하늘이 해·달의 하늘보다 높고 해·달의 하늘은 불에 싸이고 불은 기운에 싸이며 기운은 물과 흙에 싸이니 물은 땅에서 흐릅니다. 땅은 한가운데에 있으면서 사계절이 번갈아 도니 곤충과 물·나무를 살리고 물은 자라·바다거북·상어·용·물고기를 기르며 기운은 나는 새와 달리는 길짐승을 기르고 불은 물체의 바닥을 따뜻하게 합니다.

| 원문 | (4)

"오인생어기간吾人生於其間 수출등이秀出等夷 영초만물靈超萬物 품오상稟五常 이사중류以司衆類 득백골得百骨 이립본신以立本身 목시오색目視五色 이청오음耳聽五音 비문제취鼻聞諸臭 설담오미舌啖五味 수능지手能持 족능행足能行 혈맥오장血脈五臟 전양기생全

養其生"

| 언해 |

"우리 사룸이 그 스이에 낫셔 등류에 쎄여나 령묘홈은 만물에 쮜여나고 품셩은 오륜을 갓초와 써 뭇류룰 ᄀ물고 빅가지 골졀노 몸을 셰워 눈은 오식을 보고 귀ᄂᆞᆫ 오음을 듯고 코ᄂᆞᆫ 모든 내음새룰 맛고 혀ᄂᆞᆫ 오미룰 맛보고 손은 능히 가지고 불은 능히 힝ᄒᆞ고 피ᄂᆞᆫ 오쟝을 윤틱ᄒᆞ야 온젼이 그 싱명을 보양ᄒᆞ고"

> **교주** 언해의 '령묘홈은 만물에 쮜여나고 품셩은 오륜을 갓초와' 부분이 원문에는 '靈超萬物 稟五常'으로 되어 있음에 유의하였다.

> **역해** 五常은 사람으로서 항상 지켜야 할 다섯 가지의 도리, 仁·義·禮·智·信을 말한다. 그리고 五色은 파랑(靑)·노랑(黃)·빨강(赤)·하양(白)·검정(黑), 五音은 宮·商·角·徵·羽, 五味는 신맛(酸)·쓴맛(苦)·매운맛(辛)·단맛(甘)·짠맛(鹹), 五臟은 肝腸·心腸·脾腸(지라)·肺腸·腎臟(콩팥)을 가리킨다.

| 국역 |

우리 사람들은 그 사이에 나서 같은 무리보다 빼어나고 영리함이 모든 사물보다 뛰어나고 품성으로 오상五常을 받음으로써 많은 부류를 다스리며, 백 개의 뼈를 갖춤으로써 그 자신을 세우고 눈은 오색을 보고 귀는 오음을 들으며 코는 모든 냄새를 맡고 혀는 오미를 맛보며 손은 쥘 수 있고 발은 갈 수 있으며 혈맥·오장은 온전히 그 생명을 기릅니다.

| 원문 | (5)

"하지비주린개제물下至飛走鱗介諸物 위기무영성爲其無靈性 불능자치소용不能自置所用 여인부동與人不同 즉생이혹득모則生而或得毛 혹득우或得羽 혹득린或得鱗 혹득개등或得介等 당의복이차폐신체야當衣服以遮蔽身體也 혹구리조或具利爪 혹구쳠각或具尖角 혹구경제或具硬蹄 혹구장아或具長牙 혹구강췌或具强嘴 혹구독기등당병갑或具毒氣等當兵甲 이적기소해야以敵其所害也"

| 언해 |

"아릭로 조슈어별 등 모든 물의 령혼 업ᄂᆞᆫ 쟈ᄂᆞᆫ 능히 그 쓸 바룰 ᄌᆞ판치 못ᄒᆞ야 사룸으로 더브러 ᄀᆞᆺ지 아니ᄒᆞᆫ 즉 날제브터 혹 털을 엇으며 혹 짓슬 엇으며 혹 비눌을 엇으며 혹 겁질을 엇어 의복을 디신ᄒᆞ야 몸을 ᄀᆞ리고 혹 리ᄒᆞᆫ 톱을 갓초며 혹 샏족ᄒᆞᆫ 쓸을 갓초며 혹 굿은

불통을 갓초며 혹 단 " 흔 치아를 갓초며 혹 강흔 쏄희를 갓초며 혹 독긔를 갓초와써 긔계를 삼아 그 해ᄒᆞ는 바를 듸젹게 ᄒᆞ고"

언해의 '아릭로 조슈어별 등 모든 물의 령혼 업는 쟈는 능히 그 쓸 바를 즈판치 못ᄒᆞ야' 부분이 원문에는 '下至飛走鱗介諸物 爲其無靈性 不能自置所用'으로 되어 있음에 유의하였다.

| 국역 |

아래로 날고 달리는 비늘 껍질의 모든 동물들은 영성이 없어 소용되는 바를 스스로 둘 수 없어서 사람과 같지 않으니, 다만 나면서 털을 얻거나 깃을 얻거나 비늘을 얻거나 껍질 등을 얻거나 하여 의복에 해당함으로써 신체를 가려 막고 덮으며, 날카로운 손톱을 갖추거나 뾰족한 뿔을 갖추거나 굳은 발굽을 갖추거나 단단한 긴 이빨을 갖추거나 강한 부리를 갖추며, 독한 기운 등을 갖추거나 하여 무기로 삼아서 해치려는 것에 대적합니다.

| 원문 | (6)

"차우불대교且又不待敎 이식기상아여부而識其傷我與否 고계압피응故雞鴨避鷹 이불피공작而不避孔雀 양기시랑羊忌豺狼 이불기우마而不忌牛馬 비응여시랑자거非鷹與豺狼滋巨 이공작여우마자소야而孔雀與牛馬滋小也 지기유상여무상이야知其有傷與無傷異也"

| 언해 |

"쏘 가ᄅᆞ침을 기ᄃᆞ리지 아니ᄒᆞ고 나를 샹해올 여부를 알게 흔 고로 둙과 오리는 미는 피ᄒᆞ디 공작은 피치 아니ᄒᆞ고 양이 시랑은 쩌리디 우ᄆᆞ는 쩌리지 아니ᄒᆞᄂᆞ니 미와 시랑은 더 크고 우ᄆᆞ는 더 젹어 그런 거시 아니라 그 샹해오며 샹해오지 아님의 다름을 알미라"

언해의 '나를 샹해올 여부를 알게 흔'이 원문에는 '識其傷我與否'로 되어 있음에 유의하였다.

역해 원문 '非鷹與豺狼滋巨 而孔雀與牛馬滋小也'의 '與'는 『漢韓大字典』, 1967, p.1033; 2001, p.1715의 풀이 중 비교하는 말로 '보다'를, 원문 '知其有傷與無傷異也'의 '與'는 '과'를 취하는 게 옳다고 보여 그리 국역하였다.

| 국역 |

또한 동시에 가르침을 기다리지 않고도 그것이 나를 다치게 하는지 아닌지를 식별합니다. 그러므로 닭·오리가 매는 피하지만 공작은 피하지 않으며, 양이 승냥이·이리는 꺼리

지만 소·말은 꺼리지 않습니다. 매가 승냥이·이리보다 더욱 크고 공작이 소·말보다 더 작아서가 아니라, 그것이 다치게 하는지와 다치게 하지 않는지의 차이가 있음을 아는 것입니다.

| 원문 | (7)

"우하지일초일목又下至一草一木 위기무지각지성爲其無知覺之性 가이호기可以護己 급이전과종及以全果種 이비조수지루而備鳥獸之累 고식이혹생자故植而或生刺 혹생피或生皮 혹생갑或生甲 혹생서或生絮 개생지엽皆生枝葉 이위폐지以圍蔽之"

| 언해 |

"쏘 아리로 일초일목에 니르러 지각이 업서 가히 몸을 호위ᄒᆞ며 종ᄌᆞ를 보젼ᄒᆞ며 조슈의 해를 막을 길이 업슴을 위ᄒᆞ야 혹 ᄀᆞ새도 나며 혹 ᄀᆞ족도 나며 혹 겁질도 나며 혹 소음도 나며 쏘 지엽이 잇서 둘너 ᄀᆞ리오게 ᄒᆞ니"

> **교주** 언해의 '조슈의 해를 막을 길이 업슴을 위ᄒᆞ야'이 원문에는 '備鳥獸之累'로 되어 있음에 유의하였다.

> **역해** 언해의 'ᄀᆞ새'가 원문에는 '刺'로 되어 있어 이것이 현재의 '가시'임을 알 수가 있다. 그리고 언해에는 '소음'으로 표기되어 있는데, 원문에는 '絮'로 되어 있어 이것이 현재의 '솜'임을 알 수가 있다.

| 국역 |

또 아래로는 풀 하나 나무 하나까지 그것이 지각하는 품성은 없지만 날짐승과 길짐승으로부터 자기를 보호하며 모든 열매와 씨앗까지 돌보게 하면서 날짐승과 길짐승의 괴롭힘에 대비하게 합니다. 그러므로 심으면 가시가 나거나 껍질이 나거나 거죽이 나거나 솜이 나거나 하여 다 가지와 잎이 나서 에워싸 가립니다.

| 원문 | (8)

"오시촌도吾試忖度 차세간물안배포치此世間物安排布置 유차유상有次有常 비초유지영지주부여기질非初有至靈之主賦予其質 기능우유어우하豈能優游於宇下 각득기소재各得其所哉"

| 언해 |

"내 시험ᄒ야 혜아리건대 셰간 만물을 안비ᄒ야 버려두심이 ᄎ려도 잇고 덧〃홈도 잇스니 쳐음에 지극히 령명ᄒ신 쥬ㅣ 그 품질을 븟쳐주지 아니 ᄒ엿시면 엇지 다 우쥬간에 녀〃이 논일어 각〃 그 처소를 엇으리오"

교주 언해의 'ᄎ려도 잇고 덧〃홈도 잇스니'가 원문에는 '有次有常'로, '처음에 지극히 령명ᄒ신 쥬ㅣ 그 품질을 븟쳐주지 아니 ᄒ엿시면' 대목이 '非初有至靈之主賦予其質'로 되어 있음에 유의하였다.

| 국역 |

제가 시험 삼아 미루어 헤아려보니 이 세상 만물을 안배하여 배치함에 차례가 있고 불변함도 있으니 처음에 지극히 영험하신 주님께서 계셔 그 자질을 나눠주지 않으셨으면 어찌 우주 아래에 넉넉하게 노닐어 각기 그 자리를 얻었겠습니까.

[제8강]

원문: 일이물시생전류징一以物始生傳類徵
언해: ᄒ나흔 물이 비로스 나 젼류홈으로 증거ᄒ고
국역: 하나는 사물이 처음 생겨나 같은 부류를 유전함으로써 입증하다

| 원문 | (1)

"기삼왈其三曰 오론중물소생형성吾論衆物所生形性 혹수제태或受諸胎 혹제출란或諸出卵 혹발호종或發乎種 개비유기제작야皆非由己制作也 차문태란종유연일물이且問胎卵種猶然一物耳 우필유소이위시생자又必有所以爲始生者 이후능생타물而後能生他物 과어하이생호果於何而生乎 즉필수추급매류초종則必須推及每類初宗 개부재어본류능생皆不在於本類能生 필유원시특이지류必有元始特異之類 화생만류자化生萬類者 즉오소칭천주시야卽吾所稱天主是也"

| 언해 |

"그 세흔 물류의 나는 바 형톄와 셩리를 의논홀진대 혹 틱에서 밧으며 혹 알에서 나며 혹 씨에서 발ᄒ나 다 즈긔로 말미암아 지음이 아니오 쏘 틱와 알과 씨ㅣ ᄒ나ᄀ치 무지흔 물

건이라 반드시 비로스 나게 흔 쟈 잇신 후에야 능히 그 류를 낫느니 과연 어듸셔 시죽ᄒ야 낫느뇨 반드시 각 류의 시초 웃듬을 밀외여 키면 다 본 물건이 능히 스스로 낫지 못ᄒ야 반드시 원시에 특이흔 쟈ㅣ 만류를 화셩ᄒ신 이 잇스리니 곳 나의 닐ᄏᄂᆫ바 텬쥬ㅣ시니라"

교주 언해의 '과연 어듸셔 시죽ᄒ야 낫느뇨 반드시 각 류의 시초 웃듬을 밀외여 키면' 부분이 원 문에는 '果於何而生乎 則必須推及每類初宗'으로 되어 있음에 유의하였다.

| 국역 |

그 셋째는 이렇습니다. 제가 많은 사물이 생겨난 바의 형상과 성품을 논의하건대, 모태 를 받았거나 알에서 나왔거나 씨앗에서 싹터 나왔거나 하였으니, 모두 자기로 말미암아 만들어진 게 아닙니다. 게다가 의문이 드는 것은 모태·알·씨앗이 여전히 하나의 사물일 뿐이며 또 반드시 처음 생겨나게 된 까닭이 있어야 그 후에 다른 사물을 생기게 할 수 있으 니, 과연 어디에서 생겨났겠습니까. 그러나 반드시 같은 부류마다 최초 조상에 미치니 모 두 본래의 부류가 생겨날 수 있는 데에 있지 않으며, 반드시 근원의 처음에 특이한 부류가 있으니 모든 부류를 변화시켜 생성하신 분이 곧 우리가 일컫는바 천주님이십니다.

| 원문 | (2)

"중사왈中士曰 만물기유소생지시萬物既有所生之始 선생위지천주先生謂之天主 감문차 천주유수생여敢問此天主由誰生歟"

| 언해 |

"즁ᄉㅣ ᄀᆞᆯ오ᄃᆡ 만물을 비로스 내신 쟈ᄂᆞᆫ 텬쥬ㅣ시라 ᄒᆞ니 감히 뭇ᄂᆞ니 이 텬쥬ᄂᆞᆫ 뉘로 말미암아 낫ᄂᆞ뇨"

교주 언해의 '만물을 비로스 내신 쟈ᄂᆞᆫ 텬쥬ㅣ시라 ᄒᆞ니'가 원문에 '萬物既有所生之始 先生謂之 天主'로 되어 있음에 유의하였다.

| 국역 |

중국선비가 말한다 : 만물에는 이미 내신 바의 처음이 있으니 선생님께서 이르시기를 천 주님이라고 하셨습니다. 감히 여쭙겠으니 이 천주님은 누구로 말미암아 나셨습니까.

[제9강]

원문 : 천주무시무종天主無始無終

언해 : 텬쥬ㅣ 무시무종

국역 : 천주께서는 처음도 없으시고 마침도 없으시다

| 원문 | (1)

"서사왈西土曰 천주지칭天主之稱 위물지원爲物之原 여위유유소생如謂有由所生 즉비천주야則非天主也 물지유시유종자物之有始有終者 조수초목시야鳥獸草木是也 유시무종자有始無終者 천지귀신급인지영혼시야天地鬼神及人之靈魂是也 천주즉무시무종天主則無始無終 이위만물시언而爲萬物始焉 위만물근저언爲萬物根底焉 무천주즉무물의無天主則無物矣 물유천주생物由天主生 천주무소유생야天主無所由生也"

| 언해 |

"셔ㅅㅣ 골오딕 텬쥬ㅣ라 닐옴은 만물의 근원이니 만일 말미암아 난 바 잇ㅅ량이면 텬쥬ㅣ 아니라 믈의 비로솜도 잇고 못춤도 잇ㄴ 쟈는 금슈초목이오 비로솜은 잇ㅅ딕 못춤이 업ㄴ 쟈는 텬디귀신사름의 령혼이오 텬쥬는 무시무종ㅎ샤 만물의 비로솜이 되고 만물의 쌜희 되시니 텬쥬ㅣ 업손즉 믈이 업슬지라 믈은 텬쥬로브터 낫시나 텬쥬는 브터 난 바 업ㄴ니라"

> **교주** 언해의 '만일 말미암아 난 바 잇ㅅ량이면'이 원문에는 '如謂有由所生'이라 하였음에 유의하였다.

| 국역 |

서양선비가 말한다 : 천주라는 칭호는 만물의 근원이시니, 만약 내신 바에 말미암아 계신다고 말하는 때에는 천주가 아니십니다. 사물의 처음도 있고 마침도 있는 것은 날짐승・길짐승・풀・나무가 이것이고, 처음이 있으나 마침이 없는 것은 천지・귀신・사람의 영혼이 이것입니다. 천주께서는 곧 시작도 없고 마침도 없으면서 만물의 처음이 되시며 만물의 근본이 되시니 천주께서 계시지 않으시면 만물도 없습니다. 사물은 천주로 말미암아 생겼으나, 천주께서는 말미암아 난 바가 없으십니다.

"중사왈中士曰 만물초생萬物初生 자천주출自天主出 이무용치훼의已無容置喙矣 연금관인종인생然今觀人從人生 축종축생畜從畜生 범물막불개연凡物莫不皆然 즉사물자위물則似物自爲物 어천주무관자於天主無關者"

| 언해 |

"즁ᄉ ㅣ ᄀᆞᆯ오ᄃᆡ 만물이 시쥭ᄒᆞ야 날 ᄲᅢᄂᆞᆫ 텬쥬로 말믜암아 낫거니와 그러나 이제 보기ᄂᆞᆫ 사름은 사름을 좃차나고 즘승은 즘승을 좃차나 모든 물이 다 그러치 아님이 업서 물이 스스로 물이 되니 텬쥬ᄭᅴ 관계홈이 업슬 ᄃᆞᆺᄒᆞ도다"

> **교주** 언해에는 원문 '已無容置喙矣' 대목의 언해가 누락되었다. 이 가운데 '置喙'의 '喙'가 주석본에는 '啄'으로 되어 있지만, Matteo Ricci, Ibid, Translated by Douglas Lancashire and Peter Hu Kuo-chen, 1985, p.82 및 송영배 역, 「제1편」, 『천주실의』, 서울대학교출판부, 1999, p.57에는 '喙'로 되기도 하려니와, 또 혹간 '啄'과 '喙'가 때로는 혼용되기도 하므로 '喙'를 취하였다.

> 역해 원문 '已無容置喙矣' 중 '無容置喙' 대목과 관련하여 『中韓辭典』, 1989, p.3115; 2006, p.2632의 풀이에 '置喙'의 용례에서 '不容置喙'를 '말참견을 용납하지 않다'로 풀었으므로 이를 취하여 국역하였다.

| 국역 |

중국선비가 말한다 : 만물이 처음 생김이 천주로부터 나왔다고 함은 이미 말참견을 허용하지 않습니다. 그러나 지금 보니 사람은 사람을 따르고 가축은 가축을 따릅니다. 무릇 만물이 모두 다 그렇지 않음이 없는 경우에는 곧 유사한 사물이 스스로 사물이 되는 것은 천주님과는 관계가 없는 것 같습니다.

[제10강]

원문 : 천주여하생만물天主如何生萬物

언해 : 텬쥬 ㅣ 엇더케 만물을 내심이라

국역 : 천주께서 어떻게 만물을 생성하셨는가

"서사왈西士曰 천주생물天主生物 내시화생물류지제종乃始化生物類之諸宗 기유제종旣
有諸宗 제종자생諸宗自生 금이물생물今以物生物 여이인생인如以人生人 기용인용천其用
人用天 즉생인자則生人者 기비천주豈非天主 비여거착수능성기譬如鋸鑿雖能成器 개유장
자사지皆由匠者使之 수왈성기내거착誰曰成器乃鋸鑿 비장인호非匠人乎"

| 언해 |

"셔스ㅣ 굴오딕 텬쥬ㅣ 조물ᄒᆞ실 졔 비로스 물류의 웃듬을 내샤 모든 웃듬이 임의 잇는
고로 그 류룰 젼ᄒᆞ니 물건으로 물건을 냄이 마치 사름으로써 사름을 냄과 ᄀᆞᆺᄒᆞ니 사름을
씀은 하늘을 쓰심이니—웃듬을 쓴다는 뜻— 사름을 내신 쟈 엇지 텬쥬 아니냐 비컨대 긔계
가 비록 그릇슬 일우나 다 공장으로 말미암아 되느니 뉘 굴오딕 그릇슬 긔계가 일우고 공
장이 아니라 ᄒᆞ랴"

> **교주** 언해의 '모든 웃듬이 임의 잇는 고로 그 류룰 젼ᄒᆞ니' 대목이 원문에는 '旣有諸宗 諸宗自
> 生'으로 되어 있음에 유의하였다.

| 국역 |

서양선비가 말한다 : 천주께서 만물을 생성하시면서 비로소 처음에 사물 부류의 여러 으
뜸을 생성하셨으니 이미 여러 으뜸이 있었고, 여러 으뜸이 스스로 생성하면서 곧 사물이
사물을 생성해서 마치 사람이 사람을 생성함과 같으니, 사람을 부림은 하늘을 부림이니
바로 사람을 생성하신 분이 어찌 천주님이 아니시겠습니까. 예컨대 톱과 끌이 설사 그릇
을 완성할 수 있더라도 모두 장인으로 말미암아 되는 것인데, 누가 말하기를 그릇을 완성
한 것이 그래서 톱과 끌이지 장인이 아니라고 하겠습니까.

[제11강]

원문:물지소이연유사物之所以然有四
언해:물의 소이연이 네가지 잇심이라
국역:만물의 그렇게 된 까닭에 네 가지가 있다

| 원문 | (1)

"오선석물지소이연吾先釋物之所以然 즉기리자명則其理自明 시론물지소이연유사언試論物之所以然有四焉 사자유하四者維何 유작자有作者 유모자有模者 유질자有質者 유위자有爲者"

| 언해 |

"내 몬져 물의 소이연―물이 되게 혼 연유라―을 플어 닐오면 그 리ㅣ 스스로 붉을지라 물의 소이연이 네 가지 잇스니 무어시뇨 작쟈―짓는 쟈― 잇고 모쟈―모양― 잇고 질쟈― 몸― 잇고 위쟈―위쟈라― 잇느니"

> **교주** 언해의 '네 가지 잇스니 무어시뇨'가 원문에는 '四者維何'로 되어 있음에 유의하였다.

> 역해 원문의 '有作者'는 '짓는 것'으로, '有模者'는 '본뜨는 것'으로, '有質者'는 '바탕의 것'으로, '有爲者'는 '만들어진 것'으로 풀이함이 적절한 것으로 생각한다. Matteo Ricci, Ibid, Translated by Douglas Lancashire and Peter Hu Kuo―chen, 1985, p.85에서 원문의 '有作者'를 'the active cause'로, '有模者'를 'the formal cause'로, '有質者'를 'the material cause'로, '有爲者'를 'the final cause'로 각각 풀었음을 참작하였다.

| 국역 |

제가 먼저 만물의 그렇게 된 까닭을 푸는 경우에는, 그 이치가 저절로 밝혀질 것입니다. 시험 삼아 만물의 그렇게 된 까닭을 논의함에는 네 가지가 있습니다. 네 가지는 오로지 무엇인가. 짓는 것이 있고, 본뜨는 것이 있고, 바탕의 것이 있고, 만들어진 것이 있습니다.

| 원문 | (2)

"부작자夫作者 조기물造其物 이시지위물야而施之爲物也 모자模者 장기물狀其物 치지어본륜置之於本倫 별지어타류야別之於他類也 질자質者 물지본래체질物之本來體質 소이수모자야所以受模者也 위자爲者 정물지소향소용야定物之所向所用也"

| 언해 |

"작쟈는 물건을 지어 물건이 되게 홈이오 모쟈는 그 물건을 본류에 두어 다른 류와 분별 흐게 홈이오 질쟈는 물건의 본 몸이 모양을 밧는 쟈요 위쟈는 물건의 향홀 바와 쓸 바를 뎡 홈이니"

> **교주** 언해의 '물건이 되게 홈이오'가 원문에는 '而施之爲物也'로, '물건의 본 몸이 모양을 밧는

84   天主實義 · 텬쥬실의

쟈요'가 원문에는 '物之本來體質 所以受模者也'로 되어 있음에 유의하였다.

| 국역 |

무릇 짓는 것은 그 사물을 만들면서 사물이 되게 하는 것이고, 본뜨는 것은 그 사물을 형상하여 본래의 도리에 두어 다른 부류와 분별하는 것이며, 바탕의 것은 사물의 본래 체질로 본뜬 것을 받는 바이고, 만들어진 것은 사물이 지향하는 곳과 쓰이는 바를 결정하는 것입니다.

| 원문 | (3)

"어공사구가관언於工事俱可觀焉 비여거연譬如車然 여인위작자與人爲作者 궤철위모자軌轍爲模者 수목과위질자樹木料爲質者 소이승어인위위자所以乘於人爲爲者 어생물역가관언於生物亦可觀焉 비여화연譬如火然 유생화지원화위작자有生火之原火爲作者 열건기위모자熱乾氣爲模者 신시위질자薪柴爲質者 소이소자물위위자所以燒煮物爲爲者 천하무유일물불구차사자天下無有一物不具此四者"

| 언해 |

"이는 공장의 일을 보와도 가히 알지니 수레를 비유ᄒᆞ건대 수레 ᄆᆞᆮᄂᆞᆫ 사람은 작쟈요 통과 박회ᄂᆞᆫ 모쟈오 직목은 질쟈오 타고 싯ᄂᆞᆫ 바ᄂᆞᆫ 위쟈라 물건에도 ᄯᅩᆫ 가히 볼지니 불을 비유ᄒᆞ건대 처음 난 불이 작쟈요 덥고 조흔 긔운이 모쟈요 나무와 섭히 질쟈요 술호고 지즈ᄂᆞᆫ 거시 위쟈라 텬하에 ᄒᆞᆫ 물건도 이 네 가지ᄅᆞᆯ 갓초지 아니ᄒᆞᆫ 쟈 업ᄂᆞᆫ지라"

교주 언해의 '통과 박회ᄂᆞᆫ 모쟈오'가 원문에는 '軌轍爲模者'로, '타고 싯ᄂᆞᆫ 바ᄂᆞᆫ 위쟈라'가 '所以乘於人爲爲者'로 되어 있음에 유의하였다.

역해 원문 '譬如車然'의 '譬如'에 관해 『中韓辭典』, 1989, p.1725; 2006, p.1476의 풀이에 '①예를 들다'는 풀이가 있으므로 이를 취하여 이 대목을 '수레가 그러함을 예를 들면'으로 국역하였다. 그 뒤 원문 '譬如火然'의 '譬如' 역시 그렇게 하였다.

| 국역 |

이러함은 공사하는 데에서 다 볼 수 있습니다. 수레가 그러함을 예를 들면, 수레를 만드는 사람은 짓는 것이요, 수레바퀴는 본뜨는 것이요, 수목은 바탕의 것이요, 그래서 사람을 태움이 만들어진 것이 되었습니다. 살아있는 사물에서도 역시 볼 수 있으니, 불도 그러함을 예를 들면, 불을 사른 근원이 짓는 것이요, 열이 나서 말리는 기운은 본뜨는 것이요, 섶

과 땔감은 바탕의 것이요, 그래서 사물을 태워 익힘이 만들어진 것이 되었습니다. 하늘 아래 하나의 사물도 이 넷을 갖추지 않은 것이 없습니다.

(4)

"사지중四之中 기모자질자其模者質者 차이자재물지내此二者在物之內 위물지본분爲物之本分 혹위음양시야或謂陰陽是也 작자위자作者爲者 차이자此二者 재물지외在物之外 초어물지선자야超於物之先者也 불능위물지본분不能爲物之本分 오안천주위물지소이연吾按天主爲物之所以然 단운작자위자但云作者爲者 불운모자질자不云模者質者"

| 언해 |

"네 가지 중에 모쟈 질쟈 두 가지는 물 안희 잇서 물의 본분이 되니 혹 닐오딕 음양이 이오―물의 동졍 방원 대소 강유가 잇스니 다 음양이 붓ᄂᆞ니라― 작쟈와 위쟈 두 가지는 물 밧긔 쒸여나 몬져 잇ᄂᆞ지라 능히 물의 본분이 되지 아니ᄒᆞᆯ지니―작쟈 위쟈는 물톄에 미이지 아니ᄒᆞ고 쥬의 조화에 속ᄒᆞ니 쥬ㅣ 물의 소이연 됨이 그 연고라― 내 살피건대 텬쥬는 물의 소이연이 되시니 다만 작쟈와 위쟈라 닐오고 모쟈와 질쟈라 닐오지 아니 ᄒᆞᆯ지라―작쟈 위쟈는 쥬의 조화에 속ᄒᆞ고 모쟈 질쟈는 물의 모양과 본 몸인 즉 물의 본분이 됨이오 쥬는 그 본분이 아니라 말―"

언해의 '물 밧긔 쒸여나 몬져 잇ᄂᆞ지라'가 원문에는 '超於物之先者也'로 되어 있음에 유의하였다.

| 국역 |

넷 중에서 본뜨는 것・바탕의 것 이 둘은 사물의 안에 있어 사물의 본분이 되니 혹은 이르기를 음양陰陽이라 함이 이것이며, 짓는 것・만들어진 것 이 둘은 사물의 밖에 있으면서 사물을 초월하여 먼저 있지만 사물의 본분이 될 수는 없습니다. 제가 살펴보니, 천주께서는 사물의 그렇게 된 까닭이 되셨지만, 다만 짓는 것・만들어진 것이라 이르셨지 본뜨는 것・바탕의 것이라고 이르시지는 않았습니다.

(5)

"개천주혼전무이盖天主渾全無二 호능위물지분호胡能爲物之分乎 지론작여위지소이연至論作與爲之所以然 우유근원공사지별又有近遠公私之別 공원자대야公遠者大也 근사자"

기소야近私者其少也"

| 언해 |

"텬쥬ㅣ 혼연히 온젼ᄒ샤 둘이 업스시니 엇지 물의 본분이 되리오―쥬는 물을 지으신 소이연이오 물에 믹인 본분은 아니라― 작쟈위쟈의 소이연을 의논홀지라도 ᄯᅩᄒᆫ 갓갑고 멀고 공변되고 ᄉ〃로온 분별이 잇스니 공변되고 먼 쟈는 큰 소이연이오 갓갑고 ᄉ〃로온 쟈는 젹은 소이연이라"

▨교주▨ 언해의 '혼연히 온젼ᄒ샤'가 원문에는 '渾全'으로 되어 있음에 유의하였다.

| 국역 |

대개 천주께서는 아주 완전하여 둘이 없으니 어찌 사물의 본분이 될 수 있겠습니까. 짓는 것과 만들어진 것의 그렇게 된 까닭을 지극히 논의하면 또한 가까운 까닭과 먼 까닭, 공변된 까닭과 사사로운 까닭의 분별이 있으니 공변되고 먼 까닭은 크지만 가깝고 사사로운 까닭은 더 작습니다.

[제12강]

원문: 천주위물종지소이연天主爲物宗之所以然
언해: 텬쥬ㅣ 만물 웃듬의 소이연이 됨이라
국역: 천주께서 만물의 으뜸이 되신 까닭

| 원문 | (1)

"천주위물지소이연天主爲物之所以然 지공지대至公至大 이기여지소이연而其餘之所以然 근사차소近私且小 사차소자私且小者 필통우대자공자必統于大者公者"

| 언해 |

"텬쥬는 물의 큰 소이연이 되니 지극히 공변되고 크며 그나마 소이연은―각 물의 버금 소이연이니 마치 나무의 ᄲᅮᆯ희는 나무의 소이연이오 ᄲᅮᆯ희의 소이연은 쥬꾀 속ᄒᆞ지라― 갓갑고 ᄉ〃롭고 ᄯᅩᄒᆫ 젹은 거시니 이는 크고 공변된 쟈에 븟쳐 거느린지라"

▨교주▨ 언해의 '이는 크고 공변된 쟈에 븟쳐 거느린지라' 대목이 원문에는 '必統于大者公者'로 되

어 있음에 유의하였다.

천주께서는 사물의 그렇게 된 까닭이 되셨으니 지극히 공변되고 지극히 위대하시지만, 그 나머지의 그리된 까닭은 가깝고 사사로우며 작으니, 사사로우며 더욱이 작은 것은 틀림없이 큰 것·공변된 것에 통솔됩니다.

| 원문 | (2)

"부쌍친위자지소이연夫雙親爲子之所以然 칭위부모稱爲父母 근야사야近也私也 사무천지복재지使無天地覆載之 안득산기자호安得産其子乎 사무천주장악천지使無天主掌握天地 천지안능생육만물호天地安能生育萬物乎 즉천주고무상則天主固無上 지대지소이연야至大之所以然也 고오유이위소이연지초소이연故吾儒以爲所以然之初所以然"

| 언해 |

"대개 ㅈ식의 소이연은 부모ㅣ 되나 가령 텬디의 덥흠과 시름이 업스면 엇지 ㅈ식을 나흐며 텬디ᄂᆞᆫ 텬쥬의 조관ᄒᆞ심이 업스면 텬디가 엇지 능히 만물을 싱육ᄒᆞ랴 텬쥬는 진실노 우희 업스샤 지극히 큰 소이연이니 고로 녯젹 션ᄇᆡ ㅣ 닐오ᄃᆡ 텬쥬는 소이연의 쳐음 소이연이라 ᄒᆞ니라"

교주 언해의 '대개 ㅈ식의 소이연은 부모ㅣ 되나' 부분이 원문에는 '夫雙親爲子之所以然'으로 되어 있음에 유의하였다. 한편 원문의 '近也私也' 대목은 언해되지 않았다.

역해 원문 '則天主固無上'의 '無上'에 대해『中韓辭典』, 1989, p.2480; 2006, p.2104의 풀이 '무상의. 최고의'와『漢韓大字典』, 1967, p.768; 2001, p.1250의 풀이 '그 위에 더할 수 없이 나음. 極上. 最上' 중 '최상'을 활용하여 '최상이시며'로 국역하였다.

무릇 부모는 자식의 그렇게 된 까닭이 되므로 일컫기를 부모라 하며 가깝고도 사사로우니, 가령 하늘·땅이 덮고 싣지 않았으면 어찌 그 자식을 낳을 수 있으며, 가령 천주께서 하늘·땅을 손에 쥐지 않으셨으면 하늘·땅이 어찌 만물을 내고 길렀겠습니까. 곧 천주께서는 본디부터 높은 데가 없으시며 지극히 크시니 그렇게 된 까닭이십니다. 그러므로 우리 유학자들은 천주를 그렇게 된 까닭의 처음 그렇게 된 까닭으로 여깁니다.

[제13강]

원문:천주유일존天主惟一尊

언해:텬쥬ㅣ 오직 ᄒ나히시오 놉흐신 이라

국역:천주께서는 오직 하나이시고 높으시다

| 원문 | (1)

"중사왈中士曰 우내지물宇內之物 중이차이衆而且異 절의소출필위불일竊疑所出必爲不一 유지강하소발猶之江河所發 각별유원各別有源 금언천주유일今言天主惟一 감문기리敢問其理"

| 언해 |

"즁ᄉㅣ 굴오디 우닉 만물이 심히 만코 ᄯ 다ᄅᄂᆞ니 의심컨대 그 소ᄌᆞ츌이 반ᄃᆞ시 불일ᄒᆞᆯ지니 마치 강슈와 하슈의 발홈이 각〃 근원이 다른지라 이제 텬쥬ᄂᆞᆫ 오직 ᄒ나히시라 ᄒᆞ니 감히 그 리를 뭇ᄂᆞ이다"

> **교주** 이 가운데 원문에는 '所出'로 되어 있는데, 언해에서 '소ᄌᆞ츌'이라 한 것은 아마도 '所自出'이라는 의미로 풀어서 쓴 것 같다.

> **역해** 원문 '衆而且異'의 '而且'에 관한 『中韓辭典』, 1989, p.642; 2006, p.535의 풀이 '게다가. … 뿐만 아니라. 또한' 중 이 문맥에서는 '… 뿐만 아니라'가 적합하다고 여겨져 이를 취하여 국역하였다.

| 국역 |

중국선비가 말한다 : 우주 안의 사물은 많을 뿐만 아니라 다르니, 저 혼자 의심하기를 나온 데가 반드시 하나가 아니며 마치 강·하천이 출발하는 데가 각기 따로 근원이 있는 것과 같다고 하였는데, 지금 말씀하기를 천주께서는 오직 하나이시라 하니 감히 그 이치를 여쭙습니다.

| 원문 | (2)

"서사왈西士曰 물지사근원物之私根源 고불일야固不一也 물지공본주物之公本主 즉무이언則無二焉 하자何者 물지공본주物之公本主 내중물지소종출乃衆物之所從出 비유중물덕성備有衆物德性 덕성원만초연德性圓滿超然 무이상지無以尙之"

"셔스ㅣ 골오디 물의 스 〃 근원은 진실노 불일ㅎ거니와 물의 공변된 근본 님쟈는 둘히 업ᄂ니 ᄒ나히신 공변된 님쟈는 만물의 좃차난 바라 만물의 덕과 셩졍을 온젼이 갓초와 덕셩이 원만무결ㅎ야 ᄶᅱ여나 더홀 쟈 업ᄂ 연후에야 가히 물을 화셩홀지니"

> **교주** 언해의 '진실노 불일ㅎ거니와'가 원문에는 '固不一也'로, '덕셩이 원만무결ㅎ야 ᄶᅱ여나 더
> 홀 쟈 업ᄂ 연후에야 가히 물을 화셩홀지니' 부분이 '德性圓滿超然 無以尙之'로 되어 있음
> 에 유의하였다.

> **역해** 원문의 '何者'에 대해 『中韓辭典』, 1989, p.918; 2006, p.756의 풀이에서, '①왜 그러한가.
> ②어느 사람[것].'으로 되어 있고, 『漢韓大字典』, 1967, p.84; 2002, p.171의 풀이에, '왜냐
> 하면. 그 이유는.'으로 되어 있음을 참고하여 여기에서는 '왜냐하면'이 가장 적절한 것으로
> 판단되어 그리 국역하였다.
> 원문의 '無以尙之'의 '無以'에 관한 『中韓辭典』, 1989, p.2484; 2006, p.2107의 풀이 '…할
> 수가 없다. …할 도리[방도]가 없다' 중 '도리가 없다'를 취하여 국역하였다.

| 국역 |

서양선비가 말한다 : 사물의 사사로운 근원은 본디부터 하나가 아니지만 사물의 공변된
본래 주인은 곧 둘이 아닙니다. 왜냐하면 사물의 공변된 본래 주인은 마침내 많은 사물이
따라 나온 바인데, 많은 사물에 덕행의 성품이 갖춰 있으며 덕행의 성품이 원만하고 아주
뛰어나, 도리 없이 숭상합니다.

| 원문 | (3)

"사의텬디지간使疑天地之間 물지본주이존物之本主二尊 부지소운이자시상등호부호不
知所云二者是相等乎否乎 여비상등如非相等 필유일미必有一微 기미자자불가위공존其微
者自不可謂公尊 기공존자대덕셩젼其公尊者大德成全 멸이가언蔑以加焉 여왈상등如曰相
等 일지이족一之已足 하용다호何用多乎"

| 언해 |

"가스 텬디 만물의 본 님쟈ㅣ 두 놉흐신 이 잇ᄉ량이면 아지 못거라 둘히 셔로 굿ᄒ랴 굿
지 못ᄒ랴 만일 셔로 굿지 못ᄒ면 반ᄃ시 ᄒ나흔 약홀지니 약흔 쟈ᄂ 공변되이 놉흐신 이
라 닐오지 못ᄒ고 그 공변되이 놉흐신 쟈ᄂ 만덕이 온젼ᄒ야 더홀 이 업ᄉ리니 만일 골오

딕 등분이 서로 ᄀᆞᆺ다 ᄒᆞ면 ᄒᆞ나히 족ᄒᆞ지라 더ᄒᆞ야 무엇ᄒᆞ리오"

<blockquote>
교주 언해의 '가ᄉᆞ 텬디'가 원문에는 '使疑天地之間'으로, 언해에는 '등분'으로 되어 있으나, 원문에는 '相等'으로 되어 있음에 유의하였다.
</blockquote>

<blockquote>
역해 원문의 '蔑以加焉'은 『中韓辭典』, 1989, p.1568; 2006, p.1347의 용례 풀이 중 '蔑以復加'에 대해, '蔑'을 '없다'의 의미를 채택하여 '더 보탤 것이 없다. 완벽하다'로 풀었음을 감안하였는데, 여기에서는 문맥상 '더 보탤 것이 없다'보다는 '완벽하다'를 취하는 게 적절하다고 보아 그리 국역하였다.

원문 '不知所云二者是相等乎否乎'의 '是'는 『漢韓大字典』, 1967, p.577; 2002, p.933의 풀이 중 '옳게여길시'가 가장 적합하다 판단되어 이를 취하여 국역하였다.
</blockquote>

| 국역 |

가령 의심하여 하늘·땅 사이에 사물의 본래 주인이 존귀하신 두 분이라고 한다면, 말하는바 둘이라는 것이 서로 같다는 것을 옳게 여기는 것인지 아닌지를 모릅니다. 만약 서로 같지 않다면 반드시 하나는 미약한 게 있을 것이니, 그 미약한 것은 스스로 일컫기를 공변된 존귀한 분이라 할 수 없으며, 그 공변된 존귀하신 분은 큰 덕을 이루어 온전하여 완벽하십니다. 만약 말하기를 서로 같다고 하면 하나로 이미 충분하니 어찌 많은 것을 쓸 필요가 있겠습니까.

| 원문 | (4)

"우부지소운이존능상탈멸부又不知所云二尊能相奪滅否 여불능상멸如不能相滅 즉기능유유궁한則其能猶有窮限 불가위원만不可謂圓滿 지덕지존주至德之尊主 여능탈멸如能奪滅 즉피가이피탈멸자則彼可以被奪滅者 비천주야非天主也"

| 언해 |

"ᄯᅩ 아지 못거라 닐온바 두 놉ᄒᆞ신 이 서로 앗고 멸ᄒᆞ랴 못ᄒᆞ랴 만일 서로 멸ᄒᆞ지 못ᄒᆞᆫ 즉 그 능이 오히려 궁진홈과 ᄒᆞᆫ뎡이 잇ᄉᆞᆷᄋᆞ니 가히 원만ᄒᆞ다 닐오지 못ᄒᆞᆯ 거시오 두 놉ᄒᆞ신 이 즁에 만일 앗기고 멸홈을 입ᄂᆞᆫ 쟈ᄂᆞᆫ 텬쥬ㅣ 아니라"

<blockquote>
교주 언해의 '두 놉ᄒᆞ신 이 즁에'가 원문에는 '至德之尊主'로 되어 있음에 유의하였다.
</blockquote>

| 국역 |

거듭 말하는바 존귀하신 두 분께서 서로 탈취하며 소멸시킬 수 있는 것인지 아닌지도 모

르겠습니다만, 만약 서로 소멸시킬 수 없을 때에는 그 능력은 오히려 궁극적으로는 한계가 있어 말하기를 원만하다고 할 수 없으며, 지극한 덕이 존귀하신 주님께서 만약 탈취하여 소멸시킬 수 있을 때에는 그것은 탈취하고 소멸시킴을 당할 수 있는 자이니 천주가 아니십니다.

| 원문 | (5)

"차천하지물극다극성且天下之物極多極盛 구무일존유지조호苟無一尊維持調護 불면산괴不免散壞 여작악대성如作樂大成 구무태사집중소성苟無太師集衆小成 완음역기절향完音亦幾絶響 시고일가지유일장是故一家止有一長 일국지유일군一國止有一君 유이즉국가난의有二則國家亂矣 일인지유일신一人止有一身 일신지유일수一身止有一首 유이즉괴이심의有二則怪異甚矣"

| 언해 |

"또 텬하 만물이 극히 만코 극히 셩ᄒᆞ니 진실노 ᄒᆞᆫ 놉흐신 쥬ㅣ 붓들고 보호ᄒᆞᆷ이 아니면 헤여지고 믄허짐을 면ᄒᆞ지 못ᄒᆞᆯ지라 마치 풍악을 지으매 대셩을—모든 젹은 풍악을 모화 큰 풍악의 시죵을 온젼이 일운다 ᄯᅳᆺ— 일우려 ᄒᆞ면 진실노 태ᄉᆞ의—악관— 뭇 소셩을—각 ″ 알외는 젹은 풍악— 모흠이 업스면 소릭 완젼ᄒᆞ지 못ᄒᆞᆯ지니 이런 고로 ᄒᆞᆫ 집에 다만 ᄒᆞᆫ 가장이 잇고 ᄒᆞᆫ 나라희 다만 ᄒᆞᆫ 인군이 잇ᄂᆞ니 만일 둘히 잇신즉 가국이 괴란ᄒᆞᆯ 거시오 ᄒᆞᆫ 사름은 다만 ᄒᆞᆫ 몸이 잇고 ᄒᆞᆫ 몸에 다만 ᄒᆞᆫ 머리 잇ᄂᆞ니 만일 둘히 잇스면 괴이홈이 심ᄒᆞᆯ지라"

> **교주** 언해에는 '가국'으로 표기되어 있으나, 원문에는 '國家'로 되어 있다.

> **역해** 원문 '是故'에 관해서는 『中韓辭典』, 1989, p.2118; 2006, p.1794의 풀이 '이런 까닭으로. 그러므로' 중 '이런 까닭으로'를 취하여 국역하였다.
> 언해의 '태ᄉᆞ'는 원문의 '太師'로 옛날 국가의 樂을 담당하는 樂官의 長을 가리킨다.

| 국역 |

게다가 천하의 사물이 극히 다양하고 극히 풍성하니 만약 하나이신 존귀하신 분께서 유지하고 잘 보호해주시지 않으면 분산되어 괴멸되는 것을 면할 수가 없습니다. 마치 악을 제작하여 집대성할 때와 같으니, 가령 태사太師가 남들이 작게 이룬 것들을 많이 모음이 없으면 완전한 소리 또한 거의 울림이 끊어질 것입니다. 이런 까닭으로 한 집에 오직 한 가장이 있으며 한 나라에 오직 한 군주가 있어야지 둘이 있는 경우에는 국가가 어지러울 것이며, 한 사람이 오직 하나의 육신이 있으며 한 육신에 오직 하나의 머리가 있어야지 둘이 있는 경우에는 몹시 괴이할 것입니다.

| 원문 | (6)

"오인시지건곤지내吾因是知乾坤之內 수유귀신다품雖有鬼神多品 독유일천주시제작천지인물獨有一天主始制作天地人物 이시주재존안지而時主宰存安之 자하의호子何疑乎"

| 언해 |

"내 이를 인ᄒᆞ야 텬디간에 비록 귀신의 만흔 픔이 잇시나 홀노 흔 텬쥬ㅣ 계셔 텬디 인물을 화싱ᄒᆞ샤 쌔로 지졔ᄒᆞ시고 안양ᄒᆞ시ᄂᆞ니 ᄌᆞ네 무어슬 의심ᄒᆞ리오"

> **교주** 언해의 '흔 텬쥬ㅣ 계셔 텬디 인물을 화싱ᄒᆞ샤'가 원문에는 '獨有一天主始制作天地人物'로 되어 있음에 유의하였다.

| 국역 |

저는 이로 인하여 하늘·땅 사이에 비록 많은 종류의 귀신이 있더라도 유독 한 분 천주께서 계셔 비로소 하늘·땅·사람·사물을 지으시고도 때맞춰 주재하시어 보존하고 편안하게 하심을 알겠는데, 그대는 어찌 의심하십니까.

| 원문 | (7)

"중사왈中士曰 이령지교耳聆至敎 개신천주지존蓋信天主之尊 진무이상眞無二上 수연원경기설雖然願竟其說"

| 언해 |

"즁ᄉᆞㅣ 굴오ᄃᆡ 지극흔 교를 드르니 텬쥬의 놉흐심이 춤 둘히 업슴을 밋으나 그러나 원컨대 그 말을 다 ᄆᆞᆺ츠소셔"

> **교주** 언해의 '텬쥬의 놉흐심이 춤 둘히 업슴을 밋으나' 대목이 '蓋信天主之尊 眞無二上'으로 되어 있음에 유의하였다.

| 국역 |

중국선비가 말한다 : 지극한 가르침을 귀로 들었으니 대개 천주께서 존귀하시며 참으로

높으신 분이 둘이 없으심을 어찌 믿지 않겠습니까. 비록 그럴지라도 원하오니 그 설명을 다 끝내주십시오.

[제14강]

원문 : 천주무궁난칙天主無窮難測
언해 : 텬쥬는 무궁ᄒᆞ샤 난측홈이라
국역 : 천주께서는 무궁하시어 헤아리기 어려우시다

| 원문 | (1)

"서사왈西士曰 천하지미충여의天下至微虫如蟻 인불능필달기성人不能畢達其性 신천주지대지존자矧天主至大至尊者 기이달호豈易達乎 여인가이이달如人可以易達 역비천주의亦非天主矣"

| 언해 |

"셔스ㅣ 굴오ᄃᆡ 텬하에 지극히 미ᄒᆞᆫ 버레 가얌이 ᄀᆞᆺᄒᆞᆫ 것도 사ᄅᆞᆷ이 능히 그 성품을 ᄉᆞᄆᆞᆺ지 못ᄒᆞ거든 하믈며 텬쥬의 지극히 크고 지극히 놉흐신 쟈를 엇지 ᄉᆞᄆᆞᆺ기 쉬우리오 만일 ᄉᆞᄆᆞᆺ기 쉬오량이면 ᄯᅩᄒᆞᆫ 텬쥬ㅣ 아니라"

> **교주** 언해의 '텬하에 지극히 미ᄒᆞᆫ 버레 가얌이 ᄀᆞᆺᄒᆞᆫ 것도' 부분이 원문에는 '天下至微虫如蟻'로 되어 있음에 유의하였다.

| 국역 |

서양선비가 말한다 : 하늘 아래 마치 개미 같은 지극히 작은 벌레도 사람이 그 성품을 죄다 깨달을 수가 없는데, 하물며 천주께서 지극히 크고 지극히 존귀하신 분이신데 어찌 쉽게 통달할 수 있겠습니까. 만약 사람이 쉽게 통달할 수 있다면 또한 천주가 아니십니다.

| 원문 | (2)

"고유일군욕지천주지설古有一君欲知天主之說 문어현신問於賢臣 현신답왈賢臣答曰 용퇴삼일사지容退三日思之 지기우문至期又問 답왈答曰 갱육일방가대更六日方可對 여시이

육일如是已六日 우구십이일이대又求十二日以對 군노왈君怒曰 여하희汝何戲 답왈答曰 신하감희臣何敢戲 단천주도리무궁但天主道理無窮 신사일심臣思日深 이리일미而理日微 역유징목잉침대양亦猶瞪目仰瞻太陽 익관익혼益觀益昏 시이난대야是以難對也"

"녯젹에 흔 인군이 어진 신하드려 텬쥬의 셩리롤 무른대 디호야 골오디 물너가 삼일을 싱각호야 고호리다 긔약에 니르러 또 무른대 디답호디 다시 뉵일을 싱각호야 디호리다 뉵일을 지낸 후에 또 십이일을 쳥호니 인군이 노호야 골오디 네 엇지 희롱호느냐 어진 쟈ㅣ 디호야 골오디 신이 엇지 감히 희롱호리잇가 다만 텬쥬 도리 무궁호야 신의 싱각을 날노 깁히훌ㅅ록 리는 날노 미묘호니 마치 눈을 바로 쓰고 태양을 봄과 궃호야 더옥 볼ㅅ록 더옥 어두오니 일노써 디호기 어렵다 호고"

교주 언해의 '녯젹에 흔 인군이 어진 신하드려 텬쥬의 셩리롤 무른대' 대목이 원문에는 '古有一君欲知天主之說'로 되어 있음에 유의하였다.

역해 내용상 대답의 기한이 초판본에는 '二日'로 되어 있지만, 주석본에는 '六日'로 되어 있는데, 주석본에 의거하여 국역에서는 6일을 취하였다.
원문 '是以難對也'의 '是以'는 『中韓辭典』, 1989, p.2119; 2006, p.1794의 풀이 '이 때문에. 그래서. 그러므로' 중 '그래서'가 가장 적절할 듯하여 이를 취하여 국역하였다.

| 국역 |

옛날 한 임금이 천주에 관한 학설에 관해 알고 싶어서 현명한 신하에게 물으니 현명한 신하가 답하여 말하기를 물러가 3일간 생각하기를 허용해달라고 하였는데, 기한에 이르러 또 물으니 답해 말하기를 다시 6일이면 비로소 답할 수 있겠노라고 하였습니다. 이와 같이 이미 6일에 또 12일을 답하는 데에 요구하자 임금이 화가 나서 말하기를, '네가 어찌 희롱하느냐' 하였습니다. 그 신하가 답하여 말하기를 '신이 어찌 감히 희롱하겠습니까. 다만 천주의 도리가 무궁하여 제 생각이 날로 깊어졌지만 이치가 나날이 미묘하여 또 마치 눈을 바로 뜨고 태양을 우러러 봄과 같아 더욱 볼수록 더욱 어두우니 이로써 답하기 어렵습니다.'라고 하였습니다.

| 원문 | (3)

"석자昔者 우유서사성인又有西士聖人 명위오오사졔락名謂嶼梧斯悌諾 욕일개통천주지설欲一槪通天主之說 이서지어책而書之於冊 일일랑유해빈一日浪遊海濱 심졍심사心正尋

思 忽見一童子掘地作小窩 수집호각手執蠔殼 급해수관지汲海水灌
之 성인왈聖人曰 자장하위子將何爲 동자왈童子曰 오욕이차각진급해수吾欲以此殼盡汲海
水 경입와중야傾入窩中也"

"쏘 녯젹에 셔국에 흔 셩인이 잇스니 일홈은 嶼梧斯諾라 텬쥬 도리를 대개 통ᄒ야 칙에
쓰고져 ᄒ야 두루 믄난ᄒ다가 ᄒ로ᄂᆞᆫ 바다가흘 지나며 졍히 싱각홀 즈음에 믄득 보니 흔
동ᄌㅣ 싸흘 파 젹은 굴을 짓고 조개겹질로 바다믈을 옴기거ᄂᆞᆯ 셩인이 글오ᄃᆡ 네 장찻 엇
지ᄒ려 ᄒᆞᄂ뇨 동ᄌㅣ 글오ᄃᆡ 내 조개겹질로 이 바다믈을 다 기러 이 굴 가온대 옴기고져
ᄒ노라"

| 교주 | 인명 '嶼梧斯諾'은 성聖 아우구스티누스Aurelius Augustinus(354-430)를 가리킨다. 언해
에는 이렇게 '嶼梧斯諾'이라 표기되어 있지만, 원문에는 '嶼梧斯悌諾'으로 표기되어 있다.

| 국역 |

옛날에 또 서양 선비로 이름이 아우구스티누스로 불리는 성인이 있었는데, 천주에 대한
학설을 모조리 통달하면서 책에 쓰고 싶었습니다. 그가 하루는 바닷가를 이리저리 거닐면
서 마음을 바로잡아 곰곰이 생각하다가 문득 보니 한 사내아이가 땅을 파서 작은 굴을 만
들어 손에 조개껍질을 쥐고 바닷물을 퍼담고 있었습니다. 성인이 이르기를 '네가 장차 어
찌 하려는 것이냐.' 하니, 사내아기가 말하기를 '저는 이 껍질로써 바닷물을 모두 퍼서 굴
안에 다 담으려고 합니다.'라고 하였습니다.

| 원문 | (4)

"성인소왈聖人笑曰 약하심우若何甚愚 욕이소기갈대해입소와欲以小器竭大海入小窩 동
자왈童子曰 이기지대해지수爾旣知大海之水 소기불가급小器不可汲 소와불진용小窩不盡
容 우하위노심초사又何爲勞心焦思 욕이인력경천주지대의欲以人力竟天主之大義 이입지
미책야而入之微冊耶 어필불견語畢不見 성인역경오聖人亦驚悟 지위천주명신이경계지야
知爲天主命神以警戒之也"

| 언해 |

"셩인이 웃셔 글오ᄃᆡ 엇지 어림이 〃ᄀᆞᆺ치 심ᄒ뇨 젹은 겹질로 대ᄒ를 믈니워 젹은 굴에
붓고져 ᄒᆞᄂ냐 동ᄌㅣ 글오ᄃᆡ 네 임의 큰 바다믈을 젹은 그릇스로 깃지 못ᄒ고 젹은 굴노

용납지 못홀 줄을 알냥이면 엇지ᄒ야 ᄆ음을 슈고로이 ᄒ고 싱각을 갈ᄒ게 ᄒ야 인력으로 써 텬쥬의 리를 다ᄒ야 젹은 칙에 용납고져 ᄒᄂ냐 말을 필ᄒ매 뵈이지 아니ᄒ니 셩인이 놀나 ᄭᅵ드ᄅ 텬쥬ㅣ 뎐신을 명ᄒ사 경계ᄒ심을 일앗다 ᄒ니"

교주 언해의 '젹은 겹질로 대희를 믈니워 젹은 굴에 붓고져 ᄒᄂ냐' 대목이 원문에는 '欲以小器 竭大海入小窩'로 되어 있음에 유의하였다.

역해 원문 '若何'에 관해서 『漢韓大字典』, 1967, p.1048; 2002, p.1738의 풀이에 '奈何. 如何'와 같다고 했고, 同書, 1967, p.316; 2002, p.514 '奈何'의 풀이에 '①어떤가 ②어찌하여' 그리고 1967, p.323; 2002, p.524 '如何'의 풀이에 '①어찌하여 ②어떠하게 ③어쩔꼬. 어찌하랴'가 있는 가운데 이 문맥에서는 '어찌하여'가 가장 적절한 듯하여 이를 취하여 국역하였다.

| 국역 |

성인이 웃으며 말하기를, '어찌하여 대단히 어리석으냐. 작은 그릇으로 큰 바다를 다 퍼서 작은 굴에 넣으려 하다니.'라고 하였습니다. 사내아이가 말하기를, '당신께서는 이미 큰 바닷물을 작은 그릇으로 퍼 담을 수 없으며 작은 굴에 다 담을 수 없음을 알면서, 또 어찌 애를 쓰고 속을 태우며 사람의 힘으로써 다하여 천주의 큰 뜻 전부를 작은 책에 담으려 하십니까.'라고 하였습니다. 사내아이가 말을 마치고 보이지 않자 성인도 역시 놀라 깨달아 천주께서 성신聖神에게 명하여 미리 타일러 조심하게 한 것임을 알게 되었습니다.

| 원문 | (5)

"개물지열어류자盖物之列於類者 오인기류吾因其類 고기이동考其異同 즉지기성야則知其性也 유형성자有形聲者 오시기용색吾視其容色 영기음향聆其音響 즉지기정야則知其情也 유한제자有限制者 오도량자차계지피계吾度量自此界至彼界 즉가지기체야則可知其體也"

| 언해 |

"대개 물이 각 류에 버린 자를 내 그 류를 인ᄒ야 그 다ᄅ고 ᄀᆺ흠을 샹고흔즉 그 셩품을 알 거시오 형상과 소리 잇ᄂ 쟈는 내 그 빗출 보고 그 소리로 드ᄅ면 그 ᄯᆺ을 알 거시오 흔뎡흔 졔도 잇ᄂ 쟈는 내 이 디경과 뎌 디경을 혜아리면 가히 그 톄를 알녀니와"

교주 언해의 '대개 물이 각 류에 버린 자를'이 원문에는 '盖物之列於類者'로, '내 그 빗출 보고 그 소리로 드ᄅᆞ면'이 '吾視其容色 聆其音響'으로, '흔뎡흔 제도 잇ᄂᆞᆫ 쟈ᄂᆞᆫ'이 '有限制者'로 되어 있음에 유의하였다.

| 국역 |

대개 사물이 부류에 줄을 이루어 늘어서니 우리는 그 부류로 인하여 그것이 다른지 같은지를 살피면 그 성품을 알 수 있으며, 형상과 소리가 있는 것은 우리가 그 용모와 빛깔을 살피고 그 음향을 들으면 그 실정을 알 수 있으며, 한계와 제약이 있는 것은 우리가 이 경계로부터 저 경계에 이르기까지를 헤아리면 그 실체를 알 수 있습니다.

| 원문 | (6)

"약천주자비류지속若天主者非類之屬 초월중류超越衆類 비지어수류호比之於誰類乎 기무형성旣無形聲 기유적가입이달호豈有迹可入而達乎 기체무궁其體無窮 육합불능위변제六合不能爲邊際 하이측기고대지예호何以測其高大之倪乎 서기호거기정성庶幾乎擧其情性 즉막약이비자무자거지則莫若以非者無者擧之 구이시이유苟以是以有 즉유원의則愈遠矣"

| 언해 |

"텬쥬ᄂᆞᆫ 류의 소속이 아니라 뭇 류에 초월ᄒᆞ시니 어느 류에 비기며 임의 형상과 소리 업ᄉᆞ니 엇지 자최 잇서 보와 ᄉᆞᆺ차며 그 톄ᄂᆞᆫ 무궁ᄒᆞ야 뉵합이―텬디ᄉᆞ방―이 능히 즈음ᄒᆞ지 못ᄒᆞ니 엇지 그 놉고 큰 ᄭᅳᆺ츨 헤아리랴 겨우 그 ᄉᆞ정과 셩리를 들녀ᄒᆞ면 아닌 자와 업ᄂᆞᆫ 자로써 드니만 ᄀᆞᆺ지 못ᄒᆞ니 진실노 이러타 홈으로써 ᄒᆞ며 잇다 홈으로써 ᄒᆞ려ᄒᆞ면 더욱 멀고 더욱 아득ᄒᆞᆯ지니라"

> **교주** 언해의 '엇지 그 놉고 큰 ᄭᅳᆺ츨 헤아리랴'가 원문에 '何以測其高大之倪乎'로, '겨우 그 ᄉᆞ정과 셩리를 들녀ᄒᆞ면'이 '庶幾乎擧其情性'으로 되어 있음에 유의하였다.

> **역해** '六合'은 東·西·南·北 四方과 上·下를 합쳐 부르는 말이다. 金翰奎,「世界槪念의 分析을 통해서 본 漢代 中國人의 世界觀」,『古代中國的 世界秩序硏究』, 一潮閣, 1982. 盧鏞弼,「眞興王代 政治思想 形成의 社會的 背景」,『新羅眞興王巡狩碑硏究』, 一潮閣, 1996 그리고 馬平安,「大一統政治的完全確立―秦帝國的建立與中央集權格國的徹底定型」,『走向大一統』, 北京:團結出版社, 2018 참조.
> 원문 '庶幾乎'에 관한『中韓辭典』, 1989, p.2157; 2006, p.1828의 풀이 '거의 …(할 것이다). 대체로 …(할 것이다). 오직 …만이' 중 '오직 …만이'가 이 문맥에서는 적합하다고 여겨져 이를 취하여 국역하였다.

| 국역 |

이렇게 천주라고 하는 분께서는 부류에 속하지 않고 많은 부류를 초월하시니 비교하자
면 어느 부류에 하겠으며, 이미 형상과 음성이 없으니 어찌 자취가 있어 들이기면서 통달
하겠습니까. 그 몸이 끝이 없어 6합도 변두리의 끝이 되지 못하니 어찌 그 높고 큼의 끝을
가늠하겠습니까. 오직 그 실정·성품만을 거론한 경우에는 '아님[非]'이라는 것과 '없음
[無]'이라는 것으로써 거론하는 것만 같지 못하며, 오직 '옳음[是]'으로써와 '있음[有]'으
로써 거론하면 더욱 심원해집니다.

| 원문 | (7)

"중사왈中士曰 부극시극유자夫極是極有者 역안득이비이무천지亦安得以非以無闡之"

| 언해 |

"즁ᄉᆡ 골오ᄃᆡ 대뎌 지극히 이러ᄒᆞ고 지극히 잇ᄂᆞᆫ 쟈를 엇지 아님으로써 ᄒᆞ며 업슴으로
써 나타내리오"

> 교주 언해의 '지극히 이러ᄒᆞ고'가 원문에는 '極是'으로, '엇지 아님으로써 ᄒᆞ며 업슴으로써 나타
> 내리오' 부분이 '亦安得以非以無闡之'로 되어 있음에 유의하였다.

> 역해 원문 '夫極是極有者'의 '極'에 관해서『中韓辭典』, 1989, p.1043; 2006, p.873의 풀이에 '⑥
> 아주. 극히. 지극히. 몹시. 매우' 가운데 '아주'가 가장 적절한 듯하여 이를 취하여 국역하였
> 다.

| 국역 |

중국선비가 말한다 : 무릇 아주 '옳음[是]'과 아주 '있음[有]'이라고 하는 것도 역시 어찌
'아님[非]'과 '없음[無]'으로써 밝혀질 수 있겠습니까.

| 원문 | (8)

"서사왈西士曰 인기지루人器之陋 부족이성천주지거리야不足以盛天主之巨理也 유지물
유비천惟知物有卑賤 천주소비시天主所非是 연이불능궁기소위존귀야然而不能窮其所爲尊
貴也 유지사유결함惟知事有缺陷 천주소무유天主所無有 연이불능계기소위전장야然而不
能稽其所爲全長也"

"셔스ㅣ 굴오딕 사름의 그릇시 젹고 녓허 족히 텬쥬의 큰 리를 담지 못홀지라 오직 물건은 비쳔흠이 잇고 텬쥬는 이러치 아니흠을 아나 그러나 능히 그 되신 바 놉고 귀흠은 궁징치 못흐고 오직 일은 결흠이 잇고 텬쥬는 결흠이 업슴을 아나 그러나 능히 그 되신바 온젼흐고 길믄 샹고치 못홀지니"

> **교주** 언해의 '그러나 능히 그 되신 바 놉고 귀흠은 궁징치 못흐고' 부분이 원문에는 '然而不能窮其所爲尊貴也'로, '그러나 능히 그 되신바 온젼흐고 길믄 샹고치 못홀지니' 부분이 '然而不能稽其所爲全長也'로 되어 있음에 유의하였다.

> **역해** 원문 '然而'에 대한 『中韓辭典』, 1989, p.1901; 2006, p.1616의 풀이 '그렇지만. 그러나. 그런데' 중 이 문맥에서는 '그런데'가 적합하다고 여겨져 이를 취하였다.

| 국역 |

서양선비가 말한다 : 사람의 그릇이 작아서 천주의 거대한 섭리를 담지 못하고, 단지 사물에는 비천함이 있어도 천주께서는 이러하지 아니하신 바를 알지만, 그런데 그 하신 바가 존귀하심을 궁구할 수가 없습니다. 단지 일에는 결함이 있어도 천주께는 '없음[無]'과 '있음[有]'을 알지만, 그런데 그 하신 바가 완전무결하며 첫째임을 고증할 수가 없습니다.

[제15강]

원문: 천주본성초월만물지품天主本性超越萬物之品
언해: 텬쥬의 본성이 만물픔에 초월흐심이라
국역: 천주의 본성은 만물의 등급을 초월하셨다

| 원문 | (1)

"금오욕의지천주하물今吾欲擬指天主何物 왈비천야曰非天也 비지야非地也 이기고명박후而其高明博厚 교천지유심야較天地猶甚也 비귀신야非鬼神也 이기신령而其神靈 귀신불시야鬼神不啻也 비인야非人也 이하매셩예야而遐邁聖睿也 비소위도덕야非所謂道德也 이위도덕지원야而爲道德之源也 피실무왕무래彼實無往無來 이오욕언기이왕자而吾欲言其以往者 단왈무시야但曰無始也 욕언기이래자欲言其以來者 단왈무종야但曰無終也"

| 언해 |

"텬쥬를 어느 물건에 ᄀᆞᄅᆞ쳐 비기고져 ᄒᆞ고 골오ᄃᆡ 하늘도 아니오 ᄯᅡ도 아니라 그 놉고 ᄇᆞᆰ음과 넓고 후흠은 텬디노 비치 못흠이시니 ᄒᆞ고 귀신도 아니라 그 신령ᄒᆞ심은 귀신뿐 아니오 사ᄅᆞᆷ도 아니라 일만 셩인에 멀니 지나고 닐온바 도덕도 아니라 도덕의 근원이 될 거시오 제 실노 가심도 업고 오심도 업스니 내 그 이왕을 말ᄒᆞ면 다만 골오ᄃᆡ 무시라 ᄒᆞᆯ 거시오 미릭를 말ᄒᆞ고져 ᄒᆞ면 다만 닐오ᄃᆡ 무종이라 ᄒᆞᆯ 거시오"

> **교주** 언해의 '텬쥬를 어느 물건에 ᄀᆞᄅᆞ쳐 비기고져 ᄒᆞ고' 대목이 원문에는 '今吾欲擬指天主何物'로, '일만 셩인에 멀니 지나고'가 '而逈邁聖睿也'로 되어 있음에 유의하였다.

| 국역 |

지금 우리가 천주를 어떤 사물에 견주어 가리키고자 하여 말하기를 '하늘이 아니며 땅이 아니지만 그 높고 밝음과 넓고 두터움은 하늘·땅에 비교해도 오히려 심하다.', '귀신이 아니지만 그 신령함은 귀신 그 뿐만이 아니다.' '사람이 아니지만 성인의 지혜도 멀리 초월한다. 이른바 도덕이 아니지만 도덕의 근원이 된다.'라고 합니다. 그분께서는 실로 가시지도 않고 오시지도 않지만 우리가 그분께서 가신 것이라고 말하고자 하면서도 단지 '시작이 없으시다'고 말하고, 그분께서 오신 것이라고 말하고자 하면서도 단지 '끝이 없으시다'고 말합니다.

| 원문 | (2)

"우추이의기체야又推而意其體也 무처가이용재지無處可以容載之 이무소불영충야而無所不盈充也 부동이위제동지종不動而爲諸動之宗 무수무구이화생만삼無手無口而化生萬森 교유만생야敎論萬生也 기능야其能也 무훼무쇠無毁無衰 이가이무지위유자而可以無之爲有者"

| 언해 |

"ᄯᅩ 그 톄를 ᄯᅳᆺᄒᆞ건대 가히 용납ᄒᆞ야 시를 곳이 업고 치을 곳이 업슬 거시오 음즉이지 아니ᄒᆞᄃᆡ 모든 음즉임의 읏듬이 되고 손과 입이 업스ᄃᆡ 만물을 화ᄉᆡᆼᄒᆞ며 만류를 교유―ᄀᆞᄅᆞ치고 닐온다는 ᄯᅳᆺ―ᄒᆞ야 그 능이 헐님도 업고 쇠흠도 업스니 가히 업슴으로써 잇슴이 되는 쟈오"

> **교주** 언해의 'ᄯᅩ 그 톄를 ᄯᅳᆺᄒᆞ건대'가 원문에는 '又推而意其體也'라 되어 있음에 유의하였다.

| 국역 |

또 그 바탕을 추론하면서 짐작하자면, 담아 실을 곳도 없지만 가득히 채워두는 바도 없으며 움직이지 않지만 모든 움직임의 으뜸이 됩니다. 손이 없고 입이 없지만 많은 나무를 생겨나게 하였으며 많은 생물을 가르치고 깨우쳤으니, 천주님께서는 그 능력이 훼손되지도 않으시며 쇠퇴하지도 않으시면서, '없음[無]'으로써 '있음[有]'이 되게 하시는 분이십니다.

| 원문 | (3)

"기지야其知也 무매무류無昧無謬 이이왕지만세이전而已往之萬世以前 미래지만세이후未來之萬世以後 무사가도기지無事可逃其知 여대목야如對目也 기선순비무재其善純備無滓 이위중선지귀숙而爲衆善之歸宿 불선자수미不善者雖微 이불능위지누야而不能爲之累也"

| 언해 |

"그 알으심은 어두옴이 업고 그름이 업서 이왕 만셰 이젼과 미릭 만셰 이후에 흔 가지도 그 알으심을 도망홀 일이 업서 목젼에 딕홈과 곳고 그 션은 슌슈하고 온젼하야 뭇 션의 도라가 긋칠 바 되니 불션흔 쟈는 미흔 것도 능히 더러이지 못하고"

교주 언해에는 '미흐'라고 되어 있으나 내용상 '미흔'이 옳다고 보아 바로 잡았다.

| 국역 |

그분께서 아시는 것은 우매함도 없으시고 오류도 없으시지만 이미 지나간 많은 세월 이전과 아직 오지 않은 많은 세월 이후의 일이 그 분께서 아시는 것에서 달아날 수 있는 게 없고, 마치 마주하여 눈으로 보는 것과 같습니다. 그 분의 선은 순수하여 다 갖췄으면서도 오점이 없어서 갖추면서도 많은 선이 돌아가 머물게 되며, 선하지 않은 것이 비록 경미할지라도 더럽히지 못합니다.

| 원문 | (4)

"기은혜광대其恩惠廣大 무옹무색無壅無塞 무사무류無私無類 무소불급無所不及 소충세개역피기택야小虫細介亦被其澤也 부건곤지내夫乾坤之內 선성선행무불종천주품지善性善行無不從天主稟之 수연비지우본원雖然比之于本原 일수적어창해불여야一水滴於滄海不如

也"

| 언해 |

"그 은혜는 광대 무량ᄒᆞ야 막힘이 업고 간단이 업스며 ᄉᆞ졍이 업고 류ㅣ 업서 밋지 못ᄒᆞ는 바 업스샤 젹은 버레ᄭᆞ지 다 은혜를 닙는지라 대뎌 텬디 안희 션ᄒᆞᆫ 셩픔과 션ᄒᆞᆫ ᄒᆡᆼ실이 텬쥬를 좃차 밧지 아니ᄒᆞᆫ 쟈 업ᄉᆞ니 쥬는 만션의 근원이라 온 셰샹 사ᄅᆞᆷ의 션을 다 합ᄒᆞ야 근원에 되ᄒᆞᆯ지라도 마치 ᄒᆞᆫ 방을 물도 창ᄒᆡ에 비김과도 ᄀᆞᆺ지 못ᄒᆞᆯ지니"

> **교주** 언해의 내용 가운데 '온 셰샹 사ᄅᆞᆷ의 션을 다 합ᄒᆞ야 근원에 되ᄒᆞᆯ지라도' 부분은 원문과 대조해보면 원문에는 전혀 없는 것임을 알 수 있으므로, 이는 언해 과정에서 의미가 제대로 통하게 하기 위해 덧붙여 넣은 것임이 틀림없다고 판단된다.

> **역해** 원문 '一水滴於滄海不如也'의 '不如'는 『中韓辭典』, 1989, p.203; 2006, p.164의 풀이 '…만 못하다. …하는 편이 낫다' 중 '…만 못하다'가 적절하다고 여겨져 이를 취하여 국역하였다.

| 국역 |

그 은혜는 넓고 커서 막힘이 없고 통하지 않음이 없으며 사사로움도 없고 부류도 없으며 미치지 않는 바가 없어서 조그만 벌레와 작은 조개도 역시 그 은혜의 혜택을 입습니다. 무릇 하늘·땅 안에 선한 성품과 선한 행실이 천주를 따라 본받지 않음이 없으나 비록 그렇더라도 본래의 근원이신 천주와 비교하면 물방울 하나가 푸른 바다에 떨어짐만 못합니다.

| 원문 | (5)

"천주지복덕天主之福德 융셩만원隆盛滿圓 양양우우洋洋優優 기유가이증豈有可以增 기가이멸자재豈可以滅者哉 고강해가진급故江海可盡汲 빈사가계수濱沙可計數 우주가충실宇宙可充實 이천주불가전명而天主不可全明 황경발지재況竟發之哉"

| 언해 |

"텬쥬의 복과 덕이 늉셩ᄒᆞ고 원만ᄒᆞ야 넓고 넓으며 넉〃ᄒᆞ고 넉〃ᄒᆞ니 엇지 가히 더ᄒᆞ며 덜 ᄒᆞ리오 그런 고로 강ᄒᆡ라도 다 가히 기러낼 거시오 하슈 모래라도 다 가히 헬거시오 우쥬라도 다 가히 치오려니와 텬쥬의 일은 다 가히 붉히지 못ᄒᆞ리니 하믈며 끗가지 다 발ᄒᆞ리오"

> **교주** 언해의 '넓고 넓으며 넉〃ᄒᆞ고 넉〃ᄒᆞ니'가 원문에는 '洋洋優優'로 되어 있음에 유의하였다.

천주의 축복과 덕택이 두텁고 풍성하고 가득 차서 둥글고 넓고 크며 넉넉하고 뛰어나니 어찌 더할 수가 있으며 어찌 덜 수가 있겠습니까. 그러므로 강이나 바다라도 다 길어낼 수 있고 바닷가 모래라도 다 헤아릴 수 있으며, 우주를 채워 알차게 할 수 있어도 천주를 온전히 밝혀 하물며 다 발현하게 할 수 있겠습니까.

| 원문 | (6)

"중사왈中士曰 희희 풍재유의豊哉諭矣 석소불능석釋所不能釋 궁소불능궁의窮所不能窮矣 모문지이시견대도某聞之而始見大道 이귀대원의以歸大元矣 원진이급종願進而及終 금일불감복독今日不敢復瀆 힐조재이청야詰朝再以請也"

| 언해 |

"즁ᄉᆞ ㅣ 골오ᄃᆡ 놀납다 이 의논의 풍셩홈이여 능히 플지 못ᄒᆞᆯ 바를 플고 능히 궁진치 못ᄒᆞᆯ 바를 궁진이 ᄒᆞ니 내 비로소 큰 도를 듯고 큰 근원에 도라온지라 나ᅀᅡ여 죵신ᄒᆞ기를 원ᄒᆞᄂᆞ니 금일은 감히 다시 번괄치 못ᄒᆞᆯ지라 명일노 다시 쳥ᄒᆞ노이다"

> **교주** 주석본 원문의 '豊哉諭矣' 부분이 초판본에는 '豊哉論矣'로 되어 있다. 주석본의 것이 더 의미가 명료하다고 보아 이에 따른다.

| 국역 |

중국선비가 말한다 : 아! 풍성하도다 가르침이여! 풀 수 없는 바를 풀고 깊이 연구할 수 없는 것을 깊이 연구하였습니다. 제가 듣고도 큰 도리를 비로소 보게 되었으니 큰 으뜸에 돌아가게 되었습니다. 원하건대 나아가서 마침에 이르고자 합니다. 오늘은 감히 다시 버릇없이 굴지 않겠습니다. 내일 아침에 다시 청하겠습니다.

| 원문 | (7)

"서사왈西士曰 자자총예子自聰睿 문과지다聞寡知多 여하력언余何力焉 연지차론然知此論 즉난처이평則難處已平 요기이안要基已安 여공가이립의餘工可易立矣"

| 언해 |

"셔ᄉᆞ ㅣ 골오ᄃᆡ ᄌᆞ네 임의 총명ᄒᆞᆫ 사ᄅᆞᆷ이라 젹은 거슬 듯고 만흔 거슬 알지니 내 무슴 힘을 더으리오 그러나 이 의논을 드럿신즉 어려온 곳을 임의 평ᄒᆞ고 요긴ᄒᆞᆫ 터흘 임의 뎡ᄒ

엿시니 그나마 공부는 셰우기 쉬울지어라"

교주 언해의 '즈네 임의 총명훈 사룸이라'가 원문에는 '子自聰睿'로 되어 있음에 유의하였다.

| 국역 |

서양선비가 말한다 : 그대는 스스로 총명하고 지혜로워 적은 것을 듣고도 많은 것을 아니 제가 무엇이 힘들었겠습니까. 그러나 이 논의를 알게 되어 난해한 곳이 평이해지고 중요한 기본이 이미 편안해졌을 터이니 다른 공부도 쉽게 이룰 수 있을 것입니다.

제2편

원문: "제이편해석세인착인천주第二篇解釋世人錯認天主"

언해: "뎨이편은 셰샹 사룸의 텬쥬를 그릇 알믈 플미라"

> 역해 원문의 '解釋'과 관련해서『漢韓大字典』, 民衆書林, 초판, 1966; 제3판, 1967, p.1132; 全面 改訂·增補版 제2판 제5쇄, 2001, p.1892의 풀이에 '알기 쉽게 설명함'이 있기에 이를 취하여 국역하였다.

국역: 제2편 세상 사람이 천주를 잘못 앎을 알기 쉽게 설명하다

| 원문 |

"중사왈中士曰 현론어이취심玄論飫耳醉心 종야사지기침終夜思之忌寢 금재승교今再承
敎 이경심혹이以竟心惑"

| 언해 |

"즁亽ㅣ 글오딕 현묘흔 의논이 귀를 치오고 무옴을 취케 ᄒ시니 밤이 늦도록 줌을 니젓
더니 이제 쪼 ᄀᄅ치심을 니으니 무옴의 〃혹흔 바를 다 말홀지라"

> 교주 언해의 '현묘흔 의논이 귀를 치오고 무옴을 취케 ᄒ시니' 부분이 원문에는 '玄論飫耳醉心'으로 되어 있음에 유의하였다.

> 역해 원문의 '終夜'에 관해『中韓辭典』, 高麗大 民族文化硏究所, 1989, p.3125; 全面 改訂 2版 3刷, 2006, p.2640의 풀이에 '⇒[終宵]'로 되어 있고, '終宵'는 '하루밤(동안). 밤새, 온밤'으로 되어 있기에, 그 가운데 '밤새'를 취하여 국역하였다.

| 국역 |

중국선비가 말한다 : 깊은 논의가 귀를 채우고 마음을 취하게 하니 밤새 생각하느라 잠자기를 잊었는데, 이제 다시 가르침을 받음으로써 마음의 의혹을 끝내려 합니다.

[제1강]

원문: 삼교이하위무三敎以何爲務

언해: 세가지 교에 어느 교로써 힘씀을 삼음이라

국역: 삼교[유교·불교·도교]는 무엇으로써 힘쓰나

| 원문 | (1)

"오중국유삼교각립문호吾中國有三敎各立門戶 노씨위물생어무老氏爲物生於無 이무위도以無爲道 불씨위색유공출佛氏爲色由空出 이공위무以空爲無 유위역유태극儒謂易有太極 고유이유위종故惟以有爲宗 이성위학以誠爲學 부지존지수시不知尊旨誰是"

| 언해 |

"우리 즁국에 세 가지 교ㅣ 잇서 각〃 문호를 셰오니 노씨는 닐ᄋ디 만믈이 업는 대로 낫다 ᄒ야 업슴으로써 도를 삼고 불씨는 닐ᄋ디 뷔인대로 말미암아 낫다 ᄒ야 뷔임으로써 힘씀을 삼고 유쟈는―션비도― 닐ᄋ디 쥬역에 태극이 잇다 ᄒ야 잇슴으로써 조죵을 삼고 셩실홈으로써 학을 삼으니 아지 못거라 공의 ᄯᅳᆺ은 뉘가 올흐뇨"

> **교주** 언해의 '아지 못거라 공의 ᄯᅳᆺ은 뉘가 올흐뇨' 부분이 원문에는 '不知尊旨誰是'로 되어 있음에 유의하였다.

| 국역 |

우리 중국에 세 종교[유교·불교·도교]가 있어 각기 파벌를 세우니 노자老子는 사물이 '무無'에서 생성되었다고 하여 '무'로써 도리를 삼았고, 부처[불타佛陀]는 색욕이 '공空'으로부터 생성되었다고 하여 '공'으로써 '무'로 삼았으며, 유교儒敎에서는 이르기를『주역周易』에 '태극太極이 있다'고 하였습니다. 그러므로 오직 '유有'로써 으뜸을 삼고 '성誠'으로써 학문을 삼았으니, 받들어 믿는 취지로서는 누가 옳은지 알지 못하겠습니다.

| 원문 | (2)

"서사왈西士曰 이씨지위왈무왈공二氏之謂曰無曰空 어천주리대상자류於天主理大相刺謬 기불가숭상명의其不可崇尙明矣 부유지위왈유왈성夫儒之謂曰有曰誠 수미진문기석雖未盡聞其釋 고서기호固庶幾乎"

| 언해 |

"셔ᄉㅣ 굴오디 불노의 굴온 업다 ᄒ며 굴온 뷔엿다 홈은 텬쥬 도리에 크게 어긔니 가히 숭상치 못홈이 붉고 유도의 굴온 잇다 ᄒ며 셩실이라 홈은 비록 그 ᄯᅳᆺ을 다 듯지 못ᄒ엿시나 거의 도에 갓가온뎌"

> **교주** 언해의 '가히 숭상치 못홈이 붉고'가 원문에는 '其不可崇尙明矣'로 되어 있음에 유의하였

다.

> 역해   원문 '固庶幾乎' 중 '固'는 『中韓辭典』, 1989, p.829; 2006, p.685의 풀이 '①본래. 본디. 원
> 래. 전부터. ②물론. 당연히' 가운데 '본디'가 가장 적절하다고 여겨져 이를 취하였으며, '庶
> 幾'는 同書, 1989, p.2157; 2006, p.1828의 풀이 '③어지간하다. 괜찮다. 근사하다' 중 '근
> 사하다'를 취하여 이 대목을 '본디 도리로서는 근사합니다'라고 국역하였다.

| 국역 |

서양 선비가 말한다:노자와 부처가 일러 '무無'라고 하고 '공空'이라고 함은 천주의 이치
에는 서로 바늘로 찌르는 것 같은 큰 잘못이니 그것은 숭상할 수 없음이 명백합니다. 무릇
유교에서 일러 말하기를 '유有'라고 하고 '성誠'이라고 함은 비록 그 해석을 다 듣지는 못
하였을지라도 본디 도리로서는 근사합니다.

| 원문 | (3)

"중사왈中士曰 오국군자역통척이씨吾國君子亦痛斥二氏 심위한지深爲恨之"

| 언해 |

"즁ᄉ] 글오ᄃᆡ 우리나라 군ᄌ들도 ᄯᅩ흔 불도노도ᄂᆞᆫ 심히 믈니쳐 뮈워홈이다"

> 교주   언해의 'ᄯᅩ흔 불도노도ᄂᆞᆫ 심히 믈니쳐'가 원문에는 '亦痛斥二氏'로 되어 있음에 유의하였
> 다.

| 국역 |

중국선비가 말한다 : 우리나라 군자들도 역시 부처와 노자를 통렬히 배척하였으며 깊이
증오하였습니다.

| 원문 | (4)

"서사왈西士曰 한지불여변지恨之不如辯之 이언변지以言辯之 불여석지이리不如析之以
理 이씨지도二氏之徒 병천주대부소생並天主大父所生 즉오제형의則吾弟兄矣 비오제병광
전도괴탄譬吾弟病狂顚倒怪誕 오위형지도吾爲兄之道 휼호한호恤乎恨乎 재이리유지이이
在以理喻之而已"

| 언해 |

"셔ᄉ] 글오ᄃᆡ 뮈워홈이 분변홈만 ᄀᆞ지 못ᄒᆞ고 말노써 분변홈이 리로써 벽파홈이만 ᄀᆞᆺ

지 못ᄒ니 불노의 무리도 ᄯᅩᄒᆫ 텬쥬대부의 ᄂᆡ신 바라 다 우리 형제니 비컨대 ᄂᆡ ᄋᆞ오ㅣ 미친 병이 들어 실성 허망ᄒ량이면 나ㅣ 형된 도리에 불샹이 넉이랴 뮈워ᄒᆞ랴 리로써 효유ᄒᆞᆷ이 가ᄒᆞᆯ지라"

| 국역 |

서양선비가 말한다 : 증오하는 것은 주장을 바로잡는 것만 못하고, 말로써 주장을 바로잡는 것은 이치로써 분석하는 것만 못합니다. 노자·부처의 무리조차도 위대하신 아버지 천주께서 생성하신 바이니 곧 우리 형제입니다. 비유하건대 내 아우가 병들어 미쳐서 엎어지고 넘어지며 괴이하고 허망하면, 제가 형 된 도리를 다하기 위해 우려하겠습니까 증오하겠습니까. 살면서 이치로써 깨우쳐 줘야 할 따름입니다.

| 원문 | (5)

"여상박람유서余嘗博覽儒書 왕왕감질이씨往往憾嫉二氏 이적배지夷狄排之 위척이단謂斥異端 이불견게일거리이비지而不見揭一鋸理以非之 아이피위비我以彼爲非 피역이아위비彼亦以我爲非 분분위송紛紛爲訟 양불상신兩不相信 천오백여년불능합일千五百餘年不能合一 사호상집리이논변使互相執理以論辯 즉불언이시비심則不言而是非審 삼가귀일이三家歸一耳"

| 언해 |

"내 일즉 유셔를 보니 왕〃이 불노를 뮈워ᄒᆞ야 이적으로 물니치며 이단으로 훼ᄶᅡ리고 ᄒᆞᆫ 마듸의 리를 드러 시비ᄒᆞᆷ은 보지 못ᄒᆞᆯ ᄲᅥᆫ더러 나는 뎌를 그르다 ᄒᆞ고 뎌는 나를 그르다 ᄒᆞ야 분〃이 다토와 송ᄉᆞᄒᆞ고 서로 밋지 아니ᄒᆞ야 쳔오ᄇᆡᆨ년 이릭로 능히 귀일치 못ᄒᆞ니 가ᄉᆞ 서로 리를 잡아 변논ᄒᆞ면 여러 말을 아니ᄒᆞ고 시비ㅣ 나타나 세 집이 귀일ᄒᆞᆯ지라"

어를 아울러 구사하고 있음으로 해서 이런 경우에는 의당 儒教·佛教·道教를 가리키는 것이다.

| 국역 |

제가 일찍이 유교의 서적을 널리 읽어보니 왕왕 부처·노자에게 유감을 갖고 질시하여 오랑캐로 배격하고 이단이라 이르며 배척하지만, 하나의 톱과 같은 이치를 들어서 딱 끊 듯이 비난하는 것은 보지 못하였습니다. 우리는 저들을 그르다고 여기고 저들 또한 우리를 그르다고 여겨 분분히 논쟁을 하여 둘 다 서로 믿지 못하며 1,500여 년 동안 하나로 합칠 수 없었으니 가령 서로 이치를 들어 변론하면 말하지 않아도 옳고 그름을 심사해서 세 학파[유가·불가·도가]가 하나로 귀착되었을 뿐일 것입니다.

| 원문 | (6)

"서향유언왈西鄉有諺曰 견승가계우각堅繩可繫牛角 이어능복인심理語能服人心 폐국지 인방敝國之鄰方 상고불지삼교上古不止三教 루루수천백지纍纍數千百枝 후위아유이정리 변유後爲我儒以正理辯喩 이선행묵화以善行嘿化 금유천주일교시종今惟天主一教是從"

| 언해 |

"셔편 무을에 속담이 잇서 글오디 단〃흔 노는 가히 소쌸을 치고 리승흔 말은 가히 사룸의 무옴을 항복게 흔다 흐니 우리나라 겻히 디방이 상고적은 세 가지 교ㅣ 샌 아니라 이단 잡술이 천빅 종이러니 우리 션비ㅣ 정리로써 근〃이 효유흐고 션힝으로써 즘즘쇠이 화케 흐야 즉금은 오직 텬쥬의 흔 교룰 좃차 행흐느니라"

> **교주** 언해의 '리승흔 말은 가히 사룸의 무옴을 항복게 흔다 흐니' 부분이 원문에는 '理語能服人 心'으로 되어 있음에 유의하였다.

> **역해** 원문 '今惟天主一教是從'의 '是'는 『中韓辭典』, 2006, p.1794의 풀이 중 '②확실히. 정말로. 진짜로'에서 '확실히'를 취하여 이 대목을 '지금은 오직 천주교 하나만을 확실히 추종합니 다'로 국역하였다.

| 국역 |

서쪽 지방에 속담이 있어 이르기를, '탄탄한 끈은 쇠뿔을 묶을 수 있고 이치 있는 말은 사람 마음을 승복시킨다.'라고 합니다. 저희 나라의 이웃 지방은 아주 오랜 옛날에 세 종교 [유교·불교·도교]에 그치지 않고 얼기설기 수천 수백 가지였으나 나중에 우리 학자들

이 올곧은 이치로써 변론하여 깨우치고 선행으로써 잠잠하게 하여 지금은 오직 천주교 하나만을 확실히 추종합니다.

[제2강]

원문:변불노공무지설辯佛老空無之說
언해:불노의 허무흔 말을 분변홈이라

> **역해** 원문 '辯佛老空無之說'의 '辯'에 관한 『漢韓大字典』, 1967, p.1214; 2002, p.2039의 풀이에 '⑤바로잡을 변'이 있고, 『中韓辭典』, 1989, p.150; 2006, p.118의 풀이에 '①변론하다. (사물의 시비나 진위를) 논쟁하다[따지다]'가 있기에, 이 중에서 '바로잡을'을, 그리고 '說'에 관한 同書, 1989, p.2184; 2006, p.1850의 풀이 '③이론. 주장. 학설' 중 '주장'을 각각 취하여 '주장을 바로잡다'라고 국역하였다.

국역:부처 · 노자의 '공空' · '무無'에 관한 주장을 바로잡다

| 원문 | (1)

"중사왈中土曰 정도유일이正道惟一耳 오용중烏用重 연불노지설然佛老之說 지지유고持之有故 범물선공후실凡物先空後實 선무후유先無後有 고이공무위물지원故以空無爲物之原 사야似也"

| 언해 |

"즁스ㅣ 굴오딕 정도는 오직 ᄒ나희라 엇지 여러 가지를 쓰리오 그러나 불노의 말이 빙쟈홈이 연고 잇스니 므릇 물이 몬져는 비었다가 후에 실ᄒ고 몬져는 업다가 후에 잇는 고로 뷤과 업슴으로써 물의 근본을 삼음이 그럴 듯ᄒ도다"

> **교주** 언해의 '그러나 불노의 말이 빙쟈홈이 연고 잇스니' 부분이 원문에는 '然佛老之說 持之有故'로 되어 있음에 유의하였다.

| 국역 |

중국 선비가 말한다:바른 도리는 오직 하나일 뿐이니 어찌 중복될 필요가 있겠습니까. 그러나 부처 · 노자의 설명이 지지받는 데에는 까닭이 있습니다. 무릇 사물이 먼저에는 비

었으나 나중에는 채워지기도 하고 먼저에는 없다가 나중에는 있기도 하니, 그러므로 '유有'와 '무無'로써 사물의 근원을 삼음이 그럴 듯합니다.

| 원문 | (2)

"서사왈西士曰 상달이하학위기上達以下學爲基 천하이실유위귀天下以實有爲貴 이허무위천以虛無爲賤 약소위만물지원若所謂萬物之原 귀막상언貴莫尚焉 해가이허무지천奚可以虛無之賤 당지호當之乎 황기지소무況己之所無 부득시지어물이위유不得施之於物以爲有 차리명야此理明也 금왈공왈무자今曰空曰無者 절무소유어기자야絶無所有於己者也 즉호능시유성형則胡能施有性形 이위물체재以爲物體哉 물필성유물必誠有 방위지유물언方謂之有物焉 무성즉위무물無誠則爲無物"

| 언해 |

"셔ᄉᆞ ㅣ 굴오ᄃᆡ 우희로 통달홈은 아ᄅᆡ로브터 뵈홈으로써 터흘 삼ᄂᆞ니 텬하에 실홈으로 귀홈을 삼고 허홈으로 쳔홈을 삼으니 닐온바 만물의 근원은 더흘 것 업는 귀홈이라 엇지 가히 허무홈으로써 물건의 귀ᄒᆞᆫ 근원을 당ᄒᆞ리오 하믈며 즈긔게 업는 바로써 ᄂᆞᆷ의게 베프러 잇지 못홈은 그 리 ㅣ 붉은 지라 이제 굴온 뷤과 업슴은 온젼이 업ᄂᆞᆫ내라 엇지 능히 셩품과 형상을 잇게 ᄒᆞ야 물의 톄가 되리오 물은 반ᄃᆞ시 실노 잇서야 바야흐로 물이 잇다 닐을 것이오 실이 업스면 곳 물이 업슴이니라"

교주 언해의 'ᄂᆞᆷ의게 베프러 잇지 못홈은' 대목이 원문에는 '不得施之於物以爲有'로, 또한 '실이 업스면 곳 물이 업슴이니라' 대목이 '無誠則爲無物'로 되어 있음에 유의하였다.

역해 원문 '上達以下學爲基'의 '上達'·'下學'의 역해와 관련해서는 『漢韓大字典』, 1967, p.21; 2001, p.88의 '下學' 풀이에는 '①卑近한 데서부터 배움 ②정도가 낮은 학문' 등이 있고, '下學上達' 풀이에는 '卑近한 사물을 배운 후에 점차로 깊은 學理에 나아감을 이름'이 있어 이를 감안하여, 이 대목을 '학문의 진보는 흔하고 가까운 데서부터 배우는 것을 기본으로 삼으며'로 국역하고자 한다.

| 국역 |

서양선비가 말한다 : 학문의 진보는 흔하고 가까운 데서부터 배우는 것을 기본으로 삼으며, 천하에서는 '가득 채워져 있음[實有]'으로써 귀함을 삼고 '텅 비어 없음[虛無]'으로써 천함을 삼지 않으니, 만약 이른바 만물의 근원이 귀하여 높이 여겨야하면 어찌 '텅 비어 없음[虛無]'으로써 감당해낼 수 있겠습니까. 하물며 자기에게 없는 것으로 사물에 베풀어서

있게 할 수 없는 이 이치는 분명하니, 이제 '비었다[空]'고 말하고 '없다[無]'고 말하는 것은 결코 자기에게 있는 바가 없는 것으로, 만일 그렇다면 어찌 능히 베풀어 성품과 형상을 있게 함으로써 사물의 형체가 되겠습니까. 사물은 틀림없이 확실히 있어야 바야흐로 사물이 있다고 이르는 것입니다. 확실히 없는 경우에는 사물이 없는 것입니다.

| 원문 | (3)

"설기본원무실무유設其本原無實無有 즉시병기소출물자무지야則是幷其所出物者無之也 세인수신성世人雖神聖 부득이무물위유不得以無物爲有 즉피무자공자則彼無者空者 역안능이기공무亦安能以其空無 위만물유爲萬物有 위만물실재爲萬物實哉 시이물지소이연관지試以物之所以然觀之 기위지공무既謂之空無 즉불능위물지작자모자질자위자則不能爲物之作者模者質者爲者 차어물상유하착여此於物尙有何着歟"

| 언해 |

"셜스 그 본원이 실홈도 업고 잇슴도 업다 ᄒ면 이ᄂᆞ 그 냇다 ᄒᄂᆞ 바 물건ᄭᅥ지 도모지 업ᄂᆞ 쟈라 세샹 사ᄅᆞᆷ이 아모리 신이ᄒᆞ나 능히 업ᄂᆞ 물건으로써 잇게 못ᄒᆞᄂᆞᆫ니 뎌ㅣ 업다 ᄒᆞ며 뷔다 ᄒᄂᆞ 쟈 엇지 능히 뷔고 업슴으로써 만물의 잇심이 되며 실홈이 되리오 시험ᄒᆞ야 물건의 소이연으로써 보건대 임의 뷔고 업다ᄒᆞᆫ즉 능히 물의 작쟈와 모쟈와 질쟈와 위쟈가 되지 못ᄒᆞ리니 이 뷔고 업ᄂᆞ 거시 물건에 무어시 간예ᄒᆞ리오"

> **교주** 언해의 '이ᄂᆞ 그 냇다 ᄒᄂᆞ 바 물건ᄭᅥ지 도모지 업ᄂᆞ 쟈라' 부분이 원문에는 '則是幷其所出物者無之也'로 되어 있으며, '작쟈와 모쟈와 질쟈와 위쟈'가 '作者模者質者爲者'로 되어 있음에 유의하였다.

> **역해** 원문의 '則是'에 대해『中韓辭典』, 1989, p.3004; 2006, p.2541의 풀이 중 '오직 …뿐. 다만 …뿐'이 이 문맥에서는 적절하다고 판단되어 이를 취하여 국역하였다.
> 원문의 '作者·模者·質者·爲者' 부분을 방금 지적하였듯이 언해에서는 그대로 '작쟈와 모쟈와 질쟈와 위쟈'로 표기하였지만, 그 보다는 '짓는 것'·'본뜨는 것'·'바탕의 것'·'만들어진 것'으로 푸는 게 원문 본래 취지에 부합된다고 여겨 그리 국역하였다.

| 국역 |

설령 그 본래의 근원이 '채워짐[實]'도 없고 '있음[有]'도 없으면 다만 아울러 그것이 산출했다는 사물이라는 것도 없는 것뿐입니다. 이 세상 사람이 비록 신과 같이 성스러울지라도 없는 사물로써 있게 할 수 없으면, 저 '없는' 것과 '빈' 것은 또 어찌 그 '비었음'과 '없

음'으로써 모든 사물이 있게 하며 모든 사물이 채워지게 할 수 있겠습니까. 시험하여 사물의 그러한 까닭으로써 보건대 이미 비고 없을 때에는 사물의 '짓는 것[作者]', '본뜨는 것[模者]', '비탕의 것[質者]', '민들어진 것[爲者]'이 될 수 없으니 이 비고 없는 것이 사물에 있으며 더욱이 어찌 나타남이 있겠습니까.

| 원문 | (4)

"중사왈中士曰 문교고당聞敎固當 단위물자선무이후유但謂物者先無而後有 시혹일도야是或一道也"

| 언해 |

"즁ᄉㅣ ᄀᆞᆯ오ᄃᆡ 교를 드르니 진실노 당연ᄒᆞ거니와 다만 닐ᄋᆞᄃᆡ 물이 몬져 업고 후에 잇다 홈은 혹 ᄒᆞᆫ 가지 도ㅣ 될 듯ᄒᆞ도다"

> **교주** 언해는 '진실노 당연ᄒᆞ거니와'로 하였지만, 원문에는 '固當'으로 되어 있음에 유의하였다.

> **역해** 원문 '聞敎固當' 중 '固'는 『中韓辭典』, 1989, p.829; 2006, p.685의 풀이 '①본래. 본디. 원래. 전부터. ②물론. 당연히' 가운데 '물론'이 가장 적절하다고 여겨져 이를 취하여 국역하였다.

| 국역 |

중국선비가 말한다 : 가르침을 들으니 물론 적합합니다. 다만 사물이라고 이르는 것은 먼저에는 없다가도 나중에는 있기도 하니 이는 아마 하나의 도리인 듯합니다.

| 원문 | (5)

"서사왈西士曰 유시지물有始之物 왈선무이후유曰先無而後有 가야可也 무시지물無始之物 비소론의非所論矣 무시자無始者 무시불유無時不有 하시선무언何時先無焉 특분이언지特分而言之 위매물선무후유가이謂每物先無後有可耳 약총이언지若總而言之 즉부야則否也"

| 언해 |

"셔ᄉㅣ ᄀᆞᆯ오ᄃᆡ 비로숨이 잇ᄂᆞᆫ 물은 ᄀᆞᆯ오ᄃᆡ 몬져ᄂᆞᆫ 업고 후에 잇다 홈은 가커니와 비로숨이 업ᄂᆞᆫ 물은 의논홀 바 아니라 비로숨이 업ᄂᆞᆫ 쟈ᄂᆞᆫ 잇지 아닌 ᄣᅢ 업스니 어ᄂᆞ ᄣᅢ에 몬져 업다 ᄒᆞ리오 특별이 ᄂᆞ화 말ᄒᆞ리라 각 물을 ᄆᆡ양 ᄒᆞ나식 의논ᄒᆞ야 몬져 업고 후에 잇다 홈

은 가커니와 만일 도총 말호 즉 가치 아니호지라"

언해의 '비로솜이 잇는 물'이 원문에는 '有始之物'로 되어 있음에 유의하였다.

| 국역 |

서양선비가 말한다 : 처음이 있는 사물은 먼저에는 없다가도 나중에는 있기도 하다고 말함은 옳지만 처음이 없는 사물은 논의할 바가 아닙니다. 처음이 없다는 것은 일정한 때도 없이 없으니 어느 때 먼저에는 없었다고 하겠습니까. 특별히 나누어서 말하건대, 사물마다 사물이 먼저에는 없다가도 나중에는 있기도 한다고 이르는 게 맞을 따름이지만, 만약 총괄해서 말할 때에는 맞지 않습니다.

| 원문 | (6)

"비여모인미생지선譬如某人未生之先 과무모인果無某人 기생이후유야旣生而後有也 연미생모인지선然未生某人之先 각유모인지친이생지却有某人之親以生之 천하지물天下之物 막불개연莫不皆然 지기혼무일물지초至其渾無一物之初 시필유천주개기원야是必有天主開其原也"

| 언해 |

"비유호건대 아모 사름이 나지 아닌 젼은 과연 그 사름이 업더니 임의 난 후는 잇다 호나 그러나 아모 사름이 나기 젼은 아모 사름의 부모ㅣ 잇서 나핫다 호리니 텬하 물이 다 그럿치 아닌 거시 업는지라 그 혼연이 호 물건도 업는 쳐음에 호 텬쥬ㅣ 계셔 그 근원을 열으시니라"

언해의 '호 텬쥬ㅣ 계셔' 부분이 원문에는 '是必有天主'라고 되어 있음에 유의하였다.

| 국역 |

예를 들면 어떤 사람이 아직 탄생하지 않은 이전에는 과연 그 사람이 없었지만 이미 탄생한 후에는 있습니다. 그러나 어떤 사람이 탄생하기 이전에는 오히려 어떤 사람의 부모가 탄생해 있는 것입니다. 천하 사물이 모두 다 그렇지 않은 것이 없으니, 사물 하나도 전혀 없는 그 시초에 도달하면 이것은 틀림없이 천주님께서 계셔 그 근원을 개벽하신 것입니다.

| 원문 | (7)

"중사왈中士曰 인인유시비지심人人有是非之心 불통차리不通此理 여실본심如失本心 녕청기여탄재寧聽其餘誕哉 차여공무자借如空無者 비인비신非人非神 무심성無心性 무지각無知覺 무영재無靈才 무인의無仁義 무일선족가無一善足嘉 즉초목지비지물卽草木至卑之物 유불가비猶不可比 이위지만물지근본而謂之萬物之根本 기의성패其義誠悖 단오문공무자但吾聞空無者 비진공무지위非眞空無之謂 내신지무형무성자이乃神之無形無聲者耳 즉우천주하이언則于天主何異焉"

| 언해 |

"즁ᄉᆡ ᄀᆞᆯ오ᄃᆡ 사름마다 블노를 시비ᄒᆞᄂᆞᆫ ᄆᆞ음은 잇ᄉᆞ되 그 리를 통치 못ᄒᆞ야 본심을 일흔 것 ᄀᆞᆺᄒᆞ니 엇지 그나마 허탄홈을 드ᄅᆞ리오 가ᄉᆞ 뷔고 업ᄂᆞᆫ 쟈ᄂᆞᆫ 사름도 아니오 귀신도 아니오 셩졍도 업고 지각도 업고 령ᄌᆡ도 업고 인의도 업셔 ᄒᆞᆫ 가지 션도 가히 아름다히 넉일 거시 업ᄉᆞ니 곳 초목 ᄀᆞᆺᄒᆞᆫ 지극히 ᄂᆞᄌᆞᆫ 물건에도 오히려 비치 못ᄒᆞᆯ 거ᄉᆞᆯ 닐ᄋᆞ되 만물의 근원이라 ᄒᆞ니 그 의리 진실노 괴패ᄒᆞ거니와 다만 드ᄅᆞ니 뷔고 업다 홈이 춤 뷔고 업다 홈이 아니라 이에 신의 형상이 업고 소ᄅᆡ 업ᄂᆞᆫ 쟈를 닐옴이라 곳 텬쥬끠 무어시 다ᄅᆞ리오"

교주 언해의 '사름마다 블노를 시비ᄒᆞᄂᆞᆫ ᄆᆞ음은 잇ᄉᆞ되' 부분이 원문에는 '人人有是非之心'라고, 또한 '그 의리 진실노 괴패ᄒᆞ거니와' 부분이 '其義誠悖'로 되어 있음에 유의하였다.

| 국역 |

중국선비가 말한다 : 누구나 옳고 그름을 구별할 줄 아는 마음은 있으나, 이 이치를 환히 알지 못하여 마치 본래의 마음을 잃은 것과 같으니 어찌 그 밖의 것을 거짓말로 듣겠습니까. 만약 마치 '비워 없는[空無]' 것은 사람도 아니고 신도 아닌 것과 같으니 심성도 없고 지각도 없으며 영혼靈魂·재능才能도 없고 박애博愛·정의正義도 없으니 한 가지 선도 아름답게 여길 것이 없습니다. 즉 풀·나무 같은 지극히 낮은 사물에도 오히려 비길 수 없지만, 만물의 근본이라 말합니다. 그 의미가 진실로 어긋나나 다만 제가 들으니 '비워 없는' 것이 참으로 '비워 없음'을 이르는 게 아니라 단지 신의 형상이 없고 소리가 없는 것뿐이면 천주와 무엇이 다르겠습니까.

| 원문 | (8)

"서사왈西土曰 차굴어리지언此屈於理之言 청물이사칭천주야請勿以斯稱天主也 부신지유성유재유덕夫神之有性有才有德 교오유형지휘較吾有形之彙 익정익고益精益高 기리익

식其理益寔 하득특인무차형何得特因無此形 수위지무차허호隨謂之無且虛乎 오상지덕五常之德 무형무성無形無聲 숙위지무재孰謂之無哉 무형자지어무야無形者之於無也 격소양의隔霄壤矣 이차위교以此爲敎 비유불능소세非惟不能昭世 유자혹의愈滋惑矣"

| 언해 |

"셔스ㅣ 굴오디 이는 리에 굴홀 말이라 쳥컨대 이로써 텬쥬를 망녕되이 비기지 말나 대뎌 신은 셩품도 잇고 지됴도 잇고 덕도 잇서 우리 유형흔 류에 비교ᄒᆞ야 더욱 졍ᄒᆞ고 더욱 놉고 그 리ㅣ 더욱 실ᄒᆞ니 엇지 특별이 형상 업습으로 곳 닐ᄋᆞ디 업고 또 뷔다 ᄒᆞ랴 오륜의 덕이 형상도 업고 소리도 업스나 뉘ㅣ 오륜이 업다 ᄒᆞ랴 형상 업는 업습은 허무흔디 비겨 텬양지간이라 이로써 교를 삼으면 세상을 붉히지 못홀 ᄲᅮᆫ 아니라 의혹이 더욱 자심홀지니라"

교주 언해의 '형상 업는 업습은 허무흔디 비겨 텬양지간이라' 부분이 원문에는 '無形者之於無也隔霄壤矣'로 되어 있음에 유의하였다.

역해 원문의 '五常'은 사람으로서 항상 지켜야 할 다섯 가지 도리로 仁·義·禮·智·信을 일컬으며 때로는 五倫이라고도 ᄒᆞ므로 언해에서는 원문과는 달리 오륜을 취한 것으로 보인다. 원문의 '非惟'는 '非但'과 같이 『中韓辭典』, 1989, pp.691-692; 2006, p.575의 풀이에 '비단 … 뿐만 아니라'로 되어 있어 이를 취하여 국역하였다.

| 국역 |

서양선비가 말한다 : 이는 이치에 맞지 않는 말이니, 청컨대 이것으로써 천주님에 비기지 마십시오. 무릇 영신靈神은 품성稟性도 있고 재능도 있고 성덕盛德도 있어 우리들 형상이 있는 무리와 비교하면 더욱 순수하고 더욱 높고 그 이치가 더욱 진실하니, 어찌 특히 이 형상이 없음으로 말미암아 그대로 좇아서 없고 또한 비었다고 일컬을 수 있겠습니까. 오상五常[仁·義·禮·智·信]의 성덕은 형상도 없고 소리도 없으나 누가 이를 일컬어 없다고 하겠습니까. 형상이 없는 것은 '없음[無]'에 비하면 차이가 하늘과 땅이니 이로써 가르침을 삼으면 비단 세상을 밝히지 못할 뿐만 아니라 더욱 의혹만 늘어날 것입니다.

[제3강]

원문 : 태극지론太極之論

언해 : 태극의논

국역 : 태극에 대한 논의

| 원문 | (1)

"중사왈中士曰 오유언태극자吾儒言太極者 시호是乎"

| 언해 |

"즁ᄉᆞㅣ 굴오듸 우리 유도의 태극을 말ᄒᆞᄂᆞᆫ 쟈ᄂᆞᆫ 올흐냐"

| 국역 |

중국선비가 말한다 : 우리 유가儒家에서 말하는 태극이라는 것이 옳습니까.

| 원문 | (2)

"서사왈西士曰 여수말년입중화余雖末年入中華 연절시고경서불태然竊視古經書不怠 단문고선군자但聞古先君子 경공우천지지주재敬恭于天地之主宰 미문유존봉태극자未聞有尊奉太極者 여태극위주재만물지조如太極爲主宰萬物之祖 고성하은기설호古聖何隱其說乎"

| 언해 |

"셔ᄉᆞㅣ 굴오듸 내 비록 말년에 즁국에 들어왓시나 그러나 그윽이 녯 경셔를 보니 다만 녯젹 군ᄌᆞ들이 텬디 쥬ᄌᆡ끠 공경홈을 듯고 태극을 밧드러 놉힘은 듯지 못ᄒᆞ엿노라 만일 태극이 만물을 지졔ᄒᆞᄂᆞᆫ 조종이 되량이면 녯 셩인이 엇지 ᄒᆞ야 그 말을 숨겻ᄂᆞ뇨"

> **교주** 언해의 '그윽이 녯 경셔를 보니' 대목이 원문에는 '然竊視古經書不怠'로 되어 있고, '만일 태극이 만물을 지졔ᄒᆞᄂᆞᆫ 조종이 되량이면' 부분이 '如太極爲主宰萬物之祖'라고 되어 있음에 유의하였다.

| 국역 |

서양선비가 말한다 : 제가 비록 말년에 중화에 들어왔지만 옛 경서 보기를 게을리 하지 않았는데, 다만 옛날 윗대의 군자들이 천지의 주재자께 삼가고 공손하였음을 들었지 태극을 받들어 모셨다는 것은 듣지 못했습니다. 만약 태극이 모든 사물을 주재하는 시조始祖가 되었으면, 옛날 성인들이 어찌 그 말을 숨겼겠습니까.

"중사왈中土曰 고자미유기명古者未有其名 이실유기리而實有其理 단도석미전이但圖釋未傳耳"

| 언해 |

"즁스ㅣ 글오듸 녯젹에 그 일홈은 잇지 못ᄒᆞ고 실노 그 리ᄂᆞᆫ 잇섯시나 다만 그려 플님이 젼치 못ᄒᆞ엿ᄂᆞ이다"

| 국역 |

중국선비가 말한다 : 옛적에 그 이름이 있지 않았으나 실제로는 그 이치가 있었는데 다만 그림으로 해석한 게 전해지지 않았을 뿐입니다.

| 원문 | (4)

"서사왈西土曰 범언여리상합凡言與理相合 군자무이역지君子無以逆之 태극지해太極之解 공난위합리야恐難謂合理也 오시부무극이태극지도吾視夫無極而太極之圖 불과취기우지상언不過取奇偶之象言 이기상하재而其象何在 태극비생텬지지실가지이太極非生天地之實可知已 천주지리天主之理 죵고실전지금從古實傳至今 젼비무유全備無遺 이오욕지지우책而吾欲誌之于冊 젼지우타방傳之于他邦 유불감불게기리지소빙猶不敢不揭其理之所憑 황허상무실리지가의야況虛象無實理之可依耶"

| 언해 |

"셔스ㅣ 글오듸 므릇 말이 리로 더브러 서로 합ᄒᆞᆫ 즉 군ᄌᆞㅣ 거스림이 업ᄂᆞ니 태극의 플님은 리에 합지 못ᄒᆞᆫ지라 내 그 무극과 태극의 그림을 보니 불과 음양을 형상ᄒᆞᆯ ᄯᆞ름이라 그 형상이 어듸 잇ᄂᆞ뇨 태극이 텬지를 내지 못ᄒᆞᆫ 실상을 가히 알지라 텬쥬의 리ᄂᆞᆫ 녜로브터 이제ᄭᅥ지 실상으로 젼ᄒᆞ야 온젼이 갓초와 ᄲᅵᆺ침이 업겟마ᄂᆞᆫ 내 ᄎᆡᆨ에 긔록ᄒᆞ야 타방에 젼코져ᄒᆞ매 오히려 밋지 못ᄒᆞᆯ까 ᄒᆞ야 그 리의 빙거ᄒᆞᆯ 바를 들지 아니치 못ᄒᆞ거든 ᄒᆞ믈며 헛된 형상의 실ᄒᆞᆫ 리를 빙거ᄒᆞᆯ 바 업ᄂᆞᆫ 쟈냐"

교주 언해의 '리에 합지 못ᄒᆞᆫ지라' 부분이 원문에는 '恐難謂合理也'라 되어 있으며, 또한 '불과 음양을 형상ᄒᆞᆯ ᄯᆞ름이라' 대목이 '不過取奇偶之象言'라고 되어 있음에 유의하였다.

역해 원문 '君子無以逆之'의 '無以'에 관한 『中韓辭典』, 1989, p.2484; 2006, p.2107의 풀이에 '… 할 수가 없다. …할 도리[방도]가 없다' 중 이 문맥에서는 '…할 도리가 없다'가 적합하다고 여겨져 이를 취하여 국역하였다.

원문 '猶不敢不揭其理之所憑'의 '不敢'에 관한 『中韓辭典』, 1989, p.193; 2006, p.156의 풀이 '①감히 …하지 못하다. …할 용기가 없다. … ③…할 리 없다' 중 '…할 리 없다'를 취하여 국역하였다.

| 국역 |

서양선비가 말한다 : 말이 모두 이치와 서로 합치하여 군자가 거역할 도리가 없으니, 태극의 풀이가 이치에 부합한다고 말하기는 아마도 어려울 것입니다. 제가 저 양쪽의 극단이 없는 태극의 그림을 보니 홀수·짝수의 형상을 취한 말에 지나지 않지만 그런 형상이 어디에 있겠습니까. 태극이 천지를 생성하지 않았다는 실상을 알 수 있을 뿐입니다. 천주의 섭리는 예로부터 이제까지 실상으로 전해져서 온전히 갖추어 빠뜨린 것이 없어서 제가 책에 기록하여 다른 나라에 전하고자 하였으니, 오히려 그 섭리가 입증한 바를 들지 못할 리가 없으며, 더구나 헛된 형상에는 진실한 이치가 없으니 어찌 의거할 수 있겠습니까.

| 원문 | (5)

"중사왈中士曰 태극비타물太極非他物 내리이이乃理而已 여이전리위무리如以全理爲無理 상유하리지가위尙有何理之可謂"

| 언해 |

"즁ᄉᆞㅣ 골오딕 태극은 다ᄅᆞᆫ 물건이 아니오 리ㅣ ᄯᄅᆞᆷ이라 만일 온젼ᄒᆞᆫ 리로써 리ㅣ 업다 ᄒᆞ면 오히려 무슴 리를 가히 닐ᄋᆞ리오"

| 국역 |

중국선비가 말한다 : 태극은 다른 게 아니고 바로 이치일 따름입니다. 만약 온전한 이치로써 이치가 없다고 하면 더욱이 무엇이 있어야 이치라고 일컬을 수 있겠습니까.

| 원문 | (6)

"서사왈西士曰 오호嗚呼 타물지체태불귀우리他物之體態不歸于理 가복장리이귀정의可復將理以歸正議 약리지본체정若理之本體定 이불이기리而不以其理 우장하이리지재又將何以理之哉 오금선판물지종품吾今先判物之宗品 이치리어본품以置理於本品 연후명기태극지설然後明其太極之說 불능위만물본원야不能爲萬物本原也"

"셔스ㅣ 글오딕 슬프다 다른 물건의 형톄와 틱도ㅣ 만일 리에 합지 못ᄒ면 다시 리를 가
져 바른 의논에 돌녀올지니 만일 리의 본톄ㅣ 뎡ᄒ고야 그 리로써 붉히지 아니ᄒ고 쏘 쟝
ᄎᆺ 엇지 ᄃᆞᄉ리ᄦ오 내 이제 몬져 물의 웃듬 픔—물된 픔수—을 판단ᄒ야써 본픔의 리를
분별흔 연후에야 태극이 능히 만물의 근원이 되지 못흄을 붉힐지라"

> **교주** 언해의 '합지 못ᄒ면'이 애초에는 '도라오지 못ᄒ면'으로 언해필사되었다고 후에 수정되었
> 으며, 원문에는 '不歸于理'로 되어 있음에 유의하였다. 또한 언해의 '그 리로써 붉히지 아
> 니ᄒ고 쏘 쟝ᄎᆺ 엇지 ᄃᆞᄉ리ᄦ오' 부분이 원문에는 '又將何以理之哉'로 되어 있음에 유의
> 하였다.

서양선비가 말한다 : 아아! 다른 사물의 본체와 상태가 이치에 귀착되지 못하고 다시 가
까스로 이치를 회복하여 올바른 논의에 귀착되었는데, 만약 이치의 본체가 정해지고도 그
이치로 실행하지 못하면 또 그렇지 않으면 무엇으로 이치라고 하겠습니까. 제가 지금 우
선 사물의 근본 성품을 가려서 이치를 본래 성품에 두고 그런 뒤에야 그 태극의 설명이 모
든 사물의 본래 근원이 될 수 없음을 밝히겠습니다.

[제4강]

원문 : 불종품유이자립자의뢰자物宗品有二自立者依賴者
언해 : 물픔이 둘이 잇스니 ᄌ립쟈와 의뢰쟈라
국역 : 사물의 근본 성품에 둘이 있으니 자립자와 의뢰자다

"부물지종품유이夫物之宗品有二 유자립자有自立者 유의뢰자有依賴者 물지불시별톄이
위물物之不恃別體以爲物 이자능성립而自能成立 여천지귀신인조수초목금석사행등시야如
天地鬼神人鳥獸草木金石四行等是也 사속자립지품자斯屬自立之品者 물지불능립物之不能
立 이탁타톄이위기물而託他體以爲其物 여오상오색오음오미칠졍등시야如五常五色五音五
味七情等是也 사속의뢰지품자斯屬依賴之品者"

"대뎌 믈의 원픔이 둘히 잇ᄉ니 ᄌ립ᄒᆞᆫ 쟈―제 스스로 셔ᄂᆞ 쟈―잇고 의뢰ᄒᆞᆫ 쟈―ᄂᆞᆷ을 의지ᄒᆞᆫ 쟈― 잇ᄉ니 믈이 ᄂᆞᆷ을 의지ᄒᆞ야 믈이 되지 아니ᄒᆞ고 능히 스스로 일워셔ᄂᆞ 쟈ᄂᆞ 곳 텬디와 귀신과 사ᄅᆞᆷ과 금슈초목과 금셕ᄉᆞ힝 ᄀᆞᆺᄒᆞᆫ 류니 이ᄂᆞ 다 ᄌ립ᄒᆞᄂᆞ 픔에 속ᄒᆞ고 믈이 능히 스스로 셔지 못ᄒᆞ야 ᄂᆞᆷ의 톄를 의탁ᄒᆞ야 믈이 되ᄂᆞ 쟈ᄂᆞ 곳 오륜과 오ᄉᆡᆨ과 오음과 오미와 칠졍 ᄀᆞᆺᄒᆞᆫ 거시니 이ᄂᆞ 다 의뢰픔에 속ᄒᆞᆫ 쟈라"

교주 언해의 '원픔'이 원문에는 '宗品'으로 되어 있음에 유의하였다.

역해 원문의 '四行'은 '孝·悌·忠·信'을, '五常'은 '仁·義·禮·智·信'을, '五色'은 다섯 가지의 正色 '靑·黃·赤·白·黑'을, '五音'은 音律의 기본 音階, '宮·商·角·徵·羽'를, '五味'는 다섯 가지 맛 '매운 맛(辛)·신맛(酸)·짠맛(鹹)·쓴맛(苦)·단맛(甘)'을, '七情'은 일곱 가지 감정 '기쁨(喜)·노여움(怒)·슬픔(哀)·즐거움(樂, 혹은 두려움懼)·사랑(愛)·미움(惡)·욕심(欲)'을 가리킨다.

대저 사물의 근본 성품이 둘이 있으니 자립자自立者가 있고 의뢰자依賴者가 있어서 사물이 다른 본체에 의지해서 사물이 되지 아니하면서 스스로 자립을 성취할 수 있으니, 마치 하늘과 땅, 귀신과 인간, 날짐승과 길짐승, 풀과 나무, 쇠와 돌, 사행四行[효孝·제悌·충忠·신信] 등과 같음이 이것이며, 이는 자립하는 성품에 속하는 것입니다. 사물이 서지 못하여 다른 본체에 의지해서 그 사물이 되었음은 마치 오상五常[인仁·의義·예禮·지智·신信], 오색五色[청靑·황黃·적赤·백白·흑黑], 오음五音[궁宮·상商·각角·치徵·우羽], 오미五味[신辛·산酸·함鹹·고苦·감甘], 칠정七情[희喜·노怒·애哀·락樂(혹은 구懼)·애愛·오惡·욕欲] 등과 같음이 이것이며, 이는 의뢰하는 성품에 속하는 것입니다.

"차이백마관지且以白馬觀之 왈백왈마曰白曰馬 마내자립자馬乃自立者 백내의뢰자白乃依賴者 수무기백雖無其白 유유기마猶有其馬 여무기마如無其馬 필무기백必無其白 고이위의뢰야故以爲依賴也 비사양품比斯兩品 범자립자선야귀야凡自立者先也貴也 의뢰자후야천야依賴者後也賤也 일물지체一物之體 유유자립일류惟有自立一類 약기의뢰지류若其依賴之類 불가승궁不可勝窮 여인일신如人一身 고위자립固爲自立 기간정성모색이윤등류其

間情聲貌色彝倫等類 구위의뢰俱爲依賴 기류심다其類甚多"

"가령 희물을 보면 골오디 희다 ᄒ고 골오디 물이라 ᄒ니 물은 ᄌ립ᄒ 쟈요 흰 거슨 의뢰
ᄒ 쟈니 흰 거슨 비록 업서도 그 물은 잇ᄉ려니와 그 물이 업ᄉ면 반드시 흰 거시 없슬지니
고로 골오디 의뢰ᄒ 쟈라 이 두 가지 품을 의논ᄒ면 므릇 ᄌ립ᄒ 쟈ᄂ 몬져 되고 귀홈이오
의뢰ᄒ 쟈ᄂ 뒤 되고 쳔홈이라 오직 ᄌ립ᄒᄂ 쟈 ᄒ 물건에 ᄒ 류식 잇시나 만일 그 의뢰ᄒ
ᄂ 류ᄂ 가히 이긔여 혜지 못ᄒ지니 가스 사ᄅᆷ의 일신이 ᄌ립되고 그 ᄉ이에 ᄯᆺ과 소리와
빗과 의리 ᄀᆺᄒ 류ᄂ 다 의뢰되야 그 류ㅣ 심히 만흐니"

> **교주** 언해의 '오직 ᄌ립ᄒᄂ 쟈 ᄒ 물건에 ᄒ 류식 잇시나' 부분이 원문에는 '一物之體 惟有自
> 立一類'로 되어 있음에 유의하였다. 언해에는 'ᄯᆺ'으로 표기되었지만, 원문에는 '정情'으로
> 되어 있다. 그리고 '빗'도 언해에는 이렇게 표기되었지만, 원문에는 '모색貌色'으로 되어
> 있다. 또한 '의리'도 언해에는 이렇게 표기되었지만, 원문에는 '이륜彝倫'으로 되어 있다.

만약 흰말을 보고 하얗다 하고 말이라고 하면, 말은 바로 자립자요 흰 것은 바로 의뢰자
입니다. 비록 그 흰 게 없을지라도 여전히 그 말이 있으며, 마치 그 말이 없으면 반드시 그
흰 게 없는 것과 같으므로 의뢰자가 되는 것입니다. 이 두 가지 성품을 비교하면, 무릇 자
립자는 먼저이고 귀함이요, 의뢰자는 나중이고 천함입니다. 한 사물의 본체에는 오직 자립
하는 하나의 부류가 있을 뿐이지만, 만약 그 의뢰하는 부류라면 헤아릴 수 없이 많습니다.
예컨대 사람의 한 몸이 본디부터 자립하게 되면 그 사이의 정서, 음성, 용모, 빛깔, 떳떳한
인륜 등의 부류가 갖추어서 의뢰하는 게 되니, 그 부류는 매우 많아집니다.

[제5강]

원문: 태극여리불능위물지원太極與理不能爲物之原
언해: 태극과 리ㅣ 물의 근원이 되지 못홈이라
국역: 태극과 이치는 사물의 근원이 될 수 없다

| 원문 | (1)

"약태극자若太極者 지해지이소위리止解之以所謂理 즉불능위천지만물지원의則不能爲天地萬物之原矣 개리역의뢰지류蓋理亦依賴之類 자불능립自不能立 갈입타물재曷立他物哉 중국문인학사강론리자中國文人學士講論理者 지위유이단只謂有二端 혹재인심或在人心 혹재사물或在事物 사물지정事物之情 합호인심지리合乎人心之理 즉사물방위진실언則事物方謂眞實焉 인심능궁피재물지리人心能窮彼在物之理 이진기지而盡其知 즉위지격물언則謂之格物焉"

| 언해 |

"만일 태극을 다만 닐온바 리ㅣ흔 즉 능히 텬지 만물의 근원이 되지 못흘지니 대개 리ㅣ는 의뢰흐는 쟈라 스스로 능히 서지 못흘지라 엇지 다른 믈을 셰우리오 즁국에 학흐는 션빈ㅣ 리를 강논흐는 쟈ㅣ 다만 닐ㅇ듸 두 끗치 잇서 혹 인심에 잇고 혹 스믈에—일과 물건— 잇다 흐니 스믈지정이 인심지리에 합흔 즉 스믈이 가위 진실흐다 흘 거시오 인심이 능히 스믈의 잇는 리를 궁진히 흐야 그 알믈 다흔 즉 가위 격믈흔다 흘지니"

> **교주** 언해의 '즁국에 학흐는 션빈'가 원문에는 '中國文人學士'로 되어 있음에 유의하였다.

| 국역 |

만약 태극이라는 것을 다만 이른바 이치라고 해석하는 경우에는 천지 만물의 근원이 될 수 없을 것입니다. 대개 이치도 역시 의뢰하는 부류라 자립하지 못하니 어찌 다른 사물을 세우겠습니까. 중국의 문인과 학사로서 이치를 강론하는 사람들이 이치에는 단지 두 발단發端이 있다고 말하고 '인심에 있다'거나 '사물에 있다'라고 말하니, 사물의 정황이 사람 마음의 이치에 부합할 때에는 사물이 바야흐로 진실하다 일컬을 것이요, 사람의 마음이 사물에 있는 그 이치를 깊이 연구하여 그 앎을 다할 수 있을 때에는 이를 '격물格物'이라고 일컬을 것입니다.

| 원문 | (2)

"거차양단據此兩端 즉리고의뢰則理固依賴 해득위물원호奚得爲物原乎 이자개재물후二者皆在物後 이후기선자지원而後豈先者之原 차기초무일물지선且其初無一物之先 거언필유리존언渠言必有理存焉 부리재하처夫理在何處 의속하물호依屬何物乎 의뢰지정依賴之情 불능자립不能自立 고무자립자이위지탁故無自立者以爲之託 즉의뢰자료무의則依賴者了無矣 여왈뢰공허이如曰賴空虛耳 공공허비족뢰자恐空虛非足賴者 리장불면우언타야理將不免于言他也理

將不免于僞墮也"

| 언해 |

"이 두 ㅺ츨 의거ᄒᆞ야 보면 리ᄂᆞᆫ 진실노 의뢰ᄒᆞᆫ 거시라 엇지 물의 근본이 되리오 두 가지ᅳ인심의 리와 ᄉᆞ믈의 리라ᅳ 다 물건 뒤에 잇ᄉᆞ니 뒤가 엇지 몬져의 근원이 되리오 ᄯᅩᄒᆞᆫ 의뢰하는 정이 능히 스스로 서지 못하ᄂᆞᆫ 고로 의지ᄒᆞᆯ ᄌᆞ립쟈 업슨 즉 의뢰쟈ㅣ 온젼이 업슬지라 만일 굴오ᄃᆡ 공즁 뷔인ᄃᆡ 의지ᄒᆞ엿다 ᄒᆞ면 공즁은 족히 의뢰치 못ᄒᆞᆯ지니 리ㅣ 쟝ᄎᆞᆺ ᄊᆞ러져 뷔힐지라"

교주 언문필사본에서는 다만 첫 글자 'ᄯᅩᄒᆞᆫ'이 있을 뿐 "且其初無一物之先 渠言必有理存焉 夫理在何處 依屬何物乎" 부분의 번역이 누락되어 있다.

| 국역 |

이 두 발단에 의지하는 경우에는 이치는 본디부터 의뢰하는 것이니, 어찌 사물의 근원이 되겠습니까. [인심의 이치와 사물의 이치] 두 가지가 모두 사물 뒤에 있으니 뒤가 어찌 처음의 근원이 되겠습니까. 더욱이 그 시초에 하나의 사물도 없었던 최초로 반드시 이치의 존재가 있었다고 어찌 말하겠습니까. 무릇 이치기 어떤 곳에 존재하며 어떤 사물에 의지하여 속하겠습니까. 의뢰하는 정황이 자립할 수 없어서, 그러므로 자립하는 것이 없어서 의지하게 되는 경우에는 의뢰하는 것이 완전히 없어질 것입니다. 만일 '공허한 것에 의뢰할 뿐이다.'라고 말하면, 아마도 공허한 것이 의뢰할 만한 게 아닐 것이며, 이치는 장차 쓰러져 무너짐을 면하지 못할 것입니다.

| 원문 | (3)

"시문반고지젼試問盤古之前 기유리재旣有理在 하고한공불동이생물호何故閑空不動而生物乎 기후수종격지사동其後誰從激之使動 황리본무동정況理本無動靜 황자동호況自動乎 여왈셕불생물如曰昔不生物 후내원생물後乃願生物 즉리기유의호則理豈有意乎 하이유욕생물何以有欲生物 유욕불생물호有欲不生物乎"

| 언해 |

"시험ᄒᆞ야 뭇ᄂᆞ니 반고씨ᅳ태고젹 텬황씨젼이니 다 허황ᄒᆞ야 밋지 못ᄒᆞᆯ 인군ᅳ 젼에도 임의 이 리ㅣ 잇슬지니 무슴 연고로 공〃젹〃ᄒᆞ야 음즉여 물을 내지 아니ᄒᆞ엿시며 그 후에 뉘룰 좃차 감발ᄒᆞ야 음즉엿ᄂᆞ뇨 ᄒᆞ믈며 리ᄂᆞᆫ 본ᄃᆡ 동정이 업ᄂᆞᆫ 거시니 스스로 동ᄒᆞ겟

느냐 만일 닐으딕 젼은 믈을 내지 아니ᄒᆞ고 후에 냄은 원의에 잇다 ᄒᆞ면 리도 ᄯᅩᄒᆞᆫ 뜻이 잇
느냐 엇지 써 내고져 ᄒᆞ며 아니 내고져 ᄒᆞ랴"

교주 언해에서 '반고씨'에 대해 '태고젹 텬황씨젼이니 다 허황ᄒᆞ야 밋지 못ᄒᆞᆯ 인군'이라 풀이하
였음이 주목된다. 반고盤古는 중국 창조신화에 나오는 인물로, 그가 태어나 천지가 만들
어졌다고 전해진다. 그리고 언해에서 '공〃젹〃ᄒᆞ야'라고 한 것이 원문에는 '閑空'이라 되
어 있음에 유의하였다.

역해 원문 '閑空'과 관련하여『中韓辭典』, 1989, p.2551; 2006, p.2136 풀이에 '틈. 짬. 겨를'로
되어 있음을 활용하여, '짬을 내서'로 국역하였다.

| 국역 |

시험 삼아 질문해보겠습니다. 반고盤古 이전에도 이미 이치가 있었으면, 무슨 까닭으로
틈을 내서 작동하여 사물을 생성하지 않았습니까. 그 뒤에 누가 복종하고 분발하여 작동
하였습니까. 하물며 이치는 본디 작동과 정지가 없는 것인데, 더구나 스스로 작동하였겠습
니까. 만약 '옛날에 사물을 생성하지 않고 훗날 비로소 사물을 생성하기를 원했다.'고 말하
는 경우에는, 이치는 어떤 의미가 있겠습니까. 왜 사물을 생성하고자 함이 있었으며 사물
을 생성하지 않고자 함이 있었겠습니까.

| 원문 | (4)

"중사왈中士曰 무기리즉무기물無其理則無其物 시고아주자신리위물지원야是故我周子
信理爲物之原也"

| 언해 |

"즁ᄉᆞ ᅵ ᄀᆞᆯ오딕 그 리ᅵ 업슨 즉 그 믈이 업ᄂᆞᆫ지라 이런 고로 우리 쥬ᄌᆞ ᅵ —태극 그림ᄒᆞᆫ
쥬렴계라— 리가 믈의 근원이 됨을 밋음이라"

역해 周子는 곧 周濂溪를 가리키는 것으로 중국 北宋의 周敦頤(1017-1073)를 일컫는다.

| 국역 |

중국선비가 말한다 : 그 이치가 없을 때에는 그 사물은 없습니다. 이런 까닭으로 우리 주자
周子는 이치가 사물의 근원이 되었음을 믿었던 것입니다.

| 원문 | (5)

"서사왈西士曰 무자즉무부無子則無父 이수언자위부지원호而誰言子爲父之原乎 상수자지물정相須者之物情 항여차恒如此 본상위유무자야本相爲有無者也 유군즉유신有君則有臣 무군즉무신無君則無臣 유물즉유물지리有物則有物之理 무차물지실無此物之實 즉무차리지실卽無此理之實 약이허리위물지원若以虛理爲物之原 시무이호불노지설是無異乎佛老之說 이차공불노以此攻佛老 시이연벌연是以燕伐燕 이난역난의以亂易亂矣"

| 언해 |

"셔스ㅣ 골오듸 아들이 업스면 아비ㅣ 업스랴—리 업슨들 물이 업스랴— 뉘 닐ㅇ듸 아들이 아비의 근원이 된다 ᄒᆞ랴 서로 기드려 의지ᄒᆞᄂᆞᆫ 물졍이 홍샹 이ᄀᆞᆺᄒᆞ야 본듸 서로 잇스며 업슴이 되ᄂᆞᆫ지라 가령 인군이 잇슨 즉 신하 잇스며 인군이 업슨 즉 신하 업스니 물이 잇ᄂᆞᆫ 즉 물의 리ㅣ 잇고 이 물의 실상이 업슨 즉 곳 이 리의 실상이 업술지니 만일 헛된 리로써 물의 근원을 삼으량이면 이ᄂᆞᆫ 불노의 말과 다름이 업스니 이로써 불노를 치면 이ᄂᆞᆫ 연나라로써 연나라를 침이오 어즈러옴으로써 어즈러옴을 밧굄이라"

> **교주** 언해의 '리 없은들 물이 업스랴' 부분은 원문에는 없고 언해에만 있는 설명이다. 원문의 '相須者之物情' 부분을 언해에서는 '서로 기다려 의지ᄒᆞᄂᆞᆫ 물졍'이라 풀었음에 유의하였다.

> **역해** 원문 '物情'에 대해 『中韓辭典』, 1989, p.2449; 2006, p.2121에는 단지 '물정'이라고만 되어 있지만, 『漢韓大字典』, 1967, p.791; 2001, p.2186의 풀이에는 '①사물의 본질. 사물의 상태 ②세상 형편. 세상의 정세. 世人의 心情'으로 되어 있다. 이 중에서 여기의 문맥에서는 '세상 형편'이 적절하다고 여겨져 이를 취하여 국역하였다.
> 원문 '是以'에 관한 『中韓辭典』, 1989, p.2119; 2006, p.1794의 풀이 '이 때문에. 그래서. 그러므로' 중 이 문맥에서는 '그러므로'가 적절한 듯하여 이를 취하여 국역하였다.

| 국역 |

서양선비가 말한다 : 아들이 없을 때에는 아비가 없겠지만, 누가 아들이 아비의 근원이 된다고 말하겠습니까. 서로 구하는 것의 세상 형편이 항상 이와 같으니, 본디 서로 있고 없음이 되는 것입니다. 군주가 있을 때에는 신하가 있으며, 군주가 없을 때에는 신하가 없으며, 사물이 있을 때에는 사물의 이치가 있습니다. 이 사물의 실상이 없으면 곧 이 이치의 실상이 없습니다. 만약 헛된 이치로써 사물의 근원을 삼으면 이것은 부처·노자의 설명에 다름이 없으니, 이로써 부처·노자를 공격하면 그러므로 연燕나라로써 연나라를 치는 것이

요 어지러움으로써 어지러움을 바꾸는 것입니다.

| 원문 | (6)

"금시실리불득생물今時實理不得生物 석자허리안득이생지호昔者虛理安得以生之乎 비
여금일유여인어차譬如今日有輿人於此 유차사리구우기심有此事理具于其心 하불즉동발일
승거何不卽動發一乘車 이필대유수목지질而必待有樹木之質 부거지계斧鋸之械 장인지공
匠人之工 연후성거然後成車 하초지신기능화천지지대何初之神奇能化天地之大 이금지쇠
폐而今之衰敝 불능발일거지소야不能發一車之小耶"

| 언해 |

"이제 진실흔 리도 물을 내지 못흐니 엇지 녯젹 헛된 리ㅣ 능히 내리오 비컨대 이제 수레
문드는 사름이 잇고 수레 되는 리ㅣ 그 무음에 갓초왓시니 엇지 흔 수레룰 곳 발흐여 내지
못흐고 반드시 직료와 긔계와 공력을 기드려 일우니 엇지흐야 처음은 신긔흐야 능히 텬지
의 큼을 화성흐고 이제논 쇠약흐야 능히 흔 수레의 젹음을 발치 못흐노냐"

> **교주** 원문의 '必待有樹木之質 斧鋸之械 匠人之工' 부분이 언해에는 단지 '반드시 직료와 긔계와
> 공력을 기드려'로 되어 있음에 유의하였다.

| 국역 |

지금 실재하는 이치도 사물을 생성할 수가 없으니 어찌 옛날의 헛된 이치가 생성할 수
있었겠습니까. 예를 들어 오늘 수레 만드는 사람이 여기에 있고 이 수레의 이치가 있어 그
마음에 갖추었다고 합시다. 어찌하여 한 대의 수레를 즉시 움직여 출발하게 하지 못하면
서, 반드시 나무라는 재질, 도끼·톱이라는 기계, 장인의 공력을 거친 다음에나 수레가 완
성되며, 어찌하여 처음에는 신기하게도 하늘·땅의 거대함을 화합하여 형성할 수 있었으
나, 이제는 쇠약하고 피폐해져서 한 대의 수레라는 작은 것도 출발시킬 수 없는 것입니까.

| 원문 | (7)

"중사왈中士曰 오문리자선생음양오행吾聞理者先生陰陽五行 연후화생천지만물然後化
生天地萬物 고생물유차제언故生物有次第焉 사어수유생거使於須臾生車 비기비의非其譬
矣"

"즁ᄉᆡ 골오ᄃᆡ 내 드ᄅᆞ니 리ᄂᆞᆫ 몬져 음양오ᄒᆡᆼ을 낸 후에 텬지만물을 화셩ᄒᆞᆫ 고로 물을 ᄎᆞᆺ〃 내엿다 ᄒᆞ니 경긱 ᄉᆞ이에 수레ᄅᆞᆯ 냄은 비길 말이 아니로다"

> **교주** 아래 국역의 '적절한 게' 부분은 원문과 언해에는 없는 것이나 문맥의 순조로움을 위해 삽입한 것이다.

| 국역 |

중국선비가 말한다 : 제가 듣기로는 이치가 먼저 음양오행을 생성하고 그런 뒤에 천지 만물을 변화하여 조성하였으므로 사물을 생성하는 데에도 차례가 있다고 합니다. 가령 잠깐 사이에 수레를 조성한다고 하는 그것은 적절한 비유가 아닙니다.

| 원문 | (8)

"서사왈西土曰 시문어자試問於子 음양오행지리陰陽五行之理 일동일정지제一動一靜之際 쳡능생음양오행輒能生陰陽五行 즉금유거리則今有車理 기불동이생일승거호豈不動而生一乘車乎 우리무소부재又理無所不在 피기시무의지물彼旣是無意之物 셩필직슈셩性必直邃 임기소발任其所發 자불능이自不能已 하금불생음양오행어차何今不生陰陽五行於此 슉어지재孰禦之哉 차물자위만실총명且物字爲萬實總名 범물개가칭지위물凡物皆可稱之爲物"

| 언해 |

"셔ᄉᆞᆯ 골오ᄃᆡ 시험ᄒᆞ야 뭇ᄂᆞ니 음양오ᄒᆡᆼ지리ᄂᆞᆫ ᄒᆞᆫ번 음즉이고 ᄒᆞᆫ번 고요ᄒᆞᆯ 즈음에 능히 음양오ᄒᆡᆼ을 내엿다 ᄒᆞ니 이제 수레 되게 ᄒᆞᆯ 리ㅣ 잇ᄂᆞᆫ지라 엇지 음즉여 ᄒᆞᆫ 수레ᄅᆞᆯ 내지 못ᄒᆞᄂᆞᆭ ᄯᅩ 리ᄂᆞᆫ 의지 아니ᄒᆞᆫᄃᆡ 업ᄂᆞᆫ지라 더ㅣ 임의 ᄯᅳᆺ이 업ᄂᆞᆫ 물건이니—리ᄂᆞᆫ 원ᄒᆞ고 원치 아니ᄒᆞᄂᆞᆫ 졍이 업다 ᄯᅳᆺ—그 셩미 반ᄃᆞ시 ᄌᆞ져ᄒᆞᆯ 것 업시 임의로 발ᄒᆞ야 스스로 마지 못ᄒᆞᆯ지니 엇지ᄒᆞ야 이제 이 수레에ᄂᆞᆫ 음양오ᄒᆡᆼ을 내야 화치 못ᄒᆞᄂᆞ냐 뉘러 막아 못ᄒᆞᄂᆞ냐 ᄯᅩ 물이라 ᄒᆞᄂᆞᆫ 글ᄌᆞᄂᆞᆫ 만 가지 실된 거슬 통여 닐ᄏᆞᆮᄂᆞᆫ 일홈이라 모든 물건을 다 가히 물이라 닐ᄋᆞ거ᄂᆞᆯ"

> **교주** 언해의 '의지 아니ᄒᆞᆫᄃᆡ 업ᄂᆞᆫ지라' 부분이 원문에는 '無所不在'로 되어 있으므로, 이 가운데 '의지'는 '잇지'의 잘못된 필사라고 판단된다. 아울러 언해에서 'ᄌᆞ져ᄒᆞᆯ 것 업시' 부분이 원문에는 '直邃'로 되어 있음이 주의를 요한다.

서양선비가 말한다 : 시험 삼아 그대에게 질문하겠습니다. 음양오행의 이치는 한번 작동하고 한번 정지할 때에 매번 음양오행을 생성할 수가 있는 경우에는, 이세 수레의 이치가 있으니 어찌 작동하여 한 대의 수레를 생산하지 못하겠습니까. 또한 이치는 있지 않은 곳이 없으며 그것은 이미 의지가 없는 사물이기에 본성이 반드시 곧바로 나아가고 그 발동하는 바에 맡기며 스스로 그만둘 수 없습니다. 어찌하여 이제 음양오행을 생성하지 않으며, 누가 그것을 막고 있는 것입니까. 게다가 '물物'이라는 글자는 수많은 실체를 총괄하는 명칭이라 모든 사물을 다 '물'이라 칭할 수 있는 것입니다.

| 원문 | (9)

"태극도주운太極圖註云 리자비물의理者非物矣 물지류다物之類多 이균위지물而均謂之物 혹위자립자或爲自立者 혹위의뢰자或爲依賴者 혹유형자或有形者 혹무형자或無形者 리기비유형지물류理既非有形之物類 기부득위무형지물품호豈不得爲無形之物品乎"

| 언해 |

"태극그림플님에 닐ᄋ되 리ᄂᆞᆫ 물이 아니라 ᄒᆞ니 물의 류ㅣ 만코 다로되 도모지 닐ᄋ면 물이라 ᄒᆞᄂᆞ니 혹 ᄌ립ᄒᆞᄂᆞᆫ 쟈도 잇고 혹 의뢰ᄒᆞᄂᆞᆫ 쟈도 잇고 혹 형상 잇ᄂᆞᆫ 쟈도 잇고 형상 업ᄂᆞᆫ 쟈도 잇ᄉᆞ니 리ᄂᆞᆫ 임의 형상 잇ᄂᆞᆫ 물의 류ᄂᆞᆫ 되지 아니ᄒᆞ나 엇지 형상 업ᄂᆞᆫ 물의 픔수야 되지 아니ᄒᆞ랴"

> **교주** 언해의 '태극그림플님'이 원문에는 '太極圖註'이라 되어 있으며, '물의 류ㅣ 만코 다로되 도모지 닐ᄋ면 물이라 ᄒᆞᄂᆞ니' 부분이 '物之類多 而均謂之物'로 되어 있음에 유의하였다.

| 국역 |

「태극도太極圖」의 주해註解에 이르기를, '이치라고 하는 것은 사물이 아니다.'라고 하였는데, 사물의 종류가 많지만 두루 사물이라 일컫습니다. 사물은 자립자가 되거나 의뢰자가 되거나 형상이 있기도 하거나 형상이 없기도 합니다. 이치는 이미 형상이 있는 사물의 부류가 아니니, 어찌 형상이 없는 물품이 될 수 있겠습니까.

| 원문 | (10)

"우문리자영각부又問理者靈覺否 명의자부明義者否 여영각명의如靈覺明義 즉속귀신지

류則屬鬼神之類 갈위지태극曷謂之太極 위지리야謂之理也 여부如否 즉천주귀신부인지영
각則天主鬼神夫人之靈覺 유수득지호由誰得之乎 피리자이기지소무彼理者以己之所無 부
득시지우물不得施之于物 이위지유야以爲之有也 리무영무각理無靈無覺 즉불능생영생각
則不能生靈生覺"

| 언해 |

"또 뭇느니 리ㅣ 흐는 쟈ㅣ 령혼과 지각이 잇는 쟈냐 의리에 붉은 쟈냐 만일 령흠과 붉음
이 잇신 즉 귀신의 류에 속홀지니 엇지 태극이라 흐며 리ㅣ라 닐ㅇ느뇨 만일 리ㅣ 령명치
못흐면 사룸과 귀신의 령흠은 뉘로 말미암아 엇〃다 흐랴 뎌 리ㅣ라 흐는 쟈ㅣ 제게 업는
바로써 눔의게 베프러 잇게 못홀지니 리는 령혼도 업고 각혼도 업는 거신 즉 능히 령혼과
각혼을 내지 못홀지라"

> **교주** 이 대목의 언해 중 원문의 '靈'·'覺'을 앞에서는 '령혼'·'지각'으로 뒤에서는 '영혼'과 '각
> 혼'으로 풀었음에 유의하였다. 또한 원문 '則天主鬼神夫人之靈覺' 대목에서 '天主'를 언해
> 에서 누락시켰음에도 유의하였다.

| 국역 |

또 질문하겠습니다. 이치라고 하는 것은 영혼靈魂·각혼覺魂이 아닙니까. 의리義理에
밝은 것이 아닙니까. 예컨대 영혼·각혼이 의리에 밝을 경우에는 이는 귀신의 부류에 속
할 것이니, 어찌 태극이라 이르며 이치라 이르겠습니까. 만일 그렇지 않을 경우에는 천주
와 귀신과 뭇 사람의 영혼·각혼은 누구로 말미암아 얻었습니까. 저 이치라고 하는 것이
자기에게 없는 바로써 사물에게 베풀어 있게 할 수는 없습니다. 이치가 영혼도 없고 각혼
도 없을 경우에는 영혼을 생성할 수도 각혼을 생성할 수도 없습니다.

| 원문 | (11)

"청자찰건곤지내請子察乾坤之內 유시영자생영惟是靈者生靈 각자생각이覺者生覺耳 자
영각이출불영각자自靈覺而出不靈覺者 즉유지의則有之矣 미문유자불영각未聞有自不靈覺
이생유영각자야而生有靈覺者也 자고불유모야子固不踰母也"

| 언해 |

"청컨대 우쥬간 물리를 살펴보라 령혼 잇는 자는 령혼을 낫코 각혼 잇는 자는 각혼을 낫
는지라 령과 각이 잇는 자는 혹 령과 각이 업는 쟈를 내려니와 주긔가 령치 못흐고 각지 못

ᄒ고는 령과 각을 내는 쟈는 듯지 못ᄒ였노라 아ᄃᆞᆯ이 진실노 어미에 넘지 못ᄒᄂ니라"

교주 언해의 '청컨대 우쥬간 물리를 살펴보라' 부분이 원문에는 '請子察乾坤之內'로, 또한 '령과 각이 잇는 자는 혹 령과 각이 업는 쟈를 내려니와' 부분이 '自靈覺而出不靈覺者 則有之矣'로 되어 있음에 유의하였다.

| 국역 |

청컨대 그대가 천지의 안을 관찰해보십시오. 오직 이 영혼이라는 것은 영혼을 생성하며, 각혼이라는 것은 각혼을 생성할 뿐입니다. 영혼·각혼으로부터 영혼·각혼이 아닌 것이 나온 경우가 있습니다만, 영혼·각혼이 아닌 데로부터 영혼·각혼이 있는 것을 생성하였다는 것은 듣지 못했습니다. 자식은 본디부터 어머니를 넘지 못합니다.

| 원문 | (12)

"중사왈中士曰 영각위유영각자소생靈覺爲有靈覺者所生 비리지위非理之謂 기문명의旣聞命矣 단리동이생양但理動而生陽 양내자연지영각陽乃自然之靈覺 혹기연호或其然乎"

| 언해 |

"즁ᄉᆞ 글오ᄃᆡ 령과 각이 리의 내는 바 되지 아님은 임의 붉혓거니와 다만 리 음쥭여 양—음양이란 양이라—을 내니 양은 이 ᄌᆞ연ᄒᆞᆫ 령각이라 혹 그러ᄒ릿가"

교주 언해의 '령과 각이 리의 내는 바 되지 아님' 부분이 원문에는 '靈覺爲有靈覺者所生 非理之謂'라고 되어 있는데, 이는 언해자의 잘못된 언해가 분명하지 않나 싶어 국역을 할 때는 특히 유념하였다.

역해 원문 '旣聞命矣'의 '命'은 『漢韓大字典』, 1967, p.238; 2001, p.392의 풀이에 '가르침'이 있어 이를 취하여 국역하였다.

| 국역 |

중국선비가 말한다 : 영혼·각혼이 영혼·각혼의 생성한 바이지 이치를 이르는 게 아니라고 함은 이미 가르침을 들어 알고 있습니다. 다만 이치가 작동하면서 양기陽氣를 내니 양기가 바로 스스로 그러한 영혼·각혼이라서 혹시 그렇습니까.

| 원문 | (13)

"서사왈西士曰 반복논변反覆論辯 난탈차리難脫此理 오우문吾又問 피양자하유득영각호

彼陽者何由得靈覺乎 차우자연지리此于自然之理 역대상패역대大相悖"

| 언해 |

"셔ᄉᆞㅣ ᄀᆞᆯ오ᄃᆡ 아모리 업치고 뒤쳐 변논ᄒᆞᆯ지라도 이 리에 ᄲᅱ여나지 못ᄒᆞᆯ지라 뎌 양이라 ᄒᆞᄂᆞᆫ 거시 어ᄃᆡ로 말미암아 령각을 엇엇ᄂᆞ냐 이ᄂᆞᆫ ᄌᆞ연ᄒᆞᆫ 리에 ᄯᅩᄒᆞᆫ 크게 어긔ᄂᆞ니라"

교주 언해의 '아모리 업치고 뒤쳐 변논ᄒᆞᆯ지라도' 대목이 원문에는 '反覆論辯'으로 되어 있음에 유의하였다. 그리고 원문의 '吾又問'은 언해되지 않았다.

| 국역 |

서양선비가 말한다 : 반복하여 변론할지라도 이 이치를 벗어나기 어려우니, 제가 또 질문하겠습니다. 저 양기라고 하는 것이 무엇으로 말미암아 영혼·각혼을 얻었겠습니까. 이는 자연의 이치에 또한 크게 서로 어긋나는 것입니다.

| 원문 | (14)

"중사왈中士曰 선생위천주무형무성先生謂天主無形無聲 이능시만상유형유성而能施萬象有形有聲 즉태극무영각則太極無靈覺 이능시물지영각而能施物之靈覺 하상호何傷乎"

| 언해 |

"즁ᄉᆞㅣ ᄀᆞᆯ오ᄃᆡ 션싱이 닐ᄋᆞᄃᆡ 텬쥬ㅣ 무형무셩ᄒᆞ시나 능히 만믈의 유형유셩홈을 베프럿다 ᄒᆞ시니 태극은 무령 무각ᄒᆞᄃᆡ 능히 믈류의 유령 유각홈을 넴이 무어시 불가ᄒᆞ리오"

교주 언해의 '만믈'이 원문에는 '萬象'으로 되어 있음에 유의하였다.

| 국역 |

중국선비가 말한다 : 선생님께서 '천주님께서는 모습도 없고 소리도 없지만 온갖 사물에 모습과 소리를 있게 베풀 수 있다.'고 이르셨습니다. 만일 그렇다면 태극이 영혼·각혼이 없으면서 사물에 영혼·각혼을 베푸는 데에 무슨 지장이 있겠습니까.

| 원문 | (15)

"서사왈西士曰 하불운何不云 무형셩자無形聲者 졍야상야精也上也 유형셩자有形聲者 조야하야粗也下也 이졍상능시조하以精上能施粗下 분불위과分不爲過 이무영각지조하以無靈覺之粗下 위시영각지졍상爲施靈覺之精上 즉출기분외원의則出其分外遠矣"

"셔스ㅣ 글오듸 엇지ㅎ야 무형무성흔 쟈의 정묘ㅎ고 놉흠과 유형유성흔 쟈의 츄ㅎ고 ᄂ
즘을 닐ᄋ지 아니ㅎᄂ냐 정묘ㅎ고 놉흠으로써 츄ㅎ고 ᄂ즘을 베픔은 분수에 지나지 아니
ㅎ거니와 령과 각이 업ᄂ 츄ㅎ고 ᄂ즌 쟈로써 령과 각이 잇ᄂ 정ㅎ고 놉흔 쟈를 베플미 그
분수에 지남이 먼지라"

> **교주** 언해의 '분수에 지나지 아니ㅎ거니와' 대목이 원문에는 '分不爲過'로, 또 '그 분수에 지남
> 이 먼지라' 부분이 '出其分外遠矣'로 되어 있음에 유의하였다.

| 국역 |

서양선비가 말한다 : 어찌하여 모습·소리가 없는 것이 정밀하고 높으며 모습·소리가 있
는 것이 거칠고 낮다고 말하지 않습니까. 정밀하고 높음으로써 거칠고 낮음을 베풀 수 있
음은 분수에 벗어나지 않으나, 영혼·각혼이 없는 거칠고 낮은 것으로써 영혼·각혼이 있
는 정밀하고 높은 것을 해서 베풀면 그것은 분수에서 멀리 벗어납니다.

[제6강]

원문:상포하유삼반上包下有三般
언해:우희ㅣ 아릭롤 포함홈이 세가지이 잇심이라
국역:위가 아래를 포괄함에 세 가지가 있다

| 원문 | (1)

"우운又云 상물능함하물上物能含下物 유삼반언有三般焉 혹궁연포하지체或窮然包下之
體 여일장재십쳑如一丈載十尺 일쳑재십촌지체시야一尺載十寸之體是也 혹혼연포하지성
或渾然包下之性 여인혼혼유금수혼如人魂混有禽獸魂 금수혼혼유초목혼시야禽獸魂混有草
木魂是也 혹수연포하지덕或粹然包下之德 여천주함만물지성시야如天主含萬物之性是也"

| 언해 |

"쏘 닐ᄋ량이면 우희 물이 능히 아릭물을 포함홈이 세 가지 잇ᄂ니 혹 내게 잇ᄂ 거슬 다
ㅎ야 아랫톄롤 포홈홈은 마치 일장—흔 길— 이십 쳑—열 ᄌ—을 포홈ㅎ고 일 쳑—흔 ᄌ—
이십 촌—열 치—의 톄롤 포홈홈이오—쳑과 촌이 장에서 나거니와 리ᄂ 물의 포홈흔바 되

니 물은 리를 내려니와 리는 물을 내지 못한다 뜻— 혹 혼연히 아린 성품을 섯거 포함홈은 마치 사름의 혼이 금슈의 각혼을 섯거 포함호고 금슈의 각혼이 초목의 싱혼을 섯거 포함홈이오 혹 슌전호야 섯기지 아니호고 아린덕을 포함홈은 곳 텬쥬ㅣ 만물의 성품을 포함홈이라"

이 가운데 '내게 잇는 거슬 다호야' 부분이 원문에는 '궁연窮然'으로, 또한 '슌전호야 섯기지 아니호고' 부분이 원문에는 '수연粹然'으로 되어 있음에 주의를 요한다.

| 국역 |

또 말하면 위의 사물이 아래의 사물을 포함할 수 있는 것에는 3가지가 있습니다. 혹은 있는 것을 다해서 아래 사물의 본체를 포함하여 마치 한 길[장丈]이 열 자[척尺]에 오르고 한 자가 열 치[촌寸]의 본체에 오르는 것 같은 게 이것입니다. 혹은 가를 수 없게 아래의 성품을 포함하여 마치 사람의 혼이 날짐승·길짐승의 혼을 섞어 가지고 있으며, 날짐승·길짐승의 혼이 풀·나무의 혼을 섞어 가지고 있는 것 같은 게 이것입니다. 혹은 순수하게 아래의 성덕을 포함하기를 마치 천주께서 모든 사물의 성품을 함유하심 같은 게 이것입니다.

| 원문 | (2)

"부천주지성최위전성夫天主之性最爲全盛 이차목목언而且穆穆焉 비인심가측非人心可測 비만물가비륜야非萬物可比倫也 수연오고비지雖然吾姑譬之 여일황금전유십은전급천동전가如一黃金錢有十銀錢及千銅錢價 소이연자所以然者 유황금지성심정惟黃金之性甚精 대이어은동지성大異於銀銅之性 고가지기배여차故價之幾倍如此"

| 언해 |

"대뎌 텬쥬의 성품은 フ장 온전호고 셩호고 쏘 깁고 화호야 사름의 무음으로 가히 측량치 못호고 만물노 가히 비등치 못홀지라 비록 그러나 내 아직 비유호리니 마치 훈닙 금돈이 열닙 은돈과 쳔닙 구리돈과 ㄱ호니 이런바 쟈는 오직 황금의 성품이 심히 정호야 은과 구리 성품으로 더브러 크게 다른 고로 갑시 몃 비됨이 〃 ㄱ호니"

언해의 '쏘 깁고 화호야'가 원문에는 '且穆穆焉'으로, '만물노 가히 비등치 못홀지라'가 '非萬物可比倫也'로 되어 있음에 유의하였다.

원문 '穆穆'에 관한 『中韓辭典』, 1989, p.1603; 2006, p.1376의 풀이 '①심원하다 ②신중하

고 공경스럽다 ③아름답다 ④온화하다 ⑤위엄이 있다' 가운데 '위엄이 있다'를 취하여 국역하였다.

| 국역 |

무릇 천주의 성품은 가장 온전하고 성대할 뿐만 아니라 위엄이 있어 사람의 마음으로는 헤아릴 수가 없으며 만물로서도 견줄 수가 없습니다. 비록 그럴지라도 제가 짐짓 비유한다면, 마치 한 닢 금전金錢이 열 닢 은전銀錢과 천 닢 동전銅錢의 가치를 가지는 것과 같습니다. 그리되는 까닭은 오직 황금의 성질이 매우 정밀하여 은·동의 성질과는 크게 다르므로 가치가 몇 배나 되는 게 이와 같습니다.

[제7강]

원문:천주무형정덕포함만물성리天主無形精德包含萬物性理
언해:텬쥬의 무형훈 덕이 만물의 졍리를 포함홈이라
국역:천주의 형체가 없고 정밀한 성덕이 만물의 성질과 이치를 포함한다

| 원문 | (1)

"천주성수미상절연유만물지정天主性雖未嘗截然有萬物之情 이이기정덕포만반지리而以其精德包萬般之理 함중물지성含衆物之性 기능무소불비야其能無所不備也 수즉무형무성雖則無形無聲 하난화만상재何難化萬象哉"

| 언해 |

"텬쥬의 성픔이 비록 졀연이—끄너지게— 만물의 쯧은 셧기지 아니ᄒ나 그 졍묘훈 덕으로써 만 가지 리와 만물의 셩픔을 포홈ᄒ샤 그 능이 갓초지 아니훈 바 업스니 비록 무형무셩ᄒ시나 만상을 화셩홈이 무어시 어려오리오"

> 교주 언해의 '비록 졀연이 만물의 쯧은 셧기지 아니ᄒ나'가 원문에는 '未嘗截然有萬物之情'로 되어 있음에 유의하였다.

> 역해 원문 '何難化萬象哉'의 '化'는 이『천주실의』의 앞뒤 대목에서 빈번히 구사된 '化生'의 간략한 표현으로 여겨져 '변화시켜 생성하다'로 풀었으며, '萬象'은『漢韓大字典』, 1967, p.1062; 2001, p.1764의 풀이에서는 단지 '온갖 사물. 만물'로 풀이하였고,『中韓辭典』,

1989, p.2419; 2006, p.2051의 풀이에서는 '만상. 온갖 사물의 드러난 형상'이라 하였으므로, 이들을 모두 감안하여 '온갖 사물의 형상'으로 국역하였다.

| 국역 |

천주의 성품이 비록 확실히 만물의 진정을 일찍이 갖고 있지 않았더라도 그 정밀한 덕으로써 만 가지의 이치를 포함하고 많은 사물의 성품을 함유하여 그 권능을 갖추지 않은 바가 없으니 비록 만일 그렇다면 모습이 없고 소리가 없을지라도 온갖 사물의 형상을 변화시켜 생성함이 어찌 어렵겠습니까.

| 원문 | (2)

"리야자理也者 즉대이언즉則大異焉 시내의뢰지류是乃依賴之類 자불능립自不能立 하능포함영각何能包含靈覺 위자립지류호爲自立之類乎 리비어인理卑於人 리위물이비물위리야理爲物而非物爲理也 고중니왈故仲尼曰 인능홍도人能弘道 비도홍인야非道弘人也 여이왈如爾曰 리함만물지영理含萬物之靈 화생만물化生萬物 차내천주야此乃天主也 하독위지리何獨謂之理 위지태극재謂之太極哉"

| 언해 |

"리는 크게 다르니 불과 의뢰쟈의 류ㅣ 다 스스로 능히 서지 못ᄒ니 엇지 능히 령혼각혼을 포함ᄒᆫ ᄌ립쟈의 류ㅣ 되리오 리는 사름보다 심히 ᄂᄌ니 리가 물을 위ᄒ야 나고 물이 리를 위ᄒ야 나지 아니ᄒᆫ지라 고로 공자ㅣ 글ᄋ되 사름이 능히 도를 크게 ᄒ고 도는 능히 사름을 크게 못ᄒ다 ᄒ니—사름은 물노 비ᄒ고 도는 리를 비홈이라— 만일 글ᄋ되 리ㅣ 만물의 령홈을 포함ᄒ야 만물을 화싱ᄒ엿시량이면 이는 곳 텬쥬ㅣ라 다 엇지ᄒᆯ 도리이라 ᄒ며 태극이라 ᄒ리오"

> **교주** 언해의 '리가'는 앞의 필사와 비교하면 '리ㅣ 가'가 잘못 기재된 것이라 여겨진다.

| 국역 |

이치라는 것이 오히려 크게 다르니, 그래서 의뢰하는 부류가 스스로 서지 못하니 어찌 영혼·각혼을 포함하여 자립하는 종류가 될 수 있겠습니까. 이치는 사람보다 낮으니, 이치가 사물이 되지만 사물이 이치가 되지는 않습니다. 그러므로 공자께서 말씀하기를 '사람이 도리를 넓게 할 수 있는 것이지 도리가 사람을 넓게 하지 못한다.'라고 하였습니다. 만일 그대가 말하기를, '이치가 모든 사물의 영혼을 포함하여 모든 사물을 변화시켜 생성한다.'

라고 한다면, 이것은 바로 천주이십니다. 어찌 유독 이치라고 말하며, 태극이라 말하겠습니까.

| 원문 | (3)

"중사왈中士曰 여차즉오공자언태극하의如此則吾孔子言太極何意"

| 언해 |

"즁ᄉᆞㅣ ᄀᆞᆯ오듸 이ᄀᆞᆺᄒᆞᆫ 즉 우리 공ᄌᆞㅣ 태극을 말ᄒᆞᆷ이 무슴 ᄯᅳᆺ인고"

| 국역 |

중국선비가 말한다 : 이와 같을 경우에는 우리 공자께서 말씀하신 태극은 어떤 의미입니까.

| 원문 | (4)

"서사왈西士曰 조물지공성야造物之功盛也 기중고유추뉴의其中固有樞紐矣 연차위천주소립자然此爲天主所立者 물지무원지원자物之無原之原者 불가이리이태극당지不可以理以太極當之 부태극지리夫太極之理 본유정론本有精論 오수증열지吾雖曾閱之 불감잡진기변不敢雜陳其辯 혹용이타서전기요야或容以他書傳其要也"

| 언해 |

"셔ᄉᆞㅣ ᄀᆞᆯ오듸 조물ᄒᆞ신 공이 셩ᄒᆞᆫ지라 그 즁에 진실노 요긴ᄒᆞᆫ 긔틀이 잇서 마치 빅공의 긔계 ᄀᆞᆺᄒᆞ니 이ᄂᆞᆫ 텬쥬의 셰우신바 쟈라―ᄉᆞᆼᄒᆡᆼ이 만물 화ᄉᆡᆼᄒᆞᄂᆞᆫ 긔계 ᄀᆞᆺᄒᆞ니 태극이 불과 ᄉᆞᆼᄒᆡᆼ의 달니ᄒᆞᆫ 일홈― 물의 처음 근원은 가히 리와 태극으로써 당치 못ᄒᆞᆯ지라 태극지리ᄂᆞᆫ ᄯᅩᄒᆞᆫ 다른 의논이 잇서 내 일즉 드럿시나 섯거 베플미 번거ᄒᆞ니 쟝ᄎᆞᆺ 다른 글노써 그 요긴ᄒᆞᆷ을 젼ᄒᆞ리라"

> **교주** 이 가운데 '마치 빅공의 긔계 ᄀᆞᆺᄒᆞ니' 부분은 원문에 없다. 언문필사본에서만 설명으로 보충된 내용이다. 언해의 '물의 처음 근원' 부분이 원문에는 '物之無原之原'으로 그리고 '섯거 베플미 번거ᄒᆞ니' 부분이 '不敢雜陳其辯'으로 각각 되어 있음에 주의를 요한다.

| 국역 |

서양선비가 말한다 : 모든 사물을 창조한 공력이 풍성한 것입니다. 그중에 본디부터 요긴한 기틀이 있지만, 그러나 이는 천주께서 세우신 바입니다. 모든 사물의 근원이 없는 근원

이라는 것은 이치로써나 태극으로써나 감당할 수가 없습니다. 무릇 태극의 이치는 본디 정밀한 논의가 있어서, 저도 비록 일찍이 들었지만 감히 그 변론을 번잡하게 늘어놓지 않겠습니다. 혹시 다른 글로써 그 요점을 전달하더라도 용납해주십시오.

| 원문 | (5)

"중사왈中士曰 오국군신자고흘금吾國君臣自古迄今 유지이천지위존惟知以天地爲尊 경지여부모敬之如父母 고교사지예이제지故郊社之禮以祭之 여태극위천지소출如太極爲天地所出 시세지종고비야是世之宗考妣也 고선성제왕신사전의수급언古先聖帝王臣祀典宜首及焉 이금불연而今不然 차지필태극지해비야此知必太極之解非也 선생변지최상先生辯之最詳 우고성현무이의의于古聖賢無二意矣"

| 언해 |

"즁스ㅣ 굴오딕 우리나라 군신이 즈고 지금에 오직 텬지로써 놉흠을 삼아 공경흠을 부모곳치 ᄒᆞᄂᆞ 고로 교샤—교ᄂᆞ 하ᄂᆞᆯ을 위ᄒᆞᄂᆞ 졔ᄉᆞ요 샤ᄂᆞ ᄯᅡᄒᆞᆯ 위ᄒᆞᄂᆞ 졔ᄉᆞ라— 의례로써 졔ᄉᆞᄒᆞ니 만일 태극이 텬지를 낸 바 되면 이ᄂᆞ 셰샹의 읏듬 부모라 고로 넷젹 뎨왕 신민의 졔ᄉᆞᄒᆞᄂᆞ 례를 읏듬으로 ᄒᆞᄂᆞ니 이졔 드ᄅᆞ매 그럿치 아니ᄒᆞ니 이ᄂᆞ 반ᄃᆞ시 태극의 플님이 그른 줄을 알지라 션ᄉᆡᆼ의 분변ᄒᆞ심이 ᄀᆞ장 즈셰ᄒᆞ니 쳔고셩현이 두 ᄯᅳᆺ이 업ᄉᆞ리로다"

> **교주** 언해의 '넷젹 뎨왕 신민의 졔ᄉᆞᄒᆞᄂᆞ 례' 부분이 원문에는 '古先聖帝王臣祀典'으로 되어 있다.

> **역해** 郊社는 하늘에 지내는 제사인 郊와 땅에 지내는 제사인 社를 가리킨다.

| 국역 |

중국선비가 말한다 : 우리나라의 군주·신하들은 예로부터 지금에 이르기까지 오직 하늘·땅으로써 높음을 삼고 공경하기를 마치 부모와 같이 하는 줄을 알았으며, 그러므로 교郊[하늘에 지내는 제사]와 사社[땅에 지내는 제사]의 의례로써 제사하였습니다. 마치 태극이 천지를 내었을 것 같으면 이는 세상의 으뜸 부모여서, 옛날 성인聖人, 제왕帝王, 신하의 제사 의식에서 마땅히 으뜸으로 하였을 것입니다. 그러나 지금은 그렇지 않습니다. 이는 기어코 태극에 대한 해석이 그른 줄을 알려줍니다. 선생님의 변론이 가장 상세하니, 옛날 성현께서도 다른 의견이 없을 것입니다.

| 원문 | (6)

"서사왈西士曰 수연천지위존지설雖然天地爲尊之說 미역해야未易解也 부지존무량夫至尊無兩 유일언이惟一焉耳 왈친월지曰天曰地 시이시야是二之也"

| 언해 |

"셔스ㅣ 골오디 비록 그러나 텬지를 놉흠을 삼는 말은 플기 쉽지 못하나 대뎌 지존하신 이는 둘히 업고 오직 하나히시라 골오디 하늘이라 싸히라 하면 이는 둘히라"

교주 언해에는 '오직'이 '옥직'으로 되어 있는데, 이는 분명 '오직'의 잘못이라 보았다.

| 국역 |

서양선비가 말한다 : 비록 그럴지라도 천지를 높음으로 삼는 주장은 쉽게 이해가 되지 않습니다. 대저 지극히 높으신 분은 둘이 아니라 오직 한 분이실 뿐입니다. '하늘이다. 땅이다.'라고 말하면 이것은 둘입니다.

[제8강]

원문:천주즉경언상제비옥천진무상제天主卽經言上帝非玉泉眞武上帝
언해:텬쥬는 곳 경셔에 말한 샹뎨오 옥황진무샹뎨는 아니라
국역:천주는 곧 경전에서 말한 상제요 옥천진무상제가 아니다

| 원문 | (1)

"오국천주즉경언상제吾國天主卽經言上帝 여도가소소현제옥황지상부동與道家所塑玄帝玉皇之像不同 피불과일인수거우무당산彼不過一人修居于武當山 구역인류이俱亦人類耳 인오득위천지주야人惡得爲天地主耶 오천주내고경서소칭상제야吾天主乃古經書所稱上帝也"

| 언해 |

"우리 텬쥬는 곳 경셔에 닐온바 샹뎨오 도가―노씨도―의 그려워 하는 바 현뎨와 옥황의 사상으로 더브러 ᄀᆞᆺ지 아니하니 뎌는 불과 무당산에셔 슈도하엿노라 하는 일기 사람의 류ㅣ라 사람이 엇지 텬지에 쥬ㅣ 되랴 우리 텬쥬는 녯젹 경셔에 닐ᄏᆞ른바 샹뎨라"

교주 언해에는 '오직'이 '옥직'으로 되어 있는데, 이는 분명 '오직'의 잘못이라 보았다. 언해에는 '경셔에 닐온바'라고 되어 있는 게 원문에는 '華言'으로 되어 있으며, 또한 '도가—노씨도—의 그려워 ᄒᆞᆫ 바 현뎨와 옥황의 사상으로 더브러 ᄀᆞᆺ지 아니ᄒᆞ니' 부분이 '道家所塑玄帝玉皇之像不同'으로 되어 있음에 유의하였다.

역해 이 대목의 '玄帝玉皇'의 '현제'는 '老子'를, '옥황'은 보통 '옥황상제'라고도 하여 '상제'와 같은 존재를 지칭하는 것이며, '武當山'은 중국 湖北省 소재로 노자와 莊子의 彫像이 모셔져 있는 곳이다.

원문 '人惡得爲天地主耶'의 '惡'는 『中韓辭典』, 1989, p.2474; 2006, p.2099의 풀이 '어찌오'로 '①어찌. 어떻게'를 취하여 국역하였고, 그 뒤의 '天地主'가 초판중각본에서는 '天帝皇'으로 되어 있던 것이 주석목록본에서는 이렇게 修訂된 것이므로, 이에 따라서 '하늘의 제황'이 아니라 언해필사본에서 그랬듯이 '천지의 주님'이라 국역하였다.

| 국역 |

우리나라의 천주는 곧 경전에서 말하는 '상제'입니다. 도가에서 진흙으로 만든 현제玄帝[노자老子]와 옥황玉皇의 형상과는 같지 않으며, 저들은 불과 무당산武當山에서 수행하며 살던 한 사람에 지나지 않습니다. 모두 역시 인간일 뿐으로 사람이 어찌 천지의 주님이 될 수 있겠습니까. 우리 천주께서는 바로 옛 경서에 일컬은 상제이십니다.

| 원문 | (2)

"중용인공자왈中庸引孔子曰 교사지례郊社之禮 소이사상제야所以事上帝也 주주왈朱註曰 불언후토자생문야不言后土者省文也 절의중니명일지이불가위이竊意仲尼明一之以不可爲二 하독생문호何獨省文乎"

| 언해 |

"즁용—ᄌᆞᄉᆞ의 글—에 공ᄌᆞ의 말을 ᄭᅳ러 ᄀᆞᆯ오ᄃᆡ 교샤지례로써 샹뎨를 셤긴다 ᄒᆞ니 주ᄌᆞㅣ 플어 ᄀᆞᆯ오ᄃᆡ 후토—ᄯᅡ—를 겸ᄒᆞ야 말ᄒᆞ지 아님은 글의 번거홈을 덜고져 홈이라 ᄒᆞ나 그윽이 공ᄌᆞ의 ᄠᅳᆺ을 ᄉᆡᆼ각건대 ᄒᆞ나히오 둘이 되지 못홈을 ᄇᆞᆰ힌지라 엇지 글을 덜고져 홈이리오"

교주 이 가운데 '주ᄌᆞㅣ 플어 ᄀᆞᆯ오ᄃᆡ' 부분이 원문에는 '朱註曰'로 되어 있다. 그리고 '글의 번거홈을 덜고져' 부분이 원문에는 '省文也'로 되어 있음이 주의를 요한다.

역해 '郊社'의 '郊'는 '하늘에 지내는 제사'의 뜻이고 '社'는 '땅에 지내는 제사'의 뜻이며, '后土'의

'后'는 '토지를 맡은 신'을 가리킨다. 이 부분의 원문 대조는 [宋]朱熹 集注, 『宋本大學章句 · 宋本中庸章句』, 北京:國家圖書館出版社, 2016, pp.143-144 그리고 교주 및 국역에는 金東求 改訂 校閱, 『大學 · 中庸章句集註』, 明文堂, 2010, pp.136-137 및 조수익 (외) 옮 김, 『논어 · 대학 · 중용』, 傳統文化硏究會, 2011, p.187 참조.

| 국역 |

『중용中庸』에서 공자孔子의 말씀을 인용하여 이르기를, '교郊 · 사社의 의례는 상제를 섬기는 것이다.'고 하였으며, 주자朱子가 주석註釋하여 이르기를, '후토后土[토지를 맡은 신]를 말하지 않음은 글을 생략한 것이다.'라고 하였지만, 제 생각에는 중니仲尼[공자]가 상제가 하나이지 둘이 될 수 없음을 밝혔으니 어찌 유독 글이 생략된 것이겠습니까.

| 원문 | (3)

"주송왈周頌曰 집경무왕執競武王 무경유열無競維烈 불현성강不顯成康 상제시황上帝是皇 우왈又曰 어황래모於皇來牟 장수궐명將受厥明 명소상제明昭上帝 상송운商頌云 성경일제聖敬日躋 소가지지昭假遲遲 상제시지上帝是祇 아운雅云 유차문왕維此文王 소심익익小心翼翼 소사상제昭事上帝"

| 언해 |

"쥬송—시뎐—에 굴오디 셩ᄒ신 무왕이 여러 셩치 못ᄒᆯ 공열이로 다 나타나지 아니랴 셩강이여—셩왕강왕이라— 샹뎨ㅣ 이에 셩케 ᄒᆞ셧다 ᄒᆞ고 ᄯᅩ 굴오디 셩ᄒ다 릭모여—밀— 붉이 샹뎨ᄭᅴ 밧앗다 ᄒᆞ고 샹송—시뎐—에 굴오디 거륵ᄒᆞᆫ 공경을 날노 올님이여 붉히 림격ᄒᆞᆷ심이 더듸고 더듸도다 샹뎨를 이에 공경ᄒᆞᆫ다 ᄒᆞ고 대아—시뎐—에 굴오디 이 문왕이여 소심익〃—소심ᄒᆞᄂᆞᆫ 모양—ᄒᆞ야 소수샹뎨—붉히 섬긴다 ᄯᅳᆺ—라 ᄒᆞ고"

교주 이 가운데 '릭모'의 원문은 '來牟'로 '밀과 보리'를 뜻한다. 그리고 '붉히 림격ᄒᆞᆷ심이' 부분이 원문에는 '昭假'로 되어 있음이 주의를 요한다.

역해 『詩經』의 국역 및 교주에 있어서 「周頌」 부분은 黃松文 (외) 解譯, 『시경』, 자유문고, 초판 3쇄, 2007, p.476 및 p.479 그리고 「商頌」 부분은 p.517 또한 「大雅」 부분은 p.381을 각각 참조.

| 국역 |

[『시경詩經』의] 「주송周頌」 [<집경執競>]에 이르기를, '강하고 굳센 무왕武王이시여! 견줄 곳 없이 크시네. 밝지 아니하신가. 성왕成王 · 강왕康王이시여! 상제上帝가 황皇으로

여기시네.' 하고, 거듭 이르기를, '아아! 밀과 보리여. 곧 밝음을 받으리니 밝고 빛나도다. 상제여!'라고 하였습니다. 「상송商頌」에 말하기를, '거룩한 공경을 날로 올림이여! 밝게 이르러 더디고 더디도다! 상제를 이에 공경하노라.'고 하였으며, 「대아大雅」에 말하기를, '아! 이 문왕文王께서는 삼가고 조심하여 밝게 상제를 섬기셨네.'라고 하였습니다.

| 원문 | (4)

"역왈易曰 제출호진帝出乎震 부제야자夫帝也者 비천지위非天之謂 창천자포팔방蒼天者抱八方 하능출어일호何能出於一乎"

| 언해 |

"쥬역에 골오디 뎨ㅣ 진에 낫다 ᄒ니—진방은 님금의 위를 ᄀᆞ르침이라— 뎨ㅣ라 홈은 하늘을 닐옴이 아니라 하늘은 팔방을 안핫시니 엇지 ᄒᆞᆫ 진방에서 낫시랴"

> 역해 이 부분의 원문 대조는 『周易』, 保景文化社, 1983, p.638 그리고 국역 및 교주에는 梁鶴馨 (외) 解譯, 『주역』, 자유문고, 증보판 1쇄, 2004, p.472 및 이기동 역해, 『주역강설』, 성균관대학교 출판부, 1997; 2판 2쇄, 2007, p.979 참조.

| 국역 |

『주역周易』[「설괘說卦」 전傳]에 이르기를, '제帝가 진震에서 나왔다.'고 하였으니, 대저 '제'라고 하는 것은 하늘을 말하는 게 아닙니다. 푸른 하늘은 여덟 방위[팔방八方]를 포괄하였으니 어찌 하나에서 나올 수 있겠습니까.

| 원문 | (5)

"예운禮云 오자비당五者備當 상제기향上帝其饗 우운又云 천자친경天子親耕 자성거울粢盛秬鬱 이사상제以事上帝"

| 언해 |

"례긔에 닐오디 다ᄉᆞᆺ 가지 맛당홈을 갓초면 샹뎨ㅣ 그 흠향ᄒᆞ시리라 ᄒᆞ고 ᄯᅩ 골오디 텬ᄌᆞㅣ 친히 갈아—례에 텬ᄌᆞ 친히 갈아 농ᄉᆞ의 즁홈을 뵘이라— ᄌᆞ셩—기쟝쏠— 거창—술—으로 샹뎨를 셤긴다 ᄒᆞ고—텬ᄌᆞ 친경ᄒᆞᆫ 소츌노 졔헌ᄒᆞᆫ 례라—"

> 교주 언문필사본 가운데 '흠향ᄒᆞ시리라' 부분이 원문에는 '기향其饗'이라 되어 있다

역해 이 부분의 원문 인용에 대한 대조, 국역 및 교주에 있어서 원문 앞의 제6편 「月令」 인용 부분은 池載熙 解譯, 『예기』상, 자유문고, 2007, pp.346-347 그리고 원문 뒤의 제32편 「表記」 인용 부분은 『예기』하, pp.202-203을 각각 참주.

| 국역 |

『예기禮記』[「월령月令」]에 말하기를, '다섯 가지 마땅함을 갖추면 상제上帝께서 흠향歆饗하신다.' 하고 거듭 『예기禮記』[「표기表記」]에] 말하기를, '천자天子께서 친히 갈아 기장쌀[자성粢盛]과 울창주[거창秬鬯]로 상제를 섬긴다.'고 하였습니다.

| 원문 | (6)

"탕서왈湯誓曰 하씨유죄夏氏有罪 여외상제予畏上帝 불감부정不敢不正 우왈又曰 유황상제惟皇上帝 강충우하민降衷于下民 약유항성若有恒性 극수궐유克綏厥猷 유후유후惟后 금등주공왈金縢周公曰 내명우제정乃命于帝庭 부우사방敷佑四方 상제유정上帝有庭 즉불이창천위상제가지則不以蒼天爲上帝可知 력관고서歷觀古書 이지상제여천주而知上帝與天主 특이이명야特異以名也"

| 언해 |

"탕서─셔뎐─에 골오디 하씨─악왕 하셜─ㅣ 죄 잇스니 나ㅣ─탕 님금─ 샹데를 두려 감히 치지 아니ᄒ지 못ᄒ다 ᄒ고 쏘 골오디 유황샹데ㅣ 하민에 셩품을 ᄂ려 계시니 만일 덧〃혼 셩품이 잇스면 능히 그 도ᄅ 평안이 ᄒ다 ᄒ고 금등─쥬공의 글─에 쥬공이 골오디 이에 샹데 ᄹ에서 명ᄒ샤 도으심을 ᄉ방에 펴신다 ᄒ니 샹데ㅣ ᄹ이 잇다 ᄒ였신즉 하늘로써 샹데를 삼지 아니ᄒ음을 가히 알지니 넷 글을 볼지라도 샹데와 텬쥬를 특별이 일홈을 달니ᄒ지라─ᄯᆺ은 ᄀᆺ다 말─"

교주 언해에서 '유황샹데'가 원문에 '惟皇上帝'로 되어 있어 마치 '유황황제'를 고유명사로 본 것이라 여겨지는데, 이는 잘못이다.

역해 이 부분의 원문 인용에 대한 원문 대조, 국역 및 교주에 있어서 원문 앞의 「湯誓」 인용 부분은 李相鎭 (외) 解譯, 『서경』, 자유문고, 개정증보판 1쇄, 2004, p.133 그리고 원문 뒤의 「金縢」 인용 부분은 p.255를 각각 참조.
원문 '特異以名也'의 '特'에 관한 『中韓辭典』, 1989, p.2283; 2006, p.1933의 풀이 'B)①다만. 겨우. 단지 …뿐' 중에서 '단지 …뿐'을 취하여 국역하였다.

| 국역 |

[『서경書經』의]「탕서湯書」에 이르기를, '하씨夏氏[하夏의 걸왕傑王]가 죄 있으니 내 [탕왕湯王]가 상제上帝를 두려워 감히 바로잡지 않을 수가 없었도다.'라고 하였습니다. 또 (「탕고湯誥」에서) 이르기를, '위대하신 상제께서는 낮은 백성에게 올바른 마음을 내려 언제나 올바른 성품을 지닌 사람을 따르게 하셨으니, 그 올바른 길을 따를 수 있는 사람만이 임금이 될 수 있다.'라 하였고, 「금등金縢」에 주공周公이 이르기를, '마침내 제帝의 뜰에서 명을 받아 천하[사방四方]를 두루 보호하신다.'고 하였으니, 상제께서 뜰을 가지고 있을 때에는 푸른 하늘로써 상제를 삼지 아니하였음을 알 수 있습니다. 두루 옛 글을 보더라도 상제와 천주는 단지 이름을 달리하였을 뿐 [같은 존재]임을 알 수 있습니다.

| 원문 | (7)

"중사왈中土曰 세인호고世人好古 유애고기고문惟愛古器古文 기여선생지거고리야豈如先生之據古理也 선교인인복고도언善敎引人復古道焉 연유유미암자然猶有未諳者"

| 언해 |

"즁ᄉᆞ｜ 골오ᄃᆡ 셰샹 사ᄅᆞᆷ이 녯 거슬 됴화ᄒᆞ나 오직 녯 그릇과 녯 글을 됴화홀 ᄯᆞᆷ이라 엇지 션ᄉᆡᆼ의 녯 리를 의거홈과 ᄀᆞᆺᄒᆞ리오 어진 교ᄂᆞᆫ 사ᄅᆞᆷ을 인도ᄒᆞ야 녯 도를 회복ᄒᆞ거니와 그러나 오히려 알지 못홀 쟈 잇ᄉᆞ니"

교주 언해의 '어진 교'가 원문에는 '善敎'로 되어 있음에 유의하였다.

| 국역 |

중국 선비가 말한다 : 세상 사람이 옛것을 좋아하나 오직 옛 그릇과 옛글을 좋아할 따름이지, 어찌 선생님께서 옛 이치에 의거함과 같겠습니까. 선한 가르침으로 사람을 이끌어서 옛 도리를 회복해야 합니다. 그러나 여전히 알지 못하는 것들이 있습니다.

| 원문 | (8)

"고서다이천위존古書多以天爲尊 시이주주해제위천是以朱註解帝爲天 해천유리야解天惟理也 정자갱가상왈程子更加詳曰 이형체위천以形體爲天 이주재위제以主宰謂帝 이성정위건以性情謂乾 고운故云 봉경천지奉敬天地 불식여하不識如何"

"녯 글에 만히 하늘로써 놉흠을 삼으니 일노써 쥬즈ㅣ 샹뎨를 플어 하늘이라 ᄒ며 하늘을 플어 리ㅣ라 ᄒ고 졍즈—송나라 명현—는 ᄌ세흠을 디흐아 골오듸 형톄로 닐오면 하늘이라 홀 거시오 쥬지로 닐오면 샹뎨라 홀 거시오 셩졍으로 닐오면 건원이라 흔 고로 닐오듸 텬디를 밧드러 공경ᄒᄂ니 아지 못거라 엇더ᄒ뇨"

> **교주** 언해의 '셩졍으로 닐오면 건원이라 흔' 부분이 원문에는 '以性情謂乾'으로 되어 있음에 유의하였다.

> **역해** 원문 '是以朱註解帝爲天'의 '是以'에 관한 『中韓辭典』, 1989, p.2119; 2006, p.1794의 풀이 '이 때문에. 그래서. 그러므로' 중 '그래서'가 이 문맥에서는 가장 적절하다고 여겨져 이를 취하여 국역하였다.

옛글에는 거의 대부분 하늘로써 높음을 삼으니 그래서 주자朱子[주희朱熹]는 주해註解에서 '제帝'를 '하늘天이라 했고, 하늘을 해설하여 오직 이치라 하였습니다. 정자程子[정이程頤]는 상세함을 더하여 이르기를, '형체로써 이르기는 하늘이요 주재로써 이르기는 상제이며 성정으로써 이르기는 건乾[하늘]이다.'라 하였습니다. 그러므로 말하기를, '천지를 받들어 공경하라.'고 하면 알지 못하겠습니까 어떻겠습니까.

[제9강]

원문: 천지불가위주재天地不可爲主宰
언해: 텬디ㅣ 가히 쥬재되지 못흠이라
국역: 하늘·땅은 주재主宰가 될 수 없다

"서사왈西士曰 갱사지更思之 여이천해상주如以天解上主 득지의得之矣 천자일대이天者一大耳 리지불가위물주재야理之不可爲物主宰也 작이실의昨已悉矣 천주지칭심명天主之稱甚明 불용해不容解 황망해지재況妄解之哉 창창유형지천蒼蒼有形之天 유구중지석분有九重之析分 오득위일존야烏得爲一尊也 상주색지무형上主索之無形 우하이형지위호又何

以形之謂乎 천주형원야天主形圓也 이이구층단언而以九層斷焉 피혹동혹서彼或東或西 무두무복無頭無腹 무수무족無手無足 사여기신동위일활체使與其神同爲一活體 기비심가소아자재豈非甚可笑訝者哉 황귀신미상유형況鬼神未嘗有形 하독기최존지신위유형재何獨其最尊之神爲有形哉 차비특미지논인도此非特未知論人道 역불식천문亦不識天文 급각류지성리의及各類之性理矣"

| 언해 |

"셔스ㅣ 굴오듸 다시 싱각ᄒ니 하늘노ᄡ 샹쥬를 플미 괴치 아니ᄒ니 하늘은 ᄒ 큰 거신 연고라 리의 가히 쥬지되지 못홈은 임의 다 말ᄒ엿ᄂ지라 텬쥬의 닐ᄏ룸은 심히 붉아 플기 쉬오니 하믈며 망녕되이 플냐 뎌 프르고 프른 형상 잇ᄂ 하늘이 아홉 층의 ᄂ홈이 잇스니 엇지 ᄒ 놉흔 이 되며 샹쥬는 보와도 형상이 업스니 또 엇지 형상으로ᄡ 의논ᄒ리오 하늘의 형상은 두렷ᄒ고 구층으로 ᄆ초니 혹 동편이나 혹 셔편이나 머리와 ᄇㅣ도 업고 손과 불도 업스니—하늘이 형상만 잇고 이목수족이 업스니 불과 ᄒ 뎅이 물건이라— 만일 신으로 더브러 ᄀᆺ치 싱활ᄒ 톄ㅣ 된다 ᄒ면 뉘웃지 아니ᄒ리오 하믈며 귀신도 일쪽 형상이 업스니 엇지 가장 놉고 령ᄒ신 쟈 형상이 잇다 ᄒ랴 이ᄂ 특별이 사람의 도를 아지 못홀 ᄲᆫ 아니라 또ᄒ 텬문과 물리를 다 아지 못ᄒᄂ 쟈라"

> **교주** 언해의 '심히 붉아 플기 쉬오니' 부분이 원문에는 '甚明 不容解'로 되어 있는데, 영어번역본 p.127에서는, 'very clear and has no need of exposition'이라 되어 있음을 참조하였다.

> **역해** 원문 '得之矣'의 '得'에 관한 『中韓辭典』, 1989, p.515; 2006, p.428의 풀이 '③알맞다. 좋다. …할 만하다' 중 '좋다'를 취하여 국역하였다.
>
> 원문 '不容解'의 '不容'에 관한 『中韓辭典』, 1989, p.203; 2006, p.164의 풀이에 '용납[허용]하지 않다'로 되어 있으나, 그 의미는 同書, 1989, p.210; 2006, p.169의 '不用'의 풀이 '…할 필요가 없다'와 상통하는 것으로 여겨져 '不容解'를 '해석할 필요가 없는데'로 국역하였다.

| 국역 |

서양선비가 말한다 : 거듭 생각하니 '하늘[天]'로써 '상주上主'를 해석해도 좋을 것 같으면, 하늘이라는 것이 첫 번째로 거대할 뿐입니다. 이치가 사물의 주재가 될 수 없음은 어제 이미 다 말하였습니다. 천주의 칭호는 매우 명확하여 해석할 필요가 없는데, 더구나 함부로 해석하겠습니까. 푸르고 푸른 형상이 있는 하늘은 아홉 겹[9중九重]이라는 분석이 있으니 어찌 첫 번째로 높음이 될 수 있겠습니까. 상주는 찾아도 형상이 없으니 또 어찌 형상으

로써 말하겠습니까. 천주의 형상은 둥글고 9층으로 절단되나, 그것이 혹은 동쪽에 혹은 서쪽에 머리도 없고 배도 없고 손도 없고 발도 없으며, 설령 그 신과 같이 하나의 활동하는 본체가 된다고 하면 어찌 심하게 웃으며 의아해 하지 않겠습니까. 하물며 귀신도 일찍이 형상이 없는데, 어찌 유독 그 가장 높으신 신이 형상이 있다고 하겠습니까. 이는 비단 사람의 도리를 알지 못할 뿐만이 아니라 또한 천문天文 및 각각 부류의 성품·이치도 역시 깨닫지 못한 것입니다.

[제10강]

원문:이천칭호천주하의以天稱呼天主何義

언해:하늘노써 텬쥬라 칭홈이 무슴의뇨

국역:하늘로써 천주라 칭함이 무슨 의미인가

교주 주석목록본 원문의 '上卷目錄'과 언해필사본 '샹권목록'에는 이 제10강의 주석이 이와 같이 설정되어 있으나, 정작 본문에서는 삽입되어 있지 않아 그 위치가 불명확하다. 다만 주석목록본 원문의 목록에 '見第二十六張'으로 기입되어 있으므로 이에 의거하여 내용상으로 판단하여 이를 설정하였음을 밝혀두는 바이다.

| 원문 | (1)

"상천기미가위존上天旣未可爲尊 황우하지내중족소답천況于下地乃衆足所踏踐 오예소귀우汙穢所歸寓 안유가존지세安有可尊之勢 요유차일천주화생천지만물要惟此一天主化生天地萬物 이존양인민以存養人民 우주지간宇宙之間 무일물비소이육오인자無一物非所以育吾人者 오의감기천지만물지은주吾宜感其天地萬物之恩主 가성봉경지가이加誠奉敬之可耳 가사차대본대원지주可捨此大本大原之主 이반봉기역사오자재而反奉其役事吾者哉"

| 언해 |

"우희 잇는 몱은 하늘이 임의 놉흠이 되지 못ᄒ니 하믈며 아릭 잇는 ᄯ히 뭇불의 쳔답ᄒ는 바와 모든 더러온 물의 도라가는 바룰 엇지 놉힐 형셰 잇ᄉ리오 오직 이 ᄒ나히신 텬쥬는 텬지 만물을 화싱ᄒ샤 우리 사름을 양육ᄒ시고 보존ᄒ시니 우쥬 간에 ᄒ 가지 물건도 우리 사름을 위ᄒ지 아니ᄒ 바 업ᄂ지라 우리 맛당이 텬지만물의 은쥬를 감격ᄒ야 졍셩을

다ᄒᆞ야 밧드러 공경홈이 가ᄒᆞᆫ지라 엇지 이 대본대원의 춤 쥬를 놋코 도로혀 우리를 섬길
쟈를 섬기랴─텬지는 사름 섬기는 물건이라─"

| 국역 |

높은 하늘도 이미 숭상함이 되지 못하거늘 하물며 아래인 땅은 겨우 무리들의 다리가 밟
고 걷는 것과 추잡하고 더러움이 돌아가 거처하는 곳이니 어찌 숭상할 수 있는 형세가 있
겠습니까. 요컨대 오직 하나이신 이 천주께서는 천하 만물을 변화시켜 생성하셔서 사람을
보존하시고 양육하시니 우주 사이 하나의 사물도 우리 사람을 양육하기 위하는 바가 아닌
게 없습니다. 우리는 의당 하늘·땅·모든 사물을 생성하신 은혜로운 주님께 감사하며 더
욱 정성껏 받들어 공경함이 마땅할 따름입니다. 이러한 위대한 근본이며 위대한 근원이신
주님을 버리고 도리어 우리에게 부림을 당하고 우리를 섬길 그들을 받들 수 있겠습니까.

| 원문 | (2)

"중사왈中土曰 성약시誠若是 즉오제기유유봉지심야則吾儕其猶有蓬之心也 부대저대두
견천夫大抵擡頭見天 수유지배천이이遂惟知拜天而已"

| 언해 |

"즁ᄉᆞ | 글오딕 진실노 이 ᄀᆞᆺ흔 즉 우리는 ᄀᆞ리옴이 잇는 ᄆᆞ음인뎌 머리를 드러 하늘을
보고 오직 하늘에 졀ᄒᆞᆯ 줄만 알 ᄯᅲ름이로다"

| 국역 |

중국선비가 말한다 : 확실히 만약 이같은 경우에는 우리들은 마치 문란한 마음을 가진 것
과 같습니다. 무릇 대개 머리를 들어 하늘을 보고 끝내 오직 하늘에 절할 줄만 알 따름입니
다.

| 원문 | (3)

"서사왈西士曰 세유지우世有智愚 차등각별差等各別 중국수대방中國雖大邦 양유지역불면유우언諒有智亦不免有愚焉 이목가시위유以目可視爲有 이목불능시위무以目不能視爲無 고단지사유색지천지故但知事有色之天地 불복지유천지지주야不復知有天地之主也 원방지맹遠方之氓 홀지장안도중忽至長安道中 경견황궁전우驚見皇宮殿宇 외아촬업巍峩嶪嶪 즉시례이배왈則施禮而拜曰 오배오군吾拜吾君 금소위봉경천지今所爲奉敬天地 다시배궁궐지류야多是拜宮闕之類也"

| 언해 |

"셔스ㅣ 골오듸 세상에 지혜로옴과 우미홈이 잇서 등분이 각별ᄒ니 중국이 비록 대국이나 진실노 지혜로온 쟈도 잇스려니와 쏘흔 어린 쟈 잇심을 면치 못홀지라 눈으로 보는 것만 잇다 ᄒ고 능히 보지 못ᄒ는 거슨 업다 ᄒ는 고로 다만 빗 잇는 텬듸 셤길 줄만 알고 다시 텬듸의 쥬ㅣ 계심을 아지 못ᄒ니 마치 하향 빅셩이 문득 쟝안 도즁에 니르러 님금의 궁뎐이 놉고 쟝홈을 보고 곳 례를 베프러 졀ᄒ야 골오듸 나ㅣ 우리 님금끠 비알ᄒ엿다 ᄒ면 뉘 웃지 아니ᄒ리오 이제 텬듸를 밧드러 공경홈은 동시 궁궐에 졀ᄒ는 류ㅣ라"

> **교주** 언해 가운데 '하향 빅셩'이 원문에는 '遠方之氓'으로 되어 있음이 주의를 요한다. 언해의 '뉘 웃지 아니ᄒ리오' 부분은 원문에는 없는 것인데 의미를 강조하기 위해 언해자가 삽입한 것으로 판단된다.

| 국역 |

서양선비가 말한다 : 세상에 지혜로움과 우매함이 있으며 차등이 있어 각기 다릅니다. 중국이 비록 큰 나라이더라도, 짐작컨대 지혜로움도 있으려니와 또한 어리석음이 있음을 면할 수 없을 것입니다. 눈으로 볼 수 있는 것만 있다 하고 눈으로 볼 수 없는 것은 없다고 하기 때문에 다만 빛이 있는 하늘·땅을 섬길 줄만 알고, 또 하늘·땅의 주님께서 계심을 알지 못합니다. 먼 지방의 백성이 갑자기 장안長安 길 가운데 이르러 황궁皇宮과 전우殿宇가 호화롭고 웅장하면 예를 갖추면서 절하여 말하기를, '내가 우리 임금께 배알하였다.'고 하는 것이며, 오늘날 소위 천지를 받들어 공경하는 것은 거의 다 궁궐에 절하는 부류입니다.

| 원문 | (4)

"지자내능추견지은智者乃能推見至隱 시차천지고광지형視此天地高廣之形 이수지유천주주재기간而遂知有天主主宰其間 고숙심지지故肅心持志 이존무형지선천以尊無形之先天

숙지자창창지천孰指玆蒼蒼之天 이위흠숭호而爲欽崇乎 군자여혹칭천지君子如或稱天地
시어법이是語法耳"

"지혜로온 쟈는 능히 은밀흠을 밀외여 혜아리느니 이 텬디의 놉고 후흠을 보면 곳 텬
쥬ㅣ 계셔 쥬직ㅎ시는 줄을 아는 고로 엄슉흔 ㅁ음으로 쯧을 가져 무형흔 텬쥬를 놉이는
지라 뉘러 이 창〃흔 하늘을 ㄱ르쳐 흠슝ㅎ리오 군즈ㅣ 어셥간에 혹 텬디를 닐ㅋ름은 습
속의 어법이라"

교주 언해의 '이 텬디의 놉고 후흠을 보면'이 원문에는 '視此天地高廣之形'으로, '군즈ㅣ 어셥간
에 혹 텬디를 닐ㅋ름은 습속의 어법이라' 부분이 원문에는 '君子如或稱天地 是語法耳'로
되어 있음에 유의하였다.

지혜로운 자는 결국 지극히 은밀함을 미루어 헤아려 이 하늘·땅의 높고 넓은 형상을 보
면서 드디어 천주께서 계셔 그 사이를 주재하시는 줄을 알기 때문에 엄숙한 마음으로 지
향을 지니고 형상이 없는 선조들의 하늘을 숭상합니다. 누가 이 푸르고 푸른 하늘을 가리
키면서 흠모하고 공경하겠습니까. 군자가 혹은 하늘·땅을 일컬음은 상투적인 어법語法
일 뿐입니다.

"비약지부현자譬若知府縣者 이소속부현지명위기칭以所屬府縣之名爲己稱 남창태수칭
위남창부南昌太守稱謂南昌府 남창현대윤칭위남창현南昌縣大尹稱謂南昌縣 비차比此 천
지지주天地之主 혹칭위천지언或稱謂天地焉 비기이천지위체야非其以天地爲體也 유원주
재야有原主在也 오공인오인차물원지주吾恐人誤認此物原之主 이실위지천주불감불변而實
謂之天主不敢不辨"

"비컨대 만일 슈령을 지낸 사람을 지낸 고올 일홈으로 칭호를 삼으니 가령 남창태슈 지
낸 쟈는 남창부라 닐콧고 남창현령 지낸 쟈는 남창현이라 닐콧느니 이 텬디의 쥬를 혹 닐
ㅋ러 텬디라 흠과 굿ㅎ니 이는 텬디로써 쥬의 본톄를 삼음이 아니라 텬디로써 쥬의 칭호
를 삼음이나 나ㅣ 사룸들이 물의 쥬를 아지 못ㅎ고 그릇 물노써 쥬를 삼을가 두리는 고로

감히 분변 아니치 못ᄒᆞ노라"

언해에서는 '남창현령'이라 하였지만, 원문에는 '南昌縣大尹'이라 표기되어 있다. 아마도 중국의 관식명이라 이렇게 바꾸어 제시하여 독자들의 혼란을 피하기 위함이 아니었나 싶다. 언해에서 '텬디로ᄡᅥ 쥬의 칭호ᄅᆞᆯ 삼음이나'라고 한 부분은 원문의 '有原主在也'에 해당된다고 보이는데, 이는 명백히 잘못된 풀이라고 판단된다.

원문 '譬若'에 『中韓辭典』, 1989, p.1725; 2006, p.1476의 풀이에서는 '예를 들면. 예컨대. 가령'으로 되어 있어 이 가운데서 '예컨대'를 취하여 국역하였다.

| 국역 |

예컨대 지부知府·지현知縣이라는 것은 부府·현縣에 소속된 바의 이름으로 자기의 칭호를 삼으니 남창태수南昌太守는 남창부南昌府의 호칭이고, 남창현南昌縣 대윤大尹은 남창현의 호칭입니다. 이것에 비하면 하늘·땅의 주님은 혹은 하늘·땅의 호칭이니 그것이 하늘·땅으로써 본체를 삼음이 아니라 거기에 원래의 주님께서 계심으로써 호칭한 것입니다. 제가 사람들이 이 만물의 원래 주님을 잘못 인식하게 될까 두려워하면서 천주님이라 일컬어야 함을 감히 변론하지 않을 수 없겠습니다.

| 원문 | (6)

"중사왈中士曰 명사논물지원시明師論物之原始 기득기실旣得其實 우불실기명又不失其名 가지귀방지논물리可知貴邦之論物理 비구차소략지담非苟且疏畧之談 내할개우충乃割開愚衷 불유의처不留疑處 천주지사天主之事 우가심독又加深篤 괴오세유방불요지愧吾世儒彷彿要地 이상심타사而詳尋他事 부지귀원지학不知歸元之學"

| 언해 |

"즁ᄉᆞᆯ 글오ᄃᆡ 붉은 스승이 물의 원시ᄅᆞᆯ 의논ᄒᆞ야 임의 그 실됨을 엇고 ᄯᅩ 그 일홈을 일치 아니ᄒᆞ니 귀국의 물리ᄅᆞᆯ 의논홈이 구ᄎᆞᄒᆞ며 소홀치 아니홈을 가히 알지라 어린 ᄆᆞ음을 열어 의심을 머믈지 아니케 ᄒᆞ고 텬쥬의 일을 강논홈이 더옥 독실이 ᄒᆞ니 붓그리건대 우리 시속 션ᄇᆡᆯ들이 요긴ᄒᆞᆫ 디경에 방불ᄒᆞᆫ 듯ᄒᆞ야 다른 일은 ᄌᆞ셰히 궁구ᄒᆞ되 웃듬에 도라갈 학은 아지 못ᄒᆞ엿도다"

언해의 '귀국의 물리ᄅᆞᆯ 의논홈이'가 원문에는 '貴邦之論物理'로, '텬쥬의 일을 강논홈이 더옥 독실이 ᄒᆞ니' 부분이 '天主之事 又加深篤'으로 되어 있음에 유의하였다.

| 국역 |

중국선비가 말한다 : 명철하신 선생님께서 만물의 최초에 대해 강론해주셔서 이미 그 실상을 얻고 또 그 명칭을 잃지 않았으며, 선생님 나라에서 논의하는 모든 사물의 이치가 구차하거나 또한 소략하지 않았습니다. 그래서 마침내 어리석은 제 충심을 갈라서 열어 의심스런 것이 남지 않았음을 알 수 있었으며, 천주 섬김에는 오히려 돈독하고 진실함이 더해졌습니다. 부끄럽게도 우리 세속의 유학자들이 요긴한 지위인 듯하지만 다른 사안에는 상세하게 탐구했지만 근원으로 돌아가는 학문은 알지 못했습니다.

| 원문 | (7)

"부부모수아이신체발부夫父母授我以身體髮膚 아고당효我固當孝 군장사아이전리수휵君長賜我以田里樹畜 사앙사부육使仰事俯育 아우당존我又當尊 신차천주지위대부모야矧此天主之爲大父母也 대군야大君也 위중조지소출爲衆祖之所出 중군지소명衆君之所命 생양만물生養萬物 해가착인이망지奚可錯認而忘之 훈유난실訓諭難悉 원이이일경언願以異日竟焉"

| 언해 |

"대뎌 부모는 내 육신을 싱육ᄒᆞ시니 내 맛당이 효도홀 거시오 인군은 나를 어거ᄒᆞ고 ᄃᆞᄉᆞ리샤 ᄒᆞ여곰 부모를 양ᄒᆞ며 쳐ᄌᆞ를 보존케 ᄒᆞ시니 내 ᄯᅩᄒᆞᆫ 맛당이 튱셩홀 거시니 하믈며 텬쥬는 큰 부모오 큰 인군이오 뭇 조샹을 내신 바요 뭇 인군을 명ᄒᆞ신 바오 만물을 싱양ᄒᆞ시니 엇지 그릇 알며 심상이 니ᄌᆞ리오 ᄀᆞᄅᆞ치시는 의논을 다 필ᄒᆞ기 어려오니 원컨대 다른 날노 ᄆᆞᆺᄎᆞᄉᆞ이다"

교주 언해에서는 원문 '賜我以田里樹畜' 부분의 번역이 이뤄지지 않았다. 언해의 '큰 부모오 큰 인군이오' 부분이 원문에는 '大父母也 大人君也'로 되어 있음이 주목된다.

| 국역 |

무릇 부모님께서는 저에게 신체·터럭·피부를 주셨으니 제가 본디부터 당연히 효도해야 합니다. 군장君長은 저에게 전답田畓, 동리洞里, 수목樹木, 가축家畜을 주어서 저로 하여금 위로는 부모를 섬기고 아래로는 자식을 길렀으니 저도 또한 당연히 숭상해야 합니다. 더구나 이 천주께서는 위대한 부모이시요 위대한 인군이시며 모든 조상을 내신 분이요 모든 군주를 임명하신 분이시며 모든 사물을 생성하여 양육하시니 어찌 잘못 인식하면서 잊을 수 있겠습니까. 가르쳐 깨우치게 해주시는 것을 잘 알기 어려우니 원하옵건대 다

른 날에 끝마치도록 해주십시오.

"서사왈西士曰 자소구子所求 비리야非利也 유진도시문이惟眞道是問耳 대부지자大父之慈 장필우강자이전지將必佑講者以傳之 우청자이수지祐聽者以受之 오자유문吾子有問 오감불유명吾敢不惟命"

| 언해 |

"셔亽ㅣ 글오되 즈네 구호는 바는 리욕이 아니오 오작 진도를 듯고져 홈이니 대부의 인즈호심이 장충 반두시 강논호는 쟈도 〃와 젼호게 호시려니와 쏘혼 듯는 쟈를 열어 밧게 호시리니 즈네 므롬이 잇스면 내 감히 명대로 호지 아니리오"

교주 언해의 '리욕'이 원문에는 '利也'로 되어 있음에 유의하였다.

| 국역 |

서양선비가 말한다 : 그대가 구하는 바는 이로움이 아니요 오직 참된 도리의 질문일 뿐입니다. 위대하신 아버지의 인자하심이 장차 반드시 강론하는 자를 도와 전해지게 하시고 청취하는 자를 도와 받아들이게 하실 것입니다. 그대에게 질문이 있으면 제가 감히 오직 분부대로 하지 않을 수 있겠습니까.

제3편

원문:"제삼편第三篇 논인혼불멸대이금수論人魂不滅大異禽獸"

언해:"뎨삼편은 사롬의 혼이 멸치 아니ᄒ야 크게 금슈와 다름을 의논홈이라"

> **교주** 언해필사본의 「샹권 목록」에는 '뎨삼편은 사롬의 혼이 불멸ᄒ야 크게 금슈와 다름을 의논 홈이라'로 되어 있음에 유의하였다.

국역:제3편 사람의 혼이 불멸하여 날짐승·길짐승과 크게 다름을 논하다

[제1강]

원문:현세인비금수위고現世人比禽獸爲苦

언해:셰샹 사롬이 금슈보다 고롬이라

국역:지금 세상의 사람이 날짐승·길짐승에 비해 고통스럽다

| 원문 | (1)

"중사왈中士曰 오관천지만물지간吾觀天地萬物之間 유인최귀惟人最貴 비조수비非鳥獸 比 고위인참천지故謂人參天地 우위지소천지又謂之小天地 연오부찰조수然吾復察鳥獸 기 정교인반위자적其情較人反爲自適 하자何者"

| 언해 |

"즁시 굴오듸 내 보니 텬디 만물지간에 오직 사롬이 ᄀ장 귀ᄒ니 금슈의 비ᄒᆞᆯ 바 아니 라 고로 사롬이 텬디에 참예ᄒ야 삼지되고 쏘 닐오듸 사롬의 몸이 젹은 텬디라 ᄒ나 그러 나 내 다시 금슈를 살펴보니 그 ᄉ정이 오히려 사롬보다 죡ᄒ고 편ᄒ지라"

> **교주** 언해의 '텬디에 참예ᄒ야 삼지되고' 부분이, 원문에는 '人參天地'라고 되어 있는데, 여기에 서 '삼지되고'의 '삼지'는 '天·地·人'을 말하는 것이다. 따라서 언해에서 '참예ᄒ야'를 덧 붙인 것은 설명의 편의상이었다고 하겠다. 원문의 '何者' 부분은 언해에서는 번역이 되지 않았다.

> **역해** 원문 '故謂人參天地'의 '參'에 관한 『漢韓大字典』, 民衆書林, 3版, 1967, p.213; 全面改訂· 增補版 제2판 제6쇄, 2002, p.356의 풀이 중 '나란할참. 셋이 서로 가지런함. 병립竝立함. 정립鼎立함'를 취하여 '셋이 병립하여 [삼재三才가 된다고] 하며'로 국역하였다.
> 원문 '何者'의 국역은 『漢韓大字典』, 1967, p.84; 2002, p.171에는 '왜냐 하면. 그 이유는.' 으로 풀이되어 있지만, 中韓辭典』, 高麗大 民族文化硏究所, 初版, 1989, p.918; 全面改訂 2

版 3刷, 2006, p.756에는 '왜 그러한가.'로 풀이되어 있다. 이 문맥에서는 뒤엣것이 적합하다고 여겨져 '왜 그러한가'를 취하여 '왜 그렇습니까'로 국역하였다.

| 국역 |

중국선비가 말한다 : 제가 보니 천지 만물 가운데 오직 사람이 가장 귀하니 새와 길짐승에 비할 바 아닙니다. 그러므로 이르기를 사람은 하늘·땅과 셋이 서로 병립立立하여 [삼재三才가 된다고] 하며, 또 이르기를 '작은 천지天地'라 합니다. 그러나 제가 다시 날짐승·길짐승을 살펴보니, 그 실정이 사람과 비교해서 도리어 제 마음 내키는 대로 즐기는데 왜 그렇습니까.

| 원문 | (2)

"기방생야其方生也 흔흔자능행동忻忻自能行動 취기소양就其所養 피기소상避其所傷 신구모우조갑身具毛羽爪甲 불사의리不俟衣履 부대가색不待稼穡 무창름지적장無倉廩之積藏 무공찬지공기無供爨之工器 수식가이육생隨食可以育生 수편가이휴식隨便可以休息 희유대조嬉遊大造 이상유여한而嘗有餘閑 기간기유피아빈부존비지수其間豈有彼我貧富尊卑之殊 기유가부선후공명지려豈有可否先後功名之慮 조기심재操其心哉 희희축축熙熙逐逐 일종기소욕이의日從其所欲爾矣"

| 언해 |

"그 날 째브터 흔〃ᄒ야 능히 스스로 힝ᄒ고 그 양ᄒᄂᆫ 바를 엇고 그 해로온 바를 피ᄒ고 몸에 혹 털과 혹 짓과 혹 톱과 혹 겁질을 갓초와 옷과 신을 기드리지 아니ᄒ고 가식의 슈고와 곳집의 금촘이 업고 취판ᄒᄂᆫ 공부와 긔명이 업고 먹ᄂᆫ 대로 먹고 편홀 대로 편히 쉬고 큰 비포 즁에 희〃이 노라 흥샹 한가ᄒ니 그 ᄉᆞ이에 엇지 뎌와 나와 빈부귀쳔의 다름이 잇스며 무슴 가부와 젼후와 공명의 싱각이 그 ᄆᆞ옴에 잡힐 거시 잇스리오 희〃락〃ᄒ야 날마다 제 소욕을 좃거니와"

> **교주** 언해에는 '짓'으로 되어 있으나 원문에는 '羽'로 되어 있는데, 이는 필사 과정에서 잘못된 것으로 판단된다. 언해의 '취판ᄒᄂᆫ 공부와 긔명이 업고' 부분이 원문에는 '無供爨之工器'라 되어 있으며, 또한 언해에서는 '큰 비포 즁에 희〃이 노라'라고 풀어 표현하였지만, 원문에는 '嬉遊大造'로 되어 있음이 주목된다. 그리고 언해의 '희〃락〃ᄒ야' 부분이 원문에는 '熙熙逐逐'이라 되어 있음이 주목된다.

> **역해** 원문 '稼穡' 및 언해 '가식'은 '農事'를 지칭하며, 언해 '곳집'의 원문 '倉廩'은 '米穀 倉庫'를

지칭한다.

원문 '隨食可以育生 隨便可以休息'의 '隨'에 관해서는 『漢韓大字典』, 1967, p.1316; 2002, p.2198의 풀이 중 '②따라서 수. 그대로 쫓아서'를 취하여, '可以'에 관해서는 『中韓辭典』, 1989, p.1257; 2006, p.1074의 풀이 중 '…해도 좋다'가 적합하다고 여겨져 취하여 국역하였다.

| 국역 |

그것들은 이제 막 태어나도 매우 기뻐하며 스스로 행동할 수 있어 그들이 길러질 곳으로 나아가고 그들을 해칠 바를 피합니다. 몸에 털·깃·톱·껍질을 갖추어 옷과 신을 바라지 아니하고 곡식 농사를 기다리지 않아 곳집에 쌓아 넣어둠도 없고 밥을 지어 대접할 그릇이 없으며 먹는 그대로 쫓아서 나서 길러도 좋고 편리한 그대로 쫓아서 쉬어도 좋고 즐거이 노는 것을 큰 공으로 삼으면서 항상 여유롭고 한가함이 있습니다. 그들 사이에 어찌 '저'와 '나', '가난함'과 '부유함', '높음'과 '낮음'의 차별이 있으며, 어찌 '그러함'과 '그렇지 않음', '먼저'와 '나중'이 있으며, 공을 세워 이름을 알려야 한다는 염려가 그 마음을 부리겠습니까. 즐겁게 이리저리 뛰놀며 날마다 하고자 하는 바를 쫓을 뿐입니다.

| 원문 | (3)

"인지생야人之生也 모상통고母嘗痛苦 출태적신出胎赤身 개구선곡開口先哭 사이자지생세지난似已自知生世之難 초생이약初生而弱 보불능이步不能移 삼춘지후三春之後 방면회포方免懷抱 장즉각유소역壯則各有所役 무불고로無不苦勞 농부사시農夫四時 반토우견무反土于畎畝 객려경계客旅經季 편도우산해偏度于山海 백공근동수족百工勤動手足 사인주야극신탄사언士人晝夜劇神殫思焉 소위군자노심所謂君子勞心 소인노력자야小人勞力者也 오순지수五旬之壽 오순지고五旬之苦 지여일신질병至如一身疾病 하시백단何啻百端 상관의가지서嘗觀醫家之書 일목지병一目之病 삼백여명三百餘名 황경차전체況罄此全體 우가승계호又可勝計乎 기치병지약대도고구其治病之藥大都苦口"

| 언해 |

"사름은 날 째브터 모친이 통고를 격고 틱어나매 젹신이 곳 입을 열고 몬져 우니 임의 셰샹에 난 고로옴을 아는 둣ᄒ고 처음은 약ᄒ야 거름을 능히 옴기지 못ᄒ고 삼년 후에야 바야흐로 부모의 품을 겨유 면ᄒ고 ᄌ란 즉 각々 본업이 잇서 고롭지 아님이 업스니 농부는 스시로 흙을 뒤집고 상고는 ᄒ포풍파를 무릅쓰고 빅공은 수족을 놀니지 못ᄒ고 션비는 쥬야로 시셔를 힘쓰니 닐온바 군즈는 무움을 슈고로히 ᄒ고 소인은 힘을 슈고로이 ᄒ다 홈이라 오십을 살면 오십 년이 고롭고 지어 일신에 질병은 빅 가지 쑌이 아니라 내 일쯕 의서를 보니 ᄒ 눈의 병이 삼빅 여 종이 되니 견신의 병을 다 닐오량이면 불가승슈오 쏘 그 병을 드스리ᄂ 약은 대도 입에 쓰고 고로오며"

교주 언해에서는 '상고'라고 해서 '商賈'의 표현을 사용한 것으로 보이는데, 원문에는 '客旅'로 되어 있다. 그리고 언해의 '히포풍파롤 무릅쓰고' 부분이 원문에는 '經年徧度于山海'라고 되어 있다. 언해의 '시셔롤 힘쓰니' 부분이 원문에는 '劇神殫思焉'이라 되어 있음이 주목된다. 언해에는 '의서'라 되어 있으나, 원문에는 '醫家之書'라고 되어 있다.

역해 원문의 '赤身'은 『漢韓大字典』, 1967, p.1184; 2002, p.1985의 풀이에 '벌거벗은 몸, 알몸'이라고 되어 있어 이를 취하였다.
원문의 '大都'는 『中韓辭典』, 1989, p.457; 2006, p.376에 '대개. 대부분. 대체로'로 풀이되어 있기에 이 중에서 '대부분'을 취하여 국역하였다.

| 국역 |

사람은 태어날 때도 역시 어머니께서 몸소 고통을 겪으시고 모태에서 나와 알몸으로 입을 열어 먼저 우니, 이미 세상에 태어난 괴로움을 스스로 아는 듯합니다. 처음 태어나면서 연약하여 걸음을 옮길 수도 없고 3년 후에야 비로소 어머니 품을 겨우 면합니다. 성장할 때에는 각자 힘을 들이는 일이 있으며 괴로움과 수고로움이 없지 않습니다. 농부는 사계절 밭도랑·밭이랑에서 흙을 뒤집고, 나그네는 계절을 거치면서 두루 산과 바다를 넘나듭니다. 온갖 장인은 부지런히 손발을 움직이고 선비는 밤낮으로 정신을 다하여 두루 사색하니, 이른바 '군자는 마음을 수고롭게 하고 소인은 힘을 수고롭게 한다.'라는 것입니다. 50년을 살면 50년이 괴로움입니다. 예컨대 전신에 어찌 질병이 100가지 정도에 이를 뿐이겠습니까. 내가 일찍이 의원의 책을 보았더니 눈 하나의 병에 300여 명칭이 있던데, 더구나 빠짐없이 이 몸 전부를 더하여 계산할 수 있겠습니까. 그 병을 다스리는 약은 대부분 입에 씁니다.

| 원문 | (4)

"즉우주지간卽宇宙之間 불구대소충축不拘大小虫畜 사기독구능위인해肆其毒具能爲人害 여상맹저如相盟詛 불과일촌지충不過一寸之虫 족잔구척지구足殘九尺之軀 인류지중우유상해人類之中又有相害 작위흉기作爲凶器 단인수족斷人手足 절인지체截人肢體 비명지

사非命之死 다시인장다시人狀 금인유혐고지무기불리今人猶嫌古之武器不利 즉갱모신자익흉則更謀新者益凶 고심지영야영성故甚至盈野盈城 살벌불이殺伐不已 종우태평지세縱遇太平之世 하가성전무결何家成全無缺"

| 언해 |

"우쥬 간에 크고 젹은 버레롤 의논치 말고 다독을 브려 사람의 해되여 불과 흔 치 되는 버레가 구쳑 쟝신을 잔해ㅎ고 쏘 사람이 서로 해ㅎ야 흉흔 긔계롤 지어 사람의 수족을 끈흐며 사람의 지톄롤 버히니 비명의 죽엄이 만히 사람의 살샹흠을 말믹암고 이제 사람이 오히려 녯 긔계가 리치 못흠을 혐의ㅎ야 다시 새 긔계롤 도모ㅎ야 더옥 흉ㅎ니 심지어 죽엄이 들에 ㅊ고 셩에 ㄱ득ㅎ야 살벌흠을 마지 아니ㅎ고 비록 태평지셰롤 만나나 뉘 집이 온전ㅎ야 결흠이 업ㅅ리오"

교주 언해에는 원문 '如相盟詛' 및 '人類之中' 부분의 언해가 각각 누락되었음에 유의하였다.

| 국역 |

즉 우주 사이에 크고 작은 벌레나 가축들은 가릴 것 없이 그 갖춘 독을 제멋대로 써서 사람에게 해 입히기를 마치 서로 맹렬히 저주하는 것 같이하며, 한 치에 지나지 않는 벌레가 아홉 자 몸집의 짐승을 충분히 해칠 수도 있습니다. 예컨대 사람의 부류 중에는 또 서로 상해하려 흉악한 기구를 만들어 사람의 손발을 자르며 사람의 팔다리·몸을 끊으니, 타고난 수명을 누리지 못한 주검은 대다수가 사람이 살해한 것입니다. 오늘날의 사람들은 오히려 옛날 무기가 불리할지 의심될 것 같으면 다시 새것을 모색하여 더욱 흉악해집니다. 그러므로 심지어 주검이 들에 차고 성읍에 가득하여 살벌함이 그치지 않습니다. 설령 태평한 시대를 만났다 하여도 어느 집의 성취함이 온전하며 부족함이 없겠습니까.

| 원문 | (5)

"유재화이무자손有財貨而無子孫 유자손이무재능有子孫而無才能 유재능이신무안일有才能而身無安逸 유안일이무권세有安逸而無權勢 즉매자위휴추則每自謂虧醜 극대희락이위소불행소민極大喜樂而爲小不幸所泯 개루유지蓋屢有之 종신다수終身多愁 종위대수소승결終爲大愁所承結 이지우사以至于死 신입토중身入土中 막지능도莫之能逃 고고현유계기자자왈故古賢有戒其子者曰 이물기기爾勿欺己 이물매심爾勿昧心 인소경왕人所競往 유우분묘惟于墳墓"

| 언해 |

"ᄌᆡ물이 잇시나 ᄌᆞ손이 업고 ᄌᆞ손이 잇시나 ᄌᆡ능이 업고 ᄌᆡ능이 잇시나 몸의 평안홈이 업고 평안홈이 잇시나 권세 업스고 미양 닐오ᄃᆡ 부족ᄒᆞ고 취루ᄒᆞ다 ᄒᆞ고 지극ᄒᆞᆫ 락이 잇다가도 샤소 불ᄒᆡᆼᄒᆞᆫ 일의 민멸ᄒᆞᆫ바 됨이 여러 번 잇스니 종신토록 우환이 첩〃ᄒᆞ야 ᄆᆞᆺ춤내 슈심의 ᄊᆞ히고 밋친바 되여 죽기에 니르러 몸이 흙 가온대 들기를 능히 도망홀 이 업스니 고로 녯 사람이 ᄌᆞ식을 경계ᄒᆞ야 굴오ᄃᆡ 네 ᄌᆞ긔를 속이지 말며 네 ᄆᆞ옴을 모로게 말나 사람이 다토와 향ᄒᆞᄂᆞᆫ 바는 오직 무덤이라"

교주 언해에서 '부족ᄒᆞ고 취루ᄒᆞ다 ᄒᆞ고'라 푼 부분이, 원문에는 '虧醜'라고 또한 '우환이 첩〃 ᄒᆞ야'라고 푼 부분이 '多愁'로 되어 있음이 주의를 요한다.

| 국역 |

재물은 있으나 자손이 없고, 자손은 있으나 재능이 없고, 재능은 있으나 육신에 안락함이 없고, 안락함은 있으나 권세가 없는 경우에는, 번번이 스스로 부족하고 추하다고 말합니다. 지극히 크게 기쁘고 즐겁다가도 작은 불행한 일로 상실하는 경우가 자주 있게 되니 평생토록 많은 걱정이 마침내 큰 걱정으로 이어지고 맺혀져서 죽을 지경에 이르러 육신이 흙에 들어감을 피할 수가 없습니다. 그러므로 옛 현인이 그 아들에게 훈계하여, '너 자신을 속이지 말며 마음을 어둡게 하지 말라. 사람이 다투어 가는 바는 오직 무덤이다.'라고 말했습니다.

| 원문 | (6)

"오조비생吾曹非生 시내상사是乃常死 입세시기사入世始起死 왈사즉료필이曰死則了畢已 월과일일月過一日 오소일일吾少一日 근묘일보近墓一步 부차지소기외고이夫此只訴其外苦耳 기내고수능당지其內苦誰能當之 범세계지고신凡世界之苦辛 위진고심爲眞苦心 기쾌락위위쾌락其快樂爲僞快樂 기노번위상사其勞煩爲常事 기오락위유수其娛樂爲有數 일일지환一日之患 십재소불진十載訴不盡 즉일생지우사則一生之憂事 기일생소능진술호豈一生所能盡述乎"

| 언해 |

"우리 이제 사는 거시 아니오 ᄒᆞᆼ샹 죽어가는 모양이니 셰샹에 들 ᄶᆡ부터 죽는 날의 시작이라 죽어야 ᄆᆞᆺ츨지니 ᄒᆞ로를 지나면 ᄒᆞᆫ 거름이 무덤에 갓갑다 ᄒᆞ니 이는 다 밧겻 고로옴을 의논홈이어니와 그 안 고로옴을 뉘 능히 당ᄒᆞ리오 므릇 셰샹 고로옴은 ᄎᆞᆷ 고로옴이 되

고 즐거옴은 거짓 즐거음이 되며 번거흠은 흥샹 잇는 일이오 쾌락흠은 불과 몃 번 되니 흐로 근심이 십 년을 알외여도 다치 못흔 즉 일싱에 근심된 일을 엇지 일싱에 다 긔록흐리오"

교주 언해의 '우리 이제 사는 거시 아니오 흥샹 죽어가는 모양이니' 부분이 원문에는 '吾曹非生是乃常死'로, 언해의 '흐로를 지나면' 대목이 원문에는 '月過一日 吾少一日'로 되어 있음에 유의하였다. 언해의 '쾌락흠은 불과 몃 번 되니' 대목이 원문에는 '其娛樂爲有數'로 되어 있음에도 유의하였다.

역해 원문 '其勞煩爲常事'의 '常事'에 대한 『中韓辭典』, 1989, p.277; 2006, p.223의 풀이에 '일상, 흔히 있는 일, 당연한 일'이기에 이 중에서 '흔히 있는 일'을 취하여 국역하였다.
원문 '其娛樂爲有數'의 '有數'에 대해 『漢韓大字典』, 1967, p.597에는 '손가락으로 셀 수 있을 만큼 두드러짐. 주요主要한 몇몇 안에 들 만큼 훌륭함. 屈指.'로 되어 있고, 同書, 2002, p.965에는 '①정해진 운명이 있음. 인얀因緣. ②손가락으로 셀 수 있을 만큼 두드러짐. 주요主要한 몇몇에 들 만큼 훌륭함. 굴지屈指'로 풀이되어 있으나, 『中韓辭典』, 1989, p.2927에는 '①약간의 수는 있다. … 몇 안 되다. ②술수·법칙이 있다. ③절도가 있다. ④운명이 정해져 있다'로 풀이되어 있고, 同書, 2006, p.2475에는 처음 대목이 '①수가 많지 않다. 얼마 되지 않다. 몇 안 되다'로 되어있을 뿐 나머지는 같게 풀이되어 있음이 참조되었다. 여기에서는 문맥상 뒤 『中韓辭典』의 것 중에서도 '몇 안 되다'는 풀이가 적절하다고 보아 이를 취하여 국역하였다.

| 국역 |

우리는 사는 게 아니요 이는 바로 늘 죽어감이며, 이 세상에 뛰어든 처음부터 죽음을 일으키는 것이니, 이르기를 '죽을 때는 모든 것이 끝날 뿐이다.'라고 합니다. 한 달에 하루가 지나면 우리는 하루가 적어지니 무덤에 한 걸음이 가까워지는 것입니다. 무릇 이는 다만 그 바깥의 괴로움을 호소할 뿐이며 그 안의 괴로움은 누가 감당할 수 있겠습니까. 이 모든 세상의 쓴맛과 매운맛은 참으로 고통스러운 마음이 되고, 그 유쾌하고 즐거움은 거짓 유쾌함과 즐거움이 되며, 그 수고롭고 번잡함은 흔히 있는 일입니다. 그 즐겁게 노는 일도 몇 안 되며, 하루 근심이 십년을 호소해도 끝나지 못하는데, 만일 그렇다면 한평생의 근심된 일을 어찌 한평생 다 서술할 수 있겠습니까.

| 원문 | (7)

"인심재차人心在此 위애오분구사정소벌爲愛惡忿懼四情所伐 비수재고산譬樹在高山 위

사방지풍소고爲四方之風所鼓 호시득정胡時得靜 혹닉주색或溺酒色 혹혹공명或惑功名 혹미재화或迷財貨 각위욕요各爲欲擾 수유안본분이불구외자誰有安本分而不求外者 수여지사해지광雖與之四海之廣 조민지중兆民之衆 부지족야不止足也 우의愚矣"

| 언해 |

"인심이 스랑과 뮈움과 분흠과 두리는 네 가지 편정의 치는바 되니 마치 남기 놉흔 산에 잇서 스면으로 바람이 치난 바와 ス흐니 어느 쌔에 고요흠을 엇으리오 혹 쥬식에 침릭흐여 혹 공명에 혹흐며 혹 직물에 끌녀 각〃 스욕의 흔들님이 되니 뉘 능히 본분에 평안흐야 밧글 구치 아니홀 쟈 잇스랴 비록 스히의 넓옴과 억조의 만흠으로써 줄지라도 족흠을 아지 못홀지니 어리도다"

교주 언해의 '네 가지 편정의 치는바' 부분이 원문에는 '四情所伐'이라고 되어 있음에 유의한다. 또한 언해의 '억조의 만흠'이 원문에는 '兆民之衆'이라고 되어 있다.

| 국역 |

사람 마음이 여기에 있어 사랑·미움·분함·두려움 네 가지 감정을 뽐내는 바가 되니, 비유컨대 나무가 높은 산에 있어 사방의 바람이 두드리는 바와 같으니 어느 때에나 평정될 수 있겠습니까. 술과 여색에 빠지거나, 공적을 세워 이름을 드날림에 현혹되거나, 재물에 미혹되거나 각자가 욕망에 어지럽혀지니, 누가 본인의 분수에 만족하면서 밖에서 구하지 않을 자가 있겠습니까. 비록 온 세상의 넓은 땅과 많은 백성의 무리를 부여받을지라도 다만 만족할 수 없으면 어리석은 것입니다.

| 원문 | (8)

"연즉인지도然則人之道 인유미효人猶未曉 황어타도況於他道 이혹종석씨而或從釋氏 혹유노씨或由老氏 혹사공씨或師孔氏 이절단천하지심어삼도야而折斷天下之心於三道也 우유호사자又有好事者 령립문호另立門戶 재이신설載以新說 불구이삼교지기不久而三教之岐 필지어삼천교이부지의必至於三千教而不止矣 수자왈정도정도雖自曰正道正道 이천하지도일익괴난而天下之道日益乖亂 상자능하上者陵下 하자모상下者侮上 부폭자역父暴子逆 군신상기君臣相忌 형제상적兄弟相賊 부부상리夫婦相離 붕우상기朋友相欺 만세개사첨광탄滿世皆詐謟誑誕 이무복진심而無復眞心"

| 언해 |

"그런즉 사름의 도를 사름이 오히려 씨돗지 못ᄒ거든 하믈며 다른 도냐 연고로 혹 불도를 습상ᄒ며 혹 노도를 좃ᄎ며 혹 유도를 스승ᄒ니 텬하 인심을 이 세 가지 도에 ᄭᆫ히 못ᄎ랴 이 ᄲᆫ 아니라 ᄯᅩ 호ᄉ쟈 잇서 별노 문ᄒ를 세워—이단 잡슐ᄒᄂ는 집이 만타 말— 새말노 써 긔록ᄒ야 사름을 고혹ᄒ니 불구에 세 가지 교의 겻가지 교ㅣ 반ᄃ시 쟝츠 삼쳔에 니르러 긋치지 아니ᄒᆯ지니 비록 뎌마다 ᄌᆞ진 왈 졍도라 졍도라 ᄒᆡᄃ 텬하의 도ㅣ 날노 더욱 괴란ᄒ야 우희ᄂ는 아ᄅᆡ를 업수이 넉이고 아ᄅᆡᄂ는 우희를 거만ᄒ야 아비는 포학ᄒ고 ᄌᆞ식은 패역ᄒ며 군신은 서로 ᄭᅴ리며 형뎨는 서로 해ᄒ며 부부는 서로 ᄯᅥ나며 붕우는 서로 속여 온 셰상이 다 간샤ᄒ고 허탄ᄒ야 다시 춤 ᄆᆞ음이 업스니"

> **교주** 언해의 '연고로', '이 ᄲᆫ 아니라', '사름을 고혹ᄒ니' 부분은 원문에는 없는 풀이로, 언해자가 문맥의 의미를 제대로 살리기 위해 삽입한 것이라 판단된다. 언해에서는 'ᄌᆞ진 왈'이라 푼 부분이 원문에는 '自曰'이라 되어 있음이 주목된다.

> **역해** 원문 '或由老氏'의 '由'에 관한 『中韓辭典』, 1989, pp.2908-2909; 2006, p.2458의 풀이 '④ 복종하다. 따르다. …대로 하다' 중 '복종하다'가 이 문맥에서는 가장 적합하다고 판단되어 이를 취하여 국역하였다.

| 국역 |

그러면 사람의 도를 사람이 오히려 깨닫지 못하는데, 하물며 다른 도에서 석가모니를 추종하거나 노자에 복종하거나 공자를 본받으면서도 세 가지 도에서 천하의 민심을 단절시키겠습니까. 그런데 일 벌이기를 좋아하는 자가 있어 따로 파벌을 세우고 새로운 학설로 꾸미니, 오래지 않아 3교의 갈래가 틀림없이 3,000교에 이르러서도 그치지 않을 것입니다. 비록 스스로 이르기를, '바른 도리다! 바른 도리다!'라고 할지라도 천하의 도리가 날로 더욱 어그러지고 어지러워져서 위에 있는 자는 아래 사람을 짓밟고 아래 있는 자는 윗사람을 깔보며, 아비는 난폭하고 자식은 거스르며, 군주와 신하는 서로 꺼리며, 형과 동생은 서로 해치며, 지아비·지어미는 서로 떠나며, 벗들은 서로 속여서, 온통 세상이 모두 사기치고 아첨하며 속이고 거짓말하면서 진실한 마음을 회복하지 못할 것입니다.

| 원문 | (9)

"오호嗚呼 성시세민여대양간誠視世民如大洋間 착풍랑주박괴닉著風浪舟舶壞溺 이기인탕몽파심而其人蕩濛波心 침부해각沉浮海角 차ᄀᆞ급우이난且各急于已難 막ᄀᆞᆼ상고莫肯相

顧 혹집쇄판或執碎板 혹승후봉或乘朽蓬 혹지패농或持敗籠 수수소치隨手所値 긴조불사緊操不捨 이상계이사而相繼以死 양가석야良可惜也 부지천주하고생인어차환난지처不知天主何故生人於此患難之處 즉기애인則其愛人 반사불여금수언反似不如禽獸焉"

| 언해 |

"슬프다 진실노 셰샹 사롬을 보니 마치 대히 즁 풍파 샹에 표항ᄒᆞᄂᆞᆫ 비 ᄀᆞᆺᄒᆞ야 바람 물결에 츌몰ᄒᆞ야 긋칠 바를 아지 못ᄒᆞ니 각ᄭᅵ자긔 난에 급ᄒᆞ야 서로 도라볼 겨를이 업서 혹 ᄶᅥ러진 판을 잡으며 혹 썩은 ᄯᅳᆷ을 타며 혹 픠흔 농을 의지ᄒᆞ야 손을 펴 맛나는 대로 긴히 잡고 놋치 아니ᄒᆞ다가 필경 서로 니어 죽으니 진실노 가셕ᄒᆞ도다 아지 못거라 텬쥬ㅣ 무ᄉᆞᆷ 연고로 사롬을 이 환난 곳에 내엿나뇨 그 사롬을 ᄉᆞ랑ᄒᆞ심이 도로혀 금슈만 못ᄒᆞ도다"

교주 언해의 'ᄶᅥ러진 판'이 원문에는 '碎板', '썩은 ᄯᅳᆷ'이 원문에는 '朽蓬'으로 되어 있는데, '蓬'은 '쑥'이다. 한편 언해의 '픠흔 농'이 원문에는 '敗籠'으로 되어 있는데, '籠'은 '대나무 그릇'을 이른다

| 국역 |

아아! 확실히 세상 사람을 보니 마치 큰 바다 가운데 풍랑을 만나 선박이 부서져 가라앉으면서 사람들은 큰 물길 파도 속 바다 귀퉁이에서 떴다 가라앉았다 하고, 더욱이 각자가 이미 [자기에게 주어진] 어려움에만 급해서 서로 돌아보는 데에 수긍하지 못하는 것과 같습니다. 떨어진 널판을 잡거나 썩은 돛대를 타거나 부서진 바구니에 의지하거나 손에 잡히는 것에 몸을 맡기고 바짝 당겨 쥐고 포기하지 않지만, 서로 연이어 죽으니 정말 애석합니다. 천주께서 무슨 까닭으로 사람을 이 환난의 장소에 생성하셨는지 모르겠으며, 만일 그렇다면 천주께서 사람을 사랑하심이 도리어 날짐승 · 길짐승만도 못한 것 같습니다.

[제2강]

원문: 세인미우세욕世人迷于世慾

언해: 셰샹 사롬이 셰욕에 흐림이라

국역: 세상 사람은 세상 욕구에 미혹된다

| 원문 | (1)

"서사왈西土曰 세상유여차환난世上有如此患難 이오치심유연애지불능할而吾癡心猶戀愛之不能割 사유녕태당하여야使有寧泰當何如耶 세태고추지여차극世態苦醜至如此極 이세인혼우而世人昏愚 욕어시위대업欲於是爲大業 벽전지闢田地 도명성圖名聲 도장수禱長壽 모자손謀子孫 찬시공병簒弒攻倂 무소불위無所不爲 기불태재豈不殆哉"

| 언해 |

"셔스ㅣ 글오되 세상에 이 ㄱ톤 환난이 잇거늘 우리 사롬의 어린 모옴은 오히려 이 세샹을 런〃 ᄒ고 탐〃ᄒ야 능히 버혀 끈지 못ᄒ니 만일 이 세상을 평안이 마련ᄒ엿던들 엇더홀 번ᄒ엿실고 세샹의 고롭고 츄흠이 이 ㄱ치 지극ᄒ야 사롬이 어둡고 우민ᄒ야 이 세샹에 쟝구혼 업을 세우고져 ᄒ야 텬디를 널니며 명성을 도모ᄒ며 쟝슈하기를 구ᄒ며 ᄌ손계를 쇠ᄒ며 찬탈ᄒ고 시역ᄒ며 서로 앗고 리를 삼켜 무소불위ᄒ니 엇지 위퇴치 아니ᄒ리오"

> **교주** 언해의 '우리 사롬의 어린 모옴은 오히려 이 세샹을 런〃 ᄒ고 탐〃ᄒ야 능히 버혀 끈지 못ᄒ니' 부분이 원문에는 '而吾癡心猶戀愛之不能割'로 되어 있음에 유의하였다.

> **역해** 원문 '至如此極'의 '至如'에 관한『中韓辭典』, 1989, p.3108; 2006, p.2625의 풀이에 '至于'와 같다고 했으며, '至于'는 '①…의 정도에 이르다. …한 결과에 달하다. …한 지경이다'로 풀이가 되어 있으므로, 여기서는 '…의 정도에 이르다'가 적합하다고 여겨 이를 취하여 국역하였다.
> 원문 '欲於是爲大業'의 '於是'에 관한『中韓辭典』, 1989, p.2937; 2006, p.2482의 풀이 '그래서. 이리하여. 그리하여' 가운데 이 문맥에서는 '그래서'가 적절하다고 여겨져 이를 취하여 국역하였다.

| 국역 |

서양선비가 말한다 : 이 세상에 이와 같은 환난이 있으나 우리들의 어리석은 마음은 오히려 이 세상을 그리워하고 사랑하여 끊어 버리지 못하니, 만일 태평이 있으면 어떻게 받아들일 것입니까. 세상 형편의 괴롭고 추함이 이와 같은 극한 정도에 이르렀지만, 이 세상 사람이 어둡고 우매하여 그래서 이곳에서 큰 사업을 이루고자 하여 농지를 개간하고 명성을 도모하여 장수하기를 바라며 자손을 모색하며 [왕위를] 찬탈하고 시해하여 [다른 나라를] 공격해서 합병하며 못하는 짓이 없으니 어찌 위태롭지 않겠습니까.

"고서국유이문현古西國有二聞賢 일명흑납一名黑蠟 일명덕목一名德牧 흑랍항소黑蠟恒笑 덕목항곡德牧恒哭 개인시세인지축허물야皆因視世人之逐虛物也 소인기지소인기지笑因譏之 곡인련지이哭因憐之耳 우문근고일국지례又聞近古一國之禮 부지금상존부不知今尙存否 범유산자자凡有産子者 친우공지기문親友共至其門 곡이조지哭而吊之 위기인지생우고로세야爲其人之生于苦勞世也 범유상자凡有喪者 지기문작락하지至其門作樂賀之 위기인지거노고세야爲其人之去勞苦世也 즉우이생위흉則又以生爲凶 이사위길언以死爲吉焉 부부야夫夫也太甚矣 연이가위달현세지정자야然而可謂達現世之情者也"

| 언해 |

"녯젹 셔국에 두 어진 쟈 잇스니 ᄒ나흔 일홈이 흐노오 ᄒ나흔 일홈이 더무라 흐노는 흥샹 웃고 더무는 흥샹 우니라 셰샹 사름의 헛된 물건 좃참을 위홈이니 우숨은 긔롱홈이오 울음은 긍련이 넉임이라 또 즁고젹 셔편 ᄒ 나라 례법을 드ᄅ니 지금도 그 법이 잇ᄂ지 아지 못ᄒᆞ딕 므릇 아들을 나흐면 친우들이 홈긔 그 문에 니르러 곡ᄒᆞ고 위로ᄒᆞ니 이ᄂᆞ 사름이 고로온 셰샹에 나믈 위홈이고 므릇 죽은 쟈 잇스면 그 문에 나아가 풍악을 짓고 하례ᄒᆞ니 이ᄂᆞ 사름이 고로온 셰샹 ᄇᆞ림을 위홈이라 곳 살므로써 흉홈을 삼고 죽음으로써 길흠을 삼음이 그ᄂᆞ 그럴지라도 너무 심흔지라 그러나 가히 이 셰샹 ᄉᆞ졍에 통달ᄒᆞᆫ 쟈라 닐을지라"

> **교주** 언해 '흐노'의 원문 표기는 '黑蠟'으로 헤라클리토스Heraclitos(기원전 약 540-480)를, '더무'의 원문 표기는 '德牧'으로 데모클리토스Demokritos(기원전 약 460-370)를 지칭하는 것이다. 언해 가운데 '즁고젹'이 원문에는 '近古'라고 되어 있음에 유의해야 한다.

| 국역 |

옛날 서쪽 나라에 어질다고 소문난 두 사람이 있었으니, 한 사람의 이름은 헤라클리토스 Heraclitos요, 한 사람의 이름은 데모크리토스Demokritos였습니다. 헤라클리토스는 항상 웃고 데모크리토스는 항상 우는데, 두 사람 모두 세상 사람이 헛된 사물을 뒤쫓는다고 보기 때문이었습니다. 웃음은 나무라는 까닭이요. 울음은 불쌍히 여기는 까닭일 뿐입니다. 또한 듣기로는 가까운 옛날 어느 한 나라의 예법에 지금도 아직 있는지 아닌지 알지 못하겠습니다만, 무릇 아들을 낳은 사람이 있으면 친우들이 함께 그 문에 이르러 통곡하면서 조문하니 그 사람이 고통스럽고 수고로운 세상에 태어남을 위함이요, 무릇 상을 당한 자가 있으면 그 문에 이르러 풍악을 울리며 축하하니 그 사람이 고통스럽고 수고로운 세상

을 떠나기 위함이었습니다. 곧 또한 삶으로써 흉함을 삼고 죽음으로써 길함을 삼음인데, 그것은 그렇더라도 또한 너무 심합니다. 그렇지만 지금 세상의 실정에 통달한 자라고 말할 수는 있을 것입니다.

[제3강]

원문 : 현세불과위인잠거現世不過爲人暫居
언해 : 세샹은 불과 사름의 잠시 거홀 되라
국역 : 지금 세상은 사람이 잠시 거처하는 데에 불과하다

| 원문 | (1)

"현세자비인세야現世者非人世也 금수지본처소야禽獸之本處所也 소이어시반자득유여야所以於是反自得有餘也 인지재세불과잠차기거야人之在世不過暫次寄居也 소이어시불녕부족야所以於是不寧不足也 현우유야賢友儒也 청이유유請以儒喻 금대비선시시일今大比選試時日 사자사로士子似勞 도예사일徒隷似逸 유사기후도예有司豈厚徒隷 이박사자호而薄士子乎 개불월일일지사蓋不越一日之事 이이정궐재품이而以定厥才品耳 시필즉존자존試畢則尊自尊 비자비야卑自卑也"

| 언해 |

"이 셰샹은 사름의 셰샹이 아니오 금슈의 본 처소라 그런 바로 금슈는 도로혀 스스로 엇어 넉〃호고 사름은 셰샹에 잇심이 불과 잠시간 붓쳐 잇는 곳이라 그런 바로 오히려 편치 못호고 족지 못호니라 주네는 어진 션빗니 청컨대 션빗로써 비유호리라 이제 과거를 베퍼 인직를 시험호매 이날에 션빗는 슈고로온 듯호고 쳔흔 무리는 평안흔 듯호니 시관이 엇지 쳔한 무리의게는 후호고 션빗의게는 박흐리오 대개 일〃간스에 넘지 못호야 직픔을 뎡흔 후는 놉흔 이는 놉고 느즌 이는 느즐지니라"

교주 　언해에서 '과거'가 원문에는 '選試'이고, '시관'은 원문에는 '有司'인데, 언해에서 '시관'이라 한 것은 '試官'을 의미할 것이다. 언해에서 '일〃간스'라고 푼 것이, 원문에는 '一日之事'로 되어 있음에 주의를 요한다.

역해 　원문 '今大比選試時日'의 '大比'는 『中韓辭典』, 1989, p.454; 2006, p.373의 풀이에 '⇒[鄕

試]'로 되어 있고 '鄕試'는 同書, 1989, p.2567; 2006, p.2176의 풀이에 '과거의 제1차 시험'으로 되어 있음을 감안하여 '大比選試'를 '과거의 제1차 선발 시험'으로 국역하였다.

원문 '士子'의 국역에는 『漢韓大字典』, 1967, p.294; 2002, p.485에는 '①사인士人. ②글을 배우는 사람. 학생. 학자學子'로 풀이되어 있으나, 『中韓辭典』, 1989, p.2104에는 '①官職이 있는 사람 ②과거에 응시하는 사람 ③학생'으로 풀이되어 있고, 同書, 2006, p.1783에는 '①官職에 있는 사람 ②과거를 준비하는 독서인 ③학생'으로 풀이되어 있음이 참조되었다. 여기에서는 문맥상 『中韓辭典』의 것 중에서도 '과거에 응시하는 사람'이라는 풀이가 적절하다고 보아 이를 취하여 '과거 응시생'으로 국역하였다.

| 국역 |

지금 세상은 사람의 세상이 아니고 날짐승·길짐승이 본래 거처하는 곳이어서 그것들이 그리하여 도리어 스스로 여유로운 까닭이며, 사람이 이 세상에 있는 것은 잠시 머물러 의탁하며 거처함에 지나지 않으니 그리하여 편안하지 못하고 만족하지 못하는 까닭입니다. 그대는 어질고 벗다운 유학자이니, 유학으로써 비유하도록 하겠습니다. 지금 과거의 제1차 선발 시험이 있는 날에는 과거 응시생은 수고로운 듯하고 노복은 편안한 듯하지만 담당관청에서 어찌 노복들에게는 후대하면서 과거 응시생에게는 박대하겠습니까. 대개 하루를 넘기지 않는 업무로 재능의 등급을 정할 따름이며, 시험이 끝난 경우에는 성적이 높은 이는 등급이 저절로 높아지고 성적이 낮은 이는 등급이 저절로 낮아집니다.

| 원문 | (2)

"오관천주역치인우본세吾觀天主亦置人于本世 이시기심以試其心 이정덕행지등야而定德行之等也 고현세자故現世者 오소교우吾所僑寓 비장구거야非長久居也 오본가실부재금세吾本家室不在今世 재후세在後世 부재인不在人 재천在天 당우피창본업언當于彼創本業焉 금세야今世也 금수지세야禽獸之世也 고조수각류지상부향어지故鳥獸各類之像俯向於地 인위천민人爲天民 즉앙수향순어천則昂首向順於天 이금세위본처소자以今世爲本處所者 금수지도야禽獸之徒也 이천주위박어인以天主爲薄於人 고무괴이固無恠耳"

| 언해 |

"내 보니 텬쥬끠서 사름을 세샹에 둠은 또흔 그 무움을 시험흐야 덕힝의 등수를 뎡흐시느니 고로 이 세샹은 붓쳐사는 바오 쟝구히 거홀 곳이 아니라 우리 본향은 이 세샹에 잇지 아니흐야 후셰샹에 잇고 인간에 잇지 아니흐야 텬샹에 잇스니 맛당이 뎌긔 본업을 세울 거시오 이 셰샹은 금슈의 셰샹이라 고로 금슈 각류의 형샹은 다 싸흘 향흐딕 사름은 하늘

빅셩이 되는 고로 머리를 우러 〃 하늘을 향ᄒᆞ니 이 셰샹으로써 본곳을 삼는 쟈ᄂᆞᆫ 금슈의 류ㅣ니라 이런 줄을 아지 못ᄒᆞ고 텬쥬로써 사ᄅᆞᆷ의게 박ᄒᆞ시다 홈이 진실노 괴이치 아니ᄒᆞ니라"

교주 언해의 '본향'이 원문에는 '本家室'로, '본곳'이 '本處所'으로 되어 있다. 언해의 '이런 줄을 아지 못ᄒᆞ고' 부분에 해당하는 구절이 원문에는 없는데, 이는 언해자가 이해를 돕고자 덧붙인 것으로 판단된다. 한편 언해의 '진실노 괴이치 아니ᄒᆞ니라' 대목이 원문에는 '固無恠耳'로 되어 있음에 유의하였다.

역해 이 '無恠'의 국역에는 『漢韓大字典』, 1967, p.767; 2002, p.1248에는 '괴이할 것이 없음. 괴이쩍지 아니함'으로 풀이되어 있으나, 『中韓辭典』, 1989, p.2476; 2006, p.2101에는 '이상할 것이 없다. 그럴 수밖에 없다. 당연하다'로 풀이되어 있음을 참조하였다. 여기에서는 문맥상 뒤엣것 중에서 '그럴 수밖에 없다'라는 풀이가 적절한 것으로 여겨져 이를 취하기로 하였다.

| 국역 |

제가 보건대 천주께서 이 세상에도 역시 사람을 두심은 그 마음을 시험하면서 덕행의 등급을 정하고자 하심입니다. 그러므로 지금 세상은 우리들이 잠시 사는 곳이지 영구히 거처할 게 아니니, 우리의 본래 집은 지금 세상에 있지 아니하고 다음 세상에 있으며, 사람에게 있지 아니하고 하늘에 있으니 당연히 거기에서 본래의 과업을 일으켜야 합니다. 지금 세상은 날짐승·길짐승의 세상이므로 날짐승과 들짐승 갖가지 종류의 형상은 엎드려 땅으로 향하며, 사람은 하늘 백성이 되면 머리를 우러러 하늘을 순종합니다. 지금 세상을 본래 거처할 곳으로 삼는 것은 날짐승·길짐승의 무리이니, 이로써 천주께서 사람에게 야박함은 본래부터 그럴 수밖에 없을 따름입니다.

[제4강]

원문 : 불씨천당지옥지설여주교대이佛氏天堂地獄之說與主敎大異
언해 : 불시의 텬당 디옥의 말이 셩교로 더브러 크게 다름이라
국역 : 부처의 천당·지옥에 대한 설명과 주님의 가르침은 크게 다르다

"중사왈中士曰 여언후세천당지옥如言後世天堂地獄 편시불교便是佛教 오유불신吾儒不信"

| 언해 |

"즁ᄉᆞᆯ 골오ᄃᆡ 후세 텬당디옥을 말ᄒᆞ면 편시 불도라 우리 션빅ᄂᆞᆫ 밋지 아니ᄒᆞᄂᆞ이다"

교주 언해의 '편시'가 원문은 '便是'로, '즉 이는, 곧 이는'이라는 말이다.

| 국역 |

중국선비가 말한다 : 예컨대 다음 세상의 천당·지옥을 말하면, 곧 이는 불교이니 우리 유학자들은 믿지 않습니다.

| 원문 | (2)

"서사왈西士曰 시하어호是何語乎 불씨계살인佛氏戒殺人 유자역금인난법살인儒者亦禁人亂法殺人 즉유불동여則儒佛同歟 봉황비鳳凰飛 편복역비蝙蝠亦飛 즉봉황편복동여則鳳凰蝙蝠同歟 사물유일이정상사事物有一二情相似 이기실대이부동자而其實大異不同者"

| 언해 |

"셔ᄉᆞᆯ 골오ᄃᆡ 이 엇지 말이뇨 불씨ㅣ 사ᄅᆞᆷ 죽임을 경계ᄒᆞ고 유도〃 ᄯᅩ흔 살인을 금ᄒᆞ니 유도와 불도가 ᄀᆞᆺᄒᆞ랴 봉황도 놀고 박쥐도 ᄂᆞ니 박쥐와 봉황이 ᄀᆞᆺᄒᆞ랴 일과 물건이 혹 ᄒᆞᆫ두 가지 ᄀᆞᆺ흔 졍이 잇ᄉᆞᄃᆡ 실은 크게 다른 쟈 잇ᄂᆞ니"

교주 언해의 '실은 크게 다른 쟈 잇ᄂᆞ니' 부분이 원문에는 '其實大異不同者'로 되어 있음에 유의하였다.

| 국역 |

서양선비가 말한다 : 이것이 무슨 말씀이십니까. 부처가 살인을 경계하고 유학자도 역시 사람이 법률을 어지럽히고 살인함을 금하니, 만일 그렇다면 유교와 불교가 같습니까. 봉황도 날고 박쥐도 역시 나니, 만일 그렇다면 봉황과 박쥐가 같습니까. 사물이 한두 정황이 약간 서로 비슷하다고 하더라도 그 실상은 크게 다르고 같지 않음이 있는 것입니다.

| 원문 | (3)

"천주교고교야天主教古教也 석씨서민필절문기설의釋氏西民必竊聞其說矣 범욕전사도

자凡欲傳私道者 불이삼사정어잡입不以三四正語雜入 기수신지其誰信之 석씨차천주천당 지옥지의釋氏借天主天堂地獄之義 이전기사의사도以傳己私意邪道 오전정도吾傳正道 기 반치불강호豈反置弗講乎 석씨미생釋氏未生 천주교인이유기설天主教人已有其說 수도자 후세필등천당修道者後世必登天堂 수무궁지락受無窮之樂 면타지옥수불식지앙免墮地獄受 不息之殃 고지인지정령故知人之精靈 상생불멸常生不滅"

| 언해 |

"텬쥬교는 넷적 교ㅣ라 셕씨―불―은 반ᄃ시 그 말을 더러시리니 므릇 사도를 젼코져 ᄒ 는 쟈ㅣ 만일 셰네 가지 졍도로써 섯거 꿈이지 아니면 그 뉘러 밋으리오 셕씨ㅣ 텬쥬의 텬 당디옥 말을 비러 샤도를 젼ᄒ고져 홈이니 내 졍도를 젼ᄒ매 엇지 이룰 쩌려 믈논ᄒ리오 셕씨ㅣ 나기 젼브터 텬쥬교인이 임의 이 말이 잇서 슈도ᄒᄂ 쟈 후셰에 반ᄃ시 텬당에 올 나 무궁ᄒ 락을 밧고 디옥에 써러져 무진ᄒ 앙화를 면ᄒ리라 ᄒ 고로 사름의 령혼이 흥샹 살고 멸치 아니홈을 아ᄂ니라"

> **교주** 언해에는 원문 '釋氏西民' 중 '西民'의 언해가 빠져 있다. 언해의 '셕씨ㅣ 텬쥬의 텬당디옥 말을 비러' 부분이 원문에는 '釋氏借天主天堂地獄之義'로 되어 있음에 유의하였다.

| 국역 |

천주교는 오래된 종교이며, 석가모니가 서쪽 나라의 백성이니 반드시 그 설교를 들었을 것입니다. 무릇 사사로운 도리를 전달하고자 하는 자가 서너 바른말을 섞어 넣지 않았으면 그 누가 그것을 믿었겠습니까. 석가모니가 천주님의 천당·지옥에 관한 의미를 빌려서 자기의 사사로운 의향과 옳지 못한 도를 전달하고자 하였으니, 제가 바른 도를 전달함에 어찌 도리어 이를 놔두고 강론하지 않겠습니까. 석가모니가 태어나기 이전에 천주교인들 에게는 이미 그 설교가 있어 수도자는 다음 세상에 반드시 천당에 올라 끝이 없는 즐거움 을 받아 지옥에 떨어져 휴식이 없는 재앙을 모면하게 되므로 사람의 정령精靈이 항상 생 존하고 불멸함을 압니다.

| 원문 | (4)

"중사왈中士曰 부상생이수무궁지락夫常生而受無窮之樂 인소욕무대어시자人所欲無大 於是者 단미심명기리但未深明其理"

"즁ᄉᆞ ㅣ ᄀᆞᆯ오ᄃᆡ ᄒᆞᆼ샹 살아 무궁ᄒᆞᆫ 락을 밧음은 사ᄅᆞᆷ의 소욕이 이에셔 더 큰 쟈 업ᄉᆞ나 다만 그 리를 ᄇᆞᆰ히지 못ᄒᆞ리로다"

중국선비가 말한다 : 무릇 항상 살면서 끝이 없는 즐거움을 받는 게 사람이 바라는 바로서 이보다 큰 것이 없습니다. 다만 그 이치를 깊게 밝히지 못하였습니다.

[제5강]

원문:인영혼영존불멸人靈魂永存不滅
언해:사ᄅᆞᆷ의 령혼이 영히 잇서 멸치 아니홈이라
국역:사람의 영혼은 영원히 생존하며 불멸한다

"서사왈西士曰 인유혼백人有魂魄 양자전이생언兩者全而生焉 사즉기백화산귀토死則其魄化散歸土 이혼상재불멸而魂常在不滅 오입중국吾入中國 상문유이혼위가멸이등지금수자嘗聞有以魂爲可滅而等之禽獸者 기여천하명교명방其餘天下名教名邦 개생인혼불멸이대수어금수자야皆省人魂不滅而大殊於禽獸者也 오언차리吾言此理 자시허심청지子試虛心聽之"

"셔ᄉᆞ ㅣ ᄀᆞᆯ오ᄃᆡ 사ᄅᆞᆷ이 혼빅이 잇서 령혼과 톄빅이 합ᄒᆞ야 살고 죽은 즉 톄빅은 흙으로 도라가고 령혼은 ᄒᆞᆼ샹 잇서 멸치 아니ᄒᆞᄂᆞᆫ지라 내 즁국에 들어와 드ᄅᆞ니 혼이 멸ᄒᆞ야 금슈와 ᄀᆞᆺ다 ᄒᆞᄂᆞᆫ 쟈 잇ᄉᆞ나 즁국 밧긔 텬하에 일홈난 교와 일홈난 나라희 다 사ᄅᆞᆷ의 혼이 멸치 아니홈을 알아 금슈와 크게 다ᄅᆞ다 ᄒᆞᄂᆞᆫ지라 내 이 리를 말ᄒᆞ리니 즈네 시험ᄒᆞ야 ᄆᆞ움을 뷔히고 잘 드ᄅᆞᆯ지어다"

▇교주▇ 언해에는 '령혼과 톄빅'이라 풀었으나, 원문에는 '魂魄'으로 되어 있다.

▢역해▢ 원문의 '試'를 언해에서는 '시험ᄒᆞ야'로 풀었으나 그것보다는 여기에서의 '試'는 '살펴볼

시'로 새기는 게 온당하다고 생각하여, 여기에서는 '살피며'로 국역하였다.

| 국역 |

서양선비가 말한다 : 사람에게는 혼魂과 백魄이 있어 둘이 온전하면 사는 것이요 죽으면 그 백이 변화하여 흙으로 흩어져 돌아가지만 혼은 항상 있어 불멸합니다. 제가 중국에 들어와 일찍이 들으니 혼이 없어지면서 날짐승·길짐승과 같아질 수 있다고 하는 자가 있다고 합니다. 그 나머지 천하의 이름난 종교와 이름난 나라에서는 모두 사람의 혼이 불멸하면서 날짐승·길짐승과 크게 다르다는 것을 깨닫고 있습니다. 제가 이 도리에 관해 말씀드리고자 하니 그대는 살피며 마음을 비우고 들어주십시오.

[제6강]

원문:혼유삼품초목금수급인혼魂有三品草木禽獸及人魂
언해:혼이 세픔이 잇스니 초목과 금슈와 사룸의 혼이라
국역:혼에는 세 가지 품이 있으니 풀·나무, 날짐승·길짐승, 사람의 혼이다

| 원문 | (1)

"피세계지혼유삼품彼世界之魂有三品 하품명왈생혼下品名曰生魂 즉초목지혼시야卽草木之魂是也 차혼부초목이생장此魂扶草木以生長 초목고위草木枯萎 혼역소멸魂亦消滅"

| 언해 |

"이 셰계에 혼이 세 픔이 잇스니 하픔은 굴온 싱혼이니 곳 초목의 혼이라 이 혼은 초목을 붓드러 싱장ᄒ야 초목이 물나 니이울면 혼이 ᄯᅡ라 멸ᄒ고"

> **교주** 언해에는 '이'라고 하였지만, 원문에는 '彼'로 되어 있음에 유의하였다. 언해에는 고어로 '굴온'이라 되어 있으나, '굴'이 '일홈'의 다른 표기이며, 더욱이 원문에는 '名曰'로 되어 있음에 유의하였다.

| 국역 |

이 세상의 혼에는 세 가지 품이 있습니다. 하품下品은 이름이 생혼生魂이니 곧 풀·나무의 혼이 이것입니다. 이 혼은 풀·나무를 도와 낳고 기르며 풀·나무가 말라 시들면 혼도 역시 사라져 없어집니다.

| 원문 | (2)

"중품명왈각혼中品名曰覺魂 즉금수지혼야則禽獸之魂也 차능부금수장육此能附禽獸長育 이우사지이이목시청而又使之以耳目視聽 이구비담후以口鼻啖嗅 이지체각물정以肢體覺物情 단불능추론도리但不能推論道理 지사이혼역멸언至死而魂亦滅焉"

| 언해 |

"즁품은 굴온 각혼이니 곳 금슈의 혼이라 이 혼은 능히 금슈룰 길너 즈라게 ᄒ며 ᄯ오 귀와 눈으로 듯고 보게 ᄒ며 입과 코로 먹고 맛게 ᄒ며 지체로 물을 찔너 씨듯게 ᄒᄃᆡ 다만 능히 스리룰 추론치 못ᄒ며 죽으면 혼이 ᄯᅩᄒᆫ 멸ᄒ고"

교주 언해에서는 '물을 찔너 씨듯 게'라고 풀었으나, 원문에는 '覺物情'으로 되어 있다.

역해 언해에서는 '스리'라 하였지만, 원문에는 '道理'로 되어 있어 '도리'를 취하는 게 옳다고 판단하였다.

| 국역 |

중품中品은 이름이 각혼覺魂이니 곧 날짐승·길짐승의 혼입니다. 이는 날짐승·길짐승에 붙어 성장과 발육을 할 수 있으면서, 또한 귀와 눈으로 듣고 보게 하며 입과 코로 먹고 맡게 하며 팔다리와 몸으로 사물의 실정을 깨닫게 합니다만 도리를 미루어 생각하고 논의할 수 없으며 죽음에 이르면서 혼도 역시 없어집니다.

| 원문 | (3)

"상품명왈영혼上品名曰靈魂 즉인혼야卽人魂也 차겸생혼각혼此兼生魂覺魂 능부인장양能扶人長養 급사인지각물정及使人知覺物情 이우사지능추론사물而又使之能推論事物 명변리의明辨理義"

| 언해 |

"상픔은 굴온 령혼이니 곳 사름의 혼이라 이는 싱혼과 각혼을 겸ᄒ야 능히 사름을 붓드러 길너 즈라게 ᄒ고 ᄯᅩ 물졍을 알아 씨듯고 ᄯᅩ 능히 스물을 추론ᄒ고 의리룰 분변ᄒ고"

| 국역 |

상품上品은 이름이 영혼靈魂이니 곧 사람의 혼입니다. 이는 생혼生魂과 각혼覺魂을 겸하여 사람의 성장과 양육을 도울 수 있으며, 사람으로 하여금 사물의 실정을 알아 깨닫게 하면서 또한 사물을 미루어 생각하고 논의하여 도리의 의미를 명확히 분별할 수 있게 합니다.

[제7강]

원문:인혼여초목금수혼소이부동人魂與草木禽獸魂所以不同

언해:사름의 혼이 초목 금슈의 혼으로 더브러 굿지 아니흔 바라

국역:사람의 혼과 풀·나무, 날짐승·길짐승의 혼은 그래서 같지 않다

| 원문 | (1)

"인신수사人身雖死 이혼비사而魂非死 개영존불멸자언蓋永存不滅者焉 범지각지사凡知覺之事 의뢰우신형倚賴于身形 신형사산身形死散 즉각혼무소용지則覺魂無所用之 고초목금수지혼故草木禽獸之魂 의신이위본정依身以爲本情 신몰이정혼수지이운身歿而情魂隨之以殞 약추론명변지사若推論明辨之事 즉불필의거우신형則不必倚據于身形 이기영자재而其靈自在 신수몰身雖歿 형수환形雖渙 기영혼잉부능용지야其靈魂仍復能用之也 고인여초목금수불동야故人與草木禽獸不同也"

| 언해 |

"사름의 몸은 비록 죽으나 혼은 죽지 아니ᄒ고 영히 잇서 멸치 아니ᄒᄂᆫ 쟈라 므릇 지각의 일은 신형을 의뢰ᄒ엿다가 신형이 죽어 허여진즉 각혼이 쓸 바 업ᄂᆫ지라 고로 초목금슈의 혼은 몸을 의지ᄒ야 본정이 되나 몸이 멸ᄒ면 혼이 ᄯ라 멸ᄒ거니와 추론ᄒ고 명변ᄒᄂᆫ 일은 반ᄃ시 신형을 의뢰치 아니ᄒ야 그 령혼이 ᄯ로 잇ᄂᆞ니 몸은 비록 멸ᄒ나 그 령혼은 멸치 아니ᄒᄂᆫ지라 고로 사름이 초목금슈로 더브러 굿지 아니ᄒ니라"

교주 언해에ᄂᆞᆫ 원문의 '形雖渙' 부분의 언해가 누락되어 있음에 유의하였다.

역해 원문 '而其靈自在'의 '自在'에 관한 『中韓辭典』, 1989, p.3197; 2006, p.2699의 풀이에 '편안하다. 안락하다'와 '자유롭다'가 있는데, 이 중에서 '자유롭다'가 이 문맥에서는 적합하다고 여겨져 이를 취하여 국역하였다.

| 국역 |

사람의 육신은 비록 죽을지라도 혼은 죽지 않으며 대개 영원히 존재하면서 불멸합니다. 무릇 깨닫는 일은 육신의 형상에 기대고 의지하다가, 육신의 형상이 죽어 흩어지면 각혼은 소용이 없어집니다. 그러므로 풀·나무·날짐승·길짐승의 혼은 육신에 의지함을 본래의 마음으로 삼으니 육신이 죽을 때에는 마음과 혼령이 따라 죽습니다. 미루어 생각하여 논의하고 명확히 분별하는 일에 관해서는 곧 반드시 육신의 형상에 기대어 의거하지 않으면서

그 영혼이 자유롭습니다. 육신은 비록 죽어서 형상이 비록 흩어지더라도 그 영혼은 오히려 다시 쓸 수 있으므로 사람이 풀·나무·날짐승·길짐승과 같지 않은 것입니다.

| 원문 | (2)

"중사왈中士曰 하위뢰신여부何謂賴身與否"

| 언해 |

"즁ᄉᆞㅣ ᄀᆞᆯ오ᄃᆡ 엇지 닐온 몸을 의뢰ᄒᆞ며 아니홈이뇨"

| 국역 |

중국선비가 말한다 : 무엇을 일러 육신에 의뢰함이 그러하다, 그러하지 않다고 하는지요.

| 원문 | (3)

"서사왈西土曰 장육신체지사長育身體之事 무신체즉무소장육의無身體則無所長育矣 시지이목사언視之以目司焉 청지이이사언聽之以耳司焉 후지이비사언嗅之以鼻司焉 담지이구사언啖之以口司焉 지각사물지이사지지각언知覺事物之以四肢知覺焉 연이색불치목전연而色不置目前 즉불견색의則不見色矣 성불근우이聲不近于耳 즉성불문의則聲不聞矣 취근우비臭近于鼻 즉능변則能辨 원즉불변야遠則不辨也 미지함산감고味之鹹酸甘苦 입구즉지入口則知 불입즉부지야不入則不知也 냉열경연합어신冷熱硬愞合於身 아방각지我方覺之 원지즉불각야遠之則不覺也 황성동일이야況聲同一耳也 농자불문聾者不聞 색동일목야色同一目也 고자불견瞽者不見 고왈각혼뢰호신故曰覺魂賴乎身 신사이수식야身死而隨熄也"

| 언해 |

"셔ᄉᆞㅣ ᄀᆞᆯ오ᄃᆡ 형톄를 기ᄅᆞᄂᆞᆫ 일은 형톄 업ᄉᆞ면 기를 바 업ᄂᆞ니 보기는 눈으로써 ᄒᆞ고 듯기는 귀로써 ᄒᆞ고 맛기는 코로써 ᄒᆞ고 먹기는 입으로써 ᄒᆞ고 물을 ᄶᅵ듯기는 ᄉᆞ지로써 ᄒᆞ나 그러나 빗ᄎᆞᆯ 눈 압희 두지 아니ᄒᆞᆫ즉 보지 못ᄒᆞ고 소릭ㅣ 귀에 갓갑지 아니ᄒᆞᆫ즉 듯지 못ᄒᆞ고 내음새 코에 먼즉 향긔러움과 츄악홈을 분변치 못ᄒᆞ고 맛시 입에 들지 아니ᄒᆞᆫ즉 ᄡᅳ고 슴거움을 아지 못ᄒᆞ고 물건을 ᄆᆞᆫ지 〃 아니ᄒᆞᆫ즉 ᄎᆞ고 더움과 굿고 연홈을 ᄶᅵ듯지 못ᄒᆞ나니—육졍의 지각은 물졍을 기ᄃᆞ려 응ᄒᆞ니 편시 물노 물을 ᄉᆞ굄이라— 하믈며 ᄀᆞᆺᄒᆞᆫ 소릭의 ᄒᆞᆫ 귀ㅣ로ᄃᆡ 귀 막은 쟈ᄂᆞᆫ 듯지 못ᄒᆞ고 ᄀᆞᆺᄒᆞᆫ 빗체 ᄒᆞᆫ 눈이로ᄃᆡ 소경은 보지 못ᄒᆞ니—귀와 눈이 폐ᄒᆞ야 죽은 모양인 고로 듯고 보는 각혼은 임의 ᄯᅵ허진지니 고로 지각혼은 몸

182 天主實義·텬쥬실의

을 의뢰ᄒ엿다가 몸이 죽으면 곳 멸ᄒ다 ᄯᅳᆺ— 고로 글오ᄃᆡ 각혼은 몸을 의뢰ᄒ엿다가 몸이 죽으면 ᄯᅡ라 써지거니와"

> **교주** 언해의 '내음새 코에 먼즉 향긔러옴과 츄악홈을 분변치 못ᄒ고' 부분이 원문에는 '臭近于 鼻 則能辨 遠則不辨也'로 되어 있음에 유의하였다. 그리고 언해의 '맛시 입에 들지 아니ᄒ 즉 쯤고 습거옴을 아지 못ᄒ고' 부분과 '물건을 믄지 〃 아니ᄒ즉 ᄎ고 더음과 굿고 연홈을 ᄭᅵᆮ지 못ᄒ나니' 부분이 원문에는 각각 '味之鹹酸甘苦 入口則知 不入則不知也'와 '冷熱硬 愞合於身 我方覺之 遠之則不覺也'로 되어 있음에도 역시 유의하였다. 한편 원문의 '合於 身' 부분은 언해에는 언해되지를 않았다.

| 국역 |

서양선비가 말한다 : 신체를 성장시키고 발육하는 일은 신체가 없는 경우에는 성장하고 발육하는 바도 없습니다. 보기는 눈이 담당하고 듣기는 귀가 담당하며 맡기는 코가 담당하고 먹기는 입이 담당하며, 사물을 깨닫기는 팔다리로 깨닫는 것입니다. 그런데 빛깔이 눈앞에 놓이지 않으면 빛깔이 보이지 않고, 소리가 귀에 가깝지 않으면 소리는 들리지 않습니다. 냄새가 코에 가까워야 분별할 수 있지만 멀면 분별이 되지 않으며, 맛의 짜고 시고 달고 쏨은 입에 들어오면 알지만 들어오지 않으면 알지 못합니다. 차고 더움과 굳고 연함은 육신에 닿아야 우리가 비로소 깨닫고 멀리 두면 깨닫지 못합니다. 더구나 소리는 한쪽 귀로 들어도 같지만 귀머거리는 듣지 못하고 빛깔이 한쪽 눈으로 보아도 같지만 소경은 보지 못합니다. 그러므로 '각혼은 육신에 의뢰하였다가 육신이 죽으면서 따라 사라진다.'라고 말합니다.

| 원문 | (4)

"약부영혼지본용若夫靈魂之本用 즉불시호신언則不恃乎身焉 개시신즉위신소역蓋恃身則爲身所役 불능택기시비不能擇其是非 여금수견가식지물如禽獸見可食之物 즉욕식卽欲食 불능자기不能自己 기복명기시비豈復明其是非 인당기아지시人當飢餓之時 약의불가식若義不可食 입지불식立志不食 수유미미열전불설식의雖有美味列前不屑食矣 우여인신수출유재외又如人身雖出遊在外 이차심일점而此心一點 유념가중猶念家中 상유귀사常有歸思 즉차명리지혼則此明理之魂 뢰신위용자재賴身爲用者哉"

| 언해 |

"령혼의 소용은 몸에 ᄆᆡ이지 아니ᄒ니 만일 몸에 ᄆᆡ엿시면 능히 시비를 ᄀᆞ리지 못ᄒᆯ지라

가령 금슈는 가식지물을 보면 불계ᄒ고 곳 먹고져 ᄒ야 시비를 분별치 못ᄒ되 사ᄅᆷ은 주
릴 째를 당ᄒ여도 만일 의에 가히 먹지 못ᄒᆯ 터이면 뜻을 셰워 먹지 아니ᄒ고 비록 아름다
온 맛시 압회 버렸실지라도 즐겨 먹지 아니ᄒ고 또 사ᄅᆷ의 몸은 비록 멀니 밧긔 놀지라도
일넘이 ᄒᆞᆼ상 집에 잇서 도라갈 싱각이 잇신즉 이ᄂᆞᆫ 스리를 변명ᄒᆞᄂᆞᆫ 혼이 육신을 의뢰치
아니홈이 붉은지라"

> **교주** 원문의 '爲身所役' 부분이 언해에서는 언해되지 않았음에 유의하였다. 원문의 '見可食之物
> 卽欲食 不能自己' 부분이 언해에는 '가식지물을 보면 불계ᄒ고 곳 먹고져 ᄒ야'로 되어 있
> 음에 유의하였다.

> **역해** 원문 '若夫靈魂之本用'의 '若夫'에 대해『中韓辭典』, 1989, p.1958; 2006, p.1662의 풀이에
> '①…에 대하여는. …과 같은 것은 ②그런데'로 되어 있어, 이 중에서 이 대목에서는 '그런
> 데'가 적합하다고 여겨져 이를 취하여 국역하였다.

| 국역 |

그런데 영혼의 본래 소용은 다만 육신에 의지하지 않는 것입니다. 대개 육신을 의지하면
육신이 지배하는 바가 되어서 그 옳고 그름을 가릴 수 없을 것입니다. 예컨대 날짐승·길
짐승은 먹을 수 있는 물건을 보면 즉시 먹고자 하여 스스로 그칠 수 없으니 어찌 다시 그
옳고 그름을 밝힐 수 있겠습니까. 사람은 굶주릴 때를 당면하였어도 만약 의롭게 먹을 수
없으면 의지를 세워 먹지 아니하고, 비록 좋은 맛의 음식이 앞에 늘어져 있을지라도 먹는
것을 달갑게 여기지 않습니다. 또 예컨대 사람의 육신은 비록 나가 놀며 밖에 있으나 이 마
음에 아주 조금이라도 오히려 집을 염려하는 가운데 집으로 항상 돌아갈 생각이 있으면,
이것은 이치를 규명하는 영혼이 육신에 의지하여 작용하는 것입니까.

[제8강]

원문: 형물잔멸지유形物殘滅之由
언해: 형상 잇는 물건의 멸ᄒᆞᄂᆞᆫ 연유라
국역: 형상 있는 사물이 죽어서 없어지는 연유

| 원문 | (1)

"자욕지인혼불멸지연子欲知人魂不滅之緣 수오세계지물須悟世界之物 범견잔멸凡見殘滅 필유잔멸지자必有殘滅之者 잔멸지인殘滅之因 종상패기從相悖起 물무상패物無相悖 결무상멸決無相滅 일월성신려우천日月星辰麗于天 하소계속何所繫屬 이졸무잔멸자而卒無殘滅者 인무상패고야因無相悖故也"

| 언해 |

"즈네 사름의 혼이 멸치 아니ᄒᆞᄂᆞᆫ 연유를 알고져 홀진대 각물의 멸흠이 됨이 반ᄃᆞ시 멸케 ᄒᆞᄂᆞᆫ 쟈 잇심을 볼지니 물의 멸ᄒᆞᄂᆞᆫ 소연이 서로 거스림을 인ᄒᆞ야 멸ᄒᆞᄂᆞ니 물이 서로 거스림이 업ᄉᆞ면 결단코 멸치 못홀지라 일월성신은 하늘에 빗나니 무어시 ᄆᆡ이고 븟친 바리오 종ᄂᆡ 멸치 아니ᄒᆞᄂᆞᆫ 쟈ᄂᆞᆫ 서로 거스림이 업는 연고라"

교주 언해에는 원문 '須悟世界之物' 부분의 언해가 누락되어 있다.

| 국역 |

그대가 사람의 영혼이 불멸하는 연유를 알고자 하니, 모름지기 이 세상의 물정을 깨달아야 합니다. 무릇 사물이 쇠잔해서 소멸하는 것을 보건대, 반드시 쇠잔해서 소멸하는 것에는 쇠잔해서 소멸하는 까닭이 서로를 쫓아서 모순됨이 일어나지만, 사물은 서로 모순됨이 없으니 결코 서로 소멸시킴이 없습니다. 해·달·별들은 하늘에서 빛나며 어느 곳에 매이고 속했어도 마침내 쇠잔하여 없어지지 않는 것은 서로 모순됨이 없음에서 말미암은 까닭입니다.

| 원문 | (2)

"범천하지물凡天下之物 막불이화기수토사항상결이성莫不以火氣水土四行相結以成 연화성열건然火性熱乾 즉배우수則背于水 수성냉습야水性冷濕也 기성습열氣性濕熱 즉배우토則背于土 토성건냉야土性乾冷也 양자상대상적兩者相對相敵 자필상적自必相賊 기동재상결일물지내既同在相結一物之內 기물기득장구화평其物豈得長久和平 기간미면시상벌경其間未免時相伐競 단유일자편승但有一者偏勝 기물필치괴망其物必致壞亡 고차유사행지물故此有四行之物 무유불민멸자無有不泯滅者 부영혼즉신야夫靈魂則神也 어사행무관언於四行無關焉 숙종이패멸지孰從而悖滅之"

"므릇 텬하 만물은 다 화긔슈토 ᄉᆞᆼ으로써 서로 미ᄌᆞ 일우지 아니ᄒᆞᄂᆞᆫ 거시 업ᄉᆞ니 불의 셩미ᄂᆞᆫ 열ᄒᆞ고 ᄆᆞᆯ나 물과 등지니 물의 셩미ᄂᆞᆫ 닝ᄒᆞ고 습흔 연고오 긔운의 셩미ᄂᆞᆫ 습ᄒᆞ고 열ᄒᆞ야 흙과 등지니 흙의 셩미ᄂᆞᆫ ᄆᆞᄅᆞ고 닝흔 연고라 물이 서로 ᄃᆡ뎍ᄒᆞ면 반ᄃᆞ시 서로 해ᄒᆞᄂᆞᆫ지라 ᄉᆞᆼ이 임의 흔 물건 안희 흙긔 미ᄌᆞ 흙긔 잇ᄉᆞ니 그 물건이 엇지 쟝구히 화평ᄒᆞ리오 필경 ᄣᆡ로 서로 치고 다틈을 면치 못ᄒᆞᆯ지니 다만 ᄒᆞ나히 편벽되이 승ᄒᆞ면 그 물건이 반ᄃᆞ시 믄허져 망ᄒᆞᄂᆞᆫ 고로 이 ᄉᆞᆼ으로 일운 물건은 멸치 아니ᄒᆞᄂᆞᆫ 쟈 업거니와 대뎌 령혼은 신이라 ᄉᆞᆼ에게 관이 업고 텬쥬의 븟치신 바니 뉘 능히 거ᄉᆞ려 멸ᄒᆞ리오"

> **교주** 언해에는 '미ᄌᆞ'로 표현되어 있으나, 이는 '맺어'의 의미로 원문의 '結'을 풀어쓴 것이다. 한편 언해의 '텬쥬의 븟치신 바니' 부분은 원문에는 없는 것으로 언해자가 설명의 편의상 삽입한 것이다.

| 국역 |

천하의 모든 사물은 다 불·공기·물·흙 4행四行으로 서로 맺어 이루어지지 않는 것이 없습니다. 그러나 불의 성질은 덥고 말라서 곧 물에게 등지니, 물의 성질은 차갑고 습합니다. 공기의 성질은 습하고 더워서 곧 흙과 등지니, 흙의 성질은 마르고 차갑습니다. 둘이 서로 맞서고 서로 겨루게 되면 저절로 틀림없이 서로 해를 끼치니 이미 한 사물 안에 같이 있어 서로 맺으면 그 사물이 어찌 오랫동안 평화롭겠습니까. 그 사이에 때로 서로 치고 다툼을 면하지 못하니 다만 하나가 치우쳐 이김이 있게 되며 그 사물은 반드시 무너져 없어짐에 이르게 됩니다. 그러므로 이 4행을 지닌 사물은 다 없어지지 않는 게 없습니다. 대저 영혼은 곧 신이라 4행에 관련이 없으니, 어느 것이든 그것을 추종하면서 모순되어 소멸되겠습니까.

| 원문 | (3)

"중사왈中士曰 신셩무패야神誠無悖也 연오오지인혼위신然吾烏知人魂爲神 이금수즉부야而禽獸則否耶"

| 언해 |

"즁ᄉᆞ ㅣ ᄀᆞᆯ오ᄃᆡ 신은 진실노 거ᄉᆞ려 멸ᄒᆞᆯ 거시 업ᄉᆞ나 그러나 엇지 사ᄅᆞᆷ의 혼은 신이 되며 금슈ᄂᆞᆫ 아닌 줄을 알니오"

교주 언해의 '신은 진실노 거스려 멸홀 거시 업ᄉᆞ나' 부분이 원문에는 '神誠無悖也'로 되어 있음에 유의하였다.

| 국역 |

중국선비가 말한다 : 신은 확실히 어긋남이 없습니다. 그러나 우리가 사람의 혼은 신이 되지만, 날짐승·길짐승은 오히려 아닌 줄을 어찌 알겠습니까.

[제9강]

원문:인영혼속신이무형여금수이이리육단징지人靈魂屬神而無形與禽獸異以理六端徵之

언해:사름의 령혼은 신에 속ᄒᆞ야 무형홈이 금수로 더브러 다름을 여ᄉᆞᆺ 끗ᄎᆞ로 증거홈이라

국역:사람의 영혼은 신에 속하여 형상이 없으면서 날짐승·길짐승과 다름을 이치의 여섯 가지 단서로써 입증하다

| 원문 |

"서사왈西士曰 징기실徵其實 하유호何有乎 리유수단理有數端 자오즉가석의야自悟則可釋疑也"

| 언해 |

"셔ᄉᆞㅣ ᄀᆞᆯ오ᄃᆡ 그 진실홈을 증거홈이 무어시 어려오리오 그 리ㅣ 두어 ᄭᅳᆺ치 잇ᄉᆞ니 ᄭᆡ친 즉 의심을 가히 노흐리라"

교주 언해의 '무어시 어려오리오'가 원문에는 '何有乎'로 되어 있음에 유의하였다. 그리고 언해에서는 '그 리ㅣ 두어 ᄭᅳᆺ치 잇ᄉᆞ니'라고 풀어서 표현하였으나, 원문에는 '理有數端'으로 되어 있음에 유의하였다.

역해 이 '何有乎' 중 '何有'의 국역에는 『漢韓大字典』, 2001, p.171에는 '무엇이 있으랴. 아무 어려움도 없다. 아무 지장도 없다'로 풀이되어 있으나, 『中韓辭典』, 1989, p.918; 2006, p.755에는 '①무엇이 있는가. ②어찌 있겠는가. ③무슨 어려움이 있는가. 어렵지 않다'로 풀이되어 있음을 참조하였다. 여기에서는 문맥상 뒤엣것 중에서 '무슨 어려움이 있는가'는 풀이가 적절한 것으로 여겨져 이를 취하여 '무슨 어려움이 있겠습니까'로 국역하였다.

서양선비가 말한다 : 그 진실을 입증함에 무슨 어려움이 있겠습니까. 이치에는 두서넛 단서가 있으니 스스로 깨달으면 의심을 풀 수 있습니다.

[제10강]

원문:일이영혼위신지주징一以靈魂爲身之主徵
언해:ᄒᆞ나흔 령혼이 일신의 쥬지됨으로 증거홈이라
국역:첫째는 영혼이 육신의 주인이 됨을 입증하다

| 원문 | (1)

"기일왈其一曰 착형지혼着形之魂 불능위신지주不能爲身之主 이항위신지소역而恒爲身之所役 이취타락以就墮落 시이금수상행본욕지역是以禽獸常行本欲之役 순기정지소도狥其情之所導 이불능사검而不能自檢"

| 언해 |

"그 ᄒᆞ나흔 굴온 형신의 섯긴 혼이니 능히 몸의 쥬인이 되지 못ᄒᆞ고 흉샹 몸의 종이 되여써 써러져 ᄂᆞ리니 일노써 금슈의 혼은 흉샹 본 욕심의 ᄉᆞ역을 힝ᄒᆞ고 욕정의 인도홈을 좃차 능히 스스로 뎡탈ᄒᆞ지 못ᄒᆞ되"

> **교주** 언해의 '능히 스스로 영탈하지 못ᄒᆞ되' 부분이 원문에는 '不能自檢'으로 되어 있음에 유의하였다.

> **역해** 원문의 '其一曰'의 '曰'이 언해에는 고어 '굴온'이라 되어 있으나 현재말로는 '이렇습니다'라고 푸는 게 적절하다고 생각하여 그리하였다. 이하도 마찬가지다.
> 원문의 '是以'에 관한『中韓辭典』, 1989, p.2119; 2006, p.1794의 풀이 '이 때문에. 그래서. 그러므로' 중 이 문맥에서는 '이 때문에'가 적합한 듯하여 이를 취하여 국역하였다.

| 국역 |

그 첫째는 이렇습니다. 형상이 있는 혼은 육신의 주인이 될 수 없고 항상 육신의 부리는 바가 됨으로써 타락에 이릅니다. 이 때문에 날짐승·길짐승은 항상 본래 욕구의 사역을 행하고 그 욕정의 인도하는 바에 사로잡히면서 스스로 규제할 수 없는 것입니다.

"독인지혼능위신주獨人之魂能爲身主 이수오지지소종지而隨吾志之所縱止 고지유전향
故志有專向 려즉종언力卽從焉 수유사욕雖有私欲 기능위공리소령호豈能違公理所令乎 즉
영혼신전일신지권속우신자야則靈魂信專一身之權屬于神者也 여유형자이야與有形者異
也"

| 언해 |

"홀노 사롬의 혼은 능히 몸의 쥬쟝이 되여 내 뜻의 가부를 좃난 고로 뜻이 소향이 잇스면
힘이 곳 좃고 비록 ᄉᆞ욕이 잇스나 공변된 의리의 지휘ᄒᆞᄂᆞᆫ 무옴을 어기지 못ᄒᆞᆫ 즉 령혼이
진실노 일신의 권을 능히 쳔ᄌᆞ히 ᄒᆞᄂᆞᆫ 신이니 형상 잇ᄂᆞᆫ 쟈로 더브러 크게 다ᄅᆞ고"

> **교주** 언해의 '뜻이 소향이 잇스면' 부분이 원문에는 '志有專向'으로 되어 있다. 그리고 언해의
> '령혼이 진실노 일신의 권을 능히 쳔ᄌᆞ히 ᄒᆞᄂᆞᆫ 신이니' 부분이 원문에는 '則靈魂信專一 身
> 之權屬于信者也'로 되어 있음에 유의하고자 한다.

> 역해 '則靈魂信專一身之權屬于信者也'의 '則'은 『漢韓大字典』, 1967, p.168; 2001, p.295의 풀
> 이 '곧즉 ㉠…할 때에는. …한 경우에는 ㉡만일 그렇다면 ㉢…에 이르러서는' 가운데 이 대
> 목에서는 '만일 그렇다면'이 가장 적절하다고 여겨져 이를 취하여 국역하기로 하였다.

| 국역 |

유독 사람의 혼이 육신의 주인이 되면서 내 지향의 방종하는 바와 억제하는 바를 따릅니
다. 그러므로 지향이 있으면 오로지 향하고 작용이 곧 좇습니다. 비록 사사로운 욕망이 있
을지라도 어찌 공변된 도리가 명령하는 바를 어길 수 있겠습니까. 만일 그렇다면 영혼이
자신 의 권능만을 오로지 믿고 신에게 속하는 것이니 형상이 있는 것과는 다릅니다.

[제11강]

원문:이이인유형신양성징二以人有形神兩性徵
언해:둘흔 사룸은 형신과 령신 두 셩픔이 잇슴으로써 증거홈이라
국역:둘째는 사람에게 형상·영신 두 성품이 있음으로써 입증하다

| 원문 | (1)

"기이왈其二日 일물지생一物之生 유득일심惟得一心 약인즉겸유이심若人則兼有二心 수심인심시야獸心人心是也 즉역유이성則亦有二性 일내형성一乃形性 일내신성야一乃神性也 고거범정지상배故擧凡情之相背 역유소발지성상배언亦由所發之性相背焉 인지우일사야人之遇一事也 차동일시야且同一時也 이유양념병흥而有兩念並興 누각양역屢覺兩逆 여오혹혹주색如吾或惑酒色 기사미연욕종旣似迷戀欲從 우복려기비리又復慮其非理 종피위지수심從彼謂之獸心 여금수무별與禽獸無別 종차위지인심從此謂之人心 여천신상동야與天神相同也"

| 언해 |

"그 둘흔 훈 가지 물건의 졍이 오직 훈 가지 모옴을 엇엇시디 사람은 두 모옴을 겸호야 두엇시니 즘승의 모옴과 사람의 모옴이오 쏘 두 셩픔이 잇스니 호나흔 육신의 셩픔이오 호나흔 령혼의 셩픔이라 고로 므릇 뜻이 서로 등짐은 발호는 바 두 셩픔이 서로 등짐을 인흠이니 사람이 훈 재 훈 일을 맛나매 미양 두 뜻이 발호야 서로 거스림이 잇스니 가령 혹 쥬식의 싱각이 발호야 탐홀 듯훈 즁에 그 뮈워호는 싱각이 겸호야 발호니 뎌를 좃츤즉 즘승의 모옴이니 금슈를 더브러 다름이 업고 이를 좃츤즉 사람의 모옴이니 텬신으로 더브러 곳흔지라"

> **교주** 언해의 '물건의 졍'·'육신의 셩픔'·'령혼의 셩픔'이 원문에는 각각 '一物之生'·'形性'·'神性'으로 되어 있음에 유의하였다. 언해의 '가령 혹 쥬식의 싱각이 발호야 탐홀 듯훈 즁에 그 뮈워호는 싱각이 겸호야 발호니' 부분이 원문에는 '如吾或惑酒色 旣似迷戀欲從 又復慮其非理'로 되어 있음에 유의하였다.

> **역해** 원문 '故擧凡情之相背'의 '凡'은 『中韓辭典』, 1989, p.664의 풀이에는 '②모두. 도합. 전부. 통틀어'로, 또 同書, 2006, p.1025의 풀이에는 '대개. 모두'로 되어 있기에, 여기에서는 '대개'로 국역하였다.

| 국역 |

그 둘째는 이렇습니다. 하나의 사물이 생성되면 오직 하나의 심성을 얻지만, 만약 사람인 경우에는 두 심성을 아울러 지니니 짐승의 심성과 사람의 심성이 이것입니다. 다만 또 두 성정이 있으니 하나는 곧 형상[육신]의 성정이요 하나는 곧 영혼의 성정이며, 그러므로 대개 성정이 서로 등짐을 일으키는 것도 역시 드러내는 성정이 서로 등지는 데서 비롯합니다. 사람이 하나의 일을 마주하는 것도 또한 같은 한 때이기도 하면서 두 상념이 아울러 일어나며 둘이 거슬리는 것을 자주 깨닫습니다. 마치 내가 간혹 술과 여자에 유혹되어 이미 그리워하는 마음에 헤매어 욕망을 좇는 것과 같으며, 또 그것이 도리가 아닌 것을 다시 고려하여 지것[육신의 성정]을 좇기에 짐승의 심성이라 일컬으니 날짐승·길짐승과 다름이 없고, 이것[영혼의 성정]을 좇기에 사람의 심성이라 일컬으니 천신天神과 서로 같습니다.

| 원문 | (2)

"인우일심일시일사人于一心一時一事 부득양정상배병립不得兩情相背並立 여목야如目也 불능일시도일물不能一時覩一物 이병불도지야而並不覩之也 여이야如耳也 불능일시청일성不能一時聽一聲 이병불청지야而並不聽之也 시이양상패지정是以兩相悖之情 필유양상배지심必由兩相背之心 양상패지심兩相悖之心 필유양상배지성야必由兩相背之性也 시상이강지수試嘗二江之水 일함일담一鹹一淡 즉수미견원천則雖未見源泉 역증소발불일의亦證所發不一矣"

| 언해 |

"사름이 흔 무음과 흔 째와 흔 일에 두 뜻이 서로 등지어 홈긔 서지 못ᄒᆞᄂᆞ니 가령 눈은 능히 흔 째에 흔 물건을 보ᄃᆡ 겸ᄒᆞ야 보지 못ᄒᆞ며 귀는 능히 흔 째에 흔 소릭를 들으ᄃᆡ 겸ᄒᆞ야 듯지 못하ᄂᆞ니 일노써 둘이 서로 거스르는 정은 반ᄃᆞ시 서로 등지는 무음으로 말믜암고 둘이 서로 거스리는 무음은 반ᄃᆞ시 서로 등지는 성픔으로 말믜암ᄂᆞᆫ지라 시험ᄒᆞ야 두 강물을 맛보매 ᄒᆞ나흔 ᄶᅳ고 ᄒᆞ나흔 묽으면 비록 근원을 보지 못ᄒᆞ나 ᄯᅩ흔 발ᄒᆞᄂᆞᆫ 바 근원이 ᄒᆞ나히 아님을 증거홀 거시오"

> **교주** 언해의 '로 거스리는 무음은 반ᄃᆞ시 서로 등지는 셩픔으로 말믜암ᄂᆞᆫ지라' 부분이 원문에는 '兩相悖之心 必由兩相背之性也'로 되어 있음에 유의하였다.

| 국역 |

사람이 하나의 심성에 같은 때 하나의 사안에 두 성정이 서로 등겨서 거슬려 함께 존립할 수 없으니, 예를 들면 눈은 같은 때에 하나의 사물을 보면서 함께 보지 않을 수가 없으며, 예를 들면 귀는 같은 때 하나의 소리를 들으면서 함께 듣지 않을 수가 없으니, 이 때문에 둘이 서로 거스르는 성정은 반드시 서로 등지는 심성에서 비롯하고 둘이 서로 거스르는 심성은 반드시 서로 등지는 성품에서 비롯합니다. 시험하여 두 강의 물을 맛보니, 하나는 짠물이고 하나는 단물일 경우에는 비록 원천은 보지는 못할지라도 역시 발원하는 바가 하나가 아님이 입증됩니다.

[제12강]

원문 : 삼이인애오무형지사징三以人愛惡無形之事徵

언해 : 세흔 사룸이 무형훈 일을 스랑ᄒᆞ고 뮈워홈으로 증거홈이라

국역 : 셋째는 사람의 사랑과 증오에 형상이 없음으로써 입증하다

| 원문 |

"기삼왈其三曰 물류지소호악物類之所好惡 항여기성상칭언恒與其性相稱焉 고착형지성故着形之性 유착형지사위호악惟着形之事爲好惡 이초형지성而超形之性 이무형지사위애오以無形之事爲愛惡 오찰만생지정吾察萬生之情 범금수소탐오凡禽獸所貪娛 유미색사지안일이이惟味色四肢安逸耳已 소경해所驚駭 유기로사지상잔이이惟飢勞四肢傷殘耳已 시이단왈是以斷曰 차제류지성불신此諸類之性不神 내착형지성야乃着形之性也 약인지소희오若人之所喜惡 수역유형지사雖亦有形之事 연덕선죄악지사위심然德善罪惡之事爲甚 개무형자야皆無形者也 시이단왈是以斷曰 인지성人之性 겸득유형무형양단자야兼得有形無形兩端者也 차영혼지위신야此靈魂之爲神也"

| 언해 |

"그 세흔 굴온 물류의 됴화ᄒᆞ며 뮈워ᄒᆞ는 바ㅣ 흥샹 그 셩픔으로 더브러 서로 응ᄒᆞ는 고로 형상에 븟흔 셩픔은 오직 형상에 븟흔 일노써 됴화ᄒᆞ며 스려홈을 삼고 형상에 쒸여난 셩픔은 형상이 업ᄂᆞᆫ 일노써 스랑ᄒᆞ며 뮈워홈을 삼ᄂᆞᆫ지라 내 군싱의 졍을 살펴보니 므릇 금슈의 탐ᄒᆞ고 즐기는 바는 오직 식식과 안일ᄲᅮᆫ이오 놀나고 두리ᄂᆞᆫ 바는 주림과 노곤홈과 샹해 오ᄂᆞᆫ 것ᄲᅮᆫ이니 일노써 결단ᄒᆞ야 굴오ᄃᆡ 모든 물류의 셩픔은 신이 아니오 형상에 븟친 셩픔이라 ᄒᆞ고 오직 사람의 깃거ᄒᆞ고 스려홈이 비록 형상 잇ᄂᆞᆫ 일도 잇스나 형상 업ᄂᆞᆫ 션덕과 죄악의 일이 더욱 심ᄒᆞ니 일노써 결단ᄒᆞ야 굴오ᄃᆡ 사람의 셩픔은 유형무형훈 두 ᄭᅳᆺ츨 엇은 쟈라 ᄒᆞ나니 이ᄂᆞᆫ 령혼의 신이 됨이오"

> **교주** 언해의 '군싱'이 원문에는 '萬生'으로 되어 있다. 그리고 언해의 '오직 식식과 안일ᄲᅮᆫ이오' 부분이 원문에는 '惟味色四肢安逸耳已'로 되어 있음에 유의하였다.

> **역해** 원문의 '相稱'에 관한 『中韓辭典』, 1989, p.2568; 2006, p.2177의 풀이에는 '서로 걸맞다. 알맞다. 잘 어울리다. 적합하다'가 있기에, 이 가운데 '서로 어울리다'를 취하여 여기에서는 국역하였다.

| 국역 |

그 셋째는 이렇습니다. 사물의 부류는 좋아하며 미워하는 바가 항상 그 성품과 더불어 서로 어울립니다. 그러므로 형상에 붙은 성품은 오직 형상에 붙은 일로 좋아하며 싫어함을 삼고, 형상을 뛰어넘는 성품은 형상이 없는 일로써 사랑하며 미워함을 삼습니다. 제가 모든 생명의 성정을 살펴보니 모든 날짐승·길짐승이 탐내며 즐기는 바는 오직 미각·색욕과 팔다리의 편안함·한가로움뿐이고, 놀라고 두려워하는 바는 굶주림·노곤함과 팔다리가 상처를 입어 불구가 되는 것뿐입니다. 이 때문에 단정하여, '이 모든 종류의 성품은 신이 아니며 바로 형상에 붙은 성품이다.'라고 말합니다. 만약 사람이 즐거워하며 싫어하는 바가 비록 또한 형상 있는 일이더라도, 덕을 선하게 여기며 죄를 악하게 여기는 일이 심해지니 모두 형상이 없는 것입니다. 이 때문에 단정하여, '사람의 성품은 겸하여 형상이 없음과 형상이 있음 두 단서를 가질 수 있는 것이니, 이는 영혼이 신이 되는 것이다.'라고 말합니다.

[제13강]

원문: 사이인유무형지념상징四以人有無形之念想徵
언해: 네흔 사름이 무형흔 싱각이 잇슴으로써 증거홈이라
국역: 넷째는 사람에게 형상이 없는 상념이 있음으로써 입증하다

| 원문 | (1)

"기사왈其四曰 범수사물자凡受事物者 필이수자지태수언必以受者之態受焉 비여와기수수譬如瓦器受水 기원즉소수지수원器圓則所受之水圓 기방즉소수지수방器方則所受之水方 세간소수무불여시世間所受無不如是 즉인혼지신則人魂之神 하이의호何以疑乎 아욕명물我欲明物 여이기심수기물언如以己心受其物焉 기물유형其物有形 오필탈형이신지吾必脫形而神之 연후능납지우심然後能納之于心"

| 언해 |

"그 네흔 굴온 므릇 일과 물건을 밧아 담는 쟈는 반두시 밧는 그릇시 틱도로 인흐야 밧느니 비컨대 그릇시 물을 밧으매 그릇시 두렷흔즉 밧는바 물도 두렷흐고 그릇시 모난즉 밧

는 물도 쪼흔 모나니 셰 물의 밧는바 이곳지 아님이 업슨즉 사름의 혼이 신이 됨을 엇지 의심ᄒ리오—령혼은 무형흔 톄라 대소방원의 흔뎡이 업눈 고로 못 밧눈 물이 업다 쯧— 내 물리를 혜아리고져 ᄒ면 내 ᄆ음으로써 그 물건을 밧아 담음과 곳ᄒ니 그 물건은 임의 형상이 잇눈 지라 내 반드시 형상을 버셔난 신으로써 밧은 후에 능히 ᄆ음에 담을지니"

언해의 '내 물리를 혜아리고져 ᄒ면' 대목이 원문에는 '我欲明物'로 되어 있음에 유의하였다.

역해 원문 '必以受者之態受焉'의 '以'와 관해서 『中韓辭典』, 1989, p.2844; 2006, p.2402의 풀이에 '①…(으)로(써). …을 가지고. …을 근거로'가 있는데, 이 문맥에서는 '…을 가지고'가 가장 적절하다고 여겨져 이를 취하여 국역하였다.

원문 '譬如'에 대해 同書, 1989, p.1725; 2006, p.1476의 풀이에 '①예를 들다 ②만일. 만약. 가령'이 있으므로 여기에서는 '예를 들다'를 취하여 국역하였다.

원문 '世間所受無不如是'의 '無不'에 관해서 同書, 1989, p.2474; 2006, p.2099의 풀이 '…하지 않은 것이 없다. 모두 …이다' 중 '…하지 않은 것이 없다'를 취하여 국역하였다.

| 국역 |

그 넷째는 이렇습니다. 무릇 사물을 받아들이는 자는 반드시 받아들이는 것이 받아들인 상태로써 받아들입니다. 예를 들면 질그릇에 물을 받을 때, 그릇이 둥글 경우에는 받은 물도 둥글고 그릇이 네모난 경우에는 받은 물도 또한 네모납니다. 이 세상에 받는 바가 이와 같지 않은 것이 없습니다. 만일 그렇다면 사람의 혼이 신이 됨을 어찌 의심하겠습니까. 우리가 사물을 명확히 밝히고자 하면 마치 자기 마음으로써 그 사물을 받아들이는 것과 같으니, 그 사물이 형상이 있으면 우리는 틀림없이 형상을 벗어나면서 신이 되고 그런 다음에야 마음에 받아들일 수가 있는 것입니다.

| 원문 | (2)

"여유황우우차如有黃牛于此 오욕명기성체吾欲明其性體 즉시기황왈비우야則視其黃曰非牛也 내우색이乃牛色耳 청기성왈비우야聽其聲曰非牛也 내우성이乃牛聲耳 담기육미왈비우야啖其肉味曰非牛也 내우육미이乃牛肉味耳 즉지부우자유가이탈기성색미등형자지정則知夫牛自有可以脫其聲色味等形者之情 이신언자而神焉者 우여인관백치지성又如人觀百雉之城 가치지우방촌지심可置之于方寸之心 비인심지신非人心至神 하이방촌지지何以方寸之地 능용백치지성호能容百雉之城乎 능신소수자能神所受者 자비신야自非神也 미지유

야未之有也"

| 언해 |

"가령 누런 소ㅣ 여긔 잇스니 내 그 소의 셩픔과 형톄를 붉히려 흔즉 다만 그 누름을 보면 굴오딕 소ㅣ 아니오 빗치라 홀 거시오 그 소리를 드르면 굴오딕 소ㅣ 아니오 그 소리라 홀 거시오 그 고기를 먹으면 굴오딕 소ㅣ 아니오 육미라 홀 거시나 그 소ㅣ 되는 줄을 알믄 스스로 빗과 소리와 맛 굿흔 형상에 버셔난 신이 잇서 알미오—유형흔 눈과 귀와 입은 유형흔 빗과 소리와 맛슬 밧고 무형흔 신은 소의 무형흔 셩톄지리를 밧는다 쯧— 또 가령 사름이 흔 곳 셩쳡을 보고 그 셩 쥬위가 넓으나 좁으나 가히 방촌—ᄆᆞᆷ— 안희 두니 사름의 ᄆᆞᆷ이 극히 신령흠이 아니면 방촌지간에 엇지 빅쳐지셩을 용납ᄒᆞ리오 능히 밧는 바쟈는 신이 아니면 능치 못홀 거시오"

교주 언해에서 '셩픔과 형톄'라 푼 것의 원문은 '性體'라 되어 있다. 그리고 '셩톄지리'가 원문에는 없고 언해에만 있는 설명인데, 이 '셩톄지리'는 '性體之理'일 것이다. 언해의 '흔 곳 셩쳡' 부분이 원문에는 '百雉之城'으로 되어 있음이 주목된다.

[역해] 원문의 '雉'와 '寸'은 모두 尺度의 단위로 '雉'는 높이 10尺 길이 30자를 그리고 '寸'은 1자의 1/10을 이른다.
원문 '自非神也 未之有也'의 '也'에 관한 『中韓辭典』, 1989, p.2783; 2006, p.2354의 풀이 중 '②…도 (하고) …도 (하다)[앞뒤로 병용해서 병렬되어 있는 것을 모두 강조함]'이 적합하다고 판단되어 이를 취하여 이 대목을 '스스로 神이 아니기도 하고 아직 없기도 합니다'로 국역하였다.

| 국역 |

예컨대 여기에 황소가 있어 제가 그 성품과 형상을 밝히려 할 때에는, 그 황색을 보고, '소가 아니고 단지 소의 빛깔일 뿐이다.'라고 말하며, 그 소리를 듣고, '소가 아니고 단지 소의 소리일 뿐이다.'라고 말하며, 그 고기로 만든 음식을 먹고, '소가 아니고 단지 소고기 음식일 뿐이다.'라고 말합니다. 다만 무릇 소가 스스로 그 소리·빛깔·맛 등 형상의 실정을 벗어나면서 신이 있다는 것을 알게 됩니다. 또 예컨대 사람은 100치 크기의 성을 보고서 사방 1치의 마음에 둘 수 있습니다. 사람의 마음이 지극한 신이 아니면 어찌 사방 1치의 땅[마음]으로써 100치의 성을 담을 수 있겠습니까. 전능하신 신이 받아들이시는 바의 것은 스스로 신이 아니기도 하고 아직 없기도 합니다.

[제14강]

원문:오이인용오이사지무형소속징五以人欲悟二司之無形所屬徵

언해:다숫슨 사름이 명오이욕스의 소속이 무형홈으로써 증거홈이라

국역:다섯째는 사람의 애욕·명오 둘을 주관함에는 소속된 형상이 없음으로써 입증하다

| 원문 | (1)

"기오왈其五曰 천주생인天主生人 사지유소사使之有所司 관자고여기소속지물官者固與其所屬之物 상칭자야相稱者也 목사시目司視 즉소속자색상則所屬者色相 이사청耳司聽 즉소속자음성則所屬者音聲 비구사취사기鼻口司臭司嗜 즉소속자후미則所屬者臭味 이목구비유형耳目口鼻有形 즉병색음취미지류則併色音臭味之類 균유형언均有形焉"

| 언해 |

"그 다숫슨 텬쥬ㅣ 사름을 내시매 령신과 육신의 ᄀᆞ음 아ᄂᆞ 직분이 잇서 그 ᄎᆞ지ᄒᆞ야 ᄀᆞ음 아ᄂᆞ 물노 더브리 샹칭ᄒᆞ게 ᄒᆞ니 눈은 봄을 ᄀᆞ음 안 즉 소속지물이 빗치오 귀ᄂᆞ 드롬을 ᄀᆞ음 안 즉 소속지물이 소리오 코와 입은 내 맛흠과 식흠을 ᄀᆞ음 안 즉 소속지물이 내음새와 맛시니 이목구비ᄂᆞ 형상이 잇신즉 빗과 소리와 내음새와 음식의 류도 다 형상이 잇서 샹칭 흠이오"

> **교주** 언해의 '령신과 육신의 ᄀᆞ음 아ᄂᆞ 직분' 부분이 원문에는 '有所司'로 되어 있다. 여기에서 'ᄀᆞ음 아ᄂᆞ'은 이후에도 'ᄀᆞ음 안'으로 여러 번 표현되기도 하는데, '司'를 이렇게 푼 것으로 보인다.

> **역해** 원문 '官者固與其所屬之物' 중 '官者'의 '官'에 대해 『漢韓大字典』, 1967, p.351; 2002, p.574의 풀이 '④기능관 이목구비耳目口鼻 등의 기능'을 취하여, '오관五官(시각·청각·미각·후각·촉각)의 눈·귀·입·코·피부] 기능'으로 국역하였다.

| 국역 |

그 다섯째는 이렇습니다. 천주께서 사람을 생성하시고 관장하는 바를 두셨으니 오관五官(시각·청각·미각·후각·촉각)의 눈·귀·입·코·피부] 기능이라는 것은 물론 그에 소속된 사물과도 서로 어울립니다. 눈은 보는 것을 관장하니 곧 속하는 바는 빛깔·모습이고, 귀는 듣는 것을 관장하니 곧 속하는 바는 음악·소리이며, 코와 입은 냄새를 맡고

즐기는 것을 관장하니 곧 속하는 바는 냄새·맛입니다. 귀·눈·입·코는 형상이 있으니 곧 빛깔·소리·냄새·맛의 종류와 같이 모두 형상이 있습니다.

| 원문 | (2)

"오인일심吾人一心 내유사욕사오이관乃有司欲司悟二官 욕지소속欲之所屬 선자이善者耳 오지소속悟之所屬 진자이眞者耳 선여진무형善與眞無形 즉사욕사오지위기관자則司欲司悟之爲其官者 역무형의亦無形矣 소위신야所爲神也 신지성능달형지성神之性能達形之性 이유형자고미능통무형지성야而有形者固未能通無形之性也 부인능명달귀신夫人能明達鬼神 급제무형지성及諸無形之性 비신이하非神而何"

| 언해 |

"ᄆᆞ음은 ᄋᆞᄉᆞ와 명ᄉᆞ 두 직분이 잇ᄉᆞ니 ᄋᆞᄉᆞ의 소속은 션의 류오 명ᄉᆞ의 소속은 ᄎᆞᆷ 것ᄉᆡ 류라 션과 ᄎᆞᆷ 것ᄉᆞᆫ 형상이 업ᄉᆞᆫ즉 ᄋᆞᄉᆞ명ᄉᆞ의 직분됨도 형상이 업고 ᄒᆞᄂᆞᆫ 바쟈 신인 고로 형상 업ᄂᆞᆫ 신은 능히 형상 업ᄂᆞᆫ 셩리를 통ᄒᆞᄃᆡ 형상 잇ᄂᆞᆫ 쟈ᄂᆞᆫ 진실노 형상 업ᄂᆞᆫ 셩리를 통치 못ᄒᆞᄂᆞᆫ지라 대뎌 사름이 능히 귀신과 모든 무형ᄒᆞᆫ 셩리를 ᄇᆞᆰ이 ᄉᆞᄆᆞᆺ치니 신이 아니오 무어시냐"

> **교주** 언해의 'ᄋᆞᄉᆞ와 명ᄉᆞ 두 직분' 부분이 원문에는 '司欲司悟二官'으로 되어 있다. 그리고 'ᄎᆞᆷ 것'이 원문에는 '眞者'라 되어 있다. 또한 '셩리'는 언해에서는 이렇게 풀었으나, 원문에는 '性'으로만 되어 있다.

| 국역 |

우리 사람의 한 마음에는 단지 하고자 함을 주관함과 깨달음을 주관함의 두 기능이 있으니 하고자 함이 속하는 바는 선함뿐이며 깨달음이 속하는 바는 참됨뿐입니다. 선함과 참됨이 형상이 없으니 곧 하고자 함을 주관함과 깨달음을 주관함이 그 기능이 된 것도 역시 형상이 없으며, 신이 되는 바입니다. 신의 성품은 형상의 성품에 두루 미칠 수 있으나 형상이 있는 것은 물론 형상이 없는 성품에 두루 미칠 수가 없습니다. 대저 사람이 귀신과 모든 형상이 없는 성품에 통달하니, 신이 아니고 무엇이겠습니까.

| 원문 | (3)

"중사왈中士曰 설사오언세무귀신設使吾言世無鬼神 즉역언무무형지성則亦言無無形之

性 이인기능거명지호而人豈能邊明之乎 즉차오리사무적거則此五理似無的據"

"즁〈ㅣ 골오듸 셜〈 내 말이 셰샹에 귀신이 업다 ᄒ고 무형ᄒᆫ 셩품이 업다 ᄒ면 엇지 써 그러치 아님을 붉히리오 연즉 이 다ᄉᆞᆺ 가지 리ㅣ 진적ᄒᆫ 증거 되지 못ᄒᆞᆯ 듯ᄒᆞ도다"

교주 언해의 '연즉'이 원문에는 '則'으로만 되어 있다. 아마 이 '연즉'은 '然則'으로 '그런 즉'이라 는 의미에서 이렇게 표기한 것 같다.

중국선비가 말한다 : 가령 우리들이 '세상에 귀신은 없다.'라고 말하는 경우에는 또한 '형 상이 없는 성품은 없다.'라고 말하는 것이니, 그러나 사람이 어찌 분명하게 밝힐 수가 있겠 습니까. 만일 그렇다면 이 다섯 가지 이치는 명확한 증거가 없는 것입니다.

"서사왈西土曰 수인유언무귀신雖人有言無鬼神 무무형지성無無形之性 연차인필션명귀 신무형지졍셩然此人必先明鬼神無形之情性 방가졍지왈유무언方可定之曰有無焉 구불명 효기셩지태苟弗明曉其性之態 안지기유무재安知其有無哉 여왈셜백비흑자如曰雪白非黑者 필기명흑백지졍必其明黑白之情 연후가이변셜지위백이비흑然後可以辨雪之爲白而非黑 즉 인심능통무형지셩익져의則人心能通無形之性益著矣"

"셔〈ㅣ 골오듸 비록 사ᄅᆞᆷ이 말이 잇서 귀신이 업다 ᄒ며 무형ᄒᆫ 셩품이 업다 ᄒ나 그러 나 이 사ᄅᆞᆷ이 반드시 몬져 귀신의 무형ᄒᆫ 셩졍을 붉혓기에 바야흐로 뎡ᄒᆞ야 말ᄒᆞᆯ듸 잇다 업다 ᄒ니 만일 그 셩품의 튀도를 붉히지 못ᄒᆞ고야 엇지 잇다 업다 ᄒᆞᆯ 줄을 알니오—귀신 의 유무는 비록 아지 못ᄒ나 셩품의 유무는 몬져 붉힌 고로 업다 잇다 ᄒᆞᆷ이라— 가령 닐오 듸 눈이 희고 검지 안타 ᄒᆞᄂᆞᆫ 쟈는 반드시 흑ᄇᆡᆨ의 엇더ᄒᆫ 졍을 몬져 붉힌 후에야 가히 눈의 희고 검지 아님을 분변ᄒᆞᆯ지니—눈은 고샤ᄒᆞ고 몬져 흑ᄇᆡᆨ브터 ᄀᆞ릴 줄 알아야 눈이 희다 검 다 ᄒᆞᆯ지라— 사ᄅᆞᆷ의 ᄆᆞ음이 능히 무형ᄒᆫ 셩품을 통ᄒᆞᆷ이 더욱 나타남이오"

교주 언해의 '나타남이오' 부분이 원문에는 '益著矣'로 되어 있다. 이 부분의 언해필사가 '자셰 남이오'로 되어 있다가 나중에 '나타남이오'로 가필되었음이 주목된다.

| 국역 |

서양선비가 말한다 : 비록 사람에게 '귀신은 없다', '무형한 성품은 없다'는 말이 있지만, 그러나 이것은 사람이 반드시 먼저 귀신과 무형의 실정과 성품을 밝혀야, 비로소 결정하여 '있다'·'없다'라고 말할 수 있는 것입니다. 만일 그 성품의 상태를 명확히 깨닫지 못하고서야 어찌 그것이 있는지 없는지를 알겠습니까. 예를 들면 '눈이 희고 검지 않다'고 말하는 것은 반드시 그 검고 희다고 하는 실정을 먼저 밝힌 뒤에야 눈의 희고 검지 않음을 분별할 수 있습니다. 만일 그렇다면 사람의 마음이 형상이 없는 성품에 서로 교류할 수 있음이 더욱 드러날 것입니다.

[제15강]

원문:육이인지무한능반관제기징六以人之知無限能反觀諸己徵
언해:늇은 사룸의 알미 무한ᄒ야 도로혀 즈긔 성품을 봄으로써 증거홈이라
국역:여섯째는 사람의 지능이 무한하여 자신의 모든 것을 돌이켜 봄으로써 입증하다

| 원문 | (1)

"기육왈其六曰 육심지지肉心之知 유여소기猶如小器 유한불광有限不廣 여이선계작우목如以線繫雀于木 불능전시고비不能展翅高飛 선지조야線之阻也 시이금수수득지각是以禽獸雖得知覺 유형지외정불능통有形之外情不能通 우불능반제이又弗能反諸己 이지기본성지태而知其本性之態 약무형지심若無形之心 최회최굉最恢最宏 비소기소한非小器所限 직통호무애지경直通乎無碍之境 여작단기소속지선如雀斷其所束之線 즉고비여천則高飛戾天 수득이어지誰得而禦之"

| 언해 |

"그 여슷슨 갈온 육정의 지각은 마치 젹은 그릇시 한뎡 잇심과 ᄀᆞᆺ고 쏘 춤새를 실노써 나뭇가지에 밈과 ᄀᆞᆺᄒ니 능히 임의로 늘지 못홈은 실의 조당이라 일노써 금슈는 비록 지각이 잇스나 형상 잇는 외에는 능히 통치 못ᄒ고 쏘흔 능히 제 몸을 도리키워 제 본성의 틱도를 아지 못ᄒ거니와 무형흔 ᄆᆞ음은 ᄀᆞ장 회 〃 ᄒ고 찰 〃 ᄒ야 젹은 그릇시 아니라 곳 한량 업는 디경을 통ᄒ니 마치 미지 아니흔 춤새 ᄀᆞᆺᄒ야 능히 놉히 늘아 하늘을 밋츤들 뉘 능히

막으리오"

언해 '실의 조당' 부분이 원문에는 '線之阻'으로 되어 있다. 언해 'ㄱ장 회〃ㅎ고 찰〃ㅎ야' 부분이 원문에는 '最恢最宏'으로 되어 있다.

역해 원문 '肉心之知'의 '肉心'에 관한 『中韓辭典』, 1989, p.1942; 2006, p.1649의 풀이 '인간다운 마음[생각]. 사람의 마음' 중 '인간다운 마음'을 취하여 국역하였다.

| 국역 |

그 여섯째는 이렇습니다. 인간다운 마음의 지각은 마치 작은 그릇에 한정이 있어 넓지 않은 것과 같으며, 마치 실로 참새를 나무에 매어서 날개를 펼쳐 높이 날 수 없게 실이 막고 있는 것과 같습니다. 이 때문에 날짐승·길짐승은 비록 지각을 얻었더라도 형상이 있는 바깥의 실정에는 능통할 수 없으며, 또한 자기의 모든 것을 돌이키면서 그 본래 성품의 상태를 알 수가 없습니다. 만약 형상이 없는 마음이 가장 넓고 가장 깊어 작은 그릇의 한정하는 바가 아니라 장애가 없는 곳에 직접 교류하니 마치 참새가 그 옭아맨 실을 끊으면 높이 날아 하늘에 도달함과 같으니, 누가 붙잡아서 막을 수 있겠습니까.

| 원문 | (2)

"고인지영故人之靈 비유지기물외형정非惟知其物外形情 차창효기은체且暢曉其隱體 이우능반관제기而又能反觀諸己 명기본성지태언明己本性之態焉 차기비속유형此其非屬有形 익가심의益可審矣"

| 언해 |

"고로 사름의 령혼은 오직 각물의 밧겻 형상만 알 뿐 아니라 쏘흔 그 째 안희 숨은 정을 씌둣고 쏘 능히 도리워 내 몸을 보와 내 본성의 틱도를 붉히 아느니 이는 그 유형흔딕 속ㅎ지 아님이 더옥 ㅈ셰흔지라"

언해의 '사름의 령혼'이 원문에는 '人之靈'으로 되어 있음에 유념하였다. 언해의 '오직 각물의 밧겻 형상만 알 뿐 아니라 쏘흔 그 째 안희 숨은 정을 씌둣고' 부분이 원문에는 '非惟知其物外形情 且暢曉其隱體'라고 되어 있음에 유의하였다.

역해 원문 '明己本性之態焉'의 '明'에 관한 『中韓辭典』, 1989, p.1575; 2006, p.1353의 풀이 중 '⑥알다. 이해하다'가 이 문맥에서 가장 적합하다고 판단되어 이를 취하여 국역하였다.

그러므로 사람의 영혼은 비단 그 사물의 바깥 형상과 실정을 아는 것 뿐만 아니라 더욱이 그 숨겨진 실체를 믹힘 없이 이해하면서 거듭 지기 자신을 돌이켜 보아 자기 본래 성품의 실태를 잘 알 수 있습니다. 이것으로 사람의 영혼이 유형한 데에 속하지 않는다는 것을 더욱 자세히 살필 수 있습니다.

[제16강]

원문 : 영혼불멸이수단징지靈魂不滅以數端徵之
언해 : 령혼의 불멸흡을 두어 끗츠로써 증거홈이라
국역 : 영혼이 불멸함을 두어 단서로써 입증하다

| 원문 |

"소이언인혼위신所以言人魂爲神 불용민멸자야不容泯滅者也 인유차리因有此理 실위수도기언實爲修道基焉 우시게삼사단리이명징지又試揭三四端理以明徵之"

| 언해 |

"이러므로 굴오딕 사름의 혼이 신이 되야 멸치 아니흔다 흐느니 이런 리ㅣ 잇는 고로 실노 슈도흐는 터히 됨이라 또 세네 곳츨 들어 붉히리니"

| 국역 |

그래서 '사람의 영혼이 신이 되어 소멸하는 것을 허용하지 않는다'고 말하는 것입니다. 이 이치가 있음으로 말미암아 실로 수도하는 기틀이 되니, 거듭 시험 삼아 서너 이치의 단서를 들어 분명하게 입증하겠습니다.

[제17강]

원문: 일이인심욕전선명우후세징 一以人心欲傳善名于後世徵

언해: ᄒᆞ나흔 사름의 ᄆᆞᄋᆞᆷ 어진 일홈을 후셰예 젼코져홈으로써 증거홈이라

국역: 첫째는 사람의 마음이 선량한 사람이라는 명성을 다음 세상에 전하고자 함으로써 입증하다

| 원문 | (1)

"기일왈其一曰 인심개욕전파선명人心皆欲傳播善名 이기유악성而忌遺惡聲 태여환생불모殆與還生不侔 시고행사기협공평是故行事期協公評 이요인칭상以邀人稱賞 혹립공업或立功業 혹집서책或輯書冊 혹모술예或謀術藝 혹치신명或致身命 범이구령문광예凡以求令聞廣譽 현명우세顯名于世 수손생불석雖損生不惜 차심此心 인대개개유지人大槪皆有之 이우자즉무而愚者則無 유우즉유무언愈愚則愈無焉"

| 언해 |

"ᄒᆞ나흔 골오ᄃᆡ 사름의 ᄆᆞᄋᆞᆷ이 다 어진 일홈을 젼코져 ᄒᆞ고 악흔 일홈을 ᄭᅥ림이 엉히 죽지 아님으로 더브러 더 승ᄒᆞ게 넉이ᄂᆞ니 이런 고로 ᄒᆡᆼᄉᆞ를 긔여히 공논에 화합ᄒᆞ게 ᄒᆞ야 사름의 칭예를 요구ᄒᆞ니 혹 공업을 셰우여 혹 셔칙을 일우며 혹 직조를 닥그며 혹 의를 직회며 졀에 죽어써어진 소문과 넓은 칭예를 구ᄒᆞ야 일홈을 후셰에 나타내기를 위ᄒᆞ야 비록 싱명을 ᄇᆞ릴지라도 앗기지 아니ᄒᆞᄂᆞ니 이 ᄆᆞᄋᆞᆷ은 사름마다 대개 다 잇ᄉᆞ니 어린 쟈는 별노 업고 더옥 어린 쟈는 더옥 업거니와"

> **교주** 언해의 '엉히 죽지 아님으로 더브러 더 승ᄒᆞ게 넉이ᄂᆞ니' 부분이 원문에는 '殆與還生不侔'로 되어 있음에 유의하였다. 또한 언해의 '칭예'가 원문에는 '稱賞'이라 되어 있음에 유의하였다. 언해 '공업을 셰우여' 부분이 원문에는 '或立力業'으로 되어 있다. 또한 언해 '직조를 닥그며' 부분이 원문에는 '或謀術藝'로 되어 있다. 그리고 언해 '졀에 죽어써어진 소문과 넓은 칭예를 구ᄒᆞ야' 부분이 원문에는 '或致身命 凡以求令聞廣譽'로 되어 있음에 유의하였다.

| 국역 |

그 첫째는 이렇습니다. 사람의 마음은 다 선량한 사람이라는 명성이 전파되기를 바라면서 나쁜 평판을 남기는 것을 기피하여 거의 환생이 베풀어지기를 탐하지 않습니다. 이런 까닭으로 행사를 공정한 비평에 맞추기를 기약하여 사람들의 칭찬을 구하고, 공적을 세

우거나 서적을 편집하거나 기술과 문예를 도모하거나 육신과 생명을 다 바치기도 합니다. 무릇 좋은 평판과 광범한 명예를 구함으로써 이름을 세상에 드러내고 비록 생명을 버리는 것도 소중히 여기지 않더라도, 이 마음은 사람마다 대개 다 있지만 어리석은 자의 경우에는 없고 더욱 어리석은 자의 경우에는 더욱 없습니다.

| 원문 | (2)

"시문사후오문지試問死後吾聞知 오소유성명부吾所遺聲名否 여이형론如以形論 즉골육귀토則骨肉歸土 미면후화未免朽化 하위능문何爲能聞 연영혼상재불멸然靈魂常在不滅 소견성명선악所遺聲名善惡 식여아생무이寔與我生無異 약위영혼수사소멸若謂靈魂隨死銷滅 상로심이구휴예尙勞心以求休譽 비혹치묘화혹或置妙畫 이기기맹시간언以己旣盲時看焉 혹비미락或備美樂 이기기농시청언以己旣聾時聽焉 차성명하여우아此聲名何與于我 이인인구지而人人求之 지사불휴至死不休"

| 언해 |

"시험ᄒᆞ야 믓ᄂᆞ니 사름이 죽은 후에 제 깃친바 명성을 듯ᄂᆞ냐 못 듯ᄂᆞ냐 만일 형신으로써 의논ᄒᆞ면 골육은 흙으로 도라가 썩음을 면하지 못ᄒᆞ니 엇지쎠 드ᄅᆞ리오 그러나 령혼은 ᄒᆞᆼ샹 잇서 멸치 아니ᄒᆞᄂᆞᆫ 고로 깃친바 명성의 션ᄒᆞ고 악ᄒᆞᆷ이 실노 내 살므로 더브러 다름이 업ᄂᆞᆫ 연고라 만일 령혼이 흠긔 멸ᄒᆞ량이면 ᄆᆞ옴을 슈고로히 ᄒᆞ야 아름다온 일홈을 구ᄒᆞᆷ이 비컨대 혹 묘ᄒᆞᆫ 그림을 구ᄒᆞ야 두엇다가 일후 소경될 쌔에 보려ᄒᆞᆷ이오 혹 아름다온 풍악을 갓초와 두고 귀 막힐 쌔를 기드림과 ᄀᆞᆺᄒᆞ니 이 명성이 내게 무슴 간예 잇ᄉᆞ리오 사름마다 구ᄒᆞ야 죽도록 쉬지 아니ᄒᆞ니 이 무슴 연고뇨"

> **교주** 언해의 '제 깃친바 명성을 듯ᄂᆞ냐 못 듯ᄂᆞ냐' 부분이 원문에는 '吾聞知 吾所遺聲名否'라고 되어 있음에 유의해야 한다. 언해 '이 명성이 내게 무슴 간예 잇ᄉᆞ리오' 부분이 원문에는 '此聲名何與于我'로 되어 있다.

| 국역 |

시험 삼아 질문하건대, 죽은 뒤에 우리가 남긴 명성을 우리가 들어서 알 수 있습니까, 없습니까. 만약 형상으로써 논의할 때에는 뼈와 살은 흙으로 돌아가 썩는 것을 면하지 못하니 어떻게 해서 들을 수 있겠습니까. 그러나 영혼은 항상 존재하여 불멸하니, 남긴 명성의 좋음과 나쁨은 참으로 내 삶과 다름이 없습니다. 만약 영혼이 죽음에 따라서 소멸한다고 말은 하면서도 오히려 마음을 수고로이 하여 아름다운 명예를 구함은, 비유하건대 묘한

그림을 두었다가 자기가 이미 소경이 된 때에 보겠다고 하거나, 아름다운 소리를 갖추었다가 자기가 귀 먹었을 때 듣겠다고 함입니다. 이 명성이 무엇을 나에게 주기에 사람마다 구하여 죽음에 이르기까지 쉬지 않는 것입니까.

| 원문 | (3)

"피효자자손彼孝子慈孫 중국지고례中國之古禮 사계수기조묘四季脩其祖廟 설기상의設其裳衣 천기시식薦其時食 이열고비以說考妣 사기형신진망使其形神盡亡 불능청오고애不能聽吾告哀 시오계상視吾稽顙 지오사사여사생知吾事死如事生 사망여사존지심事亡如事存之心 즉고비자국군지어서인대례則固非自國君至於庶人大禮 내동자공희이乃童子空戲耳"

| 언해 |

"쏘 즁국 녯 례에 효즈 주손이 스계를 당호야 조샹의 스당을 수식호고 샹시에 닙던 망쟈의 옷슬 베플고 음식으로 쳔신호야 그 션부모를 깃겁게 호니 이 례를 실되다 흠이 아니로딕 가스 그 육신과 영신이 다 망호야 업스량이면 능히 나의 슬피 고흠을 듯지 못홀 거시오 나의 례빅흠을 보지 못홀 거시오 나의 죽은 후 셤김이 싱젼에 셤김과 굿치 호는 졍셩을 아지 못홀지니 진실노 텬즈로브터 셔인에 니르히 막즁이 아는 대례가 아니라 어린 아히의 실업슨 희롱이오"

> **교주** 언해의 '조샹의 스당을 수식호고' 부분이 원문에는 '修其祖廟'라 되어 있다. 그리고 언해 '샹시에 닙던 망쟈의 옷슬 베플고' 부분이 원문에는 단지 '設其裳衣'라고만 되어 있을 뿐이다. 또한 언해 '음식으로 쳔신호야 그 션부모를 깃겁게 호니' 부분이 원문에는 '薦其時食以說考妣'라고 되어 있다. 게다가 언해의 '이 례를 실되다 흠이 아니로딕' 부분은 원문에는 없는 것으로, 언해에서 곁들인 것이다. 언해에는 '례빅'라고 풀었으나, 원문에는 '稽顙'이라고 되어 있고, 언해에는 '텬즈'라고 풀었으나, 원문에는 '國君'이라고 되어 있음을 유의해야 한다.

| 국역 |

저 효성스러운 아들과 자애로운 손자가 중국의 옛날 예법에 사계절 그 조상의 사당을 건축하고 그 의복을 갖추어 계절에 나는 음식을 올려 돌아가신 부모를 기쁘게 합니다. 설령 그 형상과 신이 다 없어져서 우리가 고하는 슬픔을 들을 수 없고 우리가 조아려 절함을 볼 수 없고, 우리가 죽은 이를 섬기기를 마치 살아 있는 것같이 하고 없는 이를 섬기기를 마치

있는 이 섬기는 것 같이하는 심정을 알지 못하는 경우에는 말할 것도 없이 나라의 군주로부터 서인庶人에 이르는 대례大禮가 아니라 겨우 어린애의 헛된 놀이일 뿐입니다.

[제18강]

원문 : 이이인심원상징二以人心願常生徵
언해 : 둘흔 사롬의 모음이 샹싱을 원홈으로써 증거홈이라
국역 : 둘째는 사람의 마음이 항상 생존하기를 소원함으로써 입증하다

| 원문 | (1)

"기이왈其二曰 천주강생만품天主降生萬品 유물유즉有物有則 무도물無徒物 무공즉無空則 차역거각품지정且歷擧各品之情 개구수기성소원욕皆求遂其性所願欲 이불외구기세지소난획而不外求其勢之所難獲 시이어별낙잠천연是以魚鼈樂潛川淵 이불기유우산령而不冀遊于山嶺 토록성희주산령兎鹿性喜走山嶺 이불욕잠우수중而不欲潛于水中 고조수지욕故鳥獸之欲 비재상생非在常生 부재후세지제천당不在後世之躋天堂 수무궁지낙受無窮之樂 기하정소원불유본세지사其下情所願不踰本世之事"

| 언해 |

"그 둘흔 굴오디 텬쥬ㅣ 만 가지 물픔을 ᄂᆞ리시매 흔갓된 물이 업고 뷘 거시 업슬 ᄯᆞᆫ더러 각 픔의 졍이 다 그 셩픔의 원욕을 일우게 ᄒᆞ야 제 본셩 외에ᄂᆞᆫ 엇지 못홀 바ᄂᆞᆫ 싱의치 못하게 ᄒᆞ엿시니 일노써 어별은 물에 줌김을 즐기되 산림에 놀기ᄂᆞᆫ ᄇᆞ라지 아니ᄒᆞ고 토기와 ᄉᆞ심은 산림에 ᄃᆞᆺ기를 깃거ᄒᆞ되 물에 줌기고져 아니ᄒᆞᄂᆞ니 고로 금슈의 원욕은 샹싱에 잇지 아니ᄒᆞ야 후셰 텬당 영락은 아지도 못ᄒᆞ고 소원이 본 셰샹 본 몸 일에 넘지 못ᄒᆞ거니와"

> **교주** 주석목록본 원문의 '天主'가 초판본에는 '上帝'로 되어 있는 경우도 있음에 크게 유의해야 할 것이다. 언해에서는 원문의 '有物有則' 부분이 누락되어 있음에 유의해야 한다. 언해의 '후셰 텬당 영락은 아지도 못ᄒᆞ고' 부분이 원문에는 '不在後世之躋天堂 受無窮之樂'라고 되어 있다. 그리고 언해의 '소원이 본 셰샹 본 몸 일에 넘지 못ᄒᆞ거니와' 부분이 원문에는 '其下情所願不踰本世之事'라고 되어 있음에 유의하고자 한다.

원문 '無徒物'의 '無徒'는 『中韓辭典』, 1989, p.2482; 2006, p.2106의 풀이에 '불한당. 불량
배. 무뢰한'이라 하였는데, 이를 감안하여 '無徒物'을 여기에서는 '불량한 사물'로 국역하
였다.

| 국역 |

그 둘째는 이렇습니다. 천주께서는 매우 많은 물품을 강생시키셨으니 사물이 있고 법칙
이 있어 불량한 사물도 없으며 공허한 법칙도 없습니다. 더욱이 각각 등급의 성정을 두루
들어보면, 모두 그 성품이 바라고 원하는 바를 따라서 구하나, 밖에서 그 형세가 얻기 어려
운 바를 구하지는 않습니다. 이 때문에 물고기와 자라는 개천과 연못에 잠김을 즐기지만
뫼와 재에서 놀기는 바라지 아니하고, 토끼와 사슴의 성품은 뫼·재에서 달리기를 기뻐하
지만 물속에 잠기려 하지 않습니다. 그러므로 새와 짐승의 욕구는 항상 생존하는 데에 있
지도 않고, 다음 세상에 천당에 올라가 무궁한 복락을 받는 데에도 있지 않으며, 그 낮은
성정이 원하는 바는 이 세상의 것을 넘지 않습니다.

| 원문 | (2)

"독오인수습문이론獨吾人雖習聞異論 유신신균멸지설有神身均滅之說 역무불기애장생
亦無不冀愛長生 원거낙지願居樂地 향무강지복자享無疆之福者 설사무인가득이진실기정
設使無人可得以盡實其情 기천주도부지우중인심재豈天主徒賦之于衆人心哉 하불관보천지
하何不觀普天之下 다유포별가산多有抛別家産 리기골육離棄骨肉 이왕심산궁곡而往深山
窮谷 성심수행誠心脩行 차배구불이금세위중此輩俱不以今世爲重 기망내세진복祈望來世
眞福 약오혼수신이몰若吾魂隨身而歿 거불왕비기의호詎不枉費其意乎"

| 언해 |

"홀노 우리 사름은 비록 령혼육신이 흣그 멸흔다 ᄒᆞᄂᆞᆫ 잡셜을 닉히 드럿시디 오히려 쟝
싱흠을 ᄇᆞ라고 락디에 거ᄒᆞ야 무궁흔 복을 누리기를 원치 아니ᄒᆞᄂᆞᆫ 쟈가 업ᄉᆞ니 셜ᄉᆞ 사
름이 소원을 엇어 그 ᄯᅳᆺ을 치오지 못흘 터이면 엇지 텬쥬ㅣ 공연이 뭇 사름의 헛된 ᄆᆞ음을
붓쳐 주엇실고 보텬하 사름이 만히 친쳑과 리별ᄒᆞ고 집을 ᄯᅥ나 심산궁곡에 들어가 션심으
로 슈도흠을 보지 못ᄒᆞᄂᆞ냐 이 무리 다 이 세샹으로써 즁히 넉이지 아니ᄒᆞ고 릭셰진복을
ᄇᆞ라니 만일 내 혼이 몸을 ᄯᅡ라 멸ᄒᆞ량이면 엇지 그 ᄯᅳᆺ을 그릇 허비흠이 아니냐"

언해에는 '보텬하'로 되어 있으나 원문에는 '普天之下'으로 되어 있으며, 아울러 '보텬하 …
보지 못ᄒᆞᄂᆞ냐'로 언해하여 원문의 '何不觀普天之下' 부분을 뒷 문장에 붙여서 풀었는데,

이는 명백한 오류인 것으로 보인다. 앞 부분의 '豈天主徒賦之于衆人心哉' 부분에 연결하여서 풀이하는 게 온당하다고 본다.

| 국역 |

유독 우리 사람만이 비록 다른 논의를 듣는 데에 익숙하여 신과 육신이 함께 소멸한다는 학설이 있지만, 또 오래 생존하기를 바라고 사랑하며 쾌락의 땅에 살기를 소원하며 끝이 없는 행복을 누리고자 하지 않는 자가 없습니다. 설령 사람이 그 성정을 다하여 충실하게 하여도 [끝없는 행복을] 얻을 수 없다고 하더라도, 어찌 천주께서 공연히 많은 사람의 심성에 부여해주셨겠습니까. 왜 너른 하늘 아래에서 대부분 집안 재산을 내던지고 떠나 부모형제를 버리고 돌보지 않으면서 깊은 산 막힌 골짜기에 가서 정성스러운 마음으로 수행하는 것을 못 봅니까. 이런 무리는 모두 지금 세상을 소중하게 여기지 아니하고 다가올 세상의 참된 행복을 빌며 바라니, 만약 우리 혼이 육신을 따라서 죽으면 어찌 그 뜻을 보람 없이 허비함이 아니겠습니까.

[제19강]

원문 : 삼이현세물불충만인심징三以現世物不充滿人心徵
언해 : 세흔 셰샹 물건이 사름의 무음을 치오지 못흠으로써 증거흠이라
국역 : 셋째는 지금 세상의 사물이 사람의 마음을 가득히 채우지 못함으로써 입증하다

| 원문 | (1)

"기삼왈其三曰 천하만물유인심광대天下萬物惟人心廣大 궁본세지사물窮本世之事物 불극충만弗克充滿 즉기소이충만지자則其所以充滿之者 재후세가효의在後世可曉矣 개천주지지지인蓋天主至智至仁 범궐소위凡厥所爲 인불능갱유비의人不能更有非議 피각의기세태彼各依其世態 이생기물지태以生其物之態 고욕사금수지우금세故欲使禽獸止于今世 즉소부지원則所付之願 불월차일세타락사不越此一世墮落事 구포이포즉이이求飽而飽則已耳 욕사인류생호천만세欲使人類生乎千萬世 즉소부지원부도재일세수유지욕則所賦之願不徒在一世須臾之欲 어시부도지구일포於是不圖止求一飽 이구지필막득자언而求之必莫得者焉"

"그 세혼은 골오디 텬하만물에 오직 사름의 무음이 광대호야 온 셰샹 수물을 다 쓰러 쟝 홀지라도 능히 치오지 못호니 그 치울 바쟈는 후셰에 잇심을 가히 알지라 대뎌 텬쥬ㅣ 지 극히 지혜로오시고 지극히 션호샤 므릇 그 호신 바룰 사름이 능히 곳쳐 의논홀 거시 업스 니 임의 각 " 이 셰샹 틱도룰 의지호야 그 물건의 틱도룰 내신 고로 금슈로 호여곰 금셰에 뭇치고져 호신 즉 붓친바 원욕이 혼 셰샹 쳔혼 일에 넘지 못호게 호샤 빈브름을 구호야 브 르면 긋치나 사름은 쳔만셰에 기리 살게 호려 호신 즉 붓친바 원욕이 혼갓 혼 셰샹 편시간 에 잇지 아니호야 혼번 포식을 구홀 쓴 아니라 반드시 엇지 못홀 쟈룰 구호느니"

> **교주** 언해에는 '셰샹 틱도'로 되어 있으나, 원문에는 '世態'로 되어 있음에 유의하고자 한다. 언
> 해의 '붓친바 원욕이 혼갓 혼 셰샹 편시간에 잇지 아니호야' 부분이 원문에는 '所賦之願 不
> 徒在一世須臾之欲'이라고 되어 있음에 유의하고자 한다.

| 국역 |

그 셋째는 이렇습니다. 하늘 아래 모든 사물에서 오직 사람의 마음만이 넓고 커서 이 세 상의 사물을 다할지라도 가득 채울 수 없는 경우에는, 그 가득 채울 것이 다음 세상에 있음 을 깨달을 수 있습니다. 대개 천주께서 지극히 지혜로우시고 지극히 어지시니 그 행하신 것 모두를 사람이 고쳐서 아니라고 논의할 수 없습니다. 천주께서는 각각 그 세상의 형편 에 의지하여 그 사물의 상태를 생성하셨습니다. 그러므로 날짐승·길짐승으로 하여금 지 금 세상에서 그치고자 하시니, 곧 부여해주신 소원은 이 한 평생 타락하는 일을 벗어나지 못하고 배부름을 구하지만 배부르게 되면 그만둘 뿐입니다. 천주께서는 인류로 하여금 천 년만년 살게 하려고 하셨으나, 오히려 부여해주신 소원은 다만 한 평생 잠시의 욕망에 있 지 않았으니, 그리하여 단지 한번 배부름 구하기를 도모하지 않고 반드시 얻지 못할 것을 구하는 것입니다.

| 원문 | (2)

"시관상고식화지인試觀商賈殖貨之人 수금옥영상雖金玉盈箱 부갑주현富甲州縣 심무겸 족心無慊足 우여사자렵신셰지부명又如仕者躐身世之浮名 초명시지쳡경超明時之捷徑 유 도헌면화곤위영惟圖軒冕華袞爲榮 즉지우수신조계卽至于垂紳朝階 진직태계晉職台階 심 유미만心猶未滿 심차극지甚且極之 엄유사해奄有四海 임장백성臨長百姓 복이자손福貽子 孫 기심역무저극其心亦無底極 차불족괴此不足恠 개연천주소품정욕皆緣天主所稟情欲 원

내무강지수原乃無疆之壽 무한지낙無限之樂 기가이금세기미지낙豈可以今世幾微之樂 고
위염족자姑爲饜足者 일문지소一蚊之小 불가포용상不可飽龍象 일립지미一粒之微 불극실
태창弗克實太倉"

"시험ᄒᆞ여 보건대 쟝ᄉᆞᄒᆞᄂᆞᆫ 쟈ᄂᆞᆫ 비록 금옥이 그릇식 ᄀᆞ득ᄒᆞ야 부흠이 일경에 거갑이로ᄃᆡ ᄆᆞ옴은 오히려 ᄎᆞ지 못ᄒᆞ야 ᄒᆞ고 벼슬ᄒᆞᄂᆞᆫ 쟈ᄂᆞᆫ ᄯᅩ 세샹 헛된 공명을 분수 밧긔 ᄶᅱ여지 나가 오직 고관대직의 영화로옴을 도모ᄒᆞ야 권은 빅관을 진퇴ᄒᆞ고 위ᄂᆞᆫ 삼공에 거홀지라 도 ᄆᆞ옴은 ᄯᅩᄒᆞᆫ 족지 못ᄒᆞ야 ᄒᆞ니 이ᄂᆞᆫ 과연 괴이 넉일 거시 아니라 다 텬쥬의 틱와 주신 바 졍욕이 원릭 무강ᄒᆞᆫ 목숨이오 무한ᄒᆞᆫ 영락이라 엇지 가히 미ᄒᆞᆫ 셰락으로 아직 족홈을 삼으리오 ᄒᆞᆫ 마리 모긔의 젹음이 가히 코기리 량을 치오지 못ᄒᆞᆯ 거시오 ᄒᆞᆫ 알 쓸의 미홈이 능히 태창 넓음을 실ᄒᆞ게 못ᄒᆞᆯ지라"

교주 언해의 '쟝ᄉᆞᄒᆞᄂᆞᆫ 쟈' 부분이 원문에는 '商賈殖貨之人'으로, 또한 언해의 '부흠이 일경에 거갑이로ᄃᆡ' 부분이 원문에는 '富甲州縣'이라고 되어 있음이 주목된다. 그리고 언해의 '오 직 고관대직의 영화로옴을 도모ᄒᆞ야' 부분이 원문에는 '惟圖軒冕華袞爲榮'이라고 되어 있 으며, 언해의 '권은 빅관을 진퇴ᄒᆞ고 위ᄂᆞᆫ 삼공에 거홀지라도' 부분이 원문에는 '卽至于垂 紳朝階 晉職台階'로 되어 있음에 유의하고자 한다. 원문의 '甚且極之 奄有四海 臨長百姓 福貽子孫 其心亦無底極' 부분이 언해에서는 언해가 누락되어 있다.

역해 원문 '其心亦無底極'의 '底極'은 『漢韓大字典』, 1967, p.419; 2001, p.681의 풀이에 '①終極 에 이름. 끝남 ②끝. 終極'이라 했으며, 『中韓辭典』, 1989, p.534; 2006, p.442의 풀이에 '終 局. 窮極. 極點'이라 했기에, 여기에서는 이들을 활용하여 '無底極'을 '끝이 없습니다.'라고 국역하였다.

시험 삼아 보건대 장사해서 재화를 늘리는 사람은 비록 금과 옥이 상자를 채워 부유함이 주州·현縣에서 첫째라도 마음에 맞게 만족함이 없습니다. 또 예컨대 벼슬에 나간 자는 평생 헛된 명성을 찾아다니며 다음 시기의 지름길을 뛰어넘으니, 오직 고위 관직의 영화 로움을 도모하여 곧 큰 띠를 드리우고 폐하를 뵙고 고위직에 나아가 조정의 층계에 이르 렀을지라도 마음은 오히려 가득 차지 못하며, 대단히 정도에 지나치게 더욱이 절정에 이 르러 갑자기 온 세상을 소유하여 백성의 우두머리에 군림해서 복을 자손에게 물려주려는 그 마음도 역시 끝이 없습니다. 이는 이상한 게 아니며 다 천주께서 부여해주신 욕정이 원

래 바로 무강한 수명과 무한한 쾌락이니, 어찌 지금 세상의 사소한 즐거움이 잠시 흡족함이 될 수 있겠습니까. 모기 한 마리의 미소함이 용과 코끼리를 배부르게 할 수 없으며, 쌀낟알 하나의 미미함이 큰 창고를 채울 수 없는 것입니다.

| 원문 | (3)

"서사고성西土古聖 증오차리曾悟此理 첨천탄왈瞻天嘆曰 대주공부大主公父 이실생오인배우이爾實生吾人輩于爾 유이능만오심야惟爾能滿吾心也 인불귀이人不歸爾 기심불능안족야其心不能安足也"

| 언해 |

"셔토에 녯 셩인이 일쯕 이 리룰 씌둧고 하늘을 우러러 탄식ᄒ야 골오듸 우리 대쥬 공변되신 아비여 우리 사름의 무리 실노 네게셔 낫시니 오직 네 능히 내 ᄆ옴을 치오실지라 사름이 네게로 도라가지 아니면 그 ᄆ옴이 능히 족지 못ᄒ겟다 ᄒ고"

> **교주** 언해의 '우리 대쥬 공변되신 아비여' 부분이 주석목록본 원문에는 '大主公父'로 되어 있고, 초판본에는 '上帝公父'로 되어 있음에 유의히여야 한다.

| 국역 |

서쪽 땅의 옛 성인은 일찍이 이 이치를 깨닫고 하늘을 우러러 탄식하여 말하였습니다. '위대하신 주님이시며 공변된 아버지시여! 당신께서는 참으로 우리 인간들을 당신에게서 생겨나게 하셨으니, 오직 당신만이 우리 마음을 채우실 수 있나이다. 인간은 당신께로 돌아가지 않으면 그 마음이 편안히 만족할 수 없나이다.'

[제20강]

원문: 사이인인개파사징四以人人皆怕死徵

언해: 네흔 사름마다 죽음을 두림으로써 증거홈이라

국역: 넷째는 사람마다 모두 죽음을 두려워함으로써 입증하다

| 원문 |

"기사왈其四曰 인성개구사자人性皆懼死者 수친척우붕기사雖親戚友朋旣死 즉막긍안의
근기시則莫肯安意近其屍 연이맹수지사불구自然而猛獸之死弗懼者 즉인성지영則人性之靈
자유량각自有良覺 자각인사지후自覺人死之後 상유혼재가구尚有魂在可懼 이수혼전산而
獸魂全散 무소유이경아야無所留以驚我也"

| 언해 |

"그 네흔 글오듸 사룸의 성픔이 다 죽은 쟈룰 두려워ᄒᆞ야 비록 친쳑 붕우라도 임의 죽은
즉 그 시신을 즐겨 갓가히 아니ᄒᆞ나 그러나 사랑 ᄀᆞ흔 밍슈의 죽음은 두리지 아니ᄒᆞᄂᆞᆫ 바
ᄂᆞᆫ 신령흔 인성이 스스로 량심의 씨ᄃᆞ롬이 잇서 사룸은 비록 죽은 후라도 오히려 가히 두
림즉혼 혼이 잇심을 알미오 즘승의 혼은 온전이 허여져 족히 나를 놀낼 거시 업슴을 씨ᄃᆞ
롬이라"

> **교주** 언해의 '신령흔 인셩'이 원문에는 '人性之靈'으로 되어 있음에 유의하였다.

> **역해** 원문 '雖親戚友朋旣死'의 '旣'에 관한 『中韓辭典』, 2006, p.889의 풀이 중 '④얼마 안 있어.
> 잠깐 후에. 이윽고. 곧. …'에서도 '이윽고'가 가장 적절하다고 판단되어 이를 취하여 국역
> 하였다.

| 국역 |

그 넷째는 이렇습니다. 사람의 성품이 모두 죽는 것을 두려워하여, 비록 친척과 친구이
더라도 이윽고 죽으면 아무도 편안한 마음으로 그 시신을 즐겨 가까이하려 하지 않습니
다. 그런데 사나운 짐승의 죽음을 두려워하지 않는 것은 곧 사람 성품의 영은 스스로 선량
한 깨달음이 있어 스스로 깨달아 사람은 죽은 후에라도 아직 두려워할 만한 혼이 있지만,
짐승의 혼은 완전히 흩어지니 머물러 우리를 놀라게 할 바가 없습니다.

[제21강]

원문:오이현사불능진선악지보징五以現死不能盡善惡之報徵
언해:오는 이 셰샹으로써 능히 다 션악을 갑지 못흠으로써 증거흠이라
국역:다섯째는 이 세상에서의 죽음으로 선·악의 보응을 다할 수 없음으로써 입증하다

| 원문 | (1)

"기오왈其五日 천주보응무사天主報應無私, 선자필상善者必賞 악자필벌惡者必罰 여금세지인如今世之人 역유위악자부귀안락亦有爲惡者富貴安樂 위선자빈천고난爲善者貧賤苦難 천주고대기기사天主固待其既死 연후취기선혼이상지然後取其善魂而賞之 취기악혼이벌지取其惡魂而罰之 약혼동신종이멸若魂同身終而滅 천주안득이상벌지재天主安得而賞罰之哉"

| 언해 |

"그 다숫소 골오딕 텬쥬ㅣ 사룸을 갑흐심이 ㅅ졍이 업서 션쟈ᄂᆞᆫ 반ᄃᆞ시 샹주시고 악쟈ᄂᆞᆫ 반ᄃᆞ시 벌ᄒᆞ시ᄂᆞ니 금셰에 혹 악ᄒᆞᆫ 쟈도 부귀안락ᄒᆞ고 션ᄒᆞᆫ 쟈도 빈궁고난ᄒᆞ나 텬쥬ㅣ 반ᄃᆞ시 그 령혼이 ᄯᅥ날 ᄲᅢ룰 기ᄃᆞ려 션ᄒᆞᆫ 혼은 샹ᄒᆞ시고 악ᄒᆞᆫ 혼은 벌ᄒᆞ시니 만일 혼이 몸과 ᄀᆞᆺ치 멸ᄒᆞ량이면 텬쥬ㅣ 엇더케 샹벌ᄒᆞ시리오"

> **교주** 언해의 '사룸을 갑흐심이 ㅅ졍이 업서' 부분과 '반ᄃᆞ시 그 령혼이 ᄯᅥ날 ᄲᅢ룰 기ᄃᆞ려' 부분이 원문에는 '天主報應無私'와 '待其既死'로 각기 되어 있음에 유의하였다.

| 국역 |

그 다섯째는 이렇습니다. 천주께서는 응답하여 갚아주심에 사사로움이 없어 선한 사람은 반드시 상주시고 악한 사람은 반드시 벌하십니다. 예를 들면 지금 세상의 사람도 역시 악을 행함이 있는 자가 부유하고 귀하며 편안히 즐기고, 선을 행한 자가 가난하고 천하며 고통을 받고 어려움을 겪기도 하지만, 천주께서는 물론 그가 이윽고 죽을 때를 기다렸다가 그런 후에 그 선한 혼을 취해서 상주시고 그 악한 혼을 취해서 벌주십니다. 만약 혼이 육신이 죽으면서 소멸된다면, 천주께서는 어떻게 상주시고 벌주실 수가 있겠습니까.

| 원문 | (2)

"중사왈中士日 군자지생君子之生 이우소인異于小人 즉신후역의이우소인則身後亦宜異于小人 사생동야死生同也 즉소이이자則所以異者 필재우혼야必在于魂也 고유유일종언故儒有一種言 선자능이도존취본심善者能以道存聚本心 시이생사이심불산멸是以生死而心不散滅 악자이죄패괴본심惡者以罪敗壞本心 시이신사이심지산멸수언是以身死而心之散滅隨焉 차역가유인어선언此亦可誘人於善焉"

| 언해 |

"즁ᄉᆞㅣ 골오ᄃᆡ 군ᄌᆞ의 싱시 소ᄒᆡᆼ이 소인과 다ᄅᆞᆫ 즉 신후에도 ᄯᅩ흔 다ᄅᆞᆯ지라 죽고 살믄 ᄀᆞᆺᄒᆞ나 그 다ᄅᆞᆫ 바쟈ᄂᆞᆫ 반ᄃᆞ시 그 혼에 잇ᄉᆞᆯ지니 고로 션ᄇᆡ의 ᄒᆞᄂᆞᆫ 말이 션쟈ᄂᆞᆫ 능히 노로ᄡᅥ 본심을 모화 보존ᄒᆞ니 일노ᄡᅥ 몸은 죽으ᄃᆡ 그 ᄆᆞ옴은 허여지〃 아니ᄒᆞ고 악쟈ᄂᆞᆫ 죄로ᄡᅥ 본심을 패ᄒᆞ야 믄희치니 일노ᄡᅥ 몸이 죽으면 ᄆᆞ옴이 ᄯᅡ라 허여진다 ᄒᆞ니 이 말이 ᄯᅩ흔 가히 사ᄅᆞᆷ을 션에 인도홈이로다"

> **교주** 언해의 '군ᄌᆞ의 싱시 소ᄒᆡᆼ이' 부분이 원문에 '君子之生'으로 되어 있다. 그리고 언해 'ᄆᆞ옴은 허여지〃 아니ᄒᆞ고' 부분이 원문에는 '心不散滅'로 되어 있다.

| 국역 |

중국선비가 말한다 : 군자의 삶이 소인과 다른 경우에는 육신이 죽은 후에도 의당 소인과 다릅니다. 죽음과 삶이 같은 경우에는 다른 까닭이 틀림없이 혼에 있습니다. 그러므로 유교에는 하나의 씨앗 같은 말씀이 있습니다. '선한 사람은 도리로써 본래의 심성을 보존하여 모으니 이 때문에 살아서도 죽어서도 마음이 흩어져 소멸되지 않지만, 악한 사람은 죄로써 본래의 심성을 부수고 무너뜨리니 이 때문에 몸이 죽으면서 마음이 흩어져 소멸함이 수반된다.' 이 말씀도 역시 사람들을 선으로 이끌 수 있습니다.

[제22강]

원문 : 변이혼산멸지설辯人魂散滅之說
언해 : 사ᄅᆞᆷ의 령혼이 멸흔다 ᄒᆞᄂᆞᆫ 의심을 분변홈이라
국역 : 사람의 영혼이 흩어져 소멸된다는 주장을 바로잡다

| 원문 | (1)

"서사왈西士曰 인지영혼人之靈魂 불구선악不拘善惡 개불수신후이멸皆不隨身後而滅 만국지사신지萬國之士信之 천주정경재지天主正經載之 여이수단실리증지의余以數端實理證之矣 차분선악지수此分善惡之殊 즉부재우경則不載于經 불거우리不據于理 미감이세지중사未敢以世之重事 경위신설輕爲新說 이황고자혹야而簧鼓滋惑也 권선저악勸善沮惡 유상벌지정도有賞罰之正道 해손차이구타궤우奚損此而求他詭遇"

"셔스ㅣ 굴오듸 사름의 령혼이 션악을 의논치 말고 다 몸을 좃차 멸치 아니홈은 만국 션비들이 다 밋고 텬쥬졍경에 즈셰히 실녓시니 내 두어 곳 실흔 리로써 증거ᄒ리라 션악을 ᄂ화 령혼이 멸ᄒ고 아니 멸흔다 홈은 셩경에 실니지 아니ᄒ고 도리에 증거치 못홀 바니 감히 세샹에 막즁흔 일노써 경히 새 말을 믄드러 훼방ᄒᄂ 쟈의 〃혹을 더으게 못홀 거시오 션을 권ᄒ고 악을 막음은 샹벌의 졍도 잇스니 엇지 이 도를 ᄇ리고 다른 말노 사름의 스 〃 쯧을 맛초기를 구ᄒ리오"

> **교주** 언해의 '셩경'과 '새 말'이 원문에는 '經'과 '新說'로 되어 있다. 그리고 ' 〃 혹을 더으게' 부분을 언해에서는 이렇게 풀었으나, 원문에는 '簧鼓滋惑'으로 되어 있다. 또한 '다른 말노 사름의 스 〃 쯧을 맛초기를 구ᄒ리오' 부분을 언해에서는 이렇게 풀었으나, 원문에는 '求他詭遇'로 되어 있다.

> **역해** 원문 '而簧鼓滋惑也'의 '簧鼓'는 『莊子』「駢拇」의 '枝於仁者 擢德塞性 以收名聲 使天下簧鼓以奉不及之法非乎 而曾史是已(어진 마음이 과잉한 자는 덕을 뿌리뽑고 자연스런 성정을 막아서 명성을 얻으려 한다. 피리나 북으로 천하 사람들을 모아 그들에게 불가능한 일을 받들게 하려는 깃은 그 증거가 아니겠는가. [공자孔子의 제자] 증참曾參이나 [위령공衛靈公의 신하] 사추史鰌가 좋은 예이다.)'에서 인용된 것이다. 조광 역, 「제3편」, 『천주실의』, 서울대학교출판부, 초판 제1쇄, 1999; 제3쇄, 2000, p.147 각주 31) 참조. 원문 및 해설은 方向東 校注, 『莊子今解』, 揚州:廣陵書社, 2003, pp.55-56. 孫雍長 注譯, 『莊子注譯』, 廣州:花城出版社, 1998; 重印, 2007, pp.112-114 참조. 국역은 李元燮 譯, 『老子·莊子』世界思想大全集 11, 大洋書籍, 1971, pp.251-252 참조.
> '滋惑'의 '滋'는 『中韓辭典』, 1989, p.3179; 2006, p.2685의 풀이 '②번식하다. 증가하다. 늘(어나)다' 가운데서 '증가하다'가 적절하다고 판단되어 이를 취하여 국역하였다.

서양선비가 말한다 : 사람의 영혼은 선·악에 구애됨이 없이 모두 육신에 수반되어 뒤에도 소멸되지 않습니다. 많은 나라의 선비들이 그것을 믿고 있으며 천주의 올바른 성경에도 실려 있습니다. 저는 몇 가지 단서로써 실제 이치를 입증하겠습니다. 이런 선·악의 차이에 대한 분별은 그러나 경서에도 실려 있지 않고 이치에 근거하지도 않으니, 세상의 중대한 사안으로써 감히 가벼이 새로운 학설을 지어내 교묘한 말로 세상 사람을 홀려 의혹을 증가시키지 못합니다. 선을 권하고 악을 막으려 함에 상·벌의 바른 도리가 있음이지, 어찌 이를 버리고 다른 속임수로 때를 만나기를 구하겠습니까.

| 원문 | (2)

"인혼비사비수人魂匪沙匪水 가이취산可以聚散 혼내신야魂乃神也 일신지주一身之主 사지지동종언四肢之動宗焉 이신산신유지가야以神散身猶之可也 이신산신여지하가재以身散神如之何可哉 사악행능산본심使惡行能散本心 즉시소인필불수의則是小人必不壽矣 연유자소지노然有自少至老 위악부지爲惡不止 하이산기심유능생야何以散其心猶能生耶"

| 언해 |

"사룸의 혼이 모래도 아니오 물도 아니라 엇지 써 모히며 허여지리오 혼은 이 신이니 일신의 쥬장이오 스지의 조종이라 신으로써 몸을 헷친다 홈은 오히려 가타ᄒ려니와 몸으로써 신을 헷친다 홈은 엇지 가ᄒ리오 가스 악ᄒᆡᆼ이 능히 본심을 헷친다 ᄒᆞᆫ즉 이ᄂᆞᆫ 소인은 반드시 장슈치 못ᄒᆞᆯ지라 그러나 ᄌᆞ소지로히 악을 ᄒᆞ야 긋치지 아니ᄒᆞᄂᆞᆫ 쟈가 잇스니 엇지써 그 ᄆᆞ음은 악을 인ᄒᆞ야 허여젓거늘 오히려 능히 장슈ᄒᆞᄂᆞ냐"

> **교주** 언해의 '스지의 조종'이 원문에는 '四肢之動宗'으로, 또한 '몸을 헷친다'가 원문에는 '散身'으로 되어 있다.

> **역해** 원문의 '則是'에 관한 『中韓辭典』, 1989, p.3004; 2006, p.2541의 풀이 '①오직 …뿐. 다만 …뿐. …이지만 ②만약' 중 이 문맥에서는 '다만 …뿐'과 '…이지만'을 감안하여 국역하였다.

| 국역 |

사람의 혼은 모래나 물처럼 모으고 흩을 수 없습니다. 혼이 곧 신이니, 한 육신의 주인이며 팔다리 운동의 근본입니다. 신으로써 육신을 흩뜨리는 것은 오히려 가능하지만, 육신으로써 신을 흩뜨리는 것이 어떻게 가능하겠습니까. 가령 악행이 본래의 마음을 오직 흩뜨릴 뿐이라면 소인은 틀림없이 오래 살지 못합니다. 그러나 어려서부터 늙을 때까지 악행을 하며 그치지 않기도 하니, 어찌 그 마음을 흩뜨리고서도 여전히 살 수 있겠습니까.

| 원문 | (3)

"심지우신心之于身 중호혈重乎血 혈기산血旣散 신차불능립身且不能立 즉심기산則心旣散 신언우능행身焉又能行 황심견호신況心堅乎身 적악우기積惡于己 불능산신不能散身 하독능산기심호何獨能散其心乎 약생시심이산若生時心已散 하대사후호何待死後乎 조물자인기선부造物者因其善否 불역기성不易其性 여조수지성如鳥獸之性 비상생지성非常生之性 즉수기문유선則雖其間有善 미연비조수상생未緣俾鳥獸常生 마귀지성魔鬼之性 내상생

지성乃常生之性 종기위악縱其爲惡 미연비마귀진멸未緣俾魔鬼殄滅 즉악인지심則惡人之心 기능인기악이산멸언豈能因其惡而散滅焉"

| 언해 |

"ᄆᆞᄋᆞᆷ이 사름의 몸에 피보다 더 즁ᄒᆞ니 피가 허여져도 몸이 ᄯᅩᄒᆞᆫ 능히 서지 못ᄒᆞ리니 ᄆᆞᄋᆞᆷ이 임의 허여진 후에 몸이 엇지 능히 ᄒᆡᆼᄒᆞ리오 하믈며 ᄆᆞᄋᆞᆷ은 몸에셔 더 견강ᄒᆞ니 악이 몸에 ᄊᆞ혓실지라도 능히 몸을 헷치지 못ᄒᆞ거든 엇지 홀노 더옥 견고ᄒᆞᆫ ᄆᆞᄋᆞᆷ을 헷치랴 만일 싱시에 ᄆᆞᄋᆞᆷ이 임의 허여져시면 엇지 ᄉᆞ후ᄅᆞᆯ 기ᄃᆞ리랴 조물쥬ㅣ 그 션ᄒᆞ고 션치 못홈을 인ᄒᆞ야 물의 본셩을 밧고지 아니ᄒᆞ시니 금슈의 본셩은 ᄒᆡᆼᄉᆞᆼ ᄉᆞᄂᆞᆫ 셩품이 아니기에 가ᄉᆞ 션홈이 잇실지라도 금슈ᄂᆞᆫ ᄉᆞᆼᄉᆡᆼ하게 ᄒᆞᄂᆞᆫ 일이 업고 마귀의 본셩은 ᄒᆡᆼᄉᆞᆼ ᄉᆞᄂᆞᆫ 셩품이기에 비록 악ᄒᆞᆯ지라도 ᄯᅩᄒᆞᆫ 진멸ᄒᆞᄂᆞᆫ 법이 업ᄉᆞᆫ즉 이 사름이 ᄒᆡᆼᄉᆞᆼ ᄉᆞᄂᆞᆫ ᄆᆞᄋᆞᆷ이 엇지 악을 인ᄒᆞ야 허여져 멸ᄒᆞ리오"

> **교주** 언해의 '금슈ᄂᆞᆫ ᄉᆞᆼᄉᆡᆼ하게 ᄒᆞᄂᆞᆫ 일이 업고' 부분과 'ᄯᅩᄒᆞᆫ 진멸ᄒᆞᄂᆞᆫ 법이 업ᄉᆞᆫ즉 이 사름이 ᄒᆡᆼᄉᆞᆼ ᄉᆞᄂᆞᆫ ᄆᆞᄋᆞᆷ이' 부분이 원문에는 각기 '未緣俾鳥獸常生'과 '未緣俾魔鬼殄滅 則惡人之心'이라 되어 있음에 유의하였다.

| 국역 |

마음은 육신에 혈액보다 중요하니, 혈액이 이미 흩뜨려져서는 육체 또한 설 수 없습니다. 만일 그렇다면 마음이 이미 흩뜨려져서는 육체 또한 어찌 다닐 수 있겠습니까. 더구나 마음은 육체보다 더 굳어서 자기에게 악이 쌓였어도 몸을 흩뜨려지게 할 수 없는데, 어찌 홀로 그 마음만을 흩뜨릴 수 있겠습니까. 만약 살았을 때 마음이 이미 흩뜨려졌으면 어찌 죽은 다음을 기다리겠습니까. 사물을 창조하신 분께서는 그 선·악으로 인하여 그 본성을 바꾸시지 않습니다. 만약 날짐승·들짐승의 본성이 항상 사는 본성이 아니면 비록 그 사이에 선함이 있더라도 그로 말미암아 날짐승·들짐승으로 하여금 항상 살게 하지 않습니다. 마귀의 본성은 바로 항상 사는 본성이라서 제멋대로 그것이 악을 저질러도 그로 말미암아 마귀로 하여금 죽어 없어지게 하지 않습니다. 만일 그렇다면 악한 사람의 마음이 어찌 그 악함으로 말미암아서 흩어져 없어지겠습니까.

| 원문 | (4)

"사악인지혼使惡人之魂 개수멸망지형槪受滅亡之刑 즉기형역미공則其刑亦未公 고비천주소출固非天主所出 개중죄유등蓋重罪有等 기의일체벌이멸망재豈宜一切罰以滅亡哉 황

피멸자況被滅者 기귀어무旣歸於無 즉역필무환난 則亦必無患難 무고신無苦辛 무소수형無
所受刑 이기죄반탈而其罪反脫 즉시인도세인則是引導世人 이무구위악以無懼爲惡 인도위
악자引導爲惡者 이무구증기악야以無懼增其惡也 성현소청심신심망聖賢所請心散心亡 내
시비사乃是譬詞"

| 언해 |

"셜ᄉ 악인의 혼이 멸망ᄒᄂᆫ 형벌쑨 밧으면 그 형벌이 쏘ᄒᆫ 공변되지 못ᄒᆯ지니 진실노
텬쥬의 내실 바 아니라 대개 즁죄ᄂᆫ 등급이 잇ᄉ니 엇지 ᄒᆫ갈 ᄀᆞᆺ치 멸망으로써 벌을 ᄀᆞᆺ치
ᄒᆞ리오 하믈며 멸홈은 업ᄂᆫ대로 도라가니 쏘ᄒᆫ 반ᄃᆞ시 환난도 업고 신고홈도 업고 다시
밧을 바 형벌도 업슬지니 그 죄ㅣ 오히려 온젼히 버셔난즉 이ᄂᆞᆫ 세샹 사ᄅᆞᆷ을 인도ᄒᆞ야 두
림이 업슴으로써 악을 ᄒᆞ게 홈이오 악을 ᄒᆞᄂᆫ 쟈로써 두림이 업시 그 악을 더ᄋᆞ게 홈이라
셩현의 닐온바 ᄆᆞ음이 허여지며 ᄆᆞ음이 도망ᄒᆞ다 홈은 셜ᄉ 조비ᄒᆞᆫ 말이라"

> **교주** 언해의 '멸망'이 원문에는 '散滅'로 되어 있다. 그리고 언해의 '셜ᄉ 조비ᄒᆞᆫ 말이라' 부분이
> 원문에는 '乃是譬詞'로 되어 있다.

> **역해** 원문 '槪受滅亡之刑'의 '槪'에 관한 『中韓辭典』, 1989, p.751; 2006, p.623의 풀이 '②일체.
> 일률적으로. 모두' 중 '일률적으로'가 이 문맥에서는 가장 적절하다고 여겨져 이를 취하여
> 국역하였다.
> 원문 '乃是譬詞'의 '乃是'는 『中韓辭典』, 1989, p.1613; 2006, p.1383의 풀이에 '즉[바로]
> …이다. 곧 …이다.'로 되어 있어 이를 취하였다.
> 원문 '譬詞'의 '譬'는 『中韓辭典』, 2006, p.1476의 용례 풀이 중 '譬語'를 '비겨 하는 말'로
> 정리한 것을 원용하여 '빗대어 하는 말'로 국역하였다.

| 국역 |

설령 악한 사람의 혼이 일률적으로 죽어 없어지는 형벌을 받으면 그 형벌도 역시 공정치
못하니, 물론 천주께서 내신 바가 아닙니다. 대개 무거운 죄에도 등급이 있으니 어찌 의당
모든 형벌 전부를 없애버리겠습니까. 더구나 없어짐을 당하는 자가 이미 없음으로 돌아갈
경우에는 또한 틀림없이 환난도 없고 고통도 없고 형벌 받는 바도 없는 것이면서, 그 죄는
도리어 벗어지는 것뿐이지만, 만약 그렇다면 이 세상 사람들을 인도해서 두려움 없이 악
을 저지르게 함이며, 악을 저지르는 사람들을 인도해서 두려움 없이 그 악을 증가시키는
것입니다. 성현들이 부탁했던바 '마음이 흩어져 마음이 도망한다.'라는 것은 곧 빗대어 한
말입니다.

| 원문 | (5)

"여오범람축우외사如吾汎濫逐于外事 이부전일而不專一 즉위심산即謂心散 여오소무부재본성내사如吾所務不在本性內事 이재외일而在外逸 즉위심망即謂心亡 비필진산진망야非必眞散眞亡也 선자장심이덕善者藏心以德 사미식지似美飾之 악자폐심이죄惡者蔽心以罪 사추오지似醜汚之"

| 언해 |

"마치 내 무옴이 박것일에 훗허져 전일치 못흐면 닐온 무옴이 허엿졋다 흠이오 쏘 내 힘쓰는 바 무옴 안희 잇지 아니흐고 싱각이 밧긔 닉호이면 닐온 무옴이 도망흠이니 무옴의 츌입이 무샹ᄒ야 잡은즉 보존ᄒ고 노흔즉 간다흠이오 춤 허여지고 춤 도망흠은 아니라 션쟈는 무옴을 덕으로써 금초니 아름다온 옷스로 꿈임과 긋고 악쟈는 죄로써 무옴을 금초니 츄ᄒ 믈노써 더러임과 긋흔지라"

> **교주** 언해의 '싱각이 밧긔 닉호이면' 대목이 원문에는 '而在外逸'로 되어 있음에 유의하였다. 한편 언해의 '무옴의 츌입이 무샹ᄒ야 잡은즉 보존ᄒ고 노흔즉 간다흠이오' 부분은 원문에는 없는 내용이다. 언해하는 과정에 원활하게 설명하기 위하여 삽입한 것이라 여겨진다.

| 국역 |

예컨대 내 마음이 넘쳐흘러 바깥의 일에 쫓아서 하나에 전념하지 못하면 곧 '마음이 흩어졌다.'라고 말합니다. 예컨대 내가 힘쓰는 바가 본성 안의 일에 있지 아니하고 밖의 안일함에 있으면, 곧 '마음이 흩어져 없어졌다.'라고 말합니다만 반드시 정말로 흩어지거나 정말로 없어진 것이 아닙니다. 선한 사람이 마음에 간직하기를 덕으로써 하는 것은 아름답게 꾸미는 것과 같으며, 악한 사람이 마음에 감춰두기를 죄로써 하는 것은 추악하게 더럽히는 것과 같습니다.

| 원문 | (6)

"차본성지체此本性之體 겸신여신兼身與神 비아결취非我結聚 내천주부지이사아위인乃天主賦之以使我爲人 기산망지기其散亡之機 역비유아亦非由我 상유천주常由天主 천주명기신기년이산天主命其身期年而散 즉기년이산則期年而散 이오불능영구而吾不能永久 명기영혼상생불멸命其靈魂常生不滅 이오언능멸지야而吾焉能滅之耶"

| 언해 |

"이 본성의 톄와 신을 내가 스스로 모화 미즌 거시 아니오 텬쥬ㅣ 붓쳐주샤 날노 ᄒ여곰 사ᄅᆷ이 되게 ᄒ심이니 그 허어지고 망ᄒᄂ 긔틀이 ᄯ혼 날노 말미암지 못ᄒ고 흥샹 텬쥬로 말미암을지니 텬쥬ㅣ 내 몸을 명ᄒ샤 일 년 만회 허여지라 ᄒ시면 일 년에 허여져 내 능히 오리지 못ᄒᆯ 거시오 내 령혼을 명ᄒ샤 흥샹 살고 멸치 말나 ᄒ시니 내 엇지 능히 멸ᄒ리오"

> **교주** 언해의 '텬쥬ㅣ 붓쳐주샤' 부분이 원문에는 '天主賦之'로 되어 있으며, 또한 언해의 '그 허여지고 망ᄒᄂ 긔틀이' 부분이 원문에는 '其散亡之機'로 되어 있다.

| 국역 |

이 본성의 실체는 육신과 신을 겸하는데 우리들이 맺어 모은 게 아니며 바로 천주께서 부여해주심으로써 우리로 하여금 사람이 되게 하셨습니다. 그 흩어지고 없어지는 계기도 역시 우리로 말미암음이 아니라 항상 천주께로 말미암은 것입니다. 천주께서 그 육신에게 1년을 기약하고 흩어지라고 명하시면 1년을 기약하고 흩어져서 우리는 길고 오래 살 수가 없습니다. 그 영혼에 항상 살아 있으면서 불멸하라고 명하셨으니 우리가 어찌 없어질 수 있겠습니까.

| 원문 | (7)

"고아소용하여顧我所用何如 선용지즉안태善用之則安泰 오용지즉험위운이悞用之則險危云 오품본성吾稟本性 여득겸금如得兼金 오혹이지조제신지작吾或以之造祭神之爵 혹이지조장예지반或以之造藏穢之盤 개아자위지皆我自爲之 연기장예반然其藏穢盤 독비겸금호獨非兼金乎 증광우신增光于心 즉졸등천상지대광則卒騰天上之大光 증명우심增瞑于心 즉졸강지하지대명則卒降地下之大瞑 수능배차리지대단재誰能排此理之大端哉"

| 언해 |

"다만 내 쓰ᄂ 바의 엇더홈을 도라볼 ᄯ룸이니 잘 쓰면 평안ᄒ고 그릇 쓰면 위틱ᄒ다 닐올지라 나의 밧은 본성이 졍혼 황금을 엇음과 ᄀᆺᄒ니 혹 졔긔룰 짓거나 더러온 것 담ᄂ 반을 짓거나 다 내 ᄒᆼ기에 잇ᄂ나 그러나 ᄀᆺ치 금은 금이로듸 혹 빗츨 ᄆᆷ음에 더어 텬상 큰 빗츨 화ᄒ고 혹 더러옴을 ᄆᆷ음에 더어 디옥 큰 어두온 듸 ᄶ러지리니 뉘 능히 이 의리의 큰 ᄯᅳᆺ츨 어긔리오"

교주 언해의 '나의 밧은 본성이 졍흔 황금을 엇음과 굿흐니' 부분이 원문에는 '吾稟本性 如得兼金'으로 되어 있다. 그리고 언해의 '혹 졔긔를 짓거나' 부분이 원문에는 '吾或以之造祭神之爵'으로 되어 있다. 또한 언해의 '빗출 ᄆᆞ옴에 더어'이 원문에는 '增光于心'으로 되어 있다. 한편 언해의 '혹 더러옴을 ᄆᆞ옴에 더어 디옥 큰 어두온 ᄃᆡ ᄲᅥ러지리니' 부분이 원문에는 '增暝于心 則卒降地下之大暝'으로 되어 있으며, 언해의 '뉘 능히 이 의리의 큰 싯츨 어긔리오' 부분이 원문에는 '誰能排此理之大端哉'로 되어 있음에 유의하고자 한다.

역해 원문 '如得兼金'의 '兼金'은 『漢韓大字典』, 1967, p.145; 2002, p.262의 풀이에 '값이 보통의 것의 갑절이나 되는 황금'이라 했고, 또 『中韓辭典』, 1989, p.1083; 2006, p.912의 풀이에 '값이 보통의 갑절이 되는 좋은 금'이라 하였으니, 이를 취하여 국역하였다.

| 국역 |

우리가 쓴 바가 어떠하였는지를 돌아봅시다. 잘 쓴 경우에는 편안하고 태평하지만, 잘못 쓴 경우에는 위태롭고 불안하다고 이를 것입니다. 우리가 부여받은 본성은 마치 값이 보통의 갑절이 되는 좋은 황금을 얻은 것과 같으니, 우리는 그것으로써 신에게 제사를 드리는 술잔을 만들거나 더러운 것을 담는 쟁반을 만들거나 모두 우리 스스로가 하는 것입니다. 그러나 ㄱ 더러운 것을 담는 쟁반만이 유독 반드시 값이 보통의 갑절이 되는 좋은 황금이겠습니까. 마음에 빛이 더 증가할 때에는 마침내 하늘 위의 큰 광명으로 뛰어오르게 되며, 마음에 어둠이 증가할 때에는 마침내 땅속의 큰 어둠에 떨어지게 됩니다. 누가 이 도리의 위대하신 발단을 배척할 수 있겠습니까.

| 원문 | (8)

"중사왈中士曰 우吁 금오방지인소이어금수자今吾方知人所異於禽獸者 비기희야非幾希也 영혼불멸지리靈魂不滅之理 심정야甚正也 심명야甚明也"

| 언해 |

"즁ᄉᆞ ㅣ ᄀᆞᆯ오ᄃᆡ 슬프다 이제 내 바야흐로 사ᄅᆞᆷ이 금슈와 크게 다ᄅᆞᆷ을 알지니 령혼의 멸치 아니ᄒᆞᄂᆞᆫ 리ᄂᆞᆫ 심히 올코 심히 ᄇᆞᆰ도다"

교주 언해의 '이제 내 바야흐로 사ᄅᆞᆷ이 금슈와 크게 다ᄅᆞᆷ을 알지니' 부분이 원문에는 '今吾方知人所異於禽獸者 非幾希也'라고 되어 있음에 유의하였다.

역해 원문 '非幾希也'의 '幾希'에 대해 『漢韓大字典』, 1967, p.418; 2001, p.679의 풀이에는 '대단히 드묾. 거의 없다시피 함'으로 되어 있고, 『中韓辭典』, 1989, p.1030; 2006, p.816의

풀이에는 '(차이가) 거의 없다. 대단히 드물다.'로 되어 있는데, 여기에서는 '거의 없다시피 함'을 취하여, '非幾希也'를 '거의 없다시피 하지 않다.'로 국역하였다.

| 국역 |

중국선비가 말한다 : 아아! 지금 우리는 비로소 사람이 날짐승·길짐승과 다를 바가 거의 없다시피 하지 않다는 것을 알았습니다. 영혼이 불멸한다는 이치는 매우 바르고 또한 명확합니다.

| 원문 | (9)

"서사왈西土曰 기기행어금수期己行於禽獸 불문이성지수자不聞二性之殊者 완야頑也 고사지부인품지상高士志浮人品之上 거원등기호비류자재詎願等己乎鄙類者哉 현우득계존지賢友得契尊旨 언필약여言必躍如 연성하이의然性遐異矣 행의물이언行宜勿邇焉"

| 언해 |

"셔스ㅣ 골오ᄃᆡ 즈긔 ᄒᆡᆼ실을 금슈와 ᄀᆞᆺ치 ᄒᆞ고 두 셩픔의 다ᄅᆞ다 홈을 듯지 아니ᄒᆞᄂᆞᆫ 쟈ᄂᆞᆫ 완악ᄒᆞᆫ 쟈라 놉흔 션븨ᄂᆞᆫ 뜻이 인픔 우희 ᄡᅥ오라ᄂᆞ니 엇지 더러온 류와 ᄀᆞᆺ기를 원ᄒᆞ리오 즈네 어진 벗은 션븨 놉흔 뜻에 합ᄒᆞ니 말이 반ᄃᆞ시 ᄲᅱ여날지라 그러나 인셩이 금슈와 멀니 다ᄅᆞ니 ᄒᆡᆼ실을 금슈에 갓가히 말지니라"

교주 언해의 '완악'이 원문에는 '頑'으로, '놉흔 션븨'가 원문에는 '高士'로 되어 있다.

역해 원문 '言必躍如'의 '躍如'는 『漢韓大字典』, 2002, p.2013의 풀이에 '①뛰어오르는 모양. 힘찬 모양. 약연躍然. ②생생한 모양'이라 하였고, '躍然'의 풀이에는 '생기 있게 뛰어노는 것 같은 모양'이라고 하였기에, 이를 원용하여 '생기 넘칠'로 국역하였다.

| 국역 |

서양선비가 말한다 : 자기 행실을 날짐승·길짐승과 같이 하고 두 성품이 다르다는 지적을 듣지 않는 자는 미련한 자입니다. 고명한 선비는 뜻이 인품의 높은 위치에 오르니 어찌 자신들이 비열한 부류들과 같아지기를 원하겠습니까. 어진 벗께서는 높은 뜻이 틀림없이 마음에 통하였으니 말씀이 틀림없이 생기 넘칠 것입니다. 그러나 성품은 날짐승·길짐승과 멀리 다르니, 행실을 마땅히 날짐승·길짐승과 가깝게 하지 말아야 합니다.

제4편

원문:"제사편第四篇 석귀신급인혼이론釋鬼神及人魂異論 이해천하만물불가위지일체而解天下萬物不可謂之一體"

언해:"뎨ᄉ편은 귀신과 사름의 혼을 달니 의논ᄒᆞᆷ을 분변ᄒᆞ고 텬하 만물이 일톄되지 못ᄒᆞᆷ을 풀미라"

> **교주** 언해필사본 「샹권 목록」에는 '뎨ᄉ편은 귀신과 사름의 혼이 다ᄅᆞ·ㅁ을 분변ᄒᆞ고 텬하 만물이 일톄되지 못ᄒᆞᆷ을 풀미라'로 되어 있음에 유의하였다.

국역:제4편 귀신과 사람의 혼에 관한 다른 논의를 설명하고 천하 만물이 일체라고 말할 수 없음을 해설하다

| 원문 |

"중사왈中士曰 작오퇴습대회昨吾退習大誨 과심기개유진리果審其皆有眞理 부지오국우유不知吾國迂儒 하이공절귀신지실위정도야何以攻折鬼神之實爲正道也"

| 언해 |

"즁ᄉㅣ ᄀᆞᆯ오ᄃᆡ 내 믈너가 어제 ᄀᆞᄅ치심을 닉이 싱각ᄒᆞ니 과연 다 진실흔 리ㅣ 잇슴을 알았거니와 우리나라 오활흔 션비들이 엇지ᄒᆞ야 귀신을 쎡거침으로써 정도를 삼ᄂᆞ뇨"

> **교주** 언해에서 '우리나라 오활흔 션비들이 엇지ᄒᆞ야 귀신을 쎡거침으로써 정도를 삼ᄂᆞ뇨'라고 푼 부분이 원문에는 '不知吾國迂儒 何以攻折鬼神之實爲正道也'로 되어 있음에 유의하였다.

> **역해** 원문 '何以攻折鬼神之實爲正道也'의 '攻折'과 관련하여, '攻'은 『中韓辭典』, 高麗大 民族文化研究所, 1989, p.800; 全面 改訂 2版 3刷, 2006, p.662의 풀이에 '①공격하다 ②(남의 잘못에 대해) 비난하다. 책망하다'도 있지만 '③연구하다'가 적합한 것으로 여겨졌으며, '折'은 同書, 1989, p.3051; 2006, p.2579에 '⑨시비를 가리다'라고 되어 있음을 취하여, 이 '攻折'을 '연구하여 시비를 가리는 것'으로 국역하였다.

| 국역 |

중국선비가 말한다 : 어제 제가 물러나와 큰 가르침을 복습하며 과연 거기에 모두 참된 이치가 있음을 살피게 되었습니다. 다만 사정에 어두운 우리 나라 유학자들이 어찌하여 귀신들의 실체에 대해 연구하여 시비를 가리는 것으로 올바른 도리라고 여겼는지 모르겠습니다.

[제1강]

원문 : 이고경고례以古經古禮 징유귀신徵有鬼神

언해 : 고경과 고례로써 귀신 잇심을 증거홈이라

국역 : 옛 경서와 옛 예절로써 귀신이 있음을 입증하다

| 원문 | (1)

"서사왈西士曰 오편찰대방지고경서吾遍察大邦之古經書 무불이제사귀신위천자제후중사無不以祭祀鬼神爲天子諸侯重事 고경지여재기상故敬之如在其上 여재기좌우如在其左右 기무기사이고위차교무재豈無其事而故爲此矯誣哉"

| 언해 |

"셔스ㅣ 굴오딕 내 임의 귀국 녯 경셔를 살펴보니 귀신의게 졔ᄉ홈으로써 나라희 즁흔 일을 삼지 아니홈이 업ᄂ 고로 공경ᄒ기를 그 우희 잇슴과 그 좌우에 잇ᄂ 것 ᄀᆺ치 ᄒ니 엇지 그 일이 업스면 짐짓 꿈여 속이ᄂ 일을 ᄒ리오"

> **교주** 언해의 '내 임의 귀국 녯 경셔를 살펴보니' 대목이 원문에는 '吾遍察大邦之古經書'로 되어 있음에 유의하였다. 언해의 '짐짓 꿈여 속이ᄂ 일을 ᄒ리오' 부분이 원문에는 '故爲此矯誣哉'라 되어 있음에도 유의하였다.

| 국역 |

서양선비가 말한다. : 제가 대국의 옛 경서를 두루 살펴보았더니, 귀신에게 제사 지내는 것을 천자天子와 제후諸侯의 중대한 임무로 삼지 않음이 없었습니다. 그러므로 공경하기를 마치 그 위에 있는 것과 같이하고 마치 그 좌우에 있는 것과 같이하니, 어찌 그 귀신에게 제사지내는 일이 없으면서 일부러 이것을 있는 것으로 꾸며 속이기야 하였겠습니까.

| 원문 | (2)

"반경왈盤庚曰 실어정진어자失於政陳於玆 고후비내숭강죄질高后丕乃崇降罪疾 왈하학짐민曰何虐朕民 우왈又曰 자여유난정동위玆予有亂政同位 구내패옥具乃貝玉 내조내부乃祖乃父 비내고아후왈丕乃高我后曰 작비형어짐손作丕刑於朕孫 적고후迪高后 비내숭강불상丕乃崇降弗祥 서백감려西伯戡黎 조이간주왈祖伊諫紂曰 천자天子 천기흘아은명天旣訖我殷命 격인원구格人元龜 망감지길罔敢知吉 비선왕불상아후인非先王不相我後人 유왕음"

희용자절惟王淫戱用自絶"

| 언해 |

"빈경―은나라 님금이니 서년 편명이 되니라―에 굴오디 덩스를 이에 닐헛시니 고후―
반경의 조상 셩탕― ㅣ 크게 벌을 ᄂᆞ리워 굴오샤디 엇지 ᄒᆞ야 내 빅셩을 잔확ᄒᆞᄂᆞ냐 ᄒᆞ시
리이다 ᄒᆞ고 ᄯᅩ 굴오디―반경이 ᄯᅩ 고ᄒᆞᄂᆞᆫ 말― 내 졍스를 두스리ᄂᆞᆫ 신하ㅣ 픠옥―빅셩의
뇌물―을 밧앗시면 부―아비―와 조―조부―ᄂᆞᆫ 우리 고후ᄭᅴ 고ᄒᆞ야 굴오디 큰 형벌을 나의
손ᄌᆞ의게 ᄂᆞ리게 ᄒᆞ소셔 ᄒᆞ고 ᄯᅩ 고후ᄭᅴ로 말미암아 크게 샹셔치 아님을 ᄂᆞ리신다 ᄒᆞ고―
이ᄂᆞᆫ 반경이 셩탕의게 졔ᄉᆞᄒᆞᄂᆞᆫ 말― 셔빅이―쥬 문왕― 녀후―샹쥬의 져후라―를 쳐 이긔
니 조이―샹쥬의 신하라―가 샹쥬의게 간ᄒᆞ야 굴오디 하늘이 임의 우리 은나라의 명을 ᄭᅳᆫ
ᄒᆞ시니 바른 사름의 졈침이 감히 길흠을 아지 못ᄒᆞ니, 선왕이 우리 후인을 돕지 아님이 아
니엿마ᄂᆞᆫ 오직 왕이 음희―무도ᄒᆞ다 ᄯᅳᆺ―ᄒᆞ야 스스로 ᄭᅳᆫ흠이라"

역해 원문의 '盤庚曰' 이하 '失於政陳於玆 高后丕乃崇降罪疾 曰何虐朕民' 대목은『書經』제3권
「商書」<盤庚 中>에서 인용한 것인데, 인용문의 '何'가 원문에는 '曷'로 되어 있는 차이가
있다.
원문의 '又曰' 이하 '玆予有亂政同位 具乃貝玉 乃祖乃父 丕乃高我后 曰 作丕刑於朕孫 迪
高后 乃崇降弗祥' 대목 역시『서경』「상서」<반경 중>에서 인용한 것이지만, 인용문의
'丕乃高我后'가 원문에는 '丕乃告我高后'로, 또한 인용문의 '乃崇降弗祥'가 원문에는 '丕乃
崇降弗祥'으로 되어 있음이 발견된다.
원문의 '西伯戡黎 祖伊諫紂 曰天子 天旣訖我殷命 格人元龜 罔敢知吉 非先王不相我後人
惟王淫戱用自絶' 대목이 원문에는 마치 앞의 대목과 같이「상서」<반경>에서 인용된 것
처럼 곡해하기 쉽게 되어 있으나, 기실은 다른 項 '西伯戡黎'에서 인용한 것으로, 원래는
'西伯旣戡黎 祖伊恐 奔告于王 曰天子 天旣訖我殷命 格人元龜 罔敢知吉 非先王不相我後人
惟王淫戱用自絶'로 되어 있어 차이점이 드러남에 유의하였다. 여기에서 인용된 대목의 국
역에는 李相鎭 (外) 해역,『서경』개정증보판, 자유문고, 2004, p.180 및 pp.183-184 그
리고 p.204가 참조되었다.
원문 '格人'은『中韓辭典』, 1989, p.783의 풀이에 '[⇒至人]'이라 하였고, '至人'에 관한 同
書, 1989, p.3108의 풀이에 '지인, 성인'이라 하였기에, 이 중에서 '성인'을 취하여 국역하
였다.

| 국역 |

『서경』의「반경」편에 일렀습니다. "내가 정사에 실패했음을 이에 진술하였으니, [선왕先
王이신] 고후高后[성탕成湯]께서 그 죄에 대해 큰 벌을 내리며 말씀하시기를 '어찌 내 백

성들을 학대하느냐.'라고 하실 것이다." 또 [「반경」편에] 일렀습니다. "이에 나에게 정사를 어지럽히고 법을 지키지 않으면서 너의 재물을 모으는 데에만 마음을 쓰는 자가 있다면, 그대들의 할아버지요 아버지들은 우리 고후께 크게 고하여, '제 후손들에게 큰 형벌을 내려 주시옵소서.'라고 말할 것이다. 그리하여 선왕들께서는 큰 재앙을 내리시게 될 것이다."

"서백西伯이 이미 여黎 나라를 쳐 이기자 조이祖伊는 두려워 달려와 임금에게 고하였다. '하늘의 아들이시여. 하늘은 이미 우리 은殷 나라의 명을 끊으셨으니 격인[格人:성인]도, 원구[元龜:거북점]도 감히 길하다고 알리지 않습니다. 선왕들께서 우리 뒷사람을 돕지 않으시는 것이 아니라 오로지 임금께서 음탕한 놀이로 스스로 끊으신 것입니다.'"

| 원문 | (3)

"반경자성탕구세손盤庚者成湯九世孫 상위사백미相違四百禩 이유제지이유구지而猶祭之而猶懼之 이유이기능강죄강불상而猶以其能降罪降不祥 려기권민勵己勸民 즉필이탕위잉재이미산의則必以湯爲仍在而未散矣 조이재반경지후祖伊在盤庚之後 이위은선왕기붕而謂殷先王旣朋 이능상기후손而能相其後孫 즉이사자지영혼則以死者之靈魂 위영재불멸의爲永在不滅矣"

| 언해 |

"반경은 셩탕의 구셰손이라 서로 가기 스빅년이로되 오히려 졔ᄉᆞᄒᆞ며 두리며 능히 죄벌을 ᄂᆞ린다 ᄒᆞ고 샹셔치 아님을 ᄂᆞ린다 ᄒᆞ야 몸을 ᄀᆞ다듬고 빅셩을 권면ᄒᆞ엿신즉 반드시 셩탕이 샹존ᄒᆞ야 허여지 〃 아님을 위흠이오 조이는 반경 후에 잇서 은나라 션왕이 능히 그 후손을 도울 줄을 안즉 죽은 쟈의 령혼이 영셰에 멸치 아님을 위흠이오"

> **교주** 언해에는 '스빅년'으로 풀었으나, 원문에는 '四百禩'로 되어 있음에 유의하였다. 언해에는 원문 '先王旣朋'에서 '旣朋'을 풀어 반영하지 않았다.

| 국역 |

반경은 성탕의 9대손이라 서로 거리를 둔 게 400년이지만 여전히 그를 제사 지내면서 여전히 그를 두려워하였고, 여전히 그가 죄벌을 내리고 상서롭지 않음을 내려 자기를 격려하고 백성을 권장할 수 있으니 곧 틀림없이 탕湯이 아직도 존재하면서 흩어지지 않았다고 여겼습니다. 조이는 반경 뒤에 있고 은殷 선왕先王이 이미 돌아갔지만 그 후손을 도울 수 있다고 말하였으니, 곧 죽은 자의 영혼이 영원히 존재하며 불멸하지 않는다고 생각한 것입니다.

| 원문 | (4)

"금등주공왈金縢周公曰 여인약고予仁若考 능다재다예能多才多藝 능사귀신能事鬼神 우왈又曰 아지불벽我之弗辟 아무이고아선왕我無以告我先王 소고왈召誥曰 천기하종대빙은명天旣遐終大邦殷命 자은다철왕재천玆殷多哲王在天 월궐후왕후민越厥後王後民"

| 언해 |

"금등—쥬공의 지은 글—에 쥬공이 골오디 내 어질미 션왕 굿흐야 직됴 만흐니 족히 귀신을 셤기겟다 흐고—쥬공이 즈칭홈이 아니라 셩왕을 디신흐야 귀신의게 드림을 청이라—쏘 골오디 내 님금치 못홈이여. 우리 션왕끠 구흐지 못흐리라 흐고 소고—쥬나라 소공의 글—에 골오디 하늘이 멀니 은나라 명을 못츠시니 은나라 만흔 어진 인금이 하늘에 잇스나 그 후 왕후민의 어질지 못홈이 믄다 흐고—은나라 후왕과 후빅셩이 무도흔 고로 하늘에 잇는 션왕이 돕지 아니흔다 뜻이라—"

교주 언해에서는 '직됴 만흐니'라고 간략히 풀었으나, 원문에는 '能多才多藝'로 되어 있음에 유의하였다.

역해 원문 '金縢周公曰' 이하의 대목은 『書經』 제4권 「周書」 <金縢>에서 인용한 것인데, '予仁若考 能多材多藝 能事鬼神 乃元孫 不若旦 多材多藝 不能事鬼神' 부분에서 뒤의 '乃元孫 不若旦 多材多藝 不能事鬼神' 대목은 제외하고 앞엣것만 인용하였음에 유의하였다.

원문 '又曰' 이하의 대목은 동일한 『書經』 제4권 「周書」 I <金縢>에서 인용한 것으로, '周公 乃告二公曰 我之弗辟 我無以告我先王' 부분에서 '乃告二公' 대목은 제외하고 뒤엣것만 인용하였음에 유의하였다.

원문 '召誥曰' 이하의 대목은 『서경』 제5권 「주서」 II <召誥>에서 인용한 것이지만, '天旣遐終大邦殷命 玆殷多哲王在天 越厥後王後民 玆服厥命' 부분에서 '玆服厥命' 대목은 제외하고 앞엣것만 인용하였음에 유념하였으며, 국역에는 그래서 이 대목을 포함시켰다. 여기에서 인용된 대목의 국역에는 李相鎭 (등) 해역, 『서경』, 2004, p.255 및 p.259 그리고 p.305의 내용이 참조되었다.

원문 '我無以告我先王'의 '無以'에 관한 『中韓辭典』, 1989, p.2482; 2006, p.2107의 풀이에 '…할 수가 없다. …할 도리[방도]가 없다' 중 '…할 수가 없다'를 취하여 국역하였다.

| 국역 |

『서경書經』 「금등金縢」에 주공周公이 이르기를, "저는 [선왕과 같이] 어질고 또 효성이 있으며 많은 재주와 기예에 능하여 귀신을 섬길 수 있습니다."라고 하였으며, 거듭 이르기를, "제가 [왕이 되지 못한 경우 장차 왕에게 이롭지 않은 짓을 할 것이라는 뜬 소문을] 회

피하지 않으면, 저는 우리 선왕들에게 고할 수가 없습니다."라고 하였습니다. 「소고召誥」
에 이르기를, "하늘은 이미 큰 나라인 은殷의 명을 멀리 끊으셨습니다. 이에 은나라의 많은
옛 어진 왕들은 하늘에 계시나, 그분들의 뒤를 이은 왕과 백성들은 그분들의 명에 잘 따랐
습니다."라고 하였습니다.

| 원문 | (5)

"시운詩云 문왕재상文王在上 어소어천於昭於天 문왕척강文王陟降 재제좌우在帝左右
주공소공하인호周公召公何人乎 기위성탕문왕기붕지후其謂成湯文王既崩之後 유재천척강
猶在天陟降 이능보우국가而能保佑國家 즉이인혼사후위불산민의則以人魂死後爲不散泯
矣"

| 언해 |

"시뎐에 굴오딕 문왕이 우희 잇심이여 아름답다 하늘에 나타낫도다 문왕이오 라고 느림
이여 샹뎨 좌우에 잇서 국가를 보우흔다 ㅎ니"

> **교주** 언해의 '아름답다 하늘에 나타낫도다' 대목이 원문에는 '於昭於天'으로 되어 있음에 유의
> 하였다. 한편 원문의 '則以人魂死後爲不散泯矣' 부분이 언해에서는 언해되지 않았음에 간
> 과하지 않았다.

> **역해** 원문의 '詩云 文王在上 於昭於天 文王陟降 在帝左右' 대목은 『詩經』 제3권 「大雅」 <文王
> >항에서 인용한 것으로, 원래는 '文王在上 於昭於天 周雖舊邦 其命維新 有周不顯 帝命不
> 時 文王陟降 在帝左右'로 되어 있는데, 그 가운데 '周雖舊邦 其命維新 有周不顯 帝命不時'
> 부분은 생략하고 그 앞뒤 대목만 따온 것이다. 한편 언해에는 원문의 '周公召公何人乎 其
> 謂成湯文王既崩之後 猶在天陟降' 부분과 '則以人魂死後爲不散泯矣' 부분이 누락되어 있
> 음에 크게 유의하였다. 여기에서 인용된 대목의 국역에는 黃松文 (등) 해역, 『시경』, 자유
> 문고, 2007, p.378의 내용이 참조되었다.

| 국역 |

『시경詩經』 「대아大雅」에 이르기를, "문왕이 위에 계시니, 아! 하늘이 빛나도다. 문왕이
오르고 내리서 하느님의 좌우에 계시었네."라고 하였습니다. 주공周公과 소공召公은 어떤
사람입니까. 그들은 이르기를 성탕成湯과 문왕文王이 이미 세상을 떠난 뒤에도 오히려 하
늘에 있어 오르내리면서 국가를 보호하고 도왔으니 곧 사람의 혼이 죽은 뒤에도 흩어져
없어지지 않게 되었다고 하였던 것입니다.

"귀방이이공위성貴邦以二公爲聖 이이기언위광而以其言爲誑 가호可乎 이단치행異端熾行 주장위환譸張爲幻 난이공힐難以攻詰 후지정유기니하後之正儒其奈何 필장리쳑기사셜必將理斥其邪說 명론귀신지셩기셔기의明論鬼神之性其庶幾矣"

| 언해 |

"귀국이 임의 쥬공소공을 셩인이라 ᄒ며도 그 말노써 속인다 홈이 가ᄒ나 이단이 셩힝ᄒ야 젼혀 속이고 허환ᄒ니 치고 효유ᄒ기 어려온지라 일후 바른 션비ㅣ 엇더케 ᄒ련지 반ᄃ시 리를 가져 샤특ᄒ 말을 물니치고 귀신의 셩리를 붉이 의논ᄒ면 거의 다 힝홀 진뎌"

교주 언해의 '젼혀 속이고 허환ᄒ니' 부분을 원문에서는 '譸張爲幻'으로, '치고 효유ᄒ기 어려온지라' 부분이 원문에는 '難以攻詰'라고 되어 있음에 유의하였다. 또한 언해에서는 '샤특ᄒ 말'이라고 하였지만, 원문은 '邪說'로 되어 있음에 주목하였다. 언해의 '귀신의 셩리를 붉이 의논ᄒ면 거의 다 힝홀 진뎌' 대목이 원문에는 '明論鬼神之性其庶幾矣'로 되어 있음에 유의하였다.

역해 원문의 '其庶幾矣' 대목에서 '庶幾'의 국역에는 『中韓辭典』, 1989, p.2157; 2006, p.1828의 풀이 가운데, '③어지간하다. 괜찮다. 근사하다'에서 '괜찮다'를 취하는 게 타당하다고 보아서 따랐다.

| 국역 |

그대 나라에서 주공과 소공 두 분을 성인으로 삼으면서도 그 말로써 속이는 것이 가능하겠습니까. 이단이 불타듯 횡행하며 기만하여 현혹시키니 연구하여 따져 묻기가 어려워서 이후의 올바른 유학자들은 그것을 어쩌겠습니까. 반드시 곧 이치로 그 그릇된 주장을 배척하고 귀신의 성격을 분명하게 논의하면, 그것은 괜찮을 것입니다.

| 원문 | (7)

"중사왈中士曰 금지논귀신자今之論鬼神者 각자유견各自有見 혹위천지간무귀신지수或謂天地間無鬼神之殊 혹위신지즉유或謂信之則有 불신지즉무不信之則無 혹위여셜유즉비或謂如說有則非 여셜무즉역비如說無則亦非 여셜유무如說有無 즉득지의則得之矣"

| 언해 |

"즁ᄉㅣ ᄀᆞᆯ오ᄃᆡ 이제 귀신을 의논ᄒᆞᄂᆞᆫ 쟈ㅣ 각〃 소견이 잇서 혹 왈 텬디간에 귀신이 다름이 업다 ᄒ며—등분이 업다 쯧— 혹 왈 밋으면 잇고 밋지 아니면 업다 ᄒ며 혹 왈 잇다 홈

도 그르고 업다 홈도 쏘흔 그르니 가령 잇다도 흐고 업다도 홈이 가타 흐노이다"

언해의 '혹 왈' 부분이 원문에는 '或謂'로 되어 있다. 한편 언해의 '가령 잇다도 흐고 업다도 홈이 가타 흐노이다' 부분이 원문에는 '如說有無 則得之矣'로 되어 있음에 유의하였다.

역해 원문 '則得之矣'의 '得'에 관한 『中韓辭典』, 1989, p.515; 2006, p.428의 풀이 가운데 '③알 맞다. 좋다. …할 만하다'가 있으며, 同書, 1989, p.522; 2006, p.432에는 '기분이 좋다. 알 맞다. 편안하다. 만족스럽다. 만족하다'가 있어 이 중에서 '만족스럽다'를 취하여 국역하였 다.

| 국역 |

중국선비가 말한다 : 지금 귀신을 논의하는 자들은 각각 자신의 의견이 있어, 이르기를 '하 늘·땅 사이에 귀신의 특이함은 없다.'라고 하거나, 이르기를 '그것을 믿으면 있고, 믿지 않 으면 없다.'라고 하거나, 이르기를 '만약 그 설명이 있으면 틀린 것이고, 만약 그 설명이 없 으면 또한 틀린 것이며, 만약 그 설명이 있기도 하고 없기도 하면 만족스럽다.'라고 합니다.

[제2강]

원문:변귀신지이설辯鬼神之異說
언해:귀신의 다른 말을 분변홈이라
국역:귀신에 관한 다른 주장을 바로잡다

| 원문 | (1)
"서사왈西土曰 삼언일체이공귀신三言一切以攻鬼神 이막사기비而莫思其非 장배저불노 지도將排詆佛老之徒 이불각오고성지지而不覺忤古聖之旨"

| 언해 |

"셔스 | 골오듸 세 가지 말이 다 귀신을 치는 쯧이로듸 그 그름을 싱각지 못홈이라 마치 불노의 무리를 꾸지 〃려 흐매 고성인의 쯧에 거스림을 씌돗지 못홈이로다—리로서 벽파치 못흔다 쯧—"

언해의 '고성인의 쯧'이 원문에는 '古聖之旨'로 되어 있음에 유의하였다.

서양선비가 말한다 : 세 가지 말이 다 귀신을 연구한 것이지만, 그것이 틀렸음을 도무지 생각하지 못하였습니다. 또한 부처[불타佛陀]·노자老子의 무리를 배척하고 비방하면서, 옛 성현의 취지에 거역하는 줄을 깨닫지 못했던 것입니다.

| 원문 | (2)

"차부귀신유산천종묘천지지이명이직且夫鬼神有山川宗廟天地之異名異職 즉기부등저의則其不等著矣 소위이기양능조화지적所謂二氣良能造化之迹 기지굴신氣之屈伸 비제경소지지귀신야非諸經所指之鬼神也 오심신부능유무물자부吾心信否能有無物者否 강몽즉혹가講夢則或可 약논천지지대존若論天地之大尊 해용차침홀지사야奚用此忱惚之辭耶"

| 언해 |

"대뎌 귀신이 산쳔과 종묘와 텬디의 다른 일홈과 다른 직픔이 잇신즉 그 굿지 아니홈이 나타난지라 소위 이긔의 량능과—음양 두 긔운의 본능이라— 조화지젹과—만물화싱ㅎ는 자최— 긔운의 굴ㅎ고 펴임은—이는 즁용 귀신 의논ㅎ 글쟝에 그릇 플미라— 다경에 ㄱᄅ 친바 귀신이 아니라 내 ᄆ음의 밋고 아니 밋음과 업다 잇다 ㅎ는 말은 허환흔 몽ᄉᆞᆯ 의논홈인즉 가ㅎ거니와 이굿치 텬디의 크고 즁홈을 의논ㅎ는듸 이런 황홀난측흔 말을 쓸가 시브냐"

> **교주** 언해의 '긔운의 굴ㅎ고 펴임은'이 원문에는 '氣之屈伸'으로 또한 언해의 '다경'이 원문에는 '諸經'으로 되어 있다. 그리고 언해의 '허환흔 몽ᄉᆞᆯ 의논홈'이 원문에는 '講夢'으로 되어 있으며, 언해의 '황홀난측흔 말'이 원문에는 '忱惚之辭'로 되어 있음에 유의하였다.

> **역해** 원문 '且夫'에 관한 『中韓辭典』, 1989, p.1833; 2006, p.1560의 풀이에는 '그런데, 한편'이 있으며, 『漢韓大字典』, 民衆書林, 初版, 1966; 3版, 1967에는 이러한 용례에 대한 풀이가 없으나 同書, 제2판 제6쇄, 2002, p.102의 풀이에는 '그리고 또한'이 있는데, '한편'이 이 문맥에서는 적절한 듯하여 이를 취하여 국역하였다.

| 국역 |

한편 귀신이 산천山川·종묘宗廟·천지天地라는 다른 명칭과 다른 직함이 있으면 그것이 같지 않음이 분명합니다. 이른바 음·양 두 기운의 타고난 재능과 조화로운 자취, 기운의 굽힘과 폄이 모든 경서에서 지목하고 있는 귀신이 아닙니다. 우리 마음이 믿거나 그렇지 않거나 함이, 사물을 있게 하거나 없게 할 수 있는 게 아닙니다. 꿈을 풀이하는 경우에

는 어쩌면 가능할 것입니다만, 이와 같이 천지의 위대하고 존귀함을 논의하는데 어찌 황홀에 잠기는 이러한 말을 쓸 수 있겠습니까.

| 원문 | (3)

"비여서역사자譬如西域獅子 지자신기유知者信其有 우인혹불신愚人或不信 연이사자본유然而獅子本有 피불신자능멸사자지류재彼不信者能滅獅子之類哉 우황귀신자재又況鬼神者哉"

| 언해 |

"비컨대 셔국에 ᄉᆞᄌᆞ—즘승—를 아ᄂᆞᆫ 쟈ᄂᆞᆫ 그 잇심을 밋고 어린 쟈ᄂᆞᆫ 혹 밋지 아니ᄒᆞ나 그러나 ᄉᆞᄌᆞᄂᆞᆫ 본ᄃᆡ 잇ᄂᆞᆫ지라 뎌ㅣ 밋지 아니ᄒᆞᄂᆞᆫ 말노 능히 ᄉᆞᄌᆞ의 류를 업시 ᄒᆞ랴 하믈며 일뎡 잇ᄂᆞᆫ 귀신이야"

> **교주** 언해의 '하믈며 일뎡 잇ᄂᆞᆫ 귀신이야' 부분이 원문에는 '又況鬼神者哉'으로 되어 있음에 유의하였다.

> **역해** 원문 '譬如'에 관한『中韓辭典』, 1989, p.1725; 2006, p.1476의 풀이에, '譬如說'의 용례를 제시하고 이를 '예를 들어 말하면'이라 풀었으므로, 이를 참조하여 '譬如'를 '예를 들면'으로 국역하였다.

| 국역 |

예를 들면 서역西域의 사자를 아는 사람은 그것이 있음을 믿지만, 어리석은 사람은 어쩌면 믿지 않을 것입니다. 그런데 사자는 본디 있는 것입니다. 저들이 믿지 않는다고 해서 사자의 부류를 없앨 수 있겠습니까. 또한 더구나 귀신을 없앨 수 있겠습니까.

[제3강]

원문: 목불견불가이위무目不見不可以爲無
언해: 눈의 보지 못홈으로써 가히 업다 ᄒᆞ지 못홈이라
국역: 눈에 보이지 않는다고 해서 없다고 여겨서는 안된다

| 원문 | (1)

"범사물유즉유凡事物有卽有 무즉무無卽無 개소인의귀신유무蓋小人疑鬼神有無 인취학
사이문이석의因就學士而問以釋疑 여답지이유무如答之以有無 기비유승기의호豈非愈增其
疑乎 제언지지무타諸言之旨無他 유왈유惟曰有 즉인견지則人見之 인막견지人莫見之 즉무
의즉무의則無矣 연자어비학사자의논然玆語非學士者議論 내교야지탄이乃郊野之誕耳"

| 언해 |

"므릇 스물이 잇신즉 잇고 업슨즉 업슬지니 가스 소인이 귀신을 의심ᄒᆞ야 학ᄉᆞ의게 나아
가 므러 의심을 플녀 ᄒᆞ면 만일 잇다 업다 홈으로써 ᄃᆡ답ᄒᆞᆫ즉 엇지 그 의심을 더으지 아니
리오 세 가지 말ᄯᅳᆺ이 무타라 만일 닐오ᄃᆡ 잇다 ᄒᆞᆫ 즉 살이 보겟다 ᄒᆞᆯ 거시오 임의 보지 못
ᄒᆞᆫ 즉 업다 ᄒᆞ니 그러니 이 말이 학ᄉᆞ의 〃논이 아니오 불과 교야우부의 허탄ᄒᆞᆫ 말이라"

> **교주** 언해의 '더으지'가 원문에는 '愈增'으로 되어 있음에 유의하였다. 언해의 '세 가지 말ᄯᅳᆺ이
> 무타라' 부분이 원문에는 '諸言之旨無他'로 되어 있으며, 또한 언해의 '살'이 원문에는 '人'
> 으로 되어 있다. 언해에서 앞뒤의 경우를 모두 살피면, '人'을 풀어 '사름'으로 표기하였음
> 을 볼 수 있는데, 여기에서 이렇게 한 것은 필사 과정에서 공간이 부족하게 되자 '살' 이렇
> 게 간략히 표기한 것 같다. 그리고 언해의 '교야우부의 허탄ᄒᆞᆫ 말' 부분이 원문에는 '郊野
> 之誕耳'로 되어 있음에 유의하였다.

> **역해** 원문 '乃郊野之誕耳'의 '乃'에 관한 『中韓辭典』, 1989, p.1613; 2006, p.1383의 풀이 '②…
> 이다. 바로 …이다. 정말로 …이다' 중 '정말로 …이다'가 적절하다고 여겨 이를 취하여 국역
> 하였다.

| 국역 |

모든 사물은 있으면 있는 것이요 없으면 없는 것입니다. 대개 소인들이 귀신이 있는지
없는지를 의심하여 학식 있는 선비에게 나아가서 물어 의심을 풀려고 하는데, 만약 답하
기를 있음·없음으로 하면 어찌 그 의심이 더욱 증폭되지 않겠습니까. 여러 주장의 취지
는 다른 게 아닙니다. 오직 있다고 말할 때에는 사람이 그것을 볼 것이고, 사람이 그것을
보지 못할 때에는 없는 것입니다. 그러나 이 말은 학식 있는 선비가 의논한 게 아니라 정말
로 시골 들녘의 거짓말일 뿐입니다.

| 원문 | (2)

"무색형지물無色形之物 이욕이육안견지而欲以肉眼見之 비방욕이이담어육지미比方欲

以耳啖魚肉之味 가호가호誰能以俗眼見五常乎 수견생자지혼호誰見
生者之魂乎 수견풍호誰見風乎 이목도물以目視物 불여이리도지不如以理度之 부목혹유소
차夫目或有所差 유리무류야惟理無謬也 관일륜자觀日輪者 우인측지이목愚人測之以目 위
대여옹저이謂大如甕底耳 유자이리이계기고원지극儒者以理而計其高遠之極 즉지기대내과
어보천지하야則知其大乃過於普天之下也 치직목어징수중이침기반置直木於澄水中而浸其
半 이목시지以目視之 여곡언如曲焉 이리도지以理度之 즉잉자위직則仍自爲直 기목비곡야
其木非曲也 임목관형任目觀形 즉이영위물則以影爲物 위능동정謂能動靜 연이리세찰연以
理細察 즉지영실무광자이이則知影實無光者耳已 결비유물決非有物 황능동정호況能動靜
乎"

| 언해 |

"빗과 형상 업는 물을 고기눈으로 보고져 ᄒ니 이는 귀로써 고기맛슬 널고져 흠과 비방
ᄒ지라 뉘ㅣ 능히 속안으로 오륜의 리를 보며 뉘 산 사름의 혼을 보며 뉘ㅣ 바람을 보느냐
눈으로 물을 봄이 리로써 헤아림만 굿지 못ᄒ니 눈은 혹 틀리는 바 잇서도 오직 리는 그름
이 업느니 날박희를 보는 쟈ㅣ 어린 사름은 날의 큼이 독밋창만 ᄒ다 ᄒ나 션비는 리로써
그 놉흠과 멀미 극흠을 계교ᄒ야 그 큼이 온 싸희셔 지난나 홀 거시오 곳은 나무를 물 가온
대 세워 그 반을 줌으고 눈으로 보면 곱은 듯ᄒᄃᆡ 리로써 헤아리면 원릭 곳은 남기오 곱음
이 아니라 홀 거시오 눈을 맛겨 그름ᄌᄅᆞᆯ 보면 그름ᄌᄅᆞ로써 물건 굿치 넉여 능히 움죽이고
고요ᄒ다 ᄒ나 리로써 살피면 실노 빗 업는 그름자ᄲᆞᆫ이오 결단코 물건이 아니라 하믈며
움죽이고 고요ᄒ랴"

> **교주** 언해의 '고기눈'이 원문에는 '육안肉眼'으로 되어 있는 반면, 언해의 '속안'이 원문에는 '俗
> 眼'으로 되어 있음을 주목하였다. 한편 언해의 '이는 귀로써 고기맛슬 널고져 흠과 비방ᄒ
> 지라' 부분이 원문에는 '比方欲以耳啖魚肉之味'로 되어 있음에 유의하였다. 또한 언해의
> '날박희'가 원문에는 '日輪'으로, 언해의 '독밋창'이 원문에는 '甕底'로 되어 있다. 그리고
> 언해의 '션비는 리로써 그 놉흠과 멀미 극흠을 계교ᄒ야' 부분이 원문에는 '儒者以理而計
> 其高遠之極'라고 되어 있음에 유의하였다.

> **역해** 원문 '比方'에 관한 『中韓辭典』, 1989, p.127; 2006, p.99의 풀이 '예컨대. 가령. 만약. 비유
> 한다면' 중 '비유한다면'이 가장 적절하다고 여겨져 이를 취하여 국역하였다.

| 국역 |

색채도 형상도 없는 물건인데 육안으로 보려고 하는 것은, 비유한다면 귀로 생선과 고기

의 맛을 보려는 것이니 가능하겠습니까. 누가 세속의 눈으로 오상五常[인仁 · 의義 · 예禮 · 지智 · 신信]을 볼 수 있습니까. 누가 살아있는 사람의 혼을 볼 수 있습니까. 누가 바람을 볼 수 있습니까. 눈으로 사물을 보는 것은 이치로써 헤아림만 못합니다. 무릇 눈은 혹간 차이가 나는 바가 있지만, 오직 이치는 오류가 없습니다. 태양을 관찰하여 둥그렇다고 하는 것은 어리석은 사람이 측정하기를 눈으로 하고 말하기를 크기가 옹기 밑바닥만하다고 말하는 것과 같을 뿐입니다. 유학자가 이치로써 그 높고 먼 끝을 헤아리면 그 크기가 마침내 하늘의 아래보다 초과한다는 것을 압니다. 곧은 나무를 맑은 물속에 넣어 그 반을 잠기게 하고 눈으로 보면 굽은 것 같습니다만, 이치로써 그것을 헤아리면 곧 오히려 나무는 여전히 곧은 것이며, 그 나무가 굽은 게 아닙니다. 눈에 맡겨 형체를 관찰하는 경우에는 그림자를 사물로 여겨 말하기를 움직일 수 있다거나 멈출 수 있다고 합니다. 그러나 이치로써 세밀하게 살피면, 그림자의 실체가 빛이 없는 것일 뿐임을 알게 됩니다. 사물이 결코 있는 게 아닌데, 더구나 움직이고 멈출 수 있습니까.

| 원문 | (3)

"고서교공언왈故西校公言曰 이목구비사지소지각물耳目口鼻四肢所知覺物 필규지우심리必揆之于心理 심리무비언心理無非焉 방가위지진方可謂之眞 약리유불순若理有不順 즉사지취리가야則捨之就理可也 인욕명사물지오리人欲明事物之奧理 무타도언無他道焉 인외현因外顯 이추내은以推內隱 이기연以其然 험기소이연驗其所以然 여관옥정연등如觀屋頂烟騰 이옥내지필유화자가지而屋內之必有火者可知"

| 언해 |

"고로 셔국 셔지에 공번된 말이 이목구비와 ᄉᆞ지의 알고 씨ᄃᆞᆮᄂᆞᆫ 물건을 반ᄃᆞ시 리로써 혜아리면 그름이 업고 춤되다 닐을지니 만일 일의 불슌홈이 잇거든 곳 일을 놋코 리에 나아감이 가ᄒᆞ다 ᄒᆞ니 사름이 ᄉᆞ물의 깁흔 ᄯᅳᆺ을 붉히고져 ᄒᆞ면 다른 도ㅣ 업ᄂᆞᆫ지라 밧긔 나타남을 인ᄒᆞ야 안희 숨은 거슬 추리ᄒᆞ면 그런 거ᄉᆞ로써 그리된 소연을 징험홀지니 가령 집 마루 우희셔 연긔 나믈 보면 집안희 반ᄃᆞ시 불이 잇심을 가히 알지니"

교주 언해의 '고로 셔국 셔지에 공번된 말이' 부분이 원문에는 '故西校公言曰'로 되어 있고, 또한 언해의 '반ᄃᆞ시 리로써 혜아리면 그름이 업고 춤되다 닐을지니' 부분은 원문에는 '必揆之于心理 心理無非焉 方可謂之眞'으로 되어 있음에 유의하였다.

역해 원문 '心理無非焉'의 '無非'에 관한『中韓辭典』, 1989, p.2476; 2006, p.2100의 풀이에 '단
지 …에 지나지 않다. 반드시[꼭] …이다. …가 아닌 것이 없다'고 되어 있지만, 이 문맥의
'非'는 同書, 1989, p.691; 2006, p.575의 '고실, 잘못. 악행' 중 '잘못'을 취하는 게 옳다고
여겨 그렇게 하여 국역하였다.

| 국역 |

그러므로 서양의 학교에서는 공공연히 말하기를, "귀·눈·코·입과 팔·다리가 사물을
지각하는 것은 반드시 헤아리기를 마음의 이치에서 하니, 마음의 이치에 잘못이 없어야
비로소 참되다고 이를 수 있으며, 만약 이치에 순조롭지 못한 게 있는 경우에는 그것을 버
려야 다른 이치로 나아감이 가능하다."라고 합니다. 사람들이 사물의 오묘한 이치를 밝히
고자 함에는 다른 길이 없습니다. 밖으로 드러난 것에 근거하고 안에 감춰진 것으로 추측
하여 그것이 그러함으로써 그러한 바를 검증하는 것이니, 마치 건물 마루에서 연기가 오
른 것을 보면서 건물 안에 반드시 불이 났음을 알 수 있는 것과 같습니다.

| 원문 | (4)

"석자昔者 인천지만물因天地萬物 이증기고유천지만물지수야而證其固有大地萬物之主
也 인인사因人事 이증기유불능산멸지영혼야而證其有不能散滅之靈魂也 즉이증귀신지필
유則以證鬼神之必有 역무이도의亦無異道矣 여운사자형후멸이신표산如云死者形朽滅而神
飄散 민연무적泯然無迹 차일이필부지운此一二匹夫之云 무리가의無理可依 나하이의성현
지소기안호재奈何以議聖賢之所既按乎哉"

| 언해 |

"녯적에 텬디만물을 인ᄒ야 그 진실노 만물의 쥬ㅣ 계심을 증거ᄒ고 사ᄅᆞᆷ의 일을 인ᄒ야
그 능히 멸치 못ᄒᄂᆞᆫ 령혼이 잇심을 증거ᄒ니 연즉 귀신의 반ᄃᆞ시 잇심을 증거흠은 쏘흔
다른 도ㅣ 업ᄂᆞᆫ지라 만일 닐오ᄃᆡ 죽은 쟈의 형신은 썩어 멸ᄒ고 신혼은 표산ᄒ야 다시 자
최 업다 흠은 이ᄂᆞᆫ 필부의 소견이오 리를 의거흠이 업ᄂᆞᆫ 말이라 엇지 성현의 안찰흔 바를
의논ᄒ리오"

교주 언해의 '연즉'이 원문에는 '則'으로 되어 있다. 언해의 '죽은 쟈의 형신은 썩어 멸ᄒ고' 부분
이 원문에는 '死者形朽滅'으로 되어 있고, 또한 언해의 '신혼은 표산하야' 부분이 원문에는
'而神飄散'으로 되어 있다. 그리고 언해의 '다시 자최 업다 흠은 이ᄂᆞᆫ 필부의 소견이오' 부
분이 원문에는 '泯然無迹 此一二匹夫之云'으로 되어 있음에 유의하였다.

| 국역 |

예전에는 천지 만물에 의지하면서 그것이 본래 천지·만물의 주재자께서 계심을 입증했으며, 사람의 일에 의지하면서 그것이 분산하여 소멸할 수 없는 영혼이 있음을 입증했습니다. 만일 그렇다면 귀신이 틀림없이 있음을 입증함에도 역시 다른 방법이 없습니다. 만약 죽은 자의 형상은 썩어 소멸하면서 정신이 빠르게 분산되어 소멸되어 흔적조차 없어진다고 말하면, 이것은 하찮은 한두 사람의 말이요 의거할 이치가 없는 것이니, 어찌 성현들이 이미 자세히 조사하여 살핀 바를 논의하겠습니까.

| 원문 | (5)

"중사왈中士曰 춘추전재정백유위려春秋傳載鄭伯有爲厲 필이형견지야必以形見之也 인혼무형이이변유형지물人魂無形而移變有形之物 차불가이리추의此不可以理推矣 부생이무이우인夫生而無異于人 기사이유월인지능호豈死而有越人之能乎 약사자개유지若死者皆有知 즉자모유심애자則慈母有深愛子 일단화거一旦化去 독불일재본가고시향자소애자호獨不日在本家顧視向者所愛子乎"

| 언해 |

"즁亽ㅣ 글오디 츈추뎐에—공ㅈ 지은 글— 실녓시디 졍빅이—졍나라 님금— 여귀—사나온 귀신—되엿다 ᄒᄂᆞᆫ 말이 잇스니 반드시 형상으로써 뵈인지라 살앗셔ᄂᆞᆫ 늄과 다름이 업다가 죽은 후ᄂᆞᆫ 사름의 능에셔 넘음이 잇ᄂᆞ냐 만일 죽은 쟈ㅣ 다 알음이 잇스량이면 ㅈ모ㅣ 심히 ᄉᆞ랑ᄒᄂᆞᆫ 아들을 두고 일죠에 화ᄒᆞ야 가는 쟈ㅣ 엇지 날마다 본집에 잇서 평일에 ᄉᆞ랑ᄒᆞ든 ㅈ식을 도라보지 아니 ᄒᄂᆞ뇨"

> **교주** 언해의 '여귀'가 원문에는 '여려'로 되어 있다.

> **역해** 원문의 '春秋傳載鄭伯有爲厲 必以形見之也' 부분은 『春秋左傳』「召公」 7년(기원전 535) 夏 四月의 '鄭人相驚以伯有 曰伯有至矣 則皆走 不知所往 鑄刑書之歲二月 或夢伯有介而行 曰壬子 余將殺帶也 明年壬寅 余又將殺段也 及壬子 駟帶卒 國人益懼 齊燕平之月 壬寅 公孫段卒 國人愈懼 其明月 子産立公孫洩及良止以撫之 乃止 子大叔問其故 子産曰 鬼有所歸 乃不爲厲 吾爲之歸也(이때 鄭나라 사람들은 伯有로 서로 놀래서 '백유가 이르렀다.'라고 말하기만 하면 모두 달아나 어디로 가야할 줄을 몰랐다. 刑書를 주조하던 해 2월에 어떤 사람이 꿈에 백유가 갑옷을 입고 걸어가는 것을 보았다며 말하기를, '내가 壬子에는 駟帶를 죽일 것이고, 내년 壬寅에는 公孫 段을 죽일 것이다.'라고 하였다. 壬子에 이르러 사

대가 죽자, 나라 사람들이 더욱 두려워하였다. 齊나라와 燕나라가 和平하던 달 壬寅에 공
손 단이 죽자, 나라 사람들이 더더욱 두려워하였다. 그 다음 달에 子産이 公孫 洩을 [子孔
의 후계자로], 良止를 [백유의 후계자로] 세워 [백유의 혼령을] 위로하였더니, 마침내 [유
령 소동이] 멈추었다. 이때 子大叔이 그 까닭을 물으니, 子産이 말하기를, '귀신은 돌아갈
곳이 있으면, 이에 惡鬼가 되지 않소, 나는 그 귀신들을 위해 돌아갈 곳을 마련해준 것이오'
라고 하였다.) 대목의 내용을 축약하여 인용한 것이다. 원문 확인은 欒貴明·田奕 主編,『
十三經索引』第二冊 春秋左傳, 北京:中國社會科學出版社, 2003, pp.177-178 참조. 국역
은 신동준 옮김,『춘추좌전』3, 한길사, 2006, pp.111-112 참조. 원문 및 인용문의 '厲'가
'惡鬼'라고 함은 陳克炯,『左傳詳解詞典』, 鄭州:中州古籍出版社, 2004, p.214의 해설 참조.

| 국역 |

　중국선비가 말한다.:『춘추(좌)전春秋(左)傳』에 "정鄭나라의 백유伯有가 악귀惡鬼가 되
어 틀림없이 형상으로 보인 적이 있었다"고 실려 있습니다. 사람의 혼은 형상이 없지만, 형
상이 있는 사물로 변하였다는 이것은 이치로써는 추측할 수가 없습니다. 무릇 살면서 다
른 사람들과 다름이 없다가, 어찌 죽으면서 사람의 능력을 초월할 수 있겠습니까. 만약 죽
은 자가 모두 다 앎이 있으면 자애로운 어머니가 자식들을 깊이 사랑하다가 하루아침에
죽더라도 [그 혼이] 어찌 홀로 날마다 본래의 집에 있으면서 지난날 사랑하던 자식들을 돌
보지 않겠습니까.

[제4강]

원문:변인사후기혼재가지설辯人死後其魂在家之說
언해:사름이 죽은 후에 그 혼이 집에 잇지 못흠을 분변흠이라
국역:사람이 죽은 후에도 그 혼이 집에 있다는 주장을 바로잡다

| 원문 | (1)

　"서사왈西士曰 춘추전기언백유사후위려春秋傳旣言伯有死後爲厲 즉고춘추세역이신인
혼지불산멸의則古春秋世亦已信人魂之不散滅矣 이속유이비박귀신위무而俗儒以非薄鬼神
爲務 기비춘추죄인호豈非春秋罪人乎 부위인사자비혼사지위夫謂人死者非魂死之謂 유위
인백이惟謂人魄耳 인형이人形耳 영혼자생시여구류설중靈魂者生時如拘縲絏中 기사즉여

출암옥이탈수족지권旣死則如出暗獄而脫手足之拳 익달사물지리언益達事物之理焉 기지능당익자정其知能當益滋精 유우속인踰于俗人 불의위괴不宜爲怪"

| 언해 |

"셔스ㅣ 굴오딕 츈츄뎐에 임의 졍빅이 녀귀된 말이 잇신즉 츈츄 셰샹에도 또흔 사름의 혼이 멸치 아니홈을 밋은지라 속유ㅣ 귀신을 허소히 넉임이 엇지 츈츄의 죄인이 아니냐 대뎌 사름의 죽엇다 홈은 혼이 죽음이 아니오 오직 사름의 톄빅과 형상이라 령혼은 싱시에 마치 슈금흔 사름 갓다가 육신이 죽을 째에 령혼이 쮜여나 옥즁에 버셔남과 갓흐야 슈족의 동힘을 플고 온젼ㅎ신 이 육신의 구리옴이 업슨즉 편시 텬신의 톄라 더욱 스물의 리를 직통ㅎ야 그 아는 능이 더욱 붉고 졍ㅎ야 속인에셔 넘음이 괴이치 아니흔지라"

교주 언해의 '허소히'가 원문에는 '薄'이라 되어 있다. 언해의 '사름의 톄빅과 형상이라'가 원문에는 '人魄'으로만, 또한 언해의 '마치 슈금흔 사름 갓다가'가 원문에는 '如拘縲絏中'으로만 되어 있음에 유의하였다. 그리고 언해의 '육신이 죽을 째에 령혼이 쮜여나 옥즁에 버셔남과 갓흐야 슈족의 동힘을 플고 온젼ㅎ신 이 육신의 구리옴이 업슨즉 편시 텬신의 톄라' 부분이 원문에는 '旣死則如出暗獄而脫手足之拳'으로만 되어 있음에 유의하였다. 또한 언해의 '속인에셔 넘음이 괴이치 아니흔지라'가 원문에는 '踰于俗人 不宜爲怪'로 되어 있음에도 유념하였다.

역해 원문 '而俗儒以非薄鬼神爲務'의 '非薄'은 『中韓辭典』, 1989에는 그 풀이가 없지만 同書, 2006, p.146의 '薄'에 관한 풀이 가운데 '非~ 경멸하다=鄙~'가 있으며, 同書, 1989, p.131의 '鄙薄'에 관한 풀이 중에는 '②경멸하다. 경시하다'가 있으므로, 이 '非薄'을 '非薄=鄙薄'과 같이 여겨 여기에서는 '경멸하다'로 국역하였다.
원문 '不宜爲怪'에서 '不宜'는 『中韓辭典』, 1989, p.210; 2006, p.169에 '…하는 것은 좋지 않다. …하기에 적당치 않다. …하여서는 안 된다'라고 풀이되어 있는데, 이 가운데서 '…하여서는 안 된다'가 여기에서는 문맥상 가장 적절한 것으로 여겨져 이를 취하여 '괴이하게 여겨서는 안 됩니다'로 풀었다.

| 국역 |

서양선비가 말한다 : 『춘추(좌)전』에 '이미 백유伯有가 죽은 뒤에 악귀가 되었다'고 말하였으니, 만일 그렇다면 옛날 춘추시대에도 역시 이미 사람의 혼이 분산되어 소멸되지 않음을 믿으면서 저속한 유학자들이 귀신을 경멸하였으니 어찌 역사의 죄인이 아니겠습니까. 무릇 사람이 죽었다고 이르는 것은 혼이 죽었음을 이르는 게 아니라, 오직 사람의 백魄을 말할 뿐이요 사람의 형상을 말할 뿐입니다. 영혼이라는 것은 살았을 적에는 마치 잡혀

포승줄에 묶인 가운데 있는 것과 같지만, 이미 죽으면 마치 어두운 감옥에서 나오면서 손발이 오그라진 데에서 벗어남과 같아서 사물의 이치를 더욱 꿰뚫게 되며, 그 지능이 의당 더욱더 무성하고 정밀해져 세속의 사람을 뛰어넘으니 괴이하게 여겨서는 안 됩니다.

| 원문 | (2)

"군자지기연君子知其然 고불이사위흉구故不以死爲凶懼 이흔연안지而忻然安之 위지귀우본향謂之歸于本鄉 천주제작만물天主制作萬物 분정각유소재分定各有所在 불연즉난不然則亂 여사자지혼잉가재가如死者之魂仍可在家 기위지사호豈謂之死乎 차관성숙거어천상且觀星宿居於天上 부득강어지하不得降於地下 이잡호초목而雜乎草木 초목생어지하草木生於地下 역부득승어천상亦不得升於天上 이잡호성숙而雜乎星宿 만물각안기소萬物各安其所 부득이동不得移動 비수저어기장사譬水底魚飢將死 수유향이재안雖有香餌在岸 역부득왕이식지亦不得往而食之 인지혼수념처자人之魂雖念妻子 기득회재가중豈得回在家中"

| 언해 |

"군자는 그런 줄을 아는 고로 죽음으로써 흉흉을 삼지 아니하고 흔연하고 안연하야 본향으로 도라간다 하느니, 텬쥬ㅣ 만물을 지으시매 각〃 잇실 곳을 난화 뎡하신지라 그러치 아니면 어즈러오리니 만일 죽은 쟈의 령혼이 인하야 집에 잇스량이면 엇지 죽엇다 닐오리오 또한 살펴보라 셩신은 텬샹에 잇게 하엿시매 디하에 느려 초목과 섯기지 아니하고 초목은 지하에 나게 하엿시매 또한 텬샹에 올나 셩신과 버리지 못하느니 만물이 각〃 그 처소를 편안이 하야 능히 동하야 옴기지 못하니 비유컨대 믈 밋희 고기가 장춫 주려 죽을 터에 비록 언덕 우희 아름다온 밋기 잇스나 또한 옴겨가 먹지 못하느니, 사름의 혼이 비록 쳐즈를 싱각하나 엇지 도라와 집 가온대 거하리오"

교주 언해의 '흔연하고 안연하야'가 원문에는 '而忻然安之'로 되어 있음에 유의하였다. 그리고 언해의 '셩신'이 원문에는 '星宿'으로, 또한 언해의 '셩신과 버리지'가 원문에는 '雜乎星宿'으로 되어 있음에 유의하였다.

| 국역 |

군자君子는 그러함을 알고 있고 그러므로 죽음을 두려워하거나 무서워하지 않으면서 흔연히 편안하게 여기며, '본래의 고향에 돌아가는 것이다'라고 말합니다. 천주께서 만물을 지어 만드시고 각각 있어야할 곳을 나누어 정해 주셨으니, 그렇지 않으면 뒤섞였을 것입

니다. 예컨대 죽은 사람의 혼이 그대로 집에 있을 수 있으면, 어찌 말하기를 죽었다고 하겠습니까. 더욱이 별자리들이 하늘에 있어서 땅 아래로 내려오면서 풀·나무에 섞일 수 없고, 풀·나무는 땅 아래에 자라니 또한 하늘 위로 오르면서 별자리에 싞일 수 없음을 보면, 온갖 사물은 각각 그곳을 편안히 여기면서 이동할 수 없습니다. 비유하건대 물 밑의 물고기가 굶어 곧 죽어가는데, 비록 향기로운 먹이가 언덕에 있더라도 가면서 역시 먹을 수가 없으니, 사람의 혼이 비록 아내와 자식들을 염려하더라도 어찌 돌아와 집 가운데 있을 수 있겠습니까.

| 원문 | (3)

"범유회세계자凡有回世界者 필천주사지必天主使之 혹이권선或以勸善 혹이징악或以懲惡 이험인사지후以驗人死之後 기혼유존其魂猶存 여기금수혼지산與其禽獸魂之散 이불회자이야而不回者異也 혼본무형魂本無形 혹유저현어인或有著顯於人 필탁일허상이발현언必托一虛像而發見焉 차역불난지사此亦不難之事 천주욕인진지사후혼존天主欲人盡知死後魂存 이분명효시약차而分明曉示若此 이유유망저무기而猶有罔詆無忌 난교혹민亂敎惑民 이기소부지以己所不知 망운인사혼산妄云人死魂散 무복형적無復形迹 비단패망이변非但悖妄易辯 차기인신후지혼且其人身後之魂 필수망언지앙의必受妄言之殃矣 가불신호可不愼乎"

| 언해 |

"므릇 세계에 도라오는 쟈는 텬쥬끠셔 혹 션을 젼ᄒ며 혹 악을 징계ᄒ며, 사름이 죽은 후 령혼이 잇심을 알게 ᄒ고져 ᄒ심이니, 금슈의 혼이 허여져 도라오지 못ᄒ는 쟈로 더브러 다른지라 혼이 본딕 형상이 업스딕 혹 나타나 뵈임은 반드시 헛된 형상을 의지ᄒ야 발현홈이니, 이는 또흔 어렵지 아니흔 일이라 텬쥬ㅣ 사름으로 ᄒ여곰 죽은 후에 혼이 잇심을 알게 코져 ᄒ야 분명이 뵈이기를 이곳치 ᄒᄂ니―혹 마귀ㅣ 사름을 속이려 ᄒ야 죽은 사름의 형상을 비러 뵈는 일도 잇ᄂ니라― 오히려 긔탄 업시 훼쓰리며 어즈러온 말노써 사름을 의혹게 ᄒ야 즈긔 아지 못ᄒᄂ 바로써 망녕되이 닐오딕 사름이 죽으매 혼이 허여져 다시 형적이 업다 ᄒ면 비단 패망ᄒ야 분변ᄒ기 쉬울 쑨 아니라 또흔 이 사름의 혼이 신후에 망증흔 앙화를 밧으리니 가히 삼가지 아니랴"

> **교주** 언해의 '오히려 긔탄 업시 훼쓰리며 어즈러온 말노써 사름을 의혹게 ᄒ야' 부분이 원문에는 '而猶有罔詆無忌 亂敎惑民'으로 되어 있으며, 언해의 '이 사름의 혼이 신후에 망증흔 앙

화를 밧으리니' 부분이 원문에는 '且其人身後之魂 必受妄言之殃矣'로 되어 있음에 유의하였다.

역해 원문 '非但悖妄易辯'의 '易'에 관한 『中韓辭典』, 1989, pp.2857−2858; 2006, p.2414 풀이 중 '③경시하다. 얕보다' 중 '경시하다'가 이 문맥에서는 적절하다고 여겨져 이를 취하여 국역하였다.

| 국역 |

무릇 이 세상에 돌아오는 자는 틀림없이 천주께서 선을 권유하시거나 악을 경계하시며, 사람들이 죽은 뒤에 그 혼이 여전히 존재하여 그것이 날짐승·길짐승의 혼과 함께 분산되면서 돌아오지 못하는 것과는 다름을 검증하십니다. 혼은 본디 형상이 없어서 혹간 사람에게 뚜렷하게 나타남이 있으면 틀림없이 헛된 형상 하나에 의지하면서 발현한 것이며, 이도 역시 어려운 일이 아닙니다. 천주께서는 사람들이 죽은 뒤에도 혼이 존재하고 있음을 다 알게 하고자 하면서 이같이 분명하게 게시하셨습니다. 그러나 사람들은 여전히 기만함에 거리낌 없이 제멋대로 가르쳐 백성들을 미혹하여 자기들도 알지 못하면서, 함부로 말하기를 '사람은 죽으면 혼이 분산되어 다시는 형상과 자취가 없다.'라고 합니다. 비단 [도리에] 어긋나게 망령되이 경시하며 변론한 것뿐만 아니라 또한 그 사람의 육신이 죽은 뒤 혼이 틀림없이 망령된 말의 재앙을 받을 것이니, 신중하지 않을 수 있겠습니까.

| 원문 | (4)

"중사왈中士曰 위인지신혼사후산민자謂人之神魂死後散泯者 이신위기이以神爲氣耳 기산유속점지수氣散有速漸之殊 여인불득기사如人不得其死 기기상취其氣尙聚 구이점민久而漸泯 정백유시야鄭伯有是也 우왈又曰 음양이기위물지체陰陽二氣爲物之體 이무소부재而無所不在 천지지간무일물비음양天地之間無一物非陰陽 즉무일물비귀신야則無一物非鬼神也 여존교위귀신如尊敎謂鬼神 급인혼여차及人魂如此 즉여오상소문무대이언則與吾常所聞無大異焉"

| 언해 |

"즁ㅅ ㅣ 글오딕 사ㄹ의 신혼이 죽은 후에 허여진다 홈은 신으로써 긔운을 삼는 연고라 긔운의 허여짐이 ㅼ라고 더딘 분별이 잇ᄉ니 만일 사ㄹ이 제 명에 죽지 못ㅎ면 그 긔운이 오히려 뫼혀 오릭 졈〃 허여지니 졍빅의 녀귀됨이 그런 거시오 쏘 글오딕 음양 두 긔운이 물의 톄 되여 잇지 아니ㅎ 곳이 업서 텬디간에 ㅎ 물건도 음양 아님이 업슨즉 ㅎ 물건도 귀

신 아님이 업ᄂ지라—이ᄂ 즁용 플님과 ᄀᆞᆺ흔 말— 공의 ᄀᆞᄅ치시ᄂ 바 귀신과 사름의 혼이 나의 샹시 드른 바로 더브러 크게 다름이 업도다"

언해의 '사름의 신혼이 죽은 후에 허여진다 흠은 신으로써 긔운을 삼는 연고라' 대목이 원문에는 '謂人之神魂死後散泯者 以神爲氣耳'라고 되어 있음에 유의하였다. 언해의 '만일 사름이 제 명에 죽지 못ᄒ면' 부분이 원문에는 '如人不得其死'로 되어 있음에 유의하였다.

원문 '人之神魂'의 '神魂'을『中韓辭典』, 1989, p.2056; 2006, p.1741에서는 '(주로 비정상적인) 정신, 기분, 마음'이라 풀었는데, 이 풀이가 이 문맥에서는 적절치 않은 것으로 판단된다. 그런데 이와는 달리『漢韓大字典』, 1967, p.899; 2002, p.1475에서는 '神魂'을 '영혼'이라 풀기도 하였으므로 이를 취하기로 하였다. 한편으로 이 '神魂'의 '神'을 '靈神'의 '神'과 같은 用例로 보아 '神魂'도 동일한 의미이지 싶고, 또한 이 '靈神'을『동아 새국어사전』, 초판, 1990; 제4판 2쇄, 2001, p.1681에서는 '②가톨릭에서, '영혼'과 같은 뜻으로 쓰이는 말.'이라고 하였으며 아울러 국립국어연구원,『표준국어대사전』중, 두산동아, 1999, p.4418에서는 '②[가]=영혼'이라고 풀이하였으므로 이와도 일치하는 것이라 하겠다.

| 국역 |

중국선비가 말한다 : 사람의 영혼이 죽은 뒤 분산되어 소멸된다고 말하는 것은 영혼을 기운으로 여긴 것뿐입니다. 기운의 분산에는 빠르고 더딘 차이가 있으니, 만일 사람이 제명대로 못 살고 죽으면 그 기운이 오히려 오래 모여 있으면서 차차 사라지는데, 정鄭나라의 백유伯有가 그랬습니다. 또 말하기를 음·양 두 기운이 사물의 본체가 되면서 존재하지 않는 곳이 없고, 하늘과 땅 사이에 한 사물도 음·양이 아닌 것이 없다고 하니, 만일 그렇다면 한 사물이라도 귀신 아님이 없습니다. 선생님께서 가르쳐 이르신 것과 같이 귀신이 사람의 혼과 이와 같으면 제가 항상 들어온 바와 크게 다름이 없겠습니다.

[제5강]

원문:기비귀신氣非鬼神
언해:긔운이 귀신이 아니라
국역:기운이 귀신은 아니다

"서사왈西土曰 이기위귀신영혼자문물류지식명야以氣爲鬼神靈魂者紊物類之寔名也 입교자만류지리立敎者萬類之理 당각류이본명當各類以本名 고경서운기운귀신古經書云氣云鬼神 문자부동文字不同 즉기리역이則其理亦異 유제귀신자의有祭鬼神者矣 미문유제기자未聞有祭氣者 하금지인문용기명호何今之人紊用其名乎"

"셔스ㅣ 글오디 긔운으로써 귀신과 령혼을 삼는 쟈는 물류의 실흔 일홈을 어즈러히는 쟈라 교를 세우는 쟈ㅣ 만 가지 류의 리치를 맛당이 각 류의 본 일홈으로써 분별흔지라 녯 경셔에 긔운이라 닐오고 귀신이라 닐오는 글즈 본디 굿지 아니흔즉 그 리ㅣ 또흔 다를지니 귀신에 졔ㅎ는 쟈는 잇스디 긔운에 졔ㅎ는 쟈는 듯지 못ㅎ엿노라 엇지 그 일홈을 섯거 쓰리오"

> **교주** 언해의 '실흔 일홈'이 원문에는 '寔名'으로 되어 있음에 유의하였다.

> **역해** 원문의 '物類'·'萬類'·'各類'의 적확한 역해를 위해서 각각에 관해 조사하고 이를 토대로 종합적인 검토를 거친 후 정리를 시도하였다. '物類'에 관해서는 『漢韓大字典』에 항목 자체가 설정되어 있지 않지만, 『中韓辭典』, 1989, p.2499; 2006, p.2120의 풀이에는 '물품의 종류'라고 되어 있음이 참조되었다. '萬類'에 관해서는 『漢韓大字典』, 1967, p.1062; 2002, p.1763의 풀이에는 '온갖 종류'로 되어 있으나, 『中韓辭典』, 1989에는 이에 대한 풀이가 없지만, 同書, 2006, p.2049에는 '만물. 만류'로 되어 있다. 그리고 '各類'에 관해서는 『漢韓大字典』에는 풀이가 없으나, 『中韓辭典』, 1989, p.778; 2006, p.653의 풀이에는 '각[여러] 종류의'로 되어 있다. 이러한 용례의 풀이를 기반으로 나름대로 정리하면, '物類'는 '물품[=만물] 종류', '萬類'는 '온갖 종류=만물', '各類'는 '갖가지 종류'로 풀이하는 게 적절한 것으로 여겨진다.

서양선비가 말한다 : 기운을 귀신·영혼으로 여기는 것은 물품 종류 각기의 바른 명칭을 문란케 하는 것입니다. 종교를 세운다는 것은 만물의 이치가 갖가지 종류에 적합하도록 본래 의 이름으로써 하는 것입니다. 옛 경서에서 기운을 이르고 귀신을 이르는 글자가 같지 않은 때에는 그 이치도 역시 다른 것입니다. 귀신에게 제를 지내는 것이 있지만 기운에게 제를 지낸다는 것은 듣지 못했으니, 어찌 오늘날의 사람이 그 명칭을 문란하게 사용하겠습니까.

| 원문 | (2)

"운기점산云氣漸散 가견기리이궁可見其理已窮 이언지진망而言之盡妄 오시문지吾試問之 부기하시산진夫氣何時散盡 히병질사지산何病疾使之散 소수상부득기사鳥獸常不得其死 기기속산호其氣速散乎 점산호漸散乎 하기불회세호何其不回世乎 즉사후지사則死後之事 개미필지지밀자皆未必知之密者 해용망론지재奚用妄論之哉"

| 언해 |

"긔운이 졈〃 허여진다 흠은 임의 그 리ㅣ 궁진흐고 그 말이 망녕됨을 볼지라 대뎌 긔운이 어느 째에 허여져다 흐며 무슴 병으로 허여지게 흐느뇨—긔운은 흥샹 텬디간에 충만흔 것이라— 금슈는 흥샹 제 명에 죽지 못흐니 그 긔운이 셸니 허여지느냐 졈〃 허여지느냐 엇지흐야 다시 도라오지 못흐느뇨 수후지스는 반드시 ㅈ셰히 알기 어려온지라 엇지 망녕된 의논을 쓰리오"

교주 원문의 '吾試問之' 부분을 언해에서는 언해하지 않았다.

| 국역 |

기운이 점점 분산된다고 말하는 것은, 그 이치가 이미 다하면서 말이 모두 망령된 것을 알 수 있습니다. 제가 시험 삼아 질문하겠습니다. 무릇 기운은 어느 때에 분산되어 소멸되며, 무슨 질병이 분산되게 하는 것입니까. 새·길짐승은 오래 제명대로 못 살고 죽으면, 그 기운이 빠르게 분산됩니까, 점차 분산됩니까. 어찌 그것은 세상으로 돌아오지 못합니까. 만일 그렇다면 죽은 뒤의 일은 틀림없이 면밀하게 알지 못할 것인데, 어찌 허망하게 논의할 수 있겠습니까.

| 원문 | (3)

"중용위체물이불가유中庸謂體物而不可遺 이사영기의가야以辭迎其意可也 개중니지의위귀신체물蓋仲尼之意謂鬼神體物 기덕지셩이其德之盛耳 비위귀신즉시기물야非謂鬼神卽是其物也"

| 언해 |

"즁용에 귀신이 물과 일톄되여 끼침이 업다 흠은—즁용에 공ㅈ의 말을 꼬러흠이니 귀신의 자최ㅣ 만물에 나타나 흔 톄 굿다 쯧이라—말노써 쯧을 맛초와 봄이 가흔지라 대개 공ㅈ의 쯧은 귀신을 닐너 물과 흔 톄된다 흠은 그 넉을 닐옴이오 귀신이 곳 이 물건이라 닐옴

이 아니라"

> **교주** 언해의 '즁용에 귀신이 물과 일톄되여 낏침이 업다 홈은' 부분이 원문에는 '中庸謂體物而
> 不可遺'로 되어 있음에 유의하였다.

> **역해** 원문의 '體物而不可遺'은 『中庸』에 나오는 대목으로, 이 대목을 포함한 부분의 원문은 "子
> 曰 鬼神之爲德 其盛矣乎 視之而弗見 聽之而弗聞 體物而不可遺(공자께서 말씀하셨다. '귀
> 신의 덕이 성대하구나! 귀신은 형상을 보려 해도 보이지 않으며, 들으려 해도 들을 수 없
> 다. 귀신은 사물의 본체가 되어 빠뜨릴 수 없다')"이다. 원문 확인은 『經書 大學·論語·孟
> 子·中庸』, 成均館大 大東文化研究院, 初版, 1968; 11版, 1982, pp.793-794를 참조하였
> 고, 국역은 金東求 改訂 校閱, 『大學·中庸章句集註』, 明文堂, 2010, pp.123-124 및 조수
> 익 (등) 공역, 『논어·대학·중용』, 전통문화연구회, 초판, 2011; 3쇄, 2016, p.185를 참조
> 하여 손질해서 제시하였다.

| 국역 |

『중용』에 이르기를 '형체와 사물이 되어 빠뜨릴 수 없다'고 하였으니, 이 말로써 그 의미를
받아들일 수 있습니다. 대개 중니仲尼[공자]의 뜻은 귀신이 형체와 사물이 되었다고 하여 그
덕이 풍성함을 이르고자 하였을 뿐이지, 곧 귀신이 그 사물이리고 이른 것은 아닙니다.

[제6강]

원문: 귀신체물여영혼재인각유분별鬼神體物與靈魂在人各有分別
언해: 귀신이 물에 졉홈은 령혼이 사름에 잇심과 각〃분별이 잇심이라
국역: 귀신이 형체와 사물이 됨과 영혼이 사람에게 있음은 각각 구별이 있다

| 원문 | (1)

"차귀신재물여혼신재인대이언且鬼神在物與魂神在人大異焉 혼신재인위기내본분魂神在
人爲其內本分 여인형위일체與人形爲一體 고인이시능논리故人以是能論理 이열어영재지
류而列於靈才之類 피귀신재물여장년재선彼鬼神在物如長年在舡 비선지본분자非舡之本分
者 여선분위이물與舡分爲二物 이각렬어각류而各列於各類 고물수유귀신故物雖有鬼神 이
불등영재지품야而弗登靈才之品也 단유물자혹무영但有物自或無靈 혹무지각或無知覺 즉

천주명귀신인도지則天主命鬼神引導之 이적기소以適其所 자소위체물이의妓所謂體物耳矣
여성군이신치체국가동언與聖君以神治體國家同焉"

| 언해 |

"쏘 귀신이 혹 물에 잇심이 신혼이 사름에 잇심과 크게 다르니 신혼은 사름에 잇서 그 안
희 본분이 되야—사름되는 근본— 사름의 육신으로 더브러 일톄되는 고로 사름이 능히 스
물을 논리ᄒ니 신령ᄒᆞᆫ 픔이 되거니와 귀신이 물건에 잇심은 마치 스공이 비에 잇슴과 ᄀᆞᆺ
ᄒ니 스공은 비의 본분이 아니랴 비로 더브러 두 물건이 되야 그 류ㅣ 각〃 다르니 귀신이
비록 물에 잇시나 물건은 령픔에 오라지 못ᄒ지라—귀신과 물의 류 다름이 마치 스공과 비
의 류 다름과 ᄀᆞᆺᄒ야 ᄒᆞᆫ 톄 아니라— 다만 물건이 스스로 무령ᄒ고 지각이 업슨즉 텬쥬ㅣ
귀신을 명ᄒ샤 물을 인도ᄒ고 ᄃᆞᄉ려 그 처소를 편안케 ᄒᆞᄂᆞ니 이를 닐은바 물과 일톄라
홈이니 마치 셩군이 신치—신긔히 ᄃᆞᄉ리는 졍ᄉᆞ—로써 국가를 일톄로 ᄃᆞᄉ린다 홈과 ᄀᆞᆺ
ᄒ지라"

| 교주 | 언해의 '신령ᄒᆞᆫ 픔이 되거니와' 부분이 원문에는 '而列於靈才之類'로 되어 있음에 유의하
였다.

| 역해 | 원문의 '長年'에 관한 『中韓辭典』, 1989, p.271; 2006, p.218의 풀이에 '일년 내내'가 있기
에, 이를 취하여 국역하였다.

| 국역 |

게다가 귀신이 사물에 있음과 영혼이 사람에 있음은 크게 다릅니다. 영혼이 사람에게 있
음은 그 안의 본분이 되어 사람의 형상과 더불어 한 몸이 됩니다. 그러므로 사람은 이로써
이치를 논의할 수 있으면서 영혼과 재능 있는 부류에 배열됩니다. 저 사물에 있는 귀신들
은 마치 일년 내내 배에 있는 것과 같지만 배의 본분이 된 것은 아니며, 배와 분리되어 두
사물로 여겨지면서 각각의 부류로 배열됩니다. 그러므로 사물에 비록 귀신이 있더라도, 영
혼과 재능의 등급에는 오르지 못합니다. 다만 사물이 있어도 스스로 영혼이 없거나 지각
이 없는 경우에는 천주께서 귀신에게 명하여 인도하여 그 곳에 가게 하니, 이것이 소위 형
체와 사물일 뿐이며, 성스러운 군주가 영묘하게 국가를 형성하여 다스림과 같습니다.

| 원문 | (2)

"불연不然 시천하무일물비영야是天下無一物非靈也 개피왈蓋彼曰 천하매물유귀신天下

每物有鬼神 이매이귀신위영而每以鬼神爲靈 여초목금석如草木金石 기가위지영재豈可謂
之靈哉 피문왕지민彼文王之民 감군지은感君之恩 위기대왈영대謂其臺曰靈臺 위기소왈영
소謂其沼曰靈沼 부족위기不足爲奇 금걸주지대소역위지영의今桀紂之臺沼亦謂之靈矣 기
불역혼란물지품등豈不亦混亂物之品等 이막지고야而莫之顧耶"

| 언해 |

"그러치 아니면 텬하에 흔 물건도 령치 아님이 업슬지라 만일 굴오딕 텬하에 각 물이 미
〃 귀신이 잇다 ᄒᆞ면 귀신은 령흔 픔이라 초목금셕 ᄀᆞᆺ흔 것도 다 령픔이라 닐오랴 문왕의
빅셩이 왕의 은혜를 감격ᄒᆞ야 그 딕를—집— 닐너 령딕라 ᄒᆞ고 그 소—못—를 닐너 령소라
ᄒᆞ니—빅셩이 인군을 ᄉᆞ랑ᄒᆞ야 아름다온 일홈으로 더으니라—족히 긔이치 아니ᄒᆞ나 만일
걸쥬—악흔 님금—의 딕와 소를 ᄯᅩ흔 닐너 령딕·령소라 ᄒᆞ면 엇지 그 물의 등수를 어즈러
힘이 아니냐"

언해의 '령'이 원문에는 '靈'으로 되어 있으며, 언해의 '령픔' 역시 원문에는 '靈'으로 되어
있음에 유의하였다. 그리고 언해의 '텬하에 각 물이 미〃 귀신이 잇다 ᄒᆞ면 귀신은 령흔
픔이라' 부분이 원문에는 '天下每物有鬼神 而每以鬼神爲靈'으로 되어 있음에 유의하였다.

| 국역 |

그렇지 않으면 이 천하에 하나의 사물도 영령하지 않은 게 없을 것입니다. 대개 저
들이 말하기를, '천하의 사물마다 귀신이 있으니 귀신마다 영으로 여겨 예컨대 풀·나
무·쇠·돌도 어찌 영이라고 이를 수 있겠는가.'라고 합니다. 저 문왕文王의 백성들은 군
주의 은덕에 감격하여 그 건물을 일러 영대靈臺라 하고, 그 연못을 일러 영소靈沼라고
했음은 기이하게 여길 바가 못 됩니다. 지금 걸桀과 주紂의 건물과 연못도 역시 영이라 이
르니, 사물의 등급도 역시 뒤섞여 어지러워졌지만, 어찌 그곳을 탐방하지 않습니까.

| 원문 | (3)

"분물지류分物之類 귀방사자왈貴邦士者曰 혹득기형或得其形 여금석시야如金石是也 혹
영득생기이장대或另得生氣而長大 여초목시야如草木是也 혹갱득지각或更得知覺 여금수
시야如禽獸是也 혹익정이득영재或益精而得靈才 여인류시야如人類是也 오서상지사유가
상언吾西庠之士猶加詳焉 관후도가견觀後圖可見 단기의뢰지류최다但其依賴之類最多 난
이도진難以圖盡 고략지이특서기류지구원종운故畧之而特書其類之九元宗云"

"물의 류를 는홈은 귀국 션비ㅣ 굴오디 그 형상을 엇은 쟈는 금셕 곳흔 거시오 싱긔를 엇어 싱장ᄒᆞ는 쟈는 초목 곳흔 거시오 지각을 잇은 쟈는 금슈 곳흔 거시오 디옥 졍묘ᄒᆞ야 령홈을 엇은 쟈는 인류라 그러나 우리 셔국 학ᄒᆞ는 션비는 의논이 더옥 ᄌᆞ셰ᄒᆞ니 후편 만물 죵픔 그림을 보면 가히 알녀니와 다만 그 의뢰쟈의 류는 ᄀᆞ장 만흐니 다 그리기 어려온 고로 대략 그 류의 웃듬픔을 쓰노라"

> **교주** 언해의 '싱장'이 원문에는 '長大'로, 언해의 '더옥 졍묘ᄒᆞ야 령홈을 엇은 쟈는' 부분이 원문에는 '或益精而得靈才'로 되어 있음에 유의하였다. 그리고 언해의 '후편 만물 죵픔 그림을 보면 가히 알녀니와' 부분이 원문에는 '觀後圖可見'으로 되어 있음과, 또한 언해의 '웃듬픔'이 원문에는 '九元宗'으로 되어 있음에 유의하였다.

> **역해** 원문 '元宗'의 '원'은 '始初'로, 이 '宗'은 곧 뒤이어 등장하는 '物宗類圖'의 '宗'과 동일한 용례로 여겨지는데, 이 '物宗類圖'에서 '物宗類'는 '物宗'과 '物類'의 합성어로 판단되며, '物宗'은 『中韓辭典』, 1989, p.2499; 2006, p.2120의 '物種'과 동일한 용어의 설정으로 '만물의 種(species)'으로 국역하는 게 타당하다고 믿어진다. 그리고 '物類'은 앞서 이미 역해한 바와 같이 同書, 1989, p.2499; 2006, p.2120의 풀이에는 '물품의 종류'라고 되어 있지만 이보다는 여기에서는 '만물의 부류部類'가 더 적절한 것으로 가늠되어 그리 국역하였다. 이와 관련하여 정인재 역, 「제4편」, 『천주실의』, 서울대출판부, 초판 제1쇄, 1999; 제3쇄, 2000, p.177의 각주에서 "'만물의 분류 도표'의 한자 개념으로 마테오 리치는 物宗類圖라고 하였다. 여기에서 宗은 현대 용어로 하자면 '類(genus)' 개념이며, 類는 현대 용어로 하자면 '種(species)' 개념에 해당한다."고 기술했는데, 이러한 파악은 요컨대 '物宗類圖'의 '宗類'를 '類種'으로 해석하려는 것으로, 이런 해석이 과연 타당한 것인지 의문이 아닐 수 없다. 그렇게 파악하기 보다는 마테오 리치가 설정한 '物宗類圖'의 '宗類' 자체를 '種類'로 해석하는 게 순리에 맞는게 아닌가 생각한다.

사물의 부류를 나누면서 그대 나라의 선비들은 말하기를, '혹은 그 형상을 얻음이 쇠·돌 같은 게 바로 이것이고, 혹은 별도로 생기를 얻으면서 자라 커짐이 풀·나무 같은 게 이것이며, 혹은 다시 지각을 얻어서 날짐승·길짐승 같은 게 바로 이것이고, 혹은 더욱 정묘해지면서 영혼과 재능을 얻어서 인류 같은 게 바로 이것이다.'라고 합니다. 우리 서양의 선비는 더욱이 상세함을 첨가하였으니, 다음의 그림을 살피면 알 수 있습니다. 다만 그 의뢰하는 부류가 가장 많아서 그림으로 다 그리기가 어렵습니다. 그러므로 간략하게 다만 그 부류의 아홉 시초始初의 종種을 적어서 말하겠습니다.

| 국역 | 「만물의 종種과 그 부류部類에 관한 그림」

| 원문 |(1)

물物 = 유자립자有自立者 + 유의뢰자有依賴者

| 국역 |

만물에는 자립하는 것이 있거나 의뢰하는 것이 있다.

| 원문 | (1-1)

유자립자有自立者

| 국역 |

자립하는 것이 있다.

| 원문 |(1-1)

유의뢰자여有依賴者如

| 국역 |

의뢰하는 것에는 다음과 같은 것이 있다.

| 원문 |(1-1數衍)

(1)기하여이삼촌장등幾何如二三寸丈等

(2)상친여군신부자등相親如君臣父子等

(3)하여여흑백량열등何如如黑白凉熱等

(4)작위여화상주언등作爲如化傷走言等

(5)저수여피화저상등低受如被化著傷等

(6)하시여주야년세등何時如晝夜年世等

(7)하소여향방청위등何所如鄉房廳位等

(8)체세여립좌복도등體勢如立坐伏倒等

(9)천득여포군전지등穿得如袍裙田池等

| 국역 |(1-1부연)

(1)2-3 치[촌寸]·길[장丈] 등과 같은 기하幾何

(2)군신·부자 등과 같은 서로의 친근함

(3)검다·하얗다, 서늘하다·덥다 등과 같은 어떠함

(4)변화하다, 상처주다, 달리다, 말하다 등과 같은 행위

(5)변화를 당하다, 상처를 드러내다 등과 같은 낮아져 받아들임

(6)낮·밤, 연도·시대 등과 같은 어떤 때

(7)지방, 방, 건물, 위치 등과 같은 어떤 곳

(8)서다, 앉다, 엎드리다, 엎어지다 등과 같은 본체의 자세

(9)두루마기·치마, 농경지·연못 등과 같은 입을 것이나 획득한 것

| 원문 |(2)

유자립자여有自立者 = 혹유형或有形 + 혹무형或無形

| 국역 |

자립하는 것에는 유형한 것이 있거나 무형한 것이 있다.

| 원문 |(2-1)

혹유형或有形

| 국역 |

혹은 유형한 것이 있다.

| 원문 |(2-1)

혹무형或無形 = 혹선여천신속或善如天神屬 + 혹악여마귀속或惡如魔鬼屬

| 국역 |

혹은 무형한 것에는 하느님과 같이 선에 속하는 것이 있거나, 마귀와 같은 악에 속하는 것이 있다.

| 원문 |(3)

혹유형或有形 = 혹능후或能朽 + 혹불후여천성或不朽如天星

| 국역 |

혹은 형상이 있는 것에는 썩을 수 있는 것이 있거나, 하늘의 별과 같은 썩지 않는 것이 있다.

| 원문 |(3-1)

혹능후或能朽

| 국역 |

혹은 썩을 수 있는 것이 있다.

| 원문 |(3-1)

혹불후여천성或不朽如天星

| 국역 |

혹은 하늘[구(중)천九(重)天]의 별과 같은 썩지 않는 것이 있다.

| 원문 |(3-1敷衍)

(1)종동천種動天

(2)수상천宿象天

(3)토성천土星天

(4)목성천木星天

(5)화성천火星天

(6)일륜천日輪天

(7)금성천金星天

(8)수성천水星天

(9)월륜천月輪天

| 국역 |(3-1부연)

(1)으뜸으로 움직이는 하늘

(2)[『주역周易』에 기술된 28수宿의] 별자리가 펼쳐져 있는 하늘

(3)토성이 있는 하늘

(4)목성이 있는 하늘

(5)화성이 있는 하늘

(6)태양이 도는 하늘

(7)금성이 있는 하늘

(8)수성이 있는 하늘

(9)달이 도는 하늘

| 원문 |(4)
혹능후或能朽 = 혹잡或雜 + 혹순여사행或純如四行

| 국역 |
혹은 썩을 수 있는 것에는 잡다한 것이 있거나, 사행四行과 같이 순일한 것이 있다.

| 원문 |(4-1)
혹잡或雜

| 국역 |
혹은 잡다한 것이 있다.

| 원문 |(4-1)
혹순여사행或純如四行

| 국역 |
혹은 사행과 같이 순일한 것이 있다.

| 원문 |(4-1敷衍)
(1)화火
(2)기氣

(3)수水

(4)토土

| 국역 |

(1)불

(2)공기

(3)물

(4)흙

| 원문 |(5)

혹잡或雜 = 혹성或成 + 혹불성或不成

| 국역 |

혹은 잡다한 것에는 형태를 이룬 것이 있거나, 형태를 이루지 않은 것이 있다.

| 원문 |(5-1)

혹성或成

| 국역 |

혹은 형태를 이룬 것이 있다.

| 원문 |(5-2)

혹불성或不成

| 국역 |

혹은 형태를 이루지 않은 것이 있다.

| 원문 |(5-2敷衍)

(1)혹속화여뇌전或屬火如雷電

(2)혹속기여풍무或屬氣如風霧

(3)혹속수여설로或屬水如雪露

(4)혹속토여사류或屬土如沙類

| 국역 |(5-2敷衍)

(1)혹은 천둥·번개와 같은 불에 속하는 것

(2)혹은 바람·안개와 같은 공기에 속하는 것

(3)혹은 눈·이슬과 같은 물에 속하는 것

(4)혹은 모래 종류와 같은 흙에 속하는 것

| 원문 |(6)

혹잡或成 = 혹생或生 + 혹불생或不生

| 국역 |

혹은 형태를 이룬 것에는 살아 있는 것이 있거나, 살아 있지 않은 것이 있다.

| 원문 |(6-1)

혹생或生

| 국역 |

혹은 살아 있는 것이 있다.

| 원문 |(6-1)

혹불생或不生

| 국역 |

혹은 살아 있지 않은 것이 있다.

| 원문 |(6-1敷衍)

(1)석石

(2)유여流如

(3)금여金如

(1)돌

(2)흐르는 것

(3)금속

| 원문 |(6-2敷衍)

(1)석石 = 혹연여或軟如 + 혹경或硬

①혹연여或軟如:주유반초硃硫礬硝 등류等類

②혹경或硬 = 혹보여묘정등或寶如猫精等 + 혹조여백흑석或粗如白黑石

| 국역 |

(1)돌은 부드럽거나 단단하다.

①혹은 부드러운 것에는 주사朱砂·유황硫黃·명반明礬·초석硝石 등의 종류가 있다.

②혹은 단단한 것에는 묘정석猫精石 등과 같은 보석이나 백흑석白黑石과 같은 조잡한 것도 있다.

| 원문 |(6-2敷衍)

(2)유여流如:유油·주酒·밀蜜·랍蠟

| 국역 |

(2)흐르는 것에는 기름·술·꿀·초 같은 것이 있다.

| 원문 |(6-2敷衍)

(3)금여金如:황위금黃爲金·백위은白爲銀·홍위동紅爲銅·흑위철黑爲鐵·청위석靑爲錫

| 국역 |

(3)금속에는 누런 금, 하얀 은, 붉은 구리, 검은 철, 푸른 주석 같은 것이 있다.

| 원문 |(7)

혹생或生 = 혹지각或知覺 + 혹부지각或不知覺

| 국역 |

혹은 살아 있는 것에는 지각하는 것이 있거나 지각하지 못하는 것이 있다.

| 원문 |(7-1)

혹지각或知覺

| 국역 |

혹은 지각하는 것이 있다.

| 원문 |(7-1)

혹부지각或不知覺 = 목木 + 초草

| 국역 |

혹은 지각하지 못하는 것에는 나무와 풀이 있다.

| 원문 |(7-1敷衍)

(1)목木 = 혹독생或獨生 + 혹총생여죽등或叢生如竹等

| 국역 |

(1)나무에는 홀로 사는 것이 있거나 대나무 등과 같은 모여서 사는 것이 있다.

| 원문 |(7-2敷衍)

①혹독생或獨生 = 혹불생과或不生菓 + 혹생과여도리或生菓如桃李

| 국역 |

①혹은 홀로 사는 것에는 열매를 맺지 않는 것이나 복숭아·배 같은 열매를 맺는 것이 있다.

| 원문 |(7-3敷衍)

②혹불생과或不生菓

㉠혹상피여계피或尙皮如桂皮

ⓛ혹유여유향尚乳如乳香

ⓔ상색여소목尚色如蘇木

ⓔ상견여철속尚堅如鐵粟

ⓜ상향여단향尚香如檀香

ⓗ상문여화이尚文如花梨

ⓢ상화여계화尚花如桂花

ⓞ상근여감초尚根如甘草

| 국역 |

②혹은 열매를 맺지 않는 것

㉠혹은 계피와 같은 껍질을 중시하는 것

ⓛ유향과 같은 즙을 중시하는 것

ⓔ[붉은 속살을 약재로 쓰는] 소목과 같은 빛깔을 중시하는 것

ⓔ단단한 밤과 같은 굳기를 중시하는 것

ⓜ향나무와 같은 향내를 중시하는 것

ⓗ배꽃과 같은 무늬를 중시하는 것

ⓢ계화나무꽃과 같은 꽃을 중시하는 것

ⓞ감초와 같은 뿌리를 중시하는 것

| 원문 |(7-1敷衍)

(2)초초 = 혹육가식或育可食 + 혹자생여야초或自生如野草 + 혹유화여난화或有花如
蘭花

| 국역 |

(1)혹은 길러서 먹을 수 있는 것

(2)혹은 들꽃과 같은 스스로 자라는 것

(3)혹은 난초꽃과 같은 꽃이 피는 것

| 원문 |(7-2敷衍)

①혹육가식或育可食 = 혹취자或取子 + 혹취두여우두或取頭如芋頭 + 혹취체여개채或

取體如芥菜

| 국역 |

①혹은 길러서 먹을 수 있는 것

㉠혹은 씨를 취하는 것

㉡혹은 토란과 같은 알맹이를 취하는 것

㉢혹은 겨자나 채소와 같은 몸통을 취하는 것

| 원문 |(7-3敷衍)

②혹취자或取子 = 과여瓜如서西‧동冬‧남南‧황黃‧첨甜등과等瓜 + 곡여穀如서黍‧직稷‧맥麥‧양粱‧숙菽 + 두여豆如청靑‧록綠‧황黃‧홍紅‧흑黑등두等豆

| 국역 |

②혹은 씨를 취하는 것

㉠수박, 동과冬瓜, 호박, 오이, 참외 등과 같은 오이 종류

㉡기장, 피, 보리, 수수, 콩과 같은 곡물 종류

㉢푸른 콩, 녹두, 황두, 팥, 검정콩과 같은 콩 종류

| 원문 |(8)

혹지각或知覺 = 혹불능논리或不能論理 + 혹논리여인류或論理如人類

| 국역 |

혹은 지각하는 것에는 이치 추론을 할 수 없는 것이 있거나, 이치 추론을 인류와 같이 하는 것이 있다.

| 원문 |(8-1)

혹불능논리或不能論理

| 국역 |

혹은 이치 추론을 할 수 없는 것이 있다.

| 원문 |(8-1)

혹논리여인류或論理如人類

| 국역 |

혹은 이치 추론을 인류와 같이 하는 것이 있다.

| 원문 |(9)

혹불능논리或不能論理 = 혹주或走 + 혹부주或不走

| 국역 |

혹은 이치 추론을 할 수 없는 것에는 달리는 것이나, 달리지 못하는 것이 있다.

| 원문 |(9-1敷衍)

(1)혹부주或不走 = 혹비或飛 + 혹잠或潛

| 국역 |

(1)혹은 달리지 못하는 것에는 비상하는 것이 있거나, 잠수하는 것이 있다.

| 원문 |(9-2敷衍)

혹비或飛 = 유우모有羽毛 + 무우모여호접無羽毛如胡蝶

| 국역 |

혹은 비상하는 것에는 깃털이 있는 것이나, 나비와 같은 깃털이 없는 것이 있다.

| 원문 |(9-3敷衍)

유우모有羽毛 = 혹부수여부안或浮水如鳧鴈 + 혹불부여아작或不浮如鴉雀

| 국역 |

 깃털이 있는 것에는 오리·기러기와 같은 물 위에 뜰 수 있는 것이나, 갈가마귀·참새와 같은 뜨지 못하는 것이 있다.

| 원문 |(9-2敷衍)

(2)혹잠或潛 = 혹갑或甲 + 혹린여용어或鱗如龍魚 + 혹하여홍하或鰕如紅鰕

| 국역 |

혹은 잠수하는 것에는 갑각甲殼이 있는 것이나, 용·물고기와 같은 비늘이 있는 것이나, 붉은 새우와 같은 새우가 있다.

| 원문 |(9-3敷衍)

혹갑或甲 = 혹동여오라或動如鰲螺 + 혹부동여호或不動如蠔

| 국역 |

혹은 갑각甲殼이 있는 것에는 자라·소라와 같은 움직이는 것이나, 굴과 같은 움직이지 않는 것이 있다.

| 원문 |(10)

혹주或走 = 혹유족或有足 + 혹무족여사류或無足如蛇類

| 국역 |

혹은 달리는 것에는 다리가 있는 것이나, 뱀 종류와 같은 다리가 없는 것이 있다.

| 원문 |(11)

혹유족或有足 = 혹가축或家畜 + 혹산수여호랑或山獸如虎狼

| 국역 |

혹은 다리가 있는 것에는 가축이나, 호랑이·이리 같은 산에 사는 짐승이 있다.

| 원문 |(12)

혹가축或家畜 = 혹추여우양或芻如牛羊 + 혹시여묘견或豢如猫犬

| 국역 |

혹은 가축에는 소·양과 같은 건초를 먹는 것이나, 고양이·개와 같은 곡식을 먹는 것이 있다.

[제7강]

원문:조수성여인성부동鳥獸性與人性不同

언해:금슈의 셩픔이 사름의 셩픔으로 더브러 ᄀᆞᆺ지 아니홈이라

국역:날짐승·길짐승의 성품이 사람의 성품과 같지 않다

| 원문 | (1)

"범차물지만품凡此物之萬品 각유일정지류各有一定之類 유속영자有屬靈者 유속우자有屬愚者 여오어외국사如吾於外國士: 전중국유유위조수초목금석개영傳中國有儒謂鳥獸草木金石皆靈 여인류제如人類齊 기불령지대경재豈不令之大驚哉"

| 언해 |

"므릇 이 물건의 만 가지 픔이 각〃 일뎡흔 류ㅣ 잇서 신령흔 듸 속흔 쟈도 잇고 우쥰흔 듸 속흔 쟈도 잇스니 만일 나ㅣ 외국 션비의게 젼ᄒᆞ듸 즁국 션비의 말이 금슈초목금셕이 다 령ᄒᆞ야 인류로 더브러 ᄀᆞᆺ치 넉인다 ᄒᆞ면 엇지 크게 놀나지 아니ᄒᆞ랴"

> **교주** 언해의 '금슈'가 원문에는 '조수鳥獸'로 되어 있다.

| 국역 |

무릇 이 사물의 많은 종류에는 각각 일정한 부류가 있으니, 신령한 데에 속하는 것도 있고 어리석은 데에 속하는 것도 있습니다. 만일 내가 외국 선비에게 전하기를, 중국에는 날짐승·길짐승·풀·나무·쇠·돌이 전부 영성이 사람과 일제히 같다고 말하는 선비가 있다고 하면, 어찌 크게 놀라워하지 않겠습니까.

| 원문 | (2)

"중사왈中士曰 수오국유위조수지성동호인雖吾國有謂鳥獸之性同乎人 단조수성편但鳥獸性偏 이인득기정而人得其正 수위조수유영雖謂鳥獸有靈 연기영미묘然其靈微渺 인즉득영지광대야人則得靈之廣大也 시이기류이야是以其類異也"

| 언해 |

"즁ᄉᆞㅣ ᄀᆞᆯ오듸 우리나라 사름이 금슈의 셩픔이 사름과 ᄀᆞᆺ다 ᄒᆞᄂᆞᆫ 쟈 잇시나 다만 금슈ᄂᆞᆫ 셩픔이 기울고 사름은 그 반른 것슬 잇고 금슈를 닐너 령홈이 잇다 ᄒᆞ나 그 령홈이 미ᄒᆞ고 사름은 령홈이 넓고 크다 ᄒᆞᄂᆞ이다"

언해의 '미ᄒ고'가 원문에는 '미묘微渺'라고 되어 있다.

원문 '人則得靈之廣大也'의 '得'에 관해서는 『中韓辭典』, 1989, pp.521−522; 2006, p.432 의 풀이 중 '(추측의 필요성을 나타내어) …임에 틀림없다. 틀림없이 …일 것이다'에서 '틀림없이 …일 것이다'가 적합하다고 판단되어 이를 취하여 국역하였다.

| 국역 |

중국선비가 말한다 : 비록 저희 나라에 날짐승·길짐승의 성품이 사람과 같다고 말함이 있더라도 다만 날짐승·길짐승의 성품은 기울었으나 사람은 그 반듯함을 얻을 수 있습니다. 비록 날짐승·길짐승에 영성이 있다고 이르더라도, 그러나 그 영성은 미미하고 작으며, 사람인 경우에는 영성이 틀림없이 넓고 클 것이니 그러므로 그 부류가 다릅니다.

[제8강]

원문:이하분별물류以何分別物類
언해:엇더홈으로써 물류를 분별홈이라
국역:무엇으로써 사물의 부류를 구별하나

| 원문 | (1)

"서사왈西士曰 부정편소대부족이별류夫正偏小大不足以別類 근별동류지등이僅別同類之等耳 정산편산正山偏山 대산소산大山小山 병위산류야並爲山類也 지자획영지대智者獲靈之大 우인획영지소愚人獲靈之小 현자득영지정賢者得靈之正 불초득영지편不肖得靈之偏 기위이류자재豈謂異類者哉 여소대편정능분류如小大偏正能分類 즉인지일류則人之一類 영지거미정벽靈之巨微正僻 기류심다其類甚多"

| 언해 |

"셔ᄉᆞᆯ 굴오ᄃᆡ 대뎌 기울고 바ᄅᆞ고 젹고 큼으로써 족히 물류를 분별치 못홀 거시오 겨유 ᄀᆞᆺᄒᆞᆫ 류의 등수나 ᄀᆞ릴지라 바른 산과 기운 산과 큰 산과 젹은 산이 다 산의 류ㅣ라 지혜로온 쟈ᄂᆞᆫ 령의 큼을 엇고 어린 쟈ᄂᆞᆫ 령의 젹음을 엇고 어진 쟈ᄂᆞᆫ 령의 바른 것슬 엇고 어질지 못흔 쟈ᄂᆞᆫ 령의 기운 것슬 엇〃시나 다 사름의 류ㅣ라 엇지 다른 류라 닐오리오 만일 젹고 크고 기울고 바른 것ᄉ로 류를 ᄂᆞ호량이면 사름 흔 류 중에 그 령홈의 크고 젹고

바르고 기운 거시 그 류] 심히 만흐니 엇지 류의 쏘 류룰 ᄂᆞ호리오"

> **교주** 언해의 '기울고 바르고'가 원문에는 '正偏'으로 되어 있음에 유의하였다. 한편 언해의 '엇지 류의 쏘 류룰 ᄂᆞ호리오' 대목은 원문에는 없는 것이다.

> **역해** 원문 '夫正偏小大不足以別類'의 '不足'에 관한 『中韓辭典』, 1989, p.213; 2006, p.171의 풀이 '①부족하다. 모자르다 ②…하기에 부족하다. …할 가지가 없다 ③…할 수 없다' 가운데 이 문맥에서는 '…할 수 없다'가 적합하다고 여겨져 이를 취하여 국역하였다.

| 국역 |

서양선비가 말한다 : 무릇 반듯함과 기욺, 작음과 큼은 부류를 구별할 수 없고 겨우 같은 부류의 등급을 구별할 뿐입니다. 반듯한 산과 기운 산, 큰 산과 작은 산은 모두 산의 부류가 됩니다. 지혜로운 자는 커다란 영성을 얻고, 어리석은 자는 작은 영성을 얻으며, 현명한 자는 반듯한 영성을 얻고, 미련한 자는 기울은 영성을 얻으니, 어찌 다른 부류의 것이라고 이르겠습니까. 만일 작고 큼이나 반듯하고 기욺으로 부류를 나누는 경우에는, 사람이 하나의 부류이나 영성의 거대함과 미소함, 반듯함과 기욺은 그 부류가 매우 많습니다.

| 원문 | (2)

"구관물류지도苟觀物類之圖 즉심세상고則審世上固 유유무이자惟有無二者 가이별물이류언이可以別物異類焉耳 시언지試言之 유형자위일류有形者爲一類 즉무형자이류야則無形者異類也 생자위일류生者爲一類 즉불생자이류야則不生者異類也 능논리자能論理者 유인류본분惟人類本分 고천하만류무여능론야故天下萬類無與能論也 인지중론유정편소대人之中論有正偏小大 균열어회론지류均列於會論之類 이유차정조而惟差精粗"

| 언해 |

"진실노 물류의 그림으로 보면 셰샹에 오직 잇고 업ᄂᆞᆫ 두 가지로써 가히 물을 ᄂᆞ호고 류를 달니홀지니 시험ᄒᆞ야 닐오건대 형상 잇ᄂᆞᆫ 쟈ᄂᆞᆫ ᄀᆞᆺᄒᆞᆫ 류] 되고 형상 업ᄂᆞᆫ 쟈ᄂᆞᆫ 다른 류] 되며 사ᄂᆞᆫ 쟈ᄂᆞᆫ ᄀᆞᆺᄒᆞᆫ 류] 되고 살지 못ᄒᆞᄂᆞᆫ 쟈ᄂᆞᆫ 다른 류] 되며 능히 만ᄉᆞ를 논리ᄒᆞᄂᆞᆫ 쟈ᄂᆞᆫ 오직 사름의 본분인고로 텬하 만류에 논리ᄒᆞᄂᆞᆫ 쟈 다시 업ᄂᆞᆫ지라 사름 중에 바르고 기울고 젹고 큼을 의논치 말고 다 ᄀᆞᆺ치 인류] 되고 다만 졍ᄒᆞ고 츄홈이 다룰 ᄯᅮᆫ이라"

> **교주** 언해의 '사름 중에 바르고 기울고 젹고 큼을 의논치 말고 다 ᄀᆞᆺ치 인류] 되고' 부분이 원문에는 '人之中論有政偏小大 均列於會論之類'으로 되어 있음에 유의하였다.

가령 [앞의] 「만물의 종種과 그 부류部類에 관한 그림(물종류도物宗類圖)」을 보면, 세상에는 본디 단지 있음과 없음 두 가지로 심사하여 만물의 다른 부류를 구별할 뿐입니다. 시험 삼아 말하건대, 형상이 있는 것이 하나의 부류일 경우에는 형상이 없는 것이 다른 부류이며, 사는 것이 하나의 부류일 경우에는 살지 못하는 것이 다른 부류입니다. 이치를 논의할 수 있는 것이 오직 인류의 본분이고, 그러므로 천하 만물은 더불어 논의할 수가 있는 것이 없습니다만, 사람 가운데서도 반듯함과 기욺, 작고 큼이 있음을 논의하면, 회합하여 논의하는 무리에 균등하게 배열하였지만 오로지 정밀함과 조잡함에서 차이가 납니다.

| 원문 | (3)

"여위조수지성본령如謂鳥獸之性本靈 즉부기편기소則夫其偏其小 고동류우인자야固同類于人者也 단불의이사위진但不宜以似爲眞 이유외래자위내본以由外來者爲內本 비여인견동호지루譬如因見銅壺之漏 능정시후能定時候 즉위동수본령가호卽謂銅水本靈可乎 장군자유지모이전군이패적將軍者有智謀以全軍而敗敵 기사졸순기령其士卒順其令 이혹진혹퇴이或進或退 혹복혹돌或伏或突 이성기공以成其功 수왈사졸지본지誰曰士卒之本智 불종외도자호不從外導者乎"

| 언해 |

"만일 금슈의 셩픔이 본디 령하다 하즉 비록 그 령흠이 기울고 적으나 령흠은 일반인즉 진실노 사름과 동류될지니 맛당이 근스흔 것스로써 춤 됨을 삼지 못흘 거시오 밧그로 말미암아 오는 쟈로써 안 본분을 삼지 못흘지니—물건의 혹 령흠이 잇는 듯흠은 제 본분이 아니라 밧긔 인도하는 쟈 잇다 뜻— 비컨대 구리병에 루슈ㅣ 능히 시긱 뎡흠을 보고 곳 닐오디 구리병에 물이 본디 령하다 흠이 가하랴—밧긔 인도 잇는 연고— 또 대쟝이 지혜와 쇠 잇서 군스로써 젹국을 파하니 스졸이 그 령을 슌히 하야 혹 나아가고 물너오며 혹 복병하고 혹 돌츌하야 그 공을 일웟시나 뉘ㅣ 굴오디 쟝수의 인도흠이 아니오 스졸의 본 지혜라 하랴"

> **교주** 언해의 '능히 시긱 뎡흠을 보고'가 원문에는 '能定時候'로 되어 있다. 또한 언해의 '뉘ㅣ 굴오디 쟝수의 인도흠이 아니오 스졸의 본 지혜라 하랴'가 원문에는 '誰曰士卒之本智 不從外導者乎'라고 되어 있음에 유의하였다.

> **역해** 원문 '但不宜以似爲眞'의 '不宜'에 관한 『中韓辭典』, 1989, p.210; 2006, p.169의 풀이 '…

하는 것은 좋지 않다. …하기에 적당치 않다. …하여서는 안 된다' 가운데, 이 문맥에서는
'…하여서는 안 된다'가 적절하다고 여겨져 이를 취하여 국역하였다.

| 국역 |

만일 날짐승·길짐승의 성품이 본래 영성일 경우에는, 무릇 그것이 기울고 그것이 작아
도 본디 사람과 같은 부류입니다. 다만 유사함을 진실로 여기며, 외부에서 유래한 것을 내
부의 근본으로 여겨서는 안 됩니다. 예를 들어 청동 항아리에서 떨어지는 물을 보아서 시
각을 정할 수 있으니, 곧 청동 항아리의 물이 본래 영하다고 이르는 게 가능하겠습니까. 장
군이 슬기로운 꾀가 있어서 전체 군대로 적을 물리치는데, 그 병사들이 그의 명령에 순응
하면서 진격하거나 퇴각하거나 매복하거나 돌격하거나 하여 그 공적을 이뤘으니, 누가 말
하기를 병사들이 본래 지혜로운 것이지 외부의 인도에 따른 것이 아니라고 하겠습니까.

| 원문 | (4)

"명우류자明于類者 시각류지행동視各類之行動 숙찰기본정熟察其本情 이심기지지소급
而審其志之所及 즉지조수자유귀신위지암유이인지이則知鳥獸者有鬼神爲之暗誘而引之以
行 행상주지명上主之命 출우부득불연出于不得不然 이막지기연비유자주지의而莫知其然
非有自主之意 오인류즉능자립주장吾人類則能自立主張 이사위지제而事爲之際 개용기소
본유지영지야皆用其所本有之靈志也"

| 언해 |

"물리에 붉은 쟈는 각 류의 거동을 보고 그 물의 본졍을 닉히 살피며 그 힘의 밋츨 바를
혜아린즉 금슈의 별흔 일이 잇심은 곳 귀신이 혹 샹쥬의 명을 인흐야 힝흐는 줄을 알지니
부득불 그리되되 그리되는 줄을 아지 못흐느니—물이 귀신의 능을 인흐야 그리되나 그 되
는 줄은 물이 아지 못ᄒ다 뜻— 뎌 물건은 스스로 쥬쟝치 못흠이어니와 우리 사람의 류는
능히 스스로 쥬쟝흐야 범ᄉ를 힝홀 즈음에 다 제 본듸 잇는 령흔 뜻을 쓰는 이라"

> **교주** 언해의 '물리에 붉은 쟈는'이 원문에는 '明于類者'로 되어 있음에 유의하였다. 그리고 언해
> 의 '범ᄉ를 힝홀 즈음에' 부분이 원문에는 '而事爲之際'로 되어 있으며, 또한 언해의 '다 제
> 본듸 잇는 령흔 뜻을 쓰는 이라' 부분이 원문에는 '皆用其所本有之靈志也'로 되어 있음에
> 유의하였다.

| 국역 |

종류에 따라 나누는 데에 밝은 사람은 각 부류의 행동을 보아 그 본래의 성정을 자세히

관찰하고 그 지향이 이르는 바를 헤아리면 날짐승·길짐승이라는 것에 귀신이 있어 몰래 유혹하면서 이끌었기에 행동한 줄을 압니다. 하늘 위에 계신 주님의 분부가 그리하지 않을 수 없음에서 나온 것이고, 날짐승·길짐승이 그런 행동을 한 것이 스스로 주정하는 의지가 있어서가 아닌 줄을 알지 못합니다. 우리 인류는 곧 스스로 주장을 세우면서 일을 할 수 있을 때에는 모두 그가 본래 가지고 있는 영성의 지향을 활용합니다.

| 원문 | (5)

"중사왈中士曰 수운천지만물공일기雖云天地萬物共一氣 연물지모상부동然物之貌像不同 이시각분기류以是各分其類 여견신지시구각如見身只是軀殼 구각내외軀殼內外 막비천지음양지기莫非天地陰陽之氣 기이조물氣以造物 물이류이物以類異 여어지재수如魚之在水 기외수其外水 여두리지수동與肚裏之水同 궐어두리지수鱖魚肚裏之水 여리어두리지수동與鯉魚肚裏之水同 독기모상상불일獨其貌像常不一 즉어지류즉魚之類 역불일언역불일焉亦不一焉 고관천하지만상故觀天下之萬像 이가이험만류의而可以驗萬類矣"

| 언해 |

"즁ᄉᆞ] ᄀᆞᆯ오ᄃᆡ 비록 텬디만물이 ᄒᆞᆫ 가지로 ᄒᆞᆫ 긔운으로 되여시나 물의 모상이 ᄀᆞᆺ지 아니ᄒᆞᆫ 고로 각ᄭᅦ 그류] ᄂᆞᆫ홈이니 가령 몸을 보면 다만 몸겁질이라 겁질 ᄂᆡ외ᄂᆞᆫ 도시 텬디 음양 긔운이니 긔운으로써 물을 지어 물노써 류ᄅᆞᆯ 달니 ᄒᆞ엿시니 비컨대 고기] 물에 잇심과 ᄀᆞᆺᄒᆞ야 밧긔 물이 고기 ᄇᆡ 속에 물노 더브러 ᄀᆞᆺᄒᆞ니 궐어—고기 일홈—ᄇᆡ 속에 물이 니어—고기 일홈—ᄇᆡ 속에 물로 더브러 ᄀᆞᆺᄒᆞᄃᆡ 홀노 그 모양이 불일ᄒᆞᆫ즉 고기류] ᄯᅩᄒᆞᆫ 불일ᄒᆞ니 고로 텬하 만물의 형상을 보면 가히 만 가지 류ᄅᆞᆯ 증험ᄒᆞ리로다"

교주 언해의 '몸겁질'이 원문에는 '軀殼'으로 되어 있다. 한편 언해의 '궐어'는 원문에는 '鱖魚'로 '쏘가리'를 가리키며, 언해의 '이어'는 원문에는 '鯉魚'로 '잉어'를 가리킨다. 그리고 언해의 '고기류'가 원문에는 '魚之類'로 되어 있다. 또한 언해의 '가히 만 가지 류ᄅᆞᆯ 증험ᄒᆞ리로다' 부분이 원문에는 '而可以驗萬類矣'라고 되어 있음에 유의하였다.

| 국역 |

중국선비가 말한다 : 비록 말하기는 천지 만물이 하나의 기운을 공유한다고 하더라도, 그러나 사물의 겉모습은 같지 않아서 이로써 각기 부류가 나뉩니다. 가령 몸을 보면 단지 몸집이지만, 몸집의 안팎은 하늘·땅·음·양의 기운이 아닌 게 없습니다. 기운으로써 사물을 조성하였지만 사물로써 부류를 달리합니다. 마치 고기가 물속에 있으면 그 밖의 물과

뱃속에 있는 물이 동일하고 쏘가리 뱃속의 물과 잉어 뱃속의 물이 동일한 것과 같으니, 홀로 그 겉모습이 항상 하나가 아닌 경우에는 고기의 부류도 역시 하나가 아닙니다. 그러므로 하늘 아래 모든 형상을 보면서 모든 부류를 입증할 수 있습니다,

[제9강]

원문: 이외모상불가별물류以外貌像不可別物類

언해: 밧긔 모상으로써 물류를 분별치 못홈이라

국역: 겉모습으로 사물의 부류를 구별하지 못한다

| 원문 | (1)

"서사왈西土曰 설도이상분물設徒以像分物 차비분물지류자야此非分物之類者也 시별상지류자이是別像之類者耳 상고비기물야像固非其物也 이상분물以像分物 불이성분물不以性分物 즉견지성則犬之性 유우지성猶牛之性 견우지성유인지성여犬牛之性猶人之性歟 시고자지후우일고자야是告子之後又一告子也"

| 언해 |

"셔스ㅣ 굴오듸 흔갓 모상으로써 물을 분별홈은 이는 물의 각 류를 분별ㅎ는 쟈 아니오 다만 모상의 류를 분별ㅎ는 쟈라 모상은 진실노 그 물건의 근본이 아니라 다만 모상으로써 물을 눈호고 셩픔으로써 물을 눈호지 아니홀량이면 개 셩픔이 소 셩픔과 굿ㅎ며 개와 소의 셩픔이 사름의 셩픔과 굿ㅎ랴—즁스의 말이 만류 다 흔 긔운으로 되고 다만 모상이 다르다 ㅎ는 고로 듸답이 굿ㅎ니— 이는 고즈 후에 쏘흔 고즈로다—고즈의 말이 식식이 셩픔이라 흔즉 밍즈의 듸답이 식식은 사름과 즘승이 굿ㅎ니 인물의 셩픔이 굿ㅎ랴—"

> **교주** 언해의 '모상은 진실노 그 물건의 근본이 아니라' 대목이 원문에는 '像固非其物也'로 되어 있음에 유의하였다.

> **역해** 언해의 '셩픔'이 원문에는 '性'으로 되어 있다. 이를 반영하여 원문의 '性'을 '성품' 혹은 '품성'으로 새기고자 한다.

서양선비가 말한다 : 만약 다만 형상으로 사물을 분류하면, 이것은 사물의 부류를 분류하는 게 아니라 이는 형상으로 구별하는 것뿐입니다. 형상은 본디 그 사물이 아니며, 형상으로 사물을 나누는 것은 성품으로 사물을 나누는 게 아닙니다. 만일 그렇다면 개의 성품은 소의 성품과 같고, 개·소의 성품은 사람의 성품과 같은 것입니까. 이는 [맹자孟子와 같은 시대의] 고자告子 뒤에 또 하나의 고자가 있다고 하는 것입니다.

| 원문 | (2)

"이니소호소인以泥塑虎塑人 이자유이모상위지이二者惟以貌像謂之異 의야宜也 활호여활인活虎與活人 위지이기모이언謂止以其貌異焉 결불의의決不宜矣 이모상별물자以貌像別物者 대개상동大概相同 불가위이류不可謂異類"

| 언해 |

"진흙을 비져 범을 몬들고 사롬을 몬들면 둘을 오직 모상으로만 말혼즉 다르다 홈이 맛당하려니와―모상은 다르나 본류는 흙이라― 산 범과 산 사롬을 다만 모상으로써 다르다 하면 결단코 맛당치 아니혼지라―가령 사롬이 범의 フ죽을 닙앗시면 모상이 범과 フ홀지니 범이라 하고 사롬의 류 아니라― 모상으로써 물을 분변하는 쟈는 서로 フ혼 모상이 대개 만흐니 가히 류를 구별하지 못홀지라―모상은 フ혼 듯하뒤 실은 다르고 모상은 다른 듯하뒤 실노 フ혼 류 잇느니라―"

> **교주** 언해의 '진흙을 비져 범을 몬들고 사롬을 몬들면' 부분이 원문에는 '以泥塑虎塑人'으로, 언해의 '산 범과 산 사롬'이 원문에는 '活虎與活人'으로 그리고 언해의 '서로 フ혼 모상이 대개 만흐니' 부분이 원문에는 '大槪相同'으로 각각 되어 있음에 유의하였다.

> **역해** 원문 '決不宜矣'의 '不宜'에 관한 『中韓辭典』, 1989, p.210; 2006, p.169의 풀이 '…하는 것은 좋지 않다. …하기에 적당치 않다. …하여서는 안 된다' 중 '…하기에 적당치 않다'가 이 문맥에서는 적합하다고 여겨져 이를 취하여 국역하였다.

| 국역 |

진흙으로 호랑이를 빚고 진흙으로 사람을 빚어서 둘은 오직 겉모습으로써 일러 다르다고 함이 적당하지만, 산 호랑이와 산 사람을 일러 단지 그 모습이 다르다고 하면 결코 적당하지 않습니다. 겉모습으로써 사물을 구별하는 것이 대개는 그 겉모습이 서로 같으니 이르기를 다른 부류라고 할 수 없습니다.

[제10강]

원문:기비생활지본氣非生活之本
언해:긔운은 싱활의 근본이 아니라
국역:기운은 살아서 활동하는 근본이 아니다

| 원문 | (1)

"여이니호예니인如以泥虎例泥人 기모수수其貌雖殊 기위니류즉일이其爲泥類則一耳 약이기위신若以氣爲神 이위생활지본以爲生活之本 즉생자하유득사호則生者何由得死乎 물사지후物死之後 기재내외氣在內外 유연충만猶然充滿 하적이능이기何適而能離氣 하환기무기이사何患其無氣而死 고기비생활지본야故氣非生活之本也 전운차호리류천리傳云差毫釐謬千里 미지기위사행지일未知氣爲四行之一 이동지우귀신급영혼而同之于鬼神及靈魂 역불족괴亦不足惟 약지기위일행若知氣爲一行 즉불난설기체용의則不難說其體用矣"

| 언해 |

"만일 진흙 범으로써 진흙 사룸을 되호면 그 모상은 비록 다르나 그 진흙의 류ㅣ 됨은 일반이라 만일 긔운으로써 싱명의 근본을 삼으면 긔운 속에 사눈 쟈 무슴 연고로 죽눈냐 물이 죽은 후에도 긔운은 의구히 안과 밧긔 충만호엿시니 어듸 가 이 긔운이 업서 죽기룰 근심호리오 고로 긔운은 싱활호눈 본분이 아니라 글에 닐오듸 호리의 틀님이 쳔리에 어그럿진다 호니 긔운이 수원힝즁에 혼 가지 되눈 줄을 아지 못호눈 고로 귀신과 령혼을 긔운이라 홈이 과연 괴이치 아니호나―만물이 긔운 속에 산 즉 긔운으로 싱명 근본을 삼음이 괴치 않다 뜻― 만일 긔운 본톄의 소용을 알면 씌듯기 어렵지 아니홀지라"

> **교주** 언해의 '일반이라'가 원문에는 '一耳'라 되어 있다. 그리고 언해의 '물이 죽은 후에도 긔운은 의구히 안과 밧긔 충만호엿시니' 부분이 원문에는 '物死之後 氣在內外 猶然充滿'이라 되어 있다. 또한 언해의 '어듸 가 이 긔운이 업서 죽기룰 근심호리오' 부분이 원문에는 '何適而能離氣 何患其無氣而死'라 되어 있음에 유의하였다. 한편 언해의 '글에 닐오듸'가 원문에는 '傳云'이라 되어 있으며, 또 언해의 '수원힝즁에 혼 가지'가 원문에는 '四行之一'이라 하였다. 아울러 언해의 '만일 긔운 본톄의 소용을 알면 씌듯기 어렵지 아니홀지라' 부분이 원문에는 '若知氣爲一行 則不難說其體用矣'이라 하였음에 유의하였다.

> **역해** 원문 '傳云差毫釐謬千里' 대목의 '差毫釐謬千里'가 諸橋轍次, 『大漢和辭典』 卷6, 初版, 1959; 縮寫版 第2刷, 東京:大修館書店, 1968, p.824의 풀이에 따라 『禮記』 26 「經解」의

'易曰 君子愼始 差若毫釐 繆以千里 此之謂也',『史記』「太史公自序」의 '失之毫釐 差以千里' 등에서 인용된 것임을 알게 되었다. 따라서 원문에서 '傳云'의 '傳'은『禮記』를 지칭하는 것이라 판단된다. 그리고『예기』「경해」의 이 대목을 池載熙 解譯,『예기』하, 자유문고, 2000, p.135에서는 "『역경易經』에 이르기를 '군자는 처음을 삼가는 것이니, 처음의 차이가 조그만 어긋나도 그 어그러짐이 천 리가가 된다.'라고 하였으니 이것을 이르는 말이다."라고 푼 바가 있다. 이를 참조해서 여기에서는 '差若毫釐 繆以千里' 대목을 '차이가 터럭과 같더라도 어그러짐은 천리이다'로 국역하였다.

| 국역 |

만약 진흙으로 빚은 호랑이로써 진흙으로 빚은 사람에 예를 적용시키면, 그 모양이 비록 다르지만 그것이 진흙으로 된 부류일 때에는 하나일 뿐입니다. 만약 기운으로써 신으로 삼아 살아서 활동하는 근본으로 여기는 경우에는, 살아 있는 것이 무슨 연유로 죽게 되겠습니까. 사물이 죽은 뒤에도 기운이 안팎에 있고 여전히 가득히 차 있으면, 어찌 어디로 가면서 기운을 떠날 수 있으며, 어찌 사물들이 기운이 없어지면서 죽을 것을 걱정하겠습니까. 그러므로 기운은 살아서 활동하는 근본이 아닙니다. 경전 [『예기』에] 이르기를, '차이가 터럭과 같더라도 어그러짐은 천리이다.'라고 하니, 기운이 4행四行[땅·물·불·공기]의 하나가 됨을 알지 못하면서 귀신·영혼과 서로 같다고 여기는 것도 역시 이상한 게 아니며, 만약 기운이 하나의 행이 된다는 것을 알면 그 본체와 작용에 관해 설명하기가 어렵지 않습니다.

| 원문 | (2)

"차부기자且夫氣者 화수화토삼행이위만물지형자야和水火土三行而爲萬物之形者也 이영혼자위인지내분而靈魂者爲人之內分 일신지주一身之主 이호흡출입기기자야以呼吸出入其氣者也 개인여비주제류蓋人與飛走諸類 개생기내皆生氣內 이변조량기심중지화以便調凉其心中之火 시고항용호흡是故恒用呼吸 이매식갱기以每息更氣 이출열치량이생언而出熱致凉以生焉 어잠수간魚潛水間 수성심냉水性甚冷 능자외투량우내화能自外透凉于內火 소이기류다무호흡지자야所以其類多無呼吸之資也"

| 언해 |

"긔운이라 ᄒᆞᄂᆞᆫ 쟈ᄂᆞᆫ 슈화토 삼ᄒᆡᆼ을 고로라 만물의 형톄를 쟝양ᄒᆞᄂᆞᆫ 쟈오 령혼은 사름의 안본분과 일신의 쥬쟝이 되야 호흡으로써 그 긔운을 츌입ᄒᆞ게 ᄒᆞᄂᆞᆫ 쟈라 대개 사름이 금슈 모든 류로 더브러 다 긔운 안희 살아 긔운을 마시고 토ᄒᆞ야 그 즁심의 불긔운을 서늘ᄒᆞ

고 온화훈 스이에 고로라 적즁케 ᄒᄂ니 이런고로 흥샹 호흡ᄒ야 미호후 이 긔운을 밧고 와 내들여 열은 나오고 셔늘은 들어가 심화를 편케 ᄒᄂ니 고기 물속에 줌겨 흥샹 밧긔 물을 통ᄒ야 즁심의 화긔를 셔늘ᄒ게 ᄒ니 그런 바로써 고기류는 대개 호흡의 도수ㅣ 업는지라"

언해의 '슈화토 삼ᄒᆼ을 고로라 만물의 형톄를 장양ᄒᄂ 쟈오' 부분이 원문에는 '和水火土三行而爲萬物之形者也'라 되어 있다. 그리고 언해의 '금슈 모든 류로 더브러'가 원문에는 '與飛走諸類'라 되어 있다. 또한 언해의 '긔운을 마시고 토ᄒ야 그 즁심의 불긔운을 셔늘ᄒ고 온화훈 스이에 고로라 적즁케 ᄒᄂ니' 부분이 원문에는 '以便調凉其心中之火'라고만 되어 있음에 유의하였다. 아울러 언해의 '미호후 이 긔운을 밧고와' 부분이 원문에는 '以每息更氣'라고 되어 있다. 아마도 이 '매호후'는 '매호흡후'인데, 필사 과정에서 그 사이의 '흡'이 누락된 게 아닌가 싶다. 그리고 언해의 '내들여 열은 나오고 셔늘은 들어가 심화를 편케 ᄒᄂ니' 부분이 원문에는 '而出熱致凉以生焉'으로 되어 있다. 또한 언해의 '흥샹 밧긔 물을 통ᄒ야 즁심의 화긔를 셔늘ᄒ게 ᄒ니' 부분이 원문에는 '水性甚冷 能自外透凉于內火'로 되어 있음에 유의하였다. 한편 언해의 '그런 바로써 고기류는 대개 호흡의 도수ㅣ 업는지라' 부분이 원문에는 '所以其類多無呼吸之資也'로 되어 있음에도 유의하였다.

원문 '且夫'에 관하여 『中韓辭典』, 1989, p.1833; 2006, p.1560의 풀이에는 '…그런데. 한편. [문맥을 다른 데로 돌릴 때 쓰이는 發語詞]'로 되어 있고, 『漢韓大字典』, 2001, p.102의 풀이에는 '그리고 또한. 前文에 이어 다음 글을 강하게 말할 때의 發語辭'라고 하였는데, 이 문맥에서는 후자의 것이 타당하다고 여겨져, '그리고 또한'으로 국역하였다.

| 국역 |

그런데 기운이라고 하는 것은 물·불·흙 3행을 조화하면서 만물의 형상이 되는 것입니다. 그러나 영혼이라고 하는 것은 사람 내면의 본분이자 한 몸의 주인이 되어 호흡으로써 그 기운이라는 것이 출입합니다. 대개 사람은 날거나 달리는 모든 부류와 더불어 다 기운 안에 살아 그 마음속의 불을 곧 서늘하게 조절합니다. 이런 까닭으로 항상 호흡하여 매번 숨 쉬면서 기운을 바꾸어 더위를 내보내고 서늘함을 오게 하며 삽니다. 고기가 물속에 잠겨서 물의 성질이 매우 차가우나 스스로 서늘함을 밖에서 몸속의 화기까지 침투시킬 수 있으니, 그런 까닭에 그 부류는 대부분 호흡하지 않는 게 타고난 성질입니다.

[제11강]

원문:귀신무병세지전권鬼神無柄世之專權

언해:귀신은 셰샹을 직졔ᄒᆞᄂᆞᆫ 권이 입ᄂᆞ니라

국역:귀신은 세상을 관장할 완전한 권한이 없다

| 원문 | (1)

"부귀신비물지분夫鬼神非物之分 내무형별물지류乃無形別物之類 기본직유이쳔주지명
其本職惟以天主之命 사조화지사司造化之事 무병세지전권無柄世之專權 고중니왈故仲尼
曰 경귀신이원지敬鬼神而遠之 피복록면죄彼福祿免罪 비귀신소능非鬼神所能 유쳔주이由
天主耳 이시인참독而時人諂瀆 욕자차득지欲自此得之 즉비기득지지도야則非其得之之道
也 부원지의夫遠之意 여획죄호쳔與獲罪乎天 무소도동無所禱同 기가이원지해무지豈可以
遠之解無之 이함중니우무귀신지혹재而陷仲尼于無鬼神之惑哉"

| 언해 |

"대뎌 귀신은 물의 본분이 아니오 이 무형ᄒᆞᆫ 별ᄒᆞᆫ 물건의 류ㅣ라 그 본 직분은 오직 텬쥬
의 명을 밧드러 조화의 일을 거ᄒᆡᆼᄒᆞ고 셰샹 직졔ᄒᆞᄂᆞᆫ 권은 업ᄂᆞᆫ 고로 공ᄌᆞㅣ 굴오ᄃᆡ 귀신
을 경외ᄒᆞ야 멀니ᄒᆞ라 ᄒᆞ니 뎌 복을 주고 죄를 면홈은 오직 텬쥬ᄭᅴ 잇고 귀신의 능이 ᄒᆞᆯ 바
아니라 ᄍᆡ 사름이 귀신을 셤겨 복을 엇고 복을 엇고져 ᄒᆞ니 잇슴이 아니라 공ᄌᆞㅣ 소위 멀
니ᄒᆞ라 ᄒᆞ며 죄를 하늘에 엇〃시면 빌 곳이 업다 홈이 〃 연고라─귀신은 화복의 권이 업
ᄂᆞᆫ 고로 멀니ᄒᆞ며 빌지 못 ᄒᆞᆫ다 ᄯᅳᆺ─ 엇지 멀니ᄒᆞ라는 말노써 업다 ᄒᆞᄂᆞᆫ ᄯᅳᆺ이라 ᄒᆞ야 공ᄌᆞ
를 귀신 업다 ᄒᆞᄂᆞᆫ ᄶᅡ희 ᄲᅢ치랴"

교주 언해의 '그 본 직분'이 원문에는 '其本職'으로 되어 있으며, 언해의 '텬쥬의 명을 밧드러 조
화의 일을 거ᄒᆡᆼᄒᆞ고 셰샹 직졔ᄒᆞᄂᆞᆫ 권은 업ᄂᆞᆫ' 부분이 원문에는 '惟以天主之命 司造化之
事 無柄世之專權'으로 되어 있음에 유의하였다. 그리고 언해의 '공ᄌᆞ'가 원문에는 '仲尼'으
로 되어 있다. 원문의 '時人'을 언해에서는 'ᄍᆡ 사름'이라 하였음이 이채로우나 적절한 것
으로는 여겨지지 않는다.

역해 원문의 '敬鬼神而遠之' 부분은 『論語』 6 「雍也」의 '樊遲問知子曰 務民之義 敬鬼神而遠之
加謂知矣(번지가 지혜에 대하여 여쭙자, 공자께서 말씀하셨다. '사람이 지켜야 할 도리
에 힘쓰고, 귀신을 공경하되 멀리 한다면 지혜라고 말할 수 있네.')' 대목(『經書』, 1982,
p.172) 가운데에서 그대로 인용된 것이며, 그리고 원문의 '獲罪乎天 無所禱同' 부분 역시

『論語』3「八佾」의 '子曰 不然 獲罪於天 無所禱也(공자께서 말씀하셨다. '그렇지 않습니다. 하늘에 죄를 지으면 어디에 빌어도 소용이 없습니다.')' 대목(『經書』, 1982, p.105) 부분을 활용한 것이다. 정인재 역, 「제4편」, 『천주실의』, 2000, p.189 각주 35) 및 36) 참조. 그리고 『논어』6「옹야」 및 3「팔일」의 국역은 조수익 (외) 공역, 『논어 대학 중용』, 2016, p.53 및 p.30 각각 참조.

| 국역 |

무릇 귀신은 사물의 본분이 아니며 단지 형상이 없는 별난 사물의 부류이며, 그 본래 직분은 오직 천주의 명으로 조화하는 일을 맡을 뿐 세상을 관장할 완전한 권한이 없습니다. 그러므로 중니仲尼[공자]가 말하기를, '귀신을 공경하되 멀리하라.'라고 하였으니, 저 복록을 주고 죄를 사면해줌은 귀신이 할 수 있는 바가 아니고, 오직 천주로 말미암을 뿐이며, 그러나 요즘 사람들이 아첨하고 더럽혀 귀신으로부터 복을 얻어내려 하면, 그것은 복을 얻어내는 방법이 아닙니다. 무릇 [『논어』에서 공자가] '멀리하라'고 하는 의미와 '하늘에 죄를 지어서 어디에 빌어도 소용이 없다.'라고 함은 같아서, 어찌 '멀리하다'를 '없앴다'라고 해석하면서 귀신을 없앴다는 의혹에 공자를 빠뜨릴 수 있겠습니까.

| 원문 | (2)

"중사왈中土曰 오고지유자吾古之儒者 명찰천지만물본성개선明察天地萬物本性皆善 단유굉리불가갱역但有宏理不可更易 이위물유거미以爲物有巨微 기성일체其性一體 즉왈천지주재즉재각물지내則曰天地主宰卽在各物之內 이여물위일而與物爲一 고권인물위악故勸人勿爲惡 이점기지본선언以玷己之本善焉 물위의勿違義 이범기지본리언以犯己之本理焉 물해물勿害物 이모기내심지주재언以侮其內心之主宰焉 우왈又曰 인물괴상人物壞喪 불멸본성不滅本性 이화귀우천주而化歸于天主 차역인혼불멸지위此亦人魂不滅之謂 단공어선생소론천주자불합但恐於先生所論天主者不合"

| 언해 |

"중스ㅣ 글오듸 넷젹 션빅ㅣ 텬디 만물의 본셩이 션흠을 붉이 살펴 다 크게 논리흠이 잇스니 가히 곳쳐 밧고쟈 못홀지라 젼ᄒ야 오는 말이 물이 대소 잇스나 그 셩품은 일톄라 곳 굴오듸 텬디 쥬진ㅣ 곳 각 물 안희 잇서 물노 더브러 ᄒ나히 되는 고로 사름을 권ᄒ듸 악으로써 ᄌ긔 본듸 션흠을 더러이지 말나 ᄒ며 불의로써 ᄌ긔 근본의 리를 범치 말나 ᄒ며 물을 샹해와 안 ᄆ옴 쥬진로 업수이 넉이지 말나 ᄒ며 쏘 굴오듸 사름과 물건이 믄허져 망ᄒ

딕 본성은 멸치 아니ᄒᆞ야 텬쥬로 도라간다 ᄒᆞ니 이 ᄯᅩᆫ 사ᄅᆞᆷ의 혼이 멸치 아님을 닐옴이나 다만 두리건대 션싱의 의논ᄒᆞᄂᆞᆫ 바 텬쥬에ᄂᆞᆫ 합지 아니ᄒᆞ도다"

| 국역 |

중국선비가 말한다 : 우리 옛날 선비들은 천지 만물의 본성이 모두 선하여 단지 굉장한 이론이 있어도 다시 바꿀 수 없음을 명쾌하게 살폈으며, 사물에 거대함과 미소함이 있어도 그 본성은 한 몸이라고 생각할 때에는, 천지의 주재자께서 곧 사물의 안에 계셔 사물과 더불어 하나가 된다고 일렀습니다. 그러므로 사람에게 권유하기를, '악을 하지 말고 그럼으로써 자기의 근본이 선함도 더럽히지 말며, 의리를 어겨 자기의 도리를 범하지 말고 그럼으로써 사물을 해쳐 그 마음속의 주재자를 업신여기지 말라.'고 하였습니다. 거듭 이르기를, '사람과 사물은 파괴되고 상실되어도 본성은 소멸되지 않고 천주께로 귀화한다.'고 하였습니다. 이것도 역시 사람의 혼은 불멸함을 이르는 것이니, 선생께서 논의하시는 천주라는 것과는 부합하지 않는 것입니다.

[제12강]

원문:물여주재불가위일체物與主宰不可爲一體
언해:물이 쥬지로 더브러 일톄 되지 못홈이라
국역:사물은 주재와 더불어 한 몸이 될 수 없다

| 원문 | (1)

"서사왈西士曰 자어지류玆語之謬 비전소문자유심比前所聞者愈甚 갈감합지호曷敢合之乎 오불감이차간오상주지존야吾不敢以此簡吾上主之尊也 천주경유전天主經有傳 석자천주화생천지昔者天主化生天地 즉화생제신지휘卽化生諸神之彙 기간유일거신其間有一鉅神 명위노제불아名謂輅齊拂兒 기시기여시영명其視己如是靈明 편오연왈오가위여천주동등의便傲然曰吾可謂與天主同等矣 천주노天主怒 이병기종자수만신而幷其從者數萬神 변위마

귀변위마귀變爲魔鬼 강치지어지옥降置之於地獄 자시천지간시유마귀自是天地間始有魔鬼 유지옥의有地獄矣 부어물여조물자동夫語物與造物者同 내로제불아귀오어乃輅齊拂兒鬼傲語 숙감술지여孰敢述之歟"

"셔스ㅣ 골오듸 이 말의 그름이 젼소문에 비겨 더욱 심혼지라 엇지 감히 합흐리오 내 감히 이런 말노써 샹쥬의 지존흐심을 더러이지 못흐리로다 텬쥬셩경에 젼흐엿시듸 샹고에 텬쥬ㅣ 텬디를 조셩흐시고 몬져 텬신의 픔을 내시니 그 즁에 흔 큰 텬신이 잇셔 일홈은 누지불이라 즈긔의 령명홈을 보고 문득 오심을 내여 골오듸 나ㅣ 가히 텬쥬로 더브러 굿흐리라 흐니 텬쥬ㅣ 노흐샤 그 흠긔 반흔 텬신 수만을 아오로 명흐야 마귀를 묻드라 디옥에 느리니 일노부터 텬디간에 비로소 마귀 잇고 디옥이 잇ᄂᆞᆫ지라 만일 물이 조물흐신 쟈로 더브러 굿다 흠은 곳 누집불이 마귀의 오만흔 말이라 뉘ㅣ 감히 긔록흐엿ᄂᆞ냐"

교주 언해의 '이 말의 그름이 젼소문에 비겨 더욱 심혼지라' 부분이 원문에는 '玆語之謬 比前所聞者愈甚'으로 되어 있음에 유의하였다. 그리고 언해의 '텬쥬셩경에 젼흐엿시듸'가 원문에는 '천주경유전天主經有傳'으로 되어 있음에 유의하였다.

역해 원문 '吾不敢以此簡吾上主之尊也'의 '簡'을, 『漢韓大字典』, 1967, p.938; 2002, p.1549의 풀이에 있는 용례 중 '⑧소홀히할 간:대수롭지 않게 여김'을 취하여 국역하였다.
언해의 '누지불'가 원문에는 '輅齊拂兒'로 되어 있는데, 사전에 정리된 설명에 따르면 원어는 라틴어 '루시퍼Lucifer'로 사탄 즉 魔王의 우두머리를 가리킨다고 한다.

서양선비가 말한다 : 지금 한 말의 오류는 예전에 들었던 것에 비해 더욱 심하니, 어찌 감히 합당하다고 할 수 있겠습니까. 저는 감히 이로써 내 하늘에 계신 숭상하올 주님의 지존하심을 대수롭지 않게 여길 수 없습니다. 천주 성경에 전함이 있으니, 옛날에 천주께서 천지를 변화시켜 생성하시고 곧 여러 신의 무리도 변화시켜 생성하셨는데, 그 가운데 거대한 신 하나가 있었으니 이름을 루시퍼Lucifer라 불렀습니다. 그가 자기 보기를 영리하고 명석한 것같이 여겨 문득 오만하게 이르기를, '나는 천주와 동등하다고 이를 만하다.'고 하였습니다. 천주께서 노여워하시면서 그를 따르는 수많은 신과 함께 마귀로 변하게 하여 지옥에 내려두었습니다. 이로부터 하늘·땅 사이에 비로소 마귀가 있고 지옥이 있게 되었습니다. 무릇 말하기를 사물과 조물주가 같다고 하는 것은 바로 루시퍼 마귀의 교만한 말이니, 누가 감히 그리 진술하겠습니까.

| 원문 | (2)

"세인불금불씨광경世人不禁佛氏誑經 불각염기독어不覺染其毒語 주공중니지론周公仲尼之論 귀방고경서貴邦古經書 숙유압주재이여지일자孰有狎主宰而與之一者 실항민중유일필부設恒民中有一匹夫 자칭여천자동존自稱與天子同尊 기능면호其能免乎 지상민불가망비견지상군地上民不可妄比肩地上君 이가동천상주호而可同天上主乎 인지칭인위왈人之稱人謂曰 이위이爾爲爾 아위아我爲我 이금범구학곤충여상주왈而今凡溝壑昆虫與上主曰 이위아爾爲我 아위이我爲爾 기불위극항대패호재豈不謂極抗大悖乎哉"

| 언해 |

"셰샹 사름이 셕씨의 속이는 불경을 금치 아니ᄒᆞ야 그 독ᄒᆞᆫ 말의 므들믈 ᄭᆡᆺ지 못ᄒᆞᆷ이로다 쥬공과 공즈의 〃논ᄒᆞᆫ 바 귀국 경셔 즁에 뉘ᅵ 혹 쥬ᄌᆡ를 셜만ᄒᆞ야 더브러 일톄 된다 ᄒᆞ는 쟈 잇ᄂᆞ냐 셜스 평민 즁에 ᄒᆞᆫ 필부 잇서 ᄌᆞ칭 텬ᄌᆞ로 더브러 ᄀᆞᆺ치 놉ᄒᆞ로라 ᄒᆞ면 그 버힘을 엇지 면ᄒᆞ겟ᄂᆞ냐 ᄯᅡ 우희 ᄇᆡᆨ셩이 감히 망녕되이 ᄯᅡ 우희 인군도 비견ᄒᆞ지 못ᄒᆞ거든 하믈며 텬샹 님금이냐 사름이 사름ᄃᆞ려 닐너 왈 너는 너ᅵ 되고 나는 나ᅵ 된다 ᄒᆞᆷ은 가하나 가령 ᄀᆡ을가희 버레지 샹쥬ᄭᅴ ᄃᆡᄒᆞ야 닐너 왈 너는 나ᅵ 되고 나는 너ᅵ 된다 ᄒᆞ면 엇지 극히 거스리고 크게 픠역ᄒᆞᆷ이 아니냐"

> **교주** 언해의 '평민'이 원문에는 '恒民'으로 되어 있음에 유의하였다. 그리고 언해의 'ᄯᅡ 우희 ᄇᆡᆨ셩이 감히 망녕되이 ᄯᅡ 우희 인군도 비견ᄒᆞ지 못ᄒᆞ거든 하믈며 텬샹 님금이냐' 부분이 원문에는 '地上民不可妄比肩地上君 而可同天上主乎'라고 되어 있음을 유의하였다. 언해의 '엇지 극히 거스리고 크게 픠역ᄒᆞᆷ이 아니냐' 부분이 원문에는 '豈不謂極抗大悖乎哉'로 되어 있음에 유의하였다.

> **역해** 원문 '地上民不可妄比肩地上君 而可同天上主乎' 가운데서 '地上民'·'地上君'·'天上主'이라는 용어가 구사되고 있음에 각별히 유념하고자 한다. 마태오 리치[이마두利瑪竇]는 『천주실의』의 특히 이 대목을 통해서 '백성'·'임금'·'하느님'에 관한 기본 구도로서 땅 위의 백성[地上民]'을 그야말로 땅 위에서 지배하는 것은 '땅 위의 임금[地上君]'이고 하늘 위에서 主宰하시는 분은 '하늘 위의 주님[天上主]=하느님'이심을 명료하게 드러내고 있다고 믿어지기 때문이다. 이 '하늘 위의 주님[天上主]'을 마태오 리치는 『천주실의』의 여러 곳에서 때로는 줄여서 '天主' 혹은 '上主'로 표기하기도 하였는데, '天主'는 그대로 '천주'로 그리고 '상주'는 '하느님'으로 국역하는 게 타당한 것으로 여겨 그리하도록 하고자 한다. 다른 한편으로는 이 '上主'의 '上' 자체의 한자 용례에도 『漢韓大字典』, 1967, p.22; 2002, p.89에 보면 '하늘'이 있을뿐더러 중국어 용례에도 『中韓辭典』, 1989, p.2017의 풀이 가

운데 형용사로서 '존귀한'이 있으며 同書, 2006, p.1711의 풀이 중에는 동사로서 '숭상하다'가 있음이 확인된다. 이 '上主'의 '主' 자체의 중국어 용례에도 또한 『中韓辭典』, 1989, p.2017; 2006, p.2653의 풀이 가운데 '하느님'이 있음이 찾아진다. 그러므로 이 '上主'에 대해서 '하느님' 또는 '존귀하신 하느님' 혹은 '숭상하올 주님'이라는 국역 역시 가능한 게 아닐까 가늠된다.

| 국역 |

이 세상 사람들이 부처의 거짓된 경전을 금지시키지 않아서 그 해로운 말에 물드는 것을 깨닫지 못합니다. 주공周公·공자孔子의 논의와 그대의 나라 옛 경서에 누가 주재자를 업신여기면서 더불어 하나가 되는 자가 있겠습니까. 설령 백성 가운데 한 보통남자가 스스로 칭하기를 황제와 같이 높다고 하면, 그가 죽임을 모면할 수 있겠습니까. 땅 위의 백성이 함부로 땅 위의 임금과도 견줄 수가 없으면서, 하늘의 숭상하올 주님과 같다고 할 수 있겠습니까. 사람이 다른 사람을 지칭하여 일러 말하기를, '너는 너이고, 나는 나다.'라고 말하면서, 지금 모든 도랑·개울의 곤충이 숭상하는 주님께 말하기를, '너는 내가 되고 나는 네가 된다.'고 하면, 어찌 극히 거스르고 크게 어긋난다고 말하지 않겠습니까.

| 원문 | (3)

"중사왈中士曰 불씨무손우상주야佛氏無遜于上主也 기귀인신其貴人身 존인덕尊人德 유가취야有可取也 천주지덕고후天主之德固厚 이오인역구유지덕而吾人亦具有至德 천주고구무량능天主固具無量能 이오인심역능응만사而吾人心亦能應萬事"

| 언해 |

"즁ᄉᆞ│ ᄀᆞᆯ오ᄃᆡ 불씨│ 샹쥬ᄭᅴ ᄉᆞ양ᄒᆞᆯ 것 업ᄂᆞᆫ지라 사ᄅᆞᆷ의 몸을 귀히 넉이고 사ᄅᆞᆷ의 덕을 놉힘이 가히 취ᄒᆞᆯ 거시 잇ᄂᆞᆫ지라 텬쥬의 덕이 진실노 후ᄒᆞ고 우리 사ᄅᆞᆷ도 ᄯᅩᆫ 지극ᄒᆞᆫ 덕을 갓초와 두엇시며 텬쥬│ 진실노 무량ᄒᆞᆫ 능을 갓초고 우리 사ᄅᆞᆷ의 ᄆᆞ음도 ᄯᅩᆫ 만ᄉᆞ를 응ᄒᆞᄂᆞ니"

> **교주** 언해의 '불씨│ 샹쥬ᄭᅴ ᄉᆞ양ᄒᆞᆯ 것 업ᄂᆞᆫ지라'가 원문에는 '佛氏無遜于上主也'로 되어 있음에 유의하였다.

| 국역 |

중국선비가 말한다 : 부처는 하느님에게 손색이 없고, 그가 사람의 몸을 귀히 여기고 사람의 덕을 높이니, 취할 만한 것이 있습니다. 천주의 덕은 본디 두텁고 우리 인간도 역시 지

극한 덕을 갖추고 있으니, 천주께서는 본디 헤아릴 수 없는 능력을 갖추고 계시고 우리 사람의 마음도 역시 모든 일에 호응할 수 있습니다.

| 원문 | (4)

"시관선성조원개물試觀先聖調元開物 입교명륜立敎明倫 양민이경경착기여養民以耕鑿機杼 이민이주거재화利民以舟車財貨 기조기경세其肇基經世 수만세불역지홍유垂萬世不易之鴻猷 이천하영뢰이안而天下永賴以安 미문멸선성未聞蔑先聲 이천주자작자수而天主自作自樹 이진지치以臻至治 유시유지由是論之 인지덕능人之德能 수천주망혹수언雖天主罔或輸焉 거운창조천지詎云刱造天地 독천주능호獨天主能乎"

| 언해 |

"시험ᄒᆞ야 보건대 젼셩인이 원긔를 고로라 물을 열고 교를 셰워 인륜을 붉히고 빅셩을 양ᄒᆞ매 갈고 짜므로써 ᄒᆞ며 빅셩을 건지매 비와 수레와 직물노써 ᄒᆞ니 그 터흘 열고 셰상을 경영ᄒᆞ야 만셰에 밧괴지 못홀 법을 드리워 텬하ㅣ 영히 힘닙어 평안ᄒᆞ니 젼셩인은 업시 텬쥬ㅣ ᄌᆞ작 짓고 ᄌᆞ작 셰워 지금ᄭᆞ지 잘 ᄃᆞᄉᆞ린다 홈은 듯지 못ᄒᆞ엿시니 일노 말믜암아 의논ᄒᆞ건대 사름의 덕능은 비록 텬쥬라도 혹 넘지 못홀지라 엇지 텬디를 조셩홈이 홀노 텬쥬의 능이라 닐오랴"

> **교주** 언해의 '원긔를 고로라 물을 열고'가 원문에는 '調元開物'로 되어 있으며, 언해의 '빅셩을 양ᄒᆞ매 갈고 짜므로써 ᄒᆞ며' 부분이 원문에는 '養民以耕鑿機杼'로 되어 있음에 유의하였다. 또한 언해의 'ᄌᆞ작 짓고 ᄌᆞ작 셰워'가 원문은 '自作自樹'로 되어 있다.

> **역해** 원문 '未聞蔑先聲'의 '先聲'은 『中韓辭典』, 1989, p.2547; 2006, p.2160의 풀이 '선성. 예고. 전주곡. 발단. 전조前兆. 선구자. 서곡, 서막' 중 '前兆'가 이 문맥에서는 가장 적절하다고 여겨져 이를 취하여 '蔑先聲'을 '前兆 없이'로 국역하였다.
> 원문 '以臻至治'의 '至治'는 『漢韓大字典』, 1967, p.1032; 2002, p.1712의 풀이 '이상적으로 잘 다스려진 정치'를 취하여 국역하였다.

| 국역 |

시험 삼아 보건대 옛날의 성인은 원기를 조절하여 문물을 개발하고 가르침을 세워 윤리를 밝혔으며, 백성 먹여살리기를 쟁기·끌·옷감 기계로 하고, 백성 편리하게 하기를 배·수레·재물로 하였습니다. 그 기틀을 만들어 세상을 경영함에 한없는 세월에도 바뀌지 않을 큰 법규를 내리면서 하늘 아래 영원히 안정되게 의지하도록 하였으며, 예고 없이

천주께서 스스로 짓고 스스로 세워서 세상이 매우 잘 다스려짐에 이르렀다는 것을 아직 듣지 못했습니다. 이로 말미암아 깨우치건대, 사람의 덕망과 능력은 비록 천주라도 오히려 넘지 못할지니, 어찌 말하기를 천지 창조하는 일은 오로지 천주만이 하실 수 있다고 하겠습니까.

| 원문 | (5)

“세불달기심지묘이왈世不達己心之妙而曰 심국신계지내心局身界之內 불씨견기대불긍자굴佛氏見其大不肯自屈 즉위시신야則謂是身也 여천지만물함온호심與天地萬物咸蘊乎心 시심무원불체是心無遠不逮 무고불승無高不升 무광불괄無廣不括 무세불입無細不入 무견불도無堅不度 고기식근자의지방촌간엄거천주故其識根者宜知方寸間儼居天主 비천주녕여시야非天主甯如是耶”

| 언해 |

“셰샹 사ᄅᆞᆷ이 ᄌᆞ긔 ᄆᆞᄋᆞᆷ의 묘ᄒᆞᆷ을 ᄉᆞᄆᆞᆺ지 못ᄒᆞ고 ᄀᆞᆯ오ᄃᆡ ᄆᆞᄋᆞᆷ이 몸디경 안희 판이 방혀 변통ᄒᆞᆯ 줄을 모론다 ᄒᆞ나 불씨ᄂᆞᆫ ᄒᆞᆯ노 그 ᄆᆞᄋᆞᆷ의 큼을 보와 스ᄉᆞ로 굴치 아니ᄒᆞ고 곳 닐오ᄃᆡ 이 몸이 텬디만물노 더브러 다 ᄆᆞᄋᆞᆷ속에 포ᄒᆞᆷᄒᆞ엿시니 이 ᄆᆞᄋᆞᆷ이 멀어 밋지 못ᄒᆞᆯᄃᆡ 업고 놉하 오라지 못ᄒᆞᆯ ᄃᆡ 업고 넓어 ᄃᆞᄅᆡ지 못ᄒᆞᆯ ᄃᆡ 업고 미셰ᄒᆞ야 들지 못ᄒᆞᆯ ᄃᆡ 업고 굿어 통치 못ᄒᆞᆯ ᄃᆡ 업ᄂᆞᆫ 고로 아ᄂᆞᆫ ᄲᅮᆯ희를 갓촌 쟈ᄂᆞᆫ 맛당이 방촌—ᄆᆞᄋᆞᆷ—지간에 엄연이 텬쥬ㅣ 거ᄒᆞᆫ 줄을 아ᄂᆞ니 텬쥬 아니면 엇지 이 ᄀᆞᆺᄒᆞ리오”

교주 언해의 ‘ᄆᆞᄋᆞᆷ이 몸디경 안희 판이 방혀 변통ᄒᆞᆯ 줄을 모론다 ᄒᆞ나’ 부분에서 ‘방혀’는 분명 ‘박혀’의 잘못 표기라 여겨 바로 잡았으며, 이 부분이 원문의 ‘心局身界之內’ 대목을 언해한 것임이 분명한데 그 중에서 ‘ᄆᆞᄋᆞᆷ이 몸디경 안희 판이 박혀’ 대목은 원문에 충실한 것이었지만 ‘변통ᄒᆞᆯ 줄을 모론다 ᄒᆞ나’ 대목은 원문과 상관이 없는 것임이 분명하다고 읽힌다.

| 국역 |

세상 사람은 자기 마음의 오묘함을 통달하지 못하면서 말하기를, ‘마음은 육신의 경계 안에 국한된다.’고 합니다. 부처는 그 마음이 큰 것을 보고서 스스로 굴복함을 인정하고 싶지 않아 곧 이르기를, ‘이 육신도 천지 만물과 함께 모두 마음에 간직되어 있으니, 이 마음은 멀어도 미치지 않음이 없으며 높아도 못 오름이 없고 넓어도 다다르지 못함이 없으며 작아도 들어가지 못함이 없으며 단단하여도 통하지 못함이 없다.’라고 하였습니다. 그러므로 근본을 깨달은 자는 마음속에 엄연히 천주께서 계심을 마땅히 알 것이니, 천주가 아니시면 어찌 이와 같겠습니까.

| 원문 | (6)

"서사왈西士曰 불씨미지기佛氏未知己 해지천주奚知天主 피이묘묘궁수명우천주彼以眇眇躬受明于天主 우축일재偶蓄一材 칙일행식一行 궁과오예矜誇傲睨 사연비부우천주지존肆然比附于天主之尊 시기귀오인신是豈貴吾人身 존오인덕尊吾人德 내적이천인상덕이乃適以賤人喪德耳 오자제덕지적야傲者諸德之敵也 일양오어심一養傲於心 백행개패언百行皆敗焉"

| 언해 |

"셔스ㅣ 굴오딘 괴이ᄒ다 불씨ㅣ 즈긔를 아지 못ᄒ고 엇지 텬쥬를 알니오 뎌ㅣ 젹고 젹은 몸으로써 붉이 텬쥬끠 밧앗거늘 우연이 ᄒ 지료를 엇고 ᄒ 힝실을 쑤며 스스로 즈랑ᄒ고 스스로 오만ᄒ야 감히 방즈이 텬쥬의 지존ᄒ심을 비기려 ᄒ니 이 엇지 우리 사름을 귀히 넉이며 우리 사름의 덕을 놉히는 쟈냐 실노 사름을 쳔케 ᄒ고 덕을 망케 ᄒ는 쟈라 교오는 모든 덕의 원슈라 ᄒ번 오를 ᄆ음에 기르면 일빅 힝실이 다 믄허지느니"

> 【교주】 언해의 '뎌ㅣ 젹고 젹은 몸으로써 붉이 텬쥬끠 밧앗거늘'이 원문에는 '彼以眇眇躬受明于天主'라 되어 있으며, 언해의 '우연이 ᄒ 지료를 엇고'가 원문에는 '偶蓄一材'라고 되어 있음에 유의하였다. 한편 언해의 '교오'가 원문에는 '傲'로 되어 있는데, 여기의 '교오'는 '驕傲'일 것이다.

> 【역해】 원문 '百行皆敗焉'의 '百行'에 관해 『漢韓大字典』, 1967, p.856; 2002, p.1401의 풀이에는 '온갖 행위'로, 『中韓辭典』, 1989, p.63; 2006, p.46의 풀이에는 '각종 행위. 모든 일. 만사'로 되어 있는데, 이들을 참작하여 여기에서는 '온갖 행실'로 국역하였다.

| 국역 |

서양선비가 말한다 : 부처는 자기를 알지 못하니 어떻게 천주를 알겠습니까. 그는 아주 작은 육신으로 천주께 밝음을 받아 우연히 재능 하나를 길러 행실 하나를 꾸미고는 자랑하고 오만하게 흘겨보며 방자하게도 천주의 지존함에 자신을 비교하려 하였으니, 이것이 어찌 우리 사람의 육신을 귀히 여기며 우리 사람의 덕을 높이는 것이겠습니까. 단지 겨우 사람을 천하게 하고 덕을 잃게 할 뿐입니다. 오만은 모든 덕의 원수라서 오만이 한번 마음에 길러지면 온갖 행실이 다 무너집니다.

"서토성인유왈西土聖人有曰 심무겸이적덕心無謙而積德 여대풍퇴사如對風堆沙 성인숭겸양聖人崇謙讓 천주지불양天主之弗讓 여손인하재如遜人何哉 기시성인익익건건其視聖人翼翼乾乾 경외명위敬畏明威 신후천하불유기지身後天下不有其知 태천연이수화의殆天淵而水火矣 성인불감거성聖人不敢居聖 이령항인의천주호而令恒人擬天主乎"

| 언해 |

"서토 셩인이 말이 잇서 굴오딕 무옴에 겸손이 업시 덕을 싸흐려 홈은 마치 바람을 딕흐야 모래를 싸흠과 굿다 흐니 셩인은 겸손을 숭샹흐느지라 텬쥬끠 겸손치 아니흔 쟈 엇지 사롬의게 겸손흐리오 셩인이 일싱에 소심흐야 쥬의 엄위를 두리고 공경흐야 덕을 숨겨 찬미를 피흐니 뎌 불시의 오만홈과 텬양지분과 슈화지간 섇이 아니라 셩인도 감히 스스로 셩인인톄 못흐거든 샹인으로써 감히 텬쥬를 비기랴"

> **교주** 언해의 '셩인이 일싱에 소심흐야 쥬의 엄위를 두리고 공경흐야' 부분이 원문에는 '其視聖人翼翼乾乾 敬畏明威'로 되어 있다. 그리고 언해의 '덕을 숨겨 찬미를 피흐니'가 원문에는 '身後天下 不有其知'로 되어 있다. 또한 언해의 '뎌 불시의 오만홈과 텬양지분과 슈화지간 섇이 아니라' 부분이 원문에는 '殆天淵而水火矣'로 표현되어 있으며, 인해의 '셩인도 감히 스스로 셩인인톄 못흐거든'이 원문에는 '聖人不敢居聖'으로 되어 있음에 유의하였다. 한편 언해의 '샹인'이 원문에는 '恒人'으로 되어 있음도 역시 유의하였다.

| 국역 |

서양 성인이 있어 말하기를, '마음에 겸손이 없으면서 덕을 쌓으려 함은 마치 바람을 마주보며 모래를 쌓음과 같다.'라고 했으니, 성인은 겸양을 숭상함이니 천주께 겸양하지 않고 어찌 사람에게 겸손하겠습니까. 부처도 성인이 공경하고 삼가기를 부지런히 힘쓰며, 명백한 위엄을 공경하여 두려워하고, 죽은 뒤 천하에 그런 지식이 있지 않으며 겨우 하늘·바다하고 물·불뿐임을 보았으니, 성인도 감히 성인임을 자처하지 못하는데 평범한 사람을 천주와 견주겠습니까.

| 원문 | (8)

"부덕기우수신夫德基于修身 셩우소사成于昭事 고주가지덕故周家之德 필이소사위무必以昭事爲務 금이소당늠연경사자今以所當凜然敬事者 이왈오여동언而曰吾與同焉 패하심호悖何甚乎 지어재성서물至於裁成庶物 개인천주이형지물蓋因天主已形之物 이순재이셩

지而順材以成之 비션자무물非先自無物 이능창지야而能創之也 여제기연如製器然 도자이금陶者以金 착자이목斲者以木 연이금목지체션비야然而金木之體先備也 무체이사지유체無體而使之有體 인숙능지人孰能之 인지성인人之成人 순기성이교지循其性而敎之 비인본무성非人本無性 이능사지유성야而能使之有性也"

"대뎌 덕은 몸을 닥금으로 시작ㅎ야 쥬를 셤김으로 일우는 고로 쥬나라 집의 덕이 반듯시 샹뎨를 붉이 셤김으로 힘씀을 삼앗시니 맛당이 늠연이 공경ㅎ야 셤길 쟈로써 골오듸 내 곳ㅎ로라 ㅎ면 패역홈이 엇더케 심ㅎ리요 소위 물건을 직작ㅎ야 일우웟다 홈은 텬쥬의 임의 내여 주신 바를 인ㅎ야 그 지료를 슌히 ㅎ야 쓸 ᄯᄒ이오 그 몬져 업는 물건을 능히 믄드러 일움이 아니라 마치 그릇 짓는 쟈 곳ㅎ니 야쟝이는 쇠로써 짓고 목슈는 나무로써 일우나 〃무와 쇠 ㅣ 임의 갓초와 잇는 지료라 본릐 업는 지료를 잇게 홈을 사름이 뉘 능히 ㅎ리요 사름이 사름을 인도ㅎ야 셩인ㅎ게 홈은 그 사름의 본릐 잇는 셩픔을 인ㅎ야 ᄀᆞ르침이오 능히 업는 셩픔을 잇게 ㅎ야 셩인홈이 아니라"

교주 언해의 '쥬를 셤김으로 일우는 고로'가 원문에는 '成于昭事'로 되어 있으며, 언해의 '샹뎨를 붉이 셤김으로 힘씀을 삼앗시니'가 원문에는 '必以昭事爲務'로 되어 있음에 유의하였다. 그리고 언해의 '야쟝이는 쇠로써 짓고 목슈는 나무로써 일우나' 부분이 원문에는 '陶者以金 斲者以木'으로 되어 있음에 유의하였다.

역해 원문 '人之成人'의 '成人'은 『中韓辭典』, 1989, p.313; 2006, p.253의 풀이 중 '②인재가 되다'를 취하여, '사람이 인재가 되게 함은'으로 국역하였다. 한편 정인재 역, 「제4편」, 『천주실의』, 2000, p.196 각주 42)에서는 굳이 "여기서 陶者는 문맥상 治者의 잘못이므로 이에 바로잡는다."고 했는데, 원문대로 그대로 두어도 의미상 전혀 무방하다고 본다.

무릇 덕은 심신心身을 닦음에 기초하여 천주를 명백히 섬김에서 완성됩니다. 그러므로 주周나라 황가皇家의 덕은 반드시 상제를 명백히 섬김으로써 임무를 삼았으니, 이제 마땅히 천주를 엄숙하게 공경하고 섬겨야 할 바로 여기지만, 그러나 우리가 [천주와] 더불어 같다고 말한다면 도리에 어긋남이 얼마나 지나치겠습니까. 온갖 사물을 재량하여 성취함에 이른 것은 대개 천주께서 이미 조성하신 많은 사물로 말미암아 재료에 따라 성취한 것이지, 전에 없었던 사물로부터 창조할 수 있었던 것이 아닙니다. 마치 그릇을 만드는 것과 같으니, 굽는 이는 쇠로써 깎는 이는 나무로써 하며, 그래서 쇠와 나무의 바탕은 먼저 갖추어져 있어야지 바탕이 없는 데에다가 바탕이 있게 하는 것은 사람 누가 할 수 있겠습니까. 사람이 인재가 되게 함은 그 성품에 따르면서 가르친 것이지, 사람에게 본래 그런 성품이 없는데 그런 성품을 있게 할 수 있는 게 아닙니다.

[제13강]

원문: 천주조물전능이무위유天主造物全能以無爲有

언해: 텬쥬의 조물ᄒ신 젼능이 업슴으로써 잇게 ᄒ심이라

국역: 천주께서 만물을 창조하신 완전한 능력은 없음으로써 있게 하심이다

| 원문 | (1)

"약부천주조물若夫天主造物 즉이무이위유則以無而爲有 일령이만상즉출언一令而萬象卽出焉 고왈무량능야故曰無量能也 어인대수의於人大殊矣 차천주지조물야且天主之造物也 여주인지인저백如硃印之印楮帛 저백지인楮帛之印 비가집지위인非可執之爲印 사내인지적이斯乃印之蹟蹟耳 인물지리人物之理 개천주적야皆天主蹟也 사욕당지원인使欲當之原印 이복이인제물而復以印諸物 불역류호不亦謬乎"

| 언해 |

"텬쥬의 물을 조성ᄒ심은 업는 즁에 잇게 ᄒ야 ᄒ번 명ᄒ샤 만물을 일윗시니 고로 ᄀ오ᄃᆡ 무량ᄒ신 능이라 사름의 능으로 엇지 감히 의논ᄒ리오 쏘 텬쥬의 물을 지으심이 마치 붉은 인이 조의 우희 박힘과 ᄀᆞᆺᄒ니 조의 우희 박힌 인은 가히 잡아쓸 인이 아니오 인의 나타난 자최라 사름과 만물의 셩리는 다 텬쥬의 인젹이니 인의 자최로써 원인을 삼아 다시 만물을 인치려 ᄒᆞᆷ이 쏘ᄒᆫ 그릇지 아니ᄒ랴— 젼셩인의 물건을 직작ᄒ야 쓰게 ᄒ음은 불과 텬쥬의 인젹을 의지ᄒ음이라 엇지 물을 내엿시리오—"

> **교주** 원문의 '於人大殊矣'가 언해에는 '사름의 능으로 엇지 감히 의논ᄒ리오'라고 되어 있는데 이는 원문에 충실한 언해가 아니므로 재고의 여지가 많다고 보았다. 언해의 '사름과 만물의 셩리는 다 텬쥬의 인젹이니'가 원문에는 '人物之理 皆天主蹟也'로 되어 있으며, 언해의 '원인'이 원문에는 '原印'으로 되어 있음에 유의하였다.

> **역해** 원문 '使欲當之原印'의 '當'에 관한 『中韓辭典』, 1989, p.500; 2006, p.410의 풀이 '②…에

상당相當하다. …에 해당하다. …에 필적하다' 중 이 문맥에는 '…에 필적하다'가 가장 적합하다고 여겨져 이를 취하여 국역하였다.

| 국역 |

그런데 천주께서 만물을 창조하실 때에는 없음으로써 있게 하신 것이니, 한번 명령으로 온갖 사물의 드러난 형상들이 곧 출현한 것입니다. 그러므로 헤아릴 수 없는 능력이라 말하며, 사람보다 크게 특수한 것입니다. 또한 천주께서 만물을 창조하심은 마치 붉은 인장印章을 닥종이·비단에 인쇄함과 같으니, 닥종이·비단의 인쇄는 손으로 쥐어서 인쇄할 수 없으며, 그것은 바로 인장의 자취일 뿐입니다. 사람과 만물의 이치는 다 천주의 자취이니, 자취를 원래의 자취에 필적하게 하고자 하면서 다시 온갖 사물의 자취를 남기려 함도 역시 그르지 않겠습니까.

| 원문 | (2)

"지자지심智者之心 함천지含天地 구만물具萬物 비진천지만물지체야非眞天地萬物之體也 유앙관부찰惟仰觀俯察 감기형이달기리鑑其形而達其理 구기본이수기용이求其本而遂其用耳 고목소미도故目所未睹 즉심부득유기상則心不得有其像 약지수若止水 약명경영제만물若明鏡影諸萬物 내위명경지수乃謂明鏡止水 균유천지均有天地 즉능조작지卽能造作之 기가호豈可乎 필언고행내가신언必言顧行乃可信焉 천주만물지원天主萬物之原 능생만물能生萬物 약인즉여지동若人卽與之同 당역능생지當亦能生之 연수인능생일산일천우차호然誰人能生一山一川于此乎"

| 언해 |

"지혜로온 쟈의 ᄆᆞ옴에 텬디를 포홈ᄒᆞ고 만물을 갓초왓다 홈은 참 텬디 만물의 톄를 갓초와둠이 아니라 오직 우러〃 하ᄂᆞᆯ을 보고 굽어 ᄯᅡ흘 살피며 그 형상을 보와 그 리를 ᄉᆞᄆᆞᆺ고 그 근본을 ᄎᆞᄌ 그 소용을 일우ᄂᆞ니 이를 닐온 만물이 내게 갓초왓다 홈이라 고로 눈의 보지 못ᄒᆞᆫ 바ᄂᆞᆫ ᄆᆞ옴에 형상이 나지 아니ᄒᆞᄂᆞᆫ지라 ᄆᆞᆰ은 물과 붉은 거울이 만물을 빗침과 ᄀᆞᆺᄒᆞ니 만일 닐오ᄃᆡ 거울과 물에 텬디 만물이 갓초와 잇서 능히 물을 지엇다 ᄒᆞ면 엇지 가ᄒᆞ랴 말은 힝실을 보와 밋을지니 텬쥬ㅣ 만물의 근원이 되야 임의 만물을 내엿시니 만일 사ᄅᆞᆷ의 능이 텬쥬와 ᄀᆞᆺᄒᆞ량이면 ᄯᅩᄒᆞᆫ 맛당이 물을 내여야 그 말을 가히 밋을지니 뉘 능히 ᄒᆞᆫ 뫼와 ᄒᆞᆫ ᄂᆡ물을 지어내랴"

교주 언해의 '오직 우러〃 하ᄂᆞᆯ을 보고 굽어 ᄯᅡ흘 살피며'가 원문에는 '惟仰觀俯察'로 되어 있으며, 언해의 '그 형상을 보와 그 리를 ᄉᆞᄆᆞᆺ고'가 원문에는 '鑑其形而達其理'라고 되어 있음에 유의하였다. 한편 언해의 '이를 닐온 만믈이 내게 갓초왓다 흠이라' 부분은 원문에는 없는 내용으로 언해자가 설명을 위해 임의로 삽입한 대목이라 판단된다.

| 국역 |

지혜로운 자의 마음은 천지를 품고 만물을 갖추지만, 진정한 천지·만물의 바탕은 아닙니다. 오직 우러러 하늘을 바라보고 굽어 땅을 살펴서 그 형상을 감정하고, 그 이치를 통달해서 그 근원을 구하면서 그 용도를 이룰 뿐입니다. 그러므로 눈이 보지 못한 경우에는 마음이 그 형상을 얻을 수 없습니다. 고요한 물과 같이 맑은 거울과 같이 모든 만물의 그림자를 비춰야 단지 '명경지수明鏡止水'라 이르는데, 천지를 모두 소유하였으니 곧 창조하여 제작할 수 있는 것이 어찌 가능하겠습니까. 반드시 발언은 행동을 고려해야 마침내 믿을 수 있는데, 천주께서 만물의 근원이시고 만물을 생성하셨으니, 만약 사람이 곧 천주와 같다면 당연히 또한 사람도 생성할 수 있어야 합니다. 그러나 사람 누구가 이 세상에 산 하나와 내 하나를 생성할 수 있겠습니까.

| 원문 | (3)

"중사왈中士曰 소운생천지지천주자所云生天地之天主者 여존양만물천상지천주자與存養萬物天上之天主者 불씨소운아야佛氏所云我也 고여금古與今 상여하上與下 아무간언我無間焉 개전일체야蓋全一體也 제연사대第緣四大 침륜매회沈淪昧晦 이정수사이而情隨事移 진원일착眞元日鑿 덕기일이德機日弛 이오천주병닉야而吾天主幷溺也 즉오지불능조양물則吾之不能造養物 비본야非本也 기류사연이其流使然耳 야광지주夜光之珠 이몽구이손궐치以蒙垢而損厥値 추구기초체追究其初體 방가위지야昉可爲知也"

| 언해 |

"즁ᄉᆡ 굴오ᄃᆡ 닐은바 텬디를 내힌 텬쥬와 만믈을 양육ᄒᆞᆫ 텬쥬는 도모지 불씨의 닐온바 나ᅵ라고 금셩하에 나ᅵ 간단홈이 업시―무시무죵과 굿다 뜻― 온젼이 일톄로ᄃᆡ 츠〃ᄉᆞ대―ᄉᆞ원힝―ᅵ ᄲᅡ지고 어두워 뜻이 일을 ᄯᅡ라 옴겨 춤 근원은 날노 픽ᄒᆞ고 덕의 긔틀은 날노 쇠ᄒᆞ야 나ᅵ 텬쥬ᅵ 아오로 ᄲᅡ진지라 내 능히 믈을 짓지 못ᄒᆞ고 양치 못홈은 근본 그런 거시 아니오 끗히 흘너ᄂᆞ려 은폐라야 광쥬ᅵ ᄯᅢ에 뭇치여 그 갑시 덜나나 그 본톄를 궁구ᄒᆞ면 구술의 붉음을 가히 알니로다"

교주 언해의 '춤 근원은 날노 픽ᄒᆞ고'가 원문에는 '眞元日鑿'으로 되어 있으며, 언해의 '나ᅵ 텬쥬ㅣ 아오로 싸진지라'가 원문에는 '而吾天主幷溺也'으로 되어 있음에 유의하였다. 언해의 '꼿히 흘너ᄂᆞ려 은폐라야 광쥬ㅣ' 부분이 원문에는 '其流使然耳 夜光之珠'로 되어 있다. 언해 자체도 살펴보면, 이 가운데 '은폐라야' 부분이 애초에는 '그리윈지라야'로 되어 있던 게 이렇게 수정되었음을 발견할 수 있는데, 필사 과정에 손댄 것으로 추정되지만 원래의 '그리윈지라야'가 옳다고 본다. 그리고 언해의 '쌔에 뭇치여 그 갑시 덜니나'이 원문에는 '以蒙垢而損厥值'으로 되어 있으며, 언해의 '그 본톄를 궁구ᄒ면 구술의 붉음을 가히 알니로다' 부분이 원문에는 '追究其共初體 眆可爲知也'로 되어 있음에 유의하였다.

원문의 '而情隨事移' 대목을 언해필사하면서 처음에는 '정이 일을 ᄯᆞ라 옴겨'로 적었다가 후에 이 '졍'을 '쯧'으로 수정하였음이 명료하다. 따라서 '情'을 그대로 '졍'으로 언해하지 않고 '쯧'으로 하였음을 이로써 확인할 수가 있다고 본다.

| 역해 | 원문의 '無間'에 대해 『中韓辭典』, 1989, p.2477; 2006, p.2102에는 '틈[간격]이 없다'로 되어 있고, 『漢韓大字典』, 1967, p.767; 2001, p.1248에는 '서로 막힘이 없이 사이가 가까움'으로 풀이가 되어 있는데, 이 문맥에서는 뒤엣것 '서로 막힘이 없이 사이가 가까움'이 더 적절하다고 판단되어 이를 취하여 국역하였다.

| 국역 |

중국선비가 말한다 : 운운하는 바 천지를 생성했다는 천주라는 것과 만물을 존재하게 하고 양육한다는 천상의 천주라고 하는 것은, 부처가 말하는 자아自我입니다. 옛날과 지금, 하늘 위와 아래의 자아는 서로 막힘이 없이 사이가 가까워 온전한 일체인데, 다만 사대四大[사행四行:땅·물·불·바람]로 말미암아 괴로운 처지에 빠지고 우매하여 감정이 사안에 따라 변경되며, 진리의 근원은 날로 천착되고 덕의 기틀은 날로 해이해지면서 나와 천주가 아울러 탐닉한 경우에는 우리가 만물을 창조하고 양육할 수 없음은 본분이 아니고 그 천주의 유파가 그렇게 시켰을 뿐입니다. 밤에도 빛나는 진주도 때가 묻으면서 그 가치가 손상되니, 그 처음 본체를 추구하여야 그 가치를 때마침 알게 될 수 있습니다.

| 원문 | (4)

"서사왈西土曰 우불재吁咈哉 유시독타有是毒唾 이세인경여지而世人競茹之 비여悲歟 비륜매지극非淪昧之極 숙감위만물지원孰敢謂萬物之原 천지지령天地之靈 위물륜매호재爲物淪昧乎哉 부인덕견백夫人德堅白 상불이마날변기진체尙不以磨涅變其眞體 물용응고物用凝固 불이운동不以運動 실기상도失其常度 지대무우至大無偶 지존무상至尊無上 내이인생환구능루급이오혹지乃以人生幻軀能累及而汚惑之 시우반승영是愚反勝靈 욕사승리欲

斯勝理 신위형지역神爲形之役 정위성지근情爲性之根 우식본말자于識本末者 의불유이자
해의宜不喩而自解矣 차양간지비且兩間之比 숙유유어조물자孰有踰於造物者 능유지함지
우사대지중能囿之陷之于四大之中 이매닉지호以昧溺之乎"

| 언해 |

"셔스ㅣ 골오ᄃᆡ 슬프다 크게 거스림인뎌 이런 독즙을 셰샹 사ᄅᆞᆷ이 다토와 먹으려 ᄒᆞ니
슬픈뎌 과연 ᄲᅡ지고 어두음이 지극홈이 아니면 뉘 감히 만물의 큰 근원과 텬디의 웃듬 신
령을 닐너 물의 ᄲᅡ지고 어두음이 된다 ᄒᆞ랴 사ᄅᆞᆷ의 덕도 굿고 졍ᄒᆞ야 오히려 갈고 므들님
으로써 그 진톄를 변케 못ᄒᆞ고 물의 견고홈도 운동홈으로써 그 덧〃ᄒᆞᆫ 도수를 닐치 아니
ᄒᆞ거든 지극히 커 ᄃᆡㅣ 업고 지극히 놉하 우희 업거늘 도로혀 인ᄉᆡᆼ의 허환ᄒᆞᆫ 몸으로써 능
히 련루ᄒᆞ야 더러이면 이는 우쥰홈이 도로혀 령명홈에셔 승ᄒᆞ고 인욕이 텬디를 이긤이오
귀ᄒᆞᆫ 신이 쳔ᄒᆞᆫ 형샹의 종이 되고 육졍이 령셩의 ᄲᅮᆯ희 됨이니 본말을 아는 쟈ᄂᆞᆫ 죡히 닐오
지 아니ᄒᆞ여도 스스로 풀지라 ᄯᅩ 텬디간에 무ᄉᆞᆷ 물건이 조물쥬에셔 넘을 쟈 잇서 능히 ᄉᆞ
대 가온ᄃᆡ에 위 ᄲᅡ쳐 잠기고 어둡게 ᄒᆞᆯ가 시브냐"

> **교주** 언해의 '덕도 굿고 졍ᄒᆞ야'가 원문에는 '夫人德堅白'으로, 언해의 '오히려 갈고 므들님으로
> 써 그 진톄를 변케 못ᄒᆞ고'가 원문에는 '尙不以磨涅變其眞體'으로, 언해의 '그 덧〃ᄒᆞᆫ 도수
> 를 닐치 아니ᄒᆞ거든'가 원문에는 '失其常度'로 그리고 언해의 '극히 커 ᄃᆡㅣ 업고'가 원문
> 에는 '至大無偶'로 각각 되어 있음에 유의하였다. 한편 언해의 '도로혀 인ᄉᆡᆼ의 허환ᄒᆞᆫ 몸으
> 로써 능히 련루ᄒᆞ야 더러이면' 부분이 원문에는 '乃以人生幻軀能累及而汚惑之'로 되어 있
> 음도 유의하였다. 이어서 언해의 '인욕이 텬디를 이긤이오'이 원문에는 '欲斯勝理'로 되어
> 있음에 유의하였다. 또한 언해의 '귀ᄒᆞᆫ 신이 쳔ᄒᆞᆫ 형샹의 종이 되고 육졍이 령셩의 ᄲᅮᆯ희
> 됨이니' 부분이 원문에는 '神爲形之役 情爲性之根'으로 되어 있으며, 언해의 'ᄯᅩ 텬디간에'
> 가 원문에는 '且兩間之比'로 되어 있음에도 유의하였다. 한편 언해에는 '위'가 있으나 앞뒤
> 문맥으로 보아 이 '위'가 차라리 없어야 순조롭다고 판단되었다.

> **역해** 언해의 '이는 우쥰홈이 도로혀 령명홈에셔 승ᄒᆞ고' 부분이 원문의 경우 주석본에는 '是愚
> 反勝靈'으로 되어 있으나 초판본에는 '是人斯勝天'으로 되어 있음에 각별히 유의해야 한
> 다. 이로 보아서도 언해필사본은 주석목록본을 언해하여 필사한 것임을 확실히 알 수 있
> 겠다.

| 국역 |

서양선비가 말한다 : 아! 크게 어긋났습니다. 이 독즙이 있고, 세상 사람들이 이를 다투어
마시니 슬픕니다! 지극히 괴로운 처지에 빠지고 우매하지 않으면, 누가 감히 만물의 근원

과 천지의 영이 사물의 우매함에 빠지게 되었다고 하겠습니까. 무릇 사람의 덕도 절개가 굳고 깨끗하여 오히려 연마하거나 물들임으로써 그 진실한 본체를 변화시키지 못하며, 사물의 작용도 엉기어 굳어져 운동함으로써 그 불변의 법칙을 잃지 않는데, 천주께서는 지극히 위대하여 마주 대할 수가 없으며 지극히 높아 더 상위가 없으십니다. 단지 인생의 덧없는 몸으로 연루되고 더럽히며 미혹되게 되면, 이는 우둔함이 도리어 영명함을 이기며 이것이 도리를 이기고자 하여서 신이 형상의 부림이 되고 욕정이 성품의 근본이 됨이니, 본질과 말단을 깨달은 자에게는 의당 깨우쳐주지 않아도 스스로 이해하게 될 것입니다. 게다가 [천주·자아] 둘 사이의 비교에서 누가 조물자보다 뛰어나 사대[땅·물·불·바람] 속에 가두거나 빠뜨려서 우매함에 탐닉하게 할 수 있겠습니까.

| 원문 | (5)

"부천상지천주夫天上之天主 어아기공일체於我既共一體 즉이지징철혼효무이언則二之澄徹混淆無異焉 비여수상영신譬如首上靈神 어심내영신於心內靈神 동위일체야同爲一體也 고적통초지조故適痛楚之遭 변고지치變故之値 수지신혼효首之神混淆 심지신균혼효언心之神鈞混淆焉 필부득일란일치지의必不得一亂一治之矣 금오심지란今吾心之亂 고불능혼천상천주지영유징철固不能混天上天主之永攸澄徹 피영유징철彼永攸澄徹 우불면아심지혼효又不免我心之混淆 즉오어천주則吾於天主 비공위일체非共爲一體 기불험호豈不驗乎"

| 언해 |

"대뎌 텬샹에 계신 텬쥬ㅣ 내게 임의 일톄된다 ᄒᆞ면 곳 둘의 ᄆᆞᆰᆫ 톄 혼합ᄒᆞ야 다름이 업슬지니 사름의 ᄒᆞᆫ 톄로 비유ᄒᆞ면 머리 우희 령신이 ᄆᆞᄋᆞᆷ 안희 령신과 ᄀᆞᆺ치 일톄라 고로 질병이나 혹 변고ᄅᆞᆯ 맛늘 ᄣᅢ에 머리와 ᄆᆞᄋᆞᆷ이 ᄀᆞᆺ치 어ᄌᆞ러워 반드시 ᄒᆞ나흔 ᄃᆞᄉᆞ리고 ᄒᆞ나흔 어ᄌᆞ럽지 못ᄒᆞ리니 이는 머리와 ᄆᆞᄋᆞᆷ이 일톄 령신에 속ᄒᆞᆫ 연고어니와 이제 내 ᄆᆞᄋᆞᆷ의 흐름이 능히 텬샹 텬쥬의 영〃 ᄆᆞᆰ음을 련ᄒᆞ야 혼탁게 못ᄒᆞᆯ 거시오 뎌 영〃이 ᄆᆞᆰᄋᆞ신 텬쥬ㅣ ᄯᅩᄒᆞᆫ 내 ᄆᆞᄋᆞᆷ의 흐림을 간예치 아니ᄒᆞᆯ지니 이는 나ㅣ 텬쥬끠 일톄되지 못ᄒᆞᆷ이니 엇지 징험치 못ᄒᆞ랴"

교주 언해의 '사름의 ᄒᆞᆫ 톄로'는 원문에는 없는 것으로, 이해를 돕기 위해 언해에서 첨가된 것 같다. 또한 언해의 '고로 질병이나 혹 변고ᄅᆞᆯ 맛늘 ᄣᅢ에' 부분이 원문에는 '故適痛楚之遭 變故之値'로 되어 있음에 유의하였다. 그리고 언해에서는 '머리와 ᄆᆞᄋᆞᆷ이 ᄀᆞᆺ치 어ᄌᆞ러워 반드시 ᄒᆞ나흔 ᄃᆞᄉᆞ리고 ᄒᆞ나흔 어ᄌᆞ럽지 못ᄒᆞ리니'라고 되어 있는 부분이 원문에는 '首

之神混淆 心之神鈞混淆焉 必不得一亂一治之矣'으로 되어 있음에 유의하였다. 이 가운데서 언해의 '이는 머리와 무움이 일톄 령신에 속훈 연고어니와' 부분은 원문에는 없는 내용이다.

역해 원문의 '無異'에 대해 『漢韓大字典』, 1967, p.769; 2001, p.1251의 풀이에는 '아무 탈이 없이 편안함. 無事'로 되어 있고, 『中韓辭典』, 1989, p.2484; 2006, p.2108에는 '다르지 않다. 똑같다'로 되어 있는데, 여기에서는 앞엣것을 취하여 '다르지 않다'를 취하여 국역하였다. 원문 '必不得一亂一治之矣'의 '一亂一治'에 관련해서는 [淸]黃宗義, 「明夷待訪錄題辭」, 陳乃乾 編, 『黃梨洲文集』, 北京:中華書局, 1959; 北京第2版, 2009, p.382; 段志强 譯注, 『明夷待訪錄』, 北京:中華書局, 2011; 重印, 2015, p.1; 全海宗 譯, 『明夷待訪錄』, 삼성문화재단, 1971, pp.16-17에서 읽었던 기억이 나서 다시 검토해보니, '余常疑孟子一治一亂之言, 何三代而下之有亂無治也'에서 인용되고 있음을 비로소 확인할 수가 있었다. 全海宗의 국역을 p.16에서 그대로 인용하면 다음과 같다. '나는 항상 孟子가 말한 「一治一亂」 즉 정치가 잘 되어 나라가 잘 다스려진 時代와 정치가 문란하여 나라가 어지러운 時代가 번갈아 나타난다고 한 말을 의심하여 왔다.' 『孟子』 「滕文公」 下의 원문은 '天下之生久矣 一治一亂(천하에 사람이 살아온 지가 오래되었는데, 한번 다스려지면 한번 어지러웠네.)'이다. 원문은 『經書』, 1982, p.570 참조. 국역은 조수익 (등) 공역, 『맹자』, 2012, p.105 참조

| 국역 |

무릇 천상의 천주께서 나와 이미 함께 일체가 되었다고 하면 [천주와 나] 둘이 맑아 꿰뚫어 보이는 것과 뒤섞입니다. 예를 들면 머릿속의 영신靈神이 마음속의 영신과 일체가 되는 것과 다르지 않습니다. 그러므로 아파서 괴롭거나 재변이나 사고를 당하면, 머릿속의 영신이 같이 뒤섞이고 마음속의 신도 뒤섞여서, 틀림없이 한번 어지러워지면 한번 잘 다스릴 수가 없습니다. 지금 제 마음이 어지러워지면 물론 천상 천주의 영원하고 아득하며 맑아 꿰뚫어 보임을 어지럽히지 않을 수가 없으며, 저 영원하고 아득하며 맑아 꿰뚫어 보임이 오히려 제 마음의 뒤섞임을 면할 수 없습니다. 만일 그렇다면 제가 천주와 함께 일체가 될 수 없음이 어찌 입증되지 않겠습니까.

| 원문 | (6)

"부왈천주여물동夫曰天主與物同 혹위천주즉시기물이외무타물或謂天主卽是其物而外無他物 혹위기재물이위내분지일或謂其在物而爲內分之一 혹위물위천주소사용或謂物爲天主所使用 여계기위장지소사용如械器爲匠之所使用 차삼언개상리자此三言皆傷理者 오축축변지야吾逐逐辯之也 기운其云 천주즉시각물天主卽是各物 즉우주지간則宇宙之間 수유만

물당무이성雖有萬物當無二性 기무이성既無二性 시무만물是無萬物 기불혼효물리豈不混殽物理 황물유상정況物有常情 개욕자전皆欲自全 무욕자해無欲自害"

| 언해 |

"혹 왈 텬쥬ㅣ 물노 더브러 톄ㅣ ㄱ다 ᄒᆞ니 텬쥬ㅣ 곳 이 물건이라 그 외는 물이 업다 ᄒᆞ며 혹 왈 쥬ㅣ 물건에 잇서 안본분—물의 부득불 잇는 리ㅣ라—이 된다 ᄒᆞ며 혹 왈 물이 텬쥬의 브려 쓰는 바 됨이 긔계가 쟝인의 브려씀과 ㄱ다 ᄒᆞ니 이 세 가지 말이 다 리를 샹ᄒᆞ는 쟈니 내 각〃 분변ᄒᆞ리라 글오듸 텬쥬를 곳 이 물이라 ᄒᆞ면 우쥬간에 비록 만물이 잇시나 맛당이 두 셩픔이 업슬지라 임의 두 셩픔이 업슨 즉 이는 만물이라 닐오지 아니ᄒᆞ고 흔 물건이라 홈이 가흘지니 엇지 물리를 혼잡홈이 아니랴 하믈며 물이 덧〃흔 졍이 잇서 다 스스로 온젼ᄒᆞ고져 ᄒᆞ고 스스로 샹해코져 아니ᄒᆞ나"

교주 언해에서는 '혹 왈 텬쥬ㅣ 물노 더브러 톄ㅣ ㄱ다 ᄒᆞ니 텬쥬ㅣ 곳 이 물건이라'로 되어 있으나, 원문에는 '夫曰天主與物同 或謂天主卽是其物'로 되어 있다. 이상하다 싶어서 세밀히 검토해보니, 애초에는 '혹 왈' 부분이 '글오듸'로, 또 'ㄱᄒᆞ니' 부분이 'ㄱ다 ᄒᆞ며 혹 왈'로, 또한 '물건이라' 부분이 '물이니'로 언해되어 있었음을 찾아볼 수 있었다. 즉 언해에는 애초에 이 부분이 '글오듸 텬쥬ㅣ 물로 더브러 톄가 ㄱ다 ᄒᆞ며 혹 왈 텬쥬ㅣ 곳 이 물건이라'로 되어 있었던 것이었다. 나중에 필사하면서 수정한 것으로 판단이 되므로, 원문에 맞갖게 하기 위해 애초의 것을 따르기로 하였다. 이후의 언해에 거듭 보이는 '혹 왈'이 원문에는 '或謂'로 되어 있다. 그리고 언해의 '안본분이 된다 ᄒᆞ며'가 원문에는 '爲內分之一'로 되어 있고, 또한 언해의 '내 각〃 분변ᄒᆞ리라'가 원문에는 '吾逐逐辯之也'라 되어 있음에 유의하였다. 한편 언해의 '글오듸'와 '덧〃흔 졍'이 각각 원문에는 '其云'과 '常情'으로 되어 있음에 유의하였다.

역해 원문 '況物有常情'의 '常情'에 관하여 『漢韓大字典』, 1967, p.410; 2001, p.665의 풀이에 '①항상 품고 있는 심정 ②사람에게 공통되는 인정'으로 되어 있으며, 『中韓辭典』, 1989, p.277; 2006, p.233의 풀이에는 '①보통의 인정[정리]. 인지상정, 인반적인 도리'로 되어 있는데, 同書, 1989, p.1923; 2006, p.1633의 '人之常情'에 대한 풀이에는 '사람이면 누구나 가 갖고 있는 인정[감정]'이라 하였다. 이러한 풀이들을 참작하여 여기에서는 '사람이면 누구나 갖고 있는 성정'으로 국역하였다.

| 국역 |

무릇 말하기를 '천주와 사물은 같다.'라고 하며, 혹은 이르기를 '천주가 곧 그 사물이고 그 위에 다른 사물은 없다.'라고 하며, 혹은 이르기를 '천주가 사물에 있으면서 내면 성분의 하나가 되었다.'라고 하며, 혹은 이르기를 '사물이 천주가 사용하는 바가 됨이, 마치 기계가 장인의 사용함이 됨과 같다.'라고 합니다. 이 말 셋은 다 이치를 손상시키는 것이니, 제가 하나하나 변론하겠습니다. 그 말에 '천주가 곧 각각의 사물이다.'라고 하였는데, 만일 그렇다면 우주 사이에 비록 만물이 있더라도 의당 두 본성이 없고, 이미 두 본성이 없다면 이것은 만물이 없음이니, 어찌 만물의 이치를 뒤섞이게 하지 않겠습니까. 더구나 사물에도 사람이면 누구나 갖고 있는 성정性情이 있으니, 모두 스스로 온전하고자 하며 스스로 해를 끼치지 않으려 하지 않겠습니까.

| 원문 | (7)

"오시천하지물吾視天下之物 고유상해상극자固有相害相殛者 여수멸화如水滅火 화분목火焚木 대어식소어大魚食小魚 강금탄약금强禽吞弱禽 기천주즉시각물旣天主卽是各物 기천주자위장해豈天主自爲戕害 이불급일존호호而不及一存護乎 연천주무가장해지리然天主無可戕害之理 종시설야從是說也 오신즉오주吾身卽吾主 오제오주吾祭吾主 즉자위제이卽自爲祭耳 익무시예야益無是禮也 과이즉천주가위목석등물果爾則天主可謂木石等物 이인능이순지호而人能耳順之乎"

| 언해 |

"내 텬하 물리를 보니 진실노 서로 해ᄒ고 서로 죽이는 쟤 잇서 물은 불을 멸ᄒ고 불은 나무를 틔오고 큰 고기는 젹은 고기를 먹고 강ᄒᆫ 새는 약ᄒᆫ 새를 삼키니 만일 텬쥬ㅣ 각 물이 되량이면 물도 쥬ㅣ요 불도 쥬ㅣ라 텬쥬ㅣ 스스로 해ᄒ고 스스로 죽여 ᄒ나토 보존치 못ᄒ리로다 그러나 텬쥬는 진실노 상해ᄒᆯ 리ㅣ 업슬 거시오 쏘 이 말 ᄀᆞᆺᄒ량이면 내 몸이 곳 내 쥬ㅣ라 내가 쥬ᄭᅴ 졔ᄉᆞᄒ면 이는 내가 나를 졔ᄉᆞᄒᆞᆷ이니 더욱 이런 례ㅣ 업슬 거시오 과연 그러량이면 텬쥬는 목셕 ᄀᆞᆺᄒᆫ 물건이라 닐을지니 사름이 능히 슌명하겟ᄂᆞ냐"

> **교주** 언해의 '이 말 ᄀᆞᆺᄒ량이면'이 원문에는 '從是說也'로 되어 있음에 유의하였다.

> **역해** 원문 '而人能耳順之乎'의 '耳順'에 대한 풀이에 『中韓辭典』, 1989, p.644; 2006, p.537에 '귀에 거슬리지 않다.'가 있고, 이것이 가장 적절한 표현이라 여겨 이를 취하여 국역하였다.

| 국역 |

제가 천하의 만물을 보니 본래 서로 해치고 서로 죽이는 것이 있어서, 마치 물은 불을 끄고 불이 나무를 태우고 큰 물고기가 작은 물고기를 먹고 강한 날짐승이 약한 날짐승을 삼킴과 같습니다. 이미 천주가 곧 각각의 사물이니 어찌 천주가 스스로 죽이고 해를 입히면서 하나도 보존하고 수호함에 이르지 못했겠습니까. 그러니 천주는 죽이고 해를 입힐 리가 없습니다. 이 주장에 따르면, 내 육신이 곧 내 주님이며 내가 내 주님께 제사 지내면 스스로 제사를 지낼 뿐이니, 더욱 이런 예법은 없습니다. 과연 이와 같으면, 천주는 나무·돌 등과 같은 사물이라 이를 수 있고, 사람의 귀에 거슬리지 않을 수 있겠습니까.

[제14강]

원문: 천주비물내본분 天主非物內本分
언해: 텬쥬는 물건 안희 본분이 아니라
국역: 천주께서는 사물 안의 본분이 아니시다

| 원문 | (1)

"기왈其曰 천주위물지내본분天主爲物之內本分 즉시천주미호물의則是天主微乎物矣 범전자개기대우각분자야凡全者皆其大于各分者也 두대우승斗大于升 승내두십분지일이升乃斗十分之一耳 외자포호내外者包乎內 약천주재물지내若天主在物之內 위기본분爲其本分 즉물대우천주則物大于天主 이천주반소야而天主反小也 만물지원萬物之原 내소호기소생지물乃小乎其所生之物 기연호其然乎 기기연호豈其然乎 차문천주재인내분且問天主在人內分 위존주여爲尊主歟 위천역여爲賤役歟 위천역이청타분지명爲賤役而聽他分之命 고불가야固不可也 여위존주이전악일신지병如爲尊主而專握一身之柄 즉천하의무일인위악자則天下宜無一人爲惡者 하위악자자중야何爲惡者滋衆耶"

| 언해 |

"ᄀᆞᆯ오ᄃᆡ 텬쥬ㅣ 물의 안본분이—본분은 물의 근본 갓촌 리니 금슈의 지각과 초목의 싱쟝이라— 된다 ᄒᆞ면 이ᄂᆞᆫ 텬쥬ㅣ 물에셔 적을지니 므릇 물의 젼톄ᄂᆞᆫ 다 그 본분에셔 큰지라 비유컨대 물이 되에셔 크니 되ᄂᆞᆫ 물의 십분지일이라 되ㅣ 물의 안본분이 되고 밧긔 쟈ᄂᆞᆫ 안흘 포함ᄒᆞ니 만일 텬쥬ㅣ 물 안희 잇서 그 본분이 된즉 물은 텬쥬보다 더 크고 텬쥬는 도로혀 적을지라 만물의 근원이 그 내한 물건보다 적음이 그러ᄒᆞ랴 엇지 그러ᄒᆞ리오 쏘 믓

노니 텬쥬ㅣ 사름의 안 본분이 된즉 놉흔 쥬인이 되랴 쳔흔 스환이 되랴 스환이 된즉 제 명을 드름이 가치 아니ᄒ고 놉흔 쥬인이 되야 일신 권병을 오롯이 잡앗신즉 텬하에 ᄒ 사름도 악을 홀 쟈 업슬 거시어늘 엇지ᄒ야 악을 ᄒᄂ 쟈 심히 만흐냐"

교주 언해 '글오ᄃᆡ'와 '안본분'이 원문에는 '其曰'과 '內本分'으로 되어 있으며, 언해의 '므릇 믈의 젼톄ᄂ 다 그 본분에서 큰지라'가 원문에는 '凡全者皆其大于各分者也'로 되어 있음에 유의하였다. 또한 언해의 '비유컨대'가 원문에는 없으니, 언해에서 설명의 편의상 덧붙인 것으로 보인다. 그리고 언해의 '쳔흔 스환이 되랴'가 원문에는 '爲賤役歟'로 되어 있고, 언해의 '스환이 된즉 제 명을 드름이 가치 아니ᄒ고' 부분이 원문에는 '爲賤役而聽他分之命 固不可也'로 되어 있음에 유의하였다. 또한 언해의 '일신 권병을 오롯이 잡앗신'이 원문에는 '專握一身之柄'이라 되어 있음도 유의하였다.

역해 원문 '其曰'의 '其'는 『中韓辭典』, 1989, p.1778; 2006, p.1516의 풀이 '①어찌. … ④혹시. 혹은. 아마도' 중에서 '혹은'이, 원문 '其然乎'의 '其'는 '어찌'가 적절하다고 여겨져 그리 국역하였다.
원문 '則是天主微乎物矣'의 '則是'는 同書, 1989, p.3004; 2006, p.2541의 풀이 '오직 …뿐, 다만 …뿐. …이지만' 중 '다만 …뿐'이 적절한 것으로 판단되어 이를 취하여 국역하였다.
원문 '固不可也' 부분의 '固'와 관련해서는 『中韓辭典』, 1989, p.829; 2006, p.685의 풀이 '①본래. 본디. 원래. 전부터 ②물론. 당연히' 중에서 '물론'이 있으며, '不可'와 관련해 『漢韓大字典』, 1967, p.26; 2001, p.93의 풀이에 '옳지 아니함'이 있으므로 각각을 취하여 '固不可也'를 '물론 옳지 않습니다'로 국역하였다.

| 국역 |

혹은 말하기를, '천주는 사물 내면의 본분이 된다.'라고 하니, 곧 이는 천주가 사물보다 작을 뿐입니다. 무릇 전체라고 하는 것은 그것 전부가 각기 나뉜 것보다 크니, 말[두斗]은 되[승升]보다 커서 되는 겨우 말의 1/10일 뿐입니다. 바깥이라는 것은 내면을 둘러싸니, 만약 천주가 사물 내면에 존재하며 그 본분이 되었으면 사물이 천주보다 크고 천주가 도리어 작습니다. 만물의 근원이 단지 그가 생성한 사물보다 작으니, 어찌 그렇겠습니까. 다시금 묻겠는데, 천주가 사람 내면의 본분에 있으니, 높으신 주님이 되겠습니까. 천한 일꾼이 되겠습니까. 천한 일꾼이 되고 다른 본분의 명령을 듣는다고 함은 물론 옳지 않습니다. 만약 지존하신 주님이 되고 한 몸에 권력을 오로지 잡게 된다면, 의당 천하에서 한 사람도 악을 하는 자가 없어야 하는데, 어찌 악을 하는 자가 불어나서 많아집니까.

"천주위선지본근天主爲善之本根 덕순무사德純無渣 기위일신지주旣爲一身之主 유치폐어사욕猶致蔽於私欲 자위사행恣爲邪行 덕하쇠야德何衰耶 당기제작건곤當其制作乾坤 무위불중절無爲不中節 해금사일신지행奚今司一身之行 내유불중자乃有不中者 우위제계원又爲諸戒原 내유불수계자乃有不守戒者 불능호不能乎 불식호不識乎 불사호不思乎 불긍호不肯乎 개불가위야皆不可謂也"

| 언해 |

"텬쥬ㅣ 만션의 근원이 되샤 덕이 슌젼ᄒᆞ야 하ᄌᆞ 업ᄂᆞᆫ지라 임의 일신의 쥬ㅣ 되얏거늘 오히려 ᄉᆞ욕에 ᄀᆞ리워 방ᄌᆞ히 샤특ᄒᆞᆫ 힝실을 ᄒᆞ게 ᄒᆞ니 덕이 엇지 쇠ᄒᆞ시뇨 그 텬디를 제작ᄒᆞ실 제ᄂᆞᆫ ᄒᆞ나토 절에 맛지 아니ᄒᆞᄂᆞᆫ 거시 업더니 엇지ᄒᆞ야 이제 ᄂᆞᆫᄒᆞᆫ 몸의 힝실을 ᄀᆞ음아라 션치 못ᄒᆞᆫ 쟈 만ᄒᆞ뇨 ᄯᅩ 모든 경계의 근원이 되시거늘 경계를 직희지 아니ᄒᆞᄂᆞᆫ 쟈 만ᄒᆞ니 능치 못홈이냐 알지 못홈이냐 ᄉᆡᆼ각지 못홈이냐 즐겨ᄒᆞ지 아니홈이냐 다 가히 알지 못홀 일이로다"

> **교주** 언해의 '덕이 슌젼ᄒᆞ야 하ᄌᆞ 업ᄂᆞᆫ지라'이 원문에는 '德純無渣'라 되어 있다. 그리고 언해의 '엇지ᄒᆞ야 이제 ᄂᆞᆫᄒᆞᆫ 몸의 힝실을 ᄀᆞ음아라 션치 못ᄒᆞᆫ 쟈 만ᄒᆞ뇨' 부분이 원문에는 '奚今司一身之行 乃有不中者'로 되어 있으며, 언해의 '다 가히 알지 못홀 일이로다'가 원문에는 '皆不可謂也'로 되어 있음에 유의하였다.

| 국역 |

천주는 선의 본래 근원이니 덕이 순수하여 찌꺼기가 없이 이미 한 몸의 주님이 되었으니, 오히려 사사로운 욕망에 가로막힘에 이르러 옳지 못한 행위를 방자하게 한다고 해서, 덕이 어찌 쇠약해지겠습니까. 천지를 제작할 때는 절도에 맞지 않음이 없더니, 어찌 지금 한 사람의 행실을 담당하지만 오히려 절도에 맞지 않는 것이 있으며, 또 모든 계戒의 근원이 되었지만 오히려 계를 지키지 않은 자가 있어도 할 수 없는 것입니까. 깨닫지 못하는 것입니까. 생각하지 못하는 것입니까. 즐겨 하지 않는 것입니까. 다 말할 수가 없습니다.

[제15강]

원문: 천주무사용기물여장자용기계天主無使用其物如匠者用器械

언해: 텬쥬ㅣ 물건을 쓰심이 공장의 긔계 씀과 ᄀᆞᆺ디 아니홈이라

국역: 천주께서는 그 사물을 마치 장인이 기계를 씀과 같이 사용하지 않으신다

| 원문 | (1)

"기왈其曰 물여구각物如軀殼 천주사용지天主使用之 약장자사용기기계若匠者使用其器械 즉천주우비기물의則天主尤非其物矣 석장비기착石匠非其鑿 어자비기망漁者非其網 비기주非其舟 천주비기물天主非其物 하위지동일체호何謂之同一體乎 순차변언循此辨焉 기설위만물행동불계어물其說爲萬物行動不係於物 개천주사皆天主事 여계기지사如械器之事 개사계기자지공皆事械器者之功 부불왈사뢰경전夫不曰耜耒耕田 내왈乃曰 농부경지農夫耕之 불왈부벽시不曰斧劈柴 내왈초부벽지乃曰樵夫劈之 불왈거단판不曰鋸斷板 내왈재인단지乃曰梓人斷之"

| 언해 |

"ᄀᆞᆯ오ᄃᆡ 물은 몸겁질 ᄀᆞᆺᄒᆞ야 텬쥬의 브려쓰는 바 됨이 공쟝의 긔계 씀과 ᄀᆞᆺ다 ᄒᆞ니 그런 즉 텬쥬는 더옥 그 물건이 아닌 줄을 알디라 셕슈는 돌 줍는 령이 되디 아니ᄒᆞ고 어부는 고기 잡는 그믈이 되디 아니ᄒᆞᆯ디니 텬쥬ㅣ 엇디 그 물건이 되야 일톄라 닐오리오 이를 좃차 가히 분변ᄒᆞᆯ디라 그 말이 만물의 힝동이 물에 미이디 아니ᄒᆞ고 다 텬쥬의 일이라 닐오니 마치 긔계의 일이 다 긔계 브리는 공쟝의 공이라 홈과 ᄀᆞᆺᄒᆞ니 대뎌 보습이 밧츨 간다 아니ᄒᆞ고 농부가 갈앗다 ᄒᆞ며 독긔가 나무를 찍엇다 아니ᄒᆞ고 초부가 찍엇다 ᄒᆞ며 톱이 널판을 끈헛다 아니ᄒᆞ고 목수가 끈헛다 ᄒᆞᆫ 즉 리셰는 그러ᄒᆞ나"

> **교주** 언해 'ᄀᆞᆯ오ᄃᆡ'의 원문은 '기왈其曰'으로, 또한 '몸겁질'의 원문은 '軀殼'으로 되어 있다. 그리고 언해 '셕슈는 돌 줍는 령이 되디 아니ᄒᆞ고'의 부분이 원문에는 '石匠非其鑿'라고 되어 있음에 유의하였다. 또한 언해의 '물에 미이디 아니ᄒᆞ고'가 원문에는 '不係於物'이라 되어 있으며, 언해의 '목수'가 원문에는 '梓人'으로 되어 있음에 유의하였다. 그리고 언해의 '즉 리셰는 그러ᄒᆞ나' 부분이 원문에는 '則是'라고 되어 있음에 유의하였다.

| 국역 |

혹은 말하기를, '사물은 마치 신체와 같이 천주께서 그것을 사용하신다.'라고 하는데, 만약 장인이 그 기계를 사용하는 것과 같다면, 천주께서는 더욱 그 사물이 아니십니다. 석장

石匠은 그 끌이 아니며, 어부漁夫는 그 어망이 아니며 그 배가 아닙니다. 천주께서는 그 사물이 아니신데, 어찌 일컫기를 같은 한 몸이라고 합니까. 이런 분별을 따르면, 그 말은 만물의 행동이 사물에 관계되지 않고 모두 천주께서 하신 깃이니, 마치 기계익 일이 모두 기계를 다룬 사람의 공로이니 무릇 쟁기가 밭을 갈았다고 말하지 않고 그래서 말하기를 농부가 갈았다고 하며, 도끼가 땔나무를 쪼갰다고 말하지 않고 그래서 말하기를 나무꾼이 쪼갰다고 하며, 톱이 판자를 끊었다고 말하지 않고 그래서 말하기를 목수가 끊었다고 하는 것과 같습니다.

| 원문 | (2)

"즉시則是 화막분火莫焚 수막류水莫流 조막명鳥莫鳴 수막주獸莫走 인막기마승거人莫騎馬乘車 내개유천주자야乃皆惟天主者也 소인혈벽유장小人穴壁踰墙 어려우야禦旅于野 비기죄非其罪 역천주사지지죄호亦天主使之之罪乎 하이당악원기인何以當惡怨其人 징륙기인호懲戮其人乎 위선지인역실비기공爲善之人亦悉非其功 하위당상지호何爲當賞之乎 난천하자막대어신시어의亂天下者莫大於信是語矣"

| 언해 |

"만일 불이 틔오지 못ᄒ고 물이 흐르지 못ᄒ고 새는 늘지 못ᄒ고 즘승은 둣지 못ᄒ고 사름은 거마를 타며 몰지 못ᄒ고 다 텬쥬의 ᄒᄂ 쟈라 홈이 가ᄒ냐 소인이 벽을 ᄯ르고 담을 넘으며 사름을 죽이고 직물을 챵탈ᄒᆞ여도 〃 젹의 죄는 아니오 ᄯ흔 텬쥬의 브리신 죄라 ᄒᆞ랴 엇지 쎠 그 사름을 뮈워ᄒᆞ며 그 사름을 버히랴 션을 ᄒᄂ 사름도 ᄯᆞ흔 다 제 공이 아니 될지니 엇지 쎠 샹을 주랴 텬하를 어즈러히ᄂ 쟈는 이 말에셔 더 클 쟈 업스리로다"

> **교주** 언해의 '텬하를 어즈러히ᄂ 쟈는 이 말에서 더 클 쟈 업스리로다' 부분이 원문에는 '亂天下者莫大於信是語矣'라고 되어 있음에 유의하였다.

> **역해** 원문의 '則是'에 관한 『中韓辭典』, 1989, p.3004; 2006, p.2546의 풀이 '①오직 …뿐. 다만 …뿐. …이지만 ②만약' 중 이 대목에서는 '오직 …뿐'이 적합하다고 여겨져 이를 취하여 국역하였다.

| 국역 |

오직 불이 타오르지 못하고 물이 흐르지 못하며, 새가 울지 못하고 길짐승이 달리지 못하며, 사람이 말을 타거나 수레에 오르지 못하는 것이, 바로 다 오직 천주께서 하시는 것입니다. 소인이 벽을 뚫고 담장을 넘으며 들에서 나그네를 막아도 그의 죄가 아니고, 또한 천주께서 그렇게 시키신 죄입니까. 어찌 의당 그 사람을 미워하고 원망하며 그 사람을 징계하여 살육하겠습니까. 선을 한 사람도 역시 다 그의 공이 아닌데도 어찌 의당 상을 주어야 합니까. 천하를 어지럽히는 것으로 이 말을 믿는 것보다 더 큰 것은 없을 것입니다.

| 원문 | (3)

"차범물불이천주위본분且凡物不以天主爲本分 고산이불반귀우천주故散而不返歸于天主 유귀기소결물류이의惟歸其所結物類爾矣 여물괴사如物壞死 이개귀본분而皆歸本分 즉장반귀천주則將返歸天主 불위괴사不謂壞死 내익생전乃益生全 인역수불열속사이화귀상주호人亦誰不悅速死以化歸上主乎 효자위친후치관곽孝子爲親厚置棺槨 하불령고비속화위상존호何不令考妣速化爲上尊乎 상증천주자嘗證天主者 시만물이제작지자야始萬物而制作之者也 기성혼전성취其性渾全成就 물불급측物不及測 신위지동矧謂之同"

| 언해 |

"므릇 물건이 텬쥬로써 본분을 삼지 못ᄒᆞᄂᆞᆫ 고로 다 허여져 텬쥬끠로 도라가지 못ᄒᆞ고 오직 제 소속 물류로 도라가ᄂᆞ니—만물이 다 본 처소로 도라가니 가령 흙에셔 난 물건은 흙으로 도라가니 오직 령혼은 본처소ㅣ 텬당이라— 만일 물건이 믄허져 죽어 다 본분 되는 텬쥬끠로 도라가량이면 죽엇다 닐오지 아니ᄒᆞ고 더옥 살미 온젼타 ᄒᆞᆯ지니 사ᄅᆞᆷ이 뉘 ᄲᆞᆯ니 죽어 샹쥬끠로 도라가기를 깃버 아니 ᄒᆞ리오 효ᄌᆞㅣ 부모를 위ᄒᆞ야 관곽을 갓초와 후이 장ᄉᆞᄒᆞ니 엇지ᄒᆞ야 부모의 시톄로 ᄒᆞ여곰 ᄲᆞᆯ니 화ᄒᆞ야 샹승ᄒᆞ게 아니ᄒᆞᄂᆞ뇨 임의 증거ᄒᆞᆫ 바 텬쥬ᄂᆞᆫ 비로ᄉᆞ 만물을 조셩ᄒᆞ신 쟈ㅣ시라 그 셩이 혼젼ᄒᆞ샤 만유를 셩취ᄒᆞ섯시니 텬신의 귀ᄒᆞᆷ으로도 억만 분의 일분을 밋지 못ᄒᆞ려든 하믈며 지쳔ᄒᆞᆫ 물이 동톄 될가 시브냐"

교주 언해의 '허여져'는 '흩어져'의 의미로 원문은 '산散'으로 되어 있다. 그리고 언해의 '만일 물건이 믄허져 죽어'는 원문은 '如物壞死'으로 되어 있다. 그리고 언해의 '만유를'이 원문에는 없으니 언해에서 설명의 편의상 덧붙인 것으로 보인다. 한편 언해의 '텬신의 귀ᄒᆞᆷ으로도 억만 분의 일분을 밋지 못ᄒᆞ려든 하믈며 지쳔ᄒᆞᆫ 물이 동톄 될가 시브냐' 부분이 원문에는 '物不及測 矧謂之同'이라고 되어 있음에 유의하였다.

| 국역 |

더욱이 모든 사물이 천주를 본분으로 삼지 않아서, 그러므로 분산되면서 천주께 돌아가지 않으며, 오직 그 연결되어있는 사물의 부류로 돌아갈 뿐입니다. 예컨대 사물이 파괴되어 죽으면서 다 본분으로 돌아가면 장차 천주께 돌아가니 파괴되어 죽었노라고 말하지 않고, 그래서 더욱 삶이 온전해지니, 사람도 역시 누가 빨리 죽어서 하느님께 돌아가게 됨을 기뻐하지 않겠습니까. 효자가 어버이를 위하여 닐[판棺]·딧널[곽槨]을 후하게 마련히지만, 어찌 죽은 아버지·어머니로 하여금 빨리 변화해서 하늘 위에서 존귀해지도록 하지 않겠습니까. 이미 입증된 천주라는 분은 비로소 만물을 조성하신 분이라서, 그분의 품성이 아주 완전하여 성취하셨으니 사물이 천주의 측량에 미치지 못하는데, 하물며 말하기를 천주와 사물이 같다고 하겠습니까.

[제16강]

원문: 물성선정자위천주지적物性善精者謂天主之迹
언해: 물건의 성품이 션ᄒ고 졍ᄒ 쟈ᄂ 텬쥬의 자최라 닐음이라
국역: 사물의 성품이 선하고 오묘한 것은 천주의 흔적이라고 일컫는다

| 원문 |

"오심각물지성선이리정자吾審各物之性善而理精者 위천주지적가야謂天主之迹可也 위지천주즉류의謂之天主則謬矣 시여견대적인어로試如見大跡印於路 인험대인지족증과우차因驗大人之足曾過于此 부지이기적위대인不至以其跡爲大人 관화지정묘觀畫之精竗 모기화자왈慕其畫者曰 고수지공高手之工 이막이시위즉화공而莫以是爲卽畫工 천주생만삼지물天主生萬森之物 이아추미기원以我推微其原 지정극성至精極盛 앙념애모仰念愛慕 무시가석無時可釋 사혹니우편설使或泥于偏說 망기본원忘其本原 기불대오긔不大誤 부오지원비타夫誤之原非他 유기불능변호물지소이연야由其不能辨乎物之所以然也"

| 언해 |

"내 살피건대 각 물성의 션ᄒ고 졍ᄒ 쟈ᄂ 텬쥬의 자최라 닐옴이 가ᄒ려니와 곳 텬쥬ㅣ라 닐옴은 나은 크게 그른지라 가령 큰 사름의 불자최 길희 박힘을 보고 대인의 자최라 홀 거시오 그 자최로써 대인이라 홈은 가치 아니ᄒ고 그림의 졍묘홈을 보고 굴오ᄃᆡ 명환의 슈단이라 홀 거시오 곳 이 그림으로써 화공을 삼지 아니 홀지라 텬쥬의 내신 만물이 삼〃ᄒ고 자최ㅣ 소〃ᄒ니 내 그 근원을 징험ᄒ즉 지극히 졍묘ᄒ고 지극히 풍성ᄒ지라 우

러〃 싱각ᄒ고 이모ᄒ야 가히 노힐 쌔 업거늘 만일 편벽된 말에 거릿겨 그 근원을 니ᄌ면 엇지 크게 그르지 아니랴 그 그릇친 연유ᄂ 다름이 아니라 능히 물의 소이연을 살피지 못ᄒᆫ 연고라—소이연은 물의 엇더케 된 바 연유라—"

교주 언해의 '각 물셩의 션ᄒ고 졍ᄒᆫ 쟈'가 원문에는 '各物之性善而理精者'라고 되어 있으며, 언해의 '명환의 슈단'이 원문에는 '高手之工'로 되어 있음에 유의하였다. 그리고 언해의 '텬쥬의 내신 만물이 삼〃ᄒ고 자최ㅣ 소〃ᄒ니 내 그 근원을 징험ᄒ즉' 부분이 원문에는 '天主生萬森之物 以我推微其原'라고 되어 있음에 유의하였다. 또한 언해의 '가히 노힐 쌔 업거늘'이 원문에는 '無時可釋'이라고 되어 있음에 유의하였다.

역해 원문의 '不至以其跡爲大人' 대목에서 '不至'의 국역에는 『中韓辭典』, 1989, p.212; 2006, p.170에 설정된 '不至于'의 용례 풀이에 '…까지는 안 된다.'가 있으므로 이를 원용하였다.

| 국역 |

제가 살피니 각 사물의 품성이 선하고 이치가 정밀한 것이 천주의 흔적이라 일컫는 것은 옳지만, 천주라고 일컬으면 잘못입니다. 시험 삼아 해보건대 마치 커다란 자취가 길에 찍혀 있어 이로 말미암아 큰 사람의 발이 일찍이 여기를 지나갔음이 입증되는 것 같아도, 그 자취를 큰 사람으로 여기기까지 이르러서는 안 됩니다. 그림의 정밀하고 교묘함을 보고 그 그린 사람을 사모하며 말하기를 '기예가 뛰어난 장인'이라고 하지, 이것으로써 곧 화공畫工이라고 하지 않습니다. 천주께서는 온갖 사물과 모든 현상을 생성하셨으니, 이로써 우리가 그 근원을 추론하고 정찰하면, 지극히 정교하고 극도로 성대하여 우러러 생각하고 사랑하고 사모하여 벗어버릴 수 있는 일정한 때가 없습니다. 설령 혹시 편벽된 설명에 더럽혀져서 그 본래의 근원을 잊어버리면, 어찌 큰 잘못이 아니겠습니까. 많은 잘못의 근원은 다름이 아니라 사물이 그렇게 된 까닭을 분별할 수 없는 데에서 말미암은 것입니다.

[제17강]

원문: 물지소이연여하재우본물物之所以然如何在于本物
언해: 물건의 소이연의 엇더홈이 본 물건에 잇심이라
국역: 사물의 그렇게 된 까닭이 어떠한가는 본래 사물에 있다

"소이연자유재물지내분所以然者有在物之內分 여음양시야如陰陽是也 유재물지외분유 在物之外分 여작자지류시야如作者之類是也 천주작물위기공작자天主作物爲其公作者 즉 재물지외분의則在物之外分矣 제기재물차비일단第其在物且非一端 혹재물여재기소或在物 如在其所 약인재가재정언若人在家在庭焉 혹재물위기분或在物爲其分 약수족재신若手足 在身 음양재인언陰陽在人焉 혹의뢰지재자립자或依賴之在自立者 여백재마如白在馬 위백 마위백마爲白馬 한재빙寒在氷 위한빙언爲寒氷焉 혹재물여소이연지재기이연或在物如所以然之 在其已然 약일광지재기소조수정언若日光之在其所照水晶焉 화재기소소홍철언火在其所燒 紅鐵焉"

"소이연이 물 안희 잇서 본분이 되는 쟈는 음양 ㄳ흔 거시오—물이 음양 긔운으로 사는 고로 물의 본분이 된다 뜻— 물 밧긔 잇서 밧긔 본분이 되는 쟈는 졔작ㅎ는 쟈니 텬쥬ㅣ 물 을 내샤 그 공변되이 지으신 쟈 된 즉 물 밧긔 잇는 본분이라 대뎌 물에 잇는 분수를 의논 홀진대 흔 ㅼ뜻ㅽ 아니라—즁스의 말이 텬쥬ㅣ 물에 잇서 일톄된다 흔 고로 그 물에 잇는 슈 졍이 각々 다름을 아릭 의논홈이라— 혹 물에 잇심이 그 처소에 잇는 것 ㄳ흔 거슨 마치 사 름이 집에 잇슴과 쓸에 잇슴이오 혹 물에 잇서 본분이 됨은 마치 슈족이 몸에 잇심과 음양 이 사름에 잇슴이오 혹 의뢰ㅎ는 쟈ㅣ 즈립ㅎ는 쟈에 잇슴은 마치 흰 빗치 물에 잇서 흰 물 이 됨과 츤 거시 어름에 잇서 츤 어름이 됨이오 혹 소이연이 임의 그런 딕 잇심은—뎌 물건 의 소이연이 이 물건의 임의 그런딕 통흔다 뜻— 마치 날빗치 그 본소에 잇서 슈졍에 빗침 과 불긔운이 그 본소에 잇서 지를 슬홈이니—날이 슈졍에 빗쵀딕 본소를 써나지 아니ㅎ고 불도 ㅼ또흔 그러ㅎ니 물에 잇기는 ㄳ흔 듯ㅎ나 뎌 본분 되는 쟈와 의뢰되는 쟈의 물에 잇심 으로 더브러 특히 다ᄅ니라—"

교주 언해의 '텬쥬ㅣ 물을 내샤 그 공변되이 지으신 쟈 된'이 원문에는 '天主作物爲其公作者'라 고 되어 있음에 유의하였다.

그렇게 된 까닭이라는 것은 사물에 존재하는 안의 본분에 있으니 예컨대 음陰·양陽 같 은 게 이것이며, 사물에 존재하는 밖의 본분에 있으니 예컨대 지어낸 자의 부류 같은 게 이 것입니다. 천주께서 사물을 지어내 그것을 공변된 지은 것으로 삼았으니 곧 사물에 존재 하는 밖의 본분입니다. 다만 그것이 사물에 존재함이 또한 한 끝이 아니라, 혹은 사물에 존재함이 그곳에 존재함과 같으며 사람이 집에 있고 마당에 있는 것과 같습니다. 혹은 사물에 존재함이 그 본분이 되니, 손발이 육신에 있고 음·양이 사람에 있는 것과 같습니다. 혹은 의뢰함이 자립하는 자에 존재함은 예컨대 백색이 말에 있으니 흰 말이 되고, 한기가 얼음에 있으니 차가운 얼음이 됨과 같습니다. 혹은 사물에 존재함이 그렇게 된 까닭이 그것이 이미 그렇게 됨에 존재하는 것같이, 햇빛이 그것이 비춘바 수정에 존재함과 불이 그것이 타는바 붉은 쇠에 존재함과 같습니다.

[제18강]

원문: 천주무소부재天主無所不在

언해: 텬쥬ㅣ 무소부지라

국역: 천주께서 계시지 않은 곳이 없다

| 원문 | (1)

"이말규단가운천주재물자야以末揆端可云天主在物者耶 여광수재수정如光雖在水晶 화수재철火雖在鐵 연이각물각체연이각물각체然而各物各體 본성불잡本性弗雜 위천주지재물여차謂天主之在物如此 고무소방야固無所妨也 단광가리수정但光可離水晶 천주불가리물天主不可離物 천주무형天主無形 이무소부재而無所不在 불가절연분이별지不可截然分而別之 고위전재어전소故謂全在於全所 가야可也 위전재각분謂全在各分 역가야亦可也"

| 언해 |

"ᄉᆞᄎᆞ로써 ᄉᆞᄎᆞᆯ 혜아리고 가히 텬쥬를 물에 잇다 닐오랴 텬쥬ㅣ 물에 계심은 마치 날빗치 슈정에 잇심과 불긔운의 쇠에 잇심과 ᄀᆞᄐᆞ나 그러나 각 물의 각 톄와 각 셩이 서로 섯기지 아니ᄒᆞᄂᆞ니—날이 슈정에 빗침과 불이 쇠에 ᄉᆞᄆᆞᆺᄎᆞᆷ이 석긴 듯ᄒᆞ되 날과 불의 본톄와 본셩이 본쳐에 잇서 뎌 임의 그런되 통홀 ᄯᅮᆫ— 텬쥬ㅣ 물에 잇다 홈이 〃 ᄀᆞᆺ다 ᄒᆞ면 진실노 방해롭지 아니ᄒᆞ나 다만 빗츤 가히 슈정을 ᄯᅥ나려니와 텬쥬 의로 림ᄒᆞ심은 가히 물에 ᄯᅥ나지 아니ᄒᆞ시ᄂᆞ니 대개 텬쥬는 무형ᄒᆞ샤 무소부지ᄒᆞ시니 가히 만물노 더브러 끈치여 ᄂᆞᆫ호이지 못홀지라 고로 닐오되 온젼ᄒᆞᆫ 곳에 온젼이 계시다 홈이 가ᄒᆞ고 각 물셩 각 본분에 온젼이 포함ᄒᆞ야 계시다 홈도 ᄯᅩᄒᆞᆫ 가ᄒᆞ니라"

언해의 '쯧츠로써 쯧츨 혜아리고 가히 텬쥬롤 물에 잇다 닐오랴' 부분이 원문에는 '以末揆端可云天主在物者耶'라고 되어 있음에 유의하였다. 언해의 '텬쥬ㅣ 물에 계심은' 부분이 원문에는 없는 것이다. 언해하면서 앞뒤 문맥의 순조로운 연결을 위해 삽입한 것으로 판단된다. 또한 언해의 '대개' 역시 원문에는 없는 것이다. 언해하면서 앞뒤의 문맥을 순조로운 연결을 위해 넣은 듯하다. 한편 언해의 '가히 만물노 더브러 끈치여 난호이지 못홀지라' 부분이 원문에는 '不可截然分而別之'라고 되어 있음에 유의하였다.

역해 원문 '如光雖在水晶 火雖在鐵'의 '雖'에 관한 『中韓辭典』, 1989, p.2234; 2006, p.1891의 풀이 '①비록 …이지만 ②설사 …이더라도' 중 이 문맥에서는 '설사 …이더라도'가 더 적합하다고 여겨져 이를 취하여 국역하였다.

| 국역 |

맨 끄트머리로써 실마리를 헤아려 천주께서 사물에 존재하신다고 말할 수 있습니까. 마치 빛이 설사 수정에 있더라도 불이 설사 쇠에 있더라도, 그렇지만 각 사물의 형상에는 본성이 뒤섞이지 않음과 같습니다. 천주께서 사물에 존재하신다고 말하는 것이 이와 같으면 물론 방해되는 게 없지만, 다만 빛은 수정을 떠날 수 있어도 천주께서는 사물을 떠나실 수가 없습니다. 천주께서는 형상이 없으셔서 존재하지 않는 곳이 없으니, 자르듯이 분명하게 나누어 구별할 수가 없습니다. 그러므로 전체에 온전히 존재하신다고 말함이 들어맞으며, 제각기 부분에 온전히 존재하신다고 말함도 역시 들어맞습니다.

| 원문 | (2)

"중사왈中土曰 문명론聞明論 선의석의先疑釋矣 유위인어천하지만물개일有謂人於天下之萬物皆一 여하如何"

| 언해 |

"즁ᄉㅣ 골오되 붉은 의논을 드르니 젼의심은 노히거니와 사름이 텬하 만물을 다 일톄라 ᄒᄂᆞᆫ 쟈 잇ᄉᆞ니 이 말이 엇더ᄒᆞ뇨"

언해 '젼'의 원문은 '先'이다.

| 국역 |

중국선비가 말한다 : 명쾌한 논의를 들으니 먼저의 의심이 풀렸습니다. 사람이 천하의 만물과 다 하나라고 말하는데, 어떻습니까.

| 원문 | (3)

"서사왈西士曰 이인위동호천주以人爲同乎天主 과존야過尊也 이인여물일以人與物一 위인동호토석謂人同乎土石 과비야過卑也 유전지과由前之過 구유인욕위금수懼有人欲爲禽獸 유금지과由今之過 구인불욕위토석懼人不欲爲土石 부솔인류위토석夫率人類爲土石 자종지호子從之乎 기불가신불난변의其不可信不難辯矣 환우간寰宇間 범위동지류자다의凡爲同之類者多矣 혹유이물동명지동或有異物同名之同 여유숙여유수시야如柳宿如柳樹是也 혹유동군지동或有同群之同 이다구총취위일以多口總聚爲一 여일료지양如一寮之羊 개위동군皆爲同群 일군지졸一軍之卒 개위동군시야皆爲同軍是也"

| 언해 |

"셔스ㅣ 글오딕 사롭으로써 텬쥬와 굿다 홈은 과히 놉힘이오 사롭으로써 물과 굿다 홈은 과히 눗춤이니 젼에 넘어 놉힘은 사롭이 금슈 되고져 홀가 두림이오 이제 과히 눗춤은 사롭이 흙과 돌이 되고져 아니 홀가 두림이라 대뎌 사롭을 흙과 돌 굿다 ᄒ면 ᄌ네 좃차랴 그 가치 아니홈을 진실노 분변ᄒ기 어렵지 아니홀지라 텬디간에 므릇 굿다 ᄒᄂᆫ 류ㅣ 만흐니 혹 다른 물건의 굿흔 일홈으로 굿다 ᄒᄂᆫ 거시 잇스니 마치 별의 일홈 류슈와 나무 일홈 류슈 굿흔 거시오ㅡ柳宿 柳樹ㅡ 혹 무리의 굿흠으로 굿다 ᄒᄂᆫ 거시 잇서 여러 명을 합ᄒ야 무리됨이니 마치 ᄒᆫ 동모양을 굿흔 무리라 홈과 ᄒᆫ 쌔 여러 군스를 굿흔 군스라 홈이오"

> **교주** 언해의 '젼에 넘어 놉힘은'이 원문에는 '由前之過'라고 되어 있다. 또한 언해의 '이제 과히 눗춤은'이 원문에는 '由今之過'라고 되어 있다. 그리고 언해의 '그 가치 아니홈을 진실노 분변ᄒ기 어렵지 아니홀지라'가 원문에는 '其不可信不難辯矣'라고 되어 있음에 유의하였다. 한편 언해의 '텬디간에'가 원문에는 '寰宇間'으로, 언해의 '여러 명을 합ᄒ야 무리됨이니'가 원문에는 '以多口總聚爲一'이라고 되어 있으며, 또한 언해의 '마치 ᄒᆫ 동모양을 굿흔 무리라 홈과' 부분이 원문에는 '如一寮之羊 皆爲同群'이라 되어 있음에 유의하였다. 한 가지 특이한 점은 '마치 별의 일홈 류슈와 나무 일홈 류슈 굿흔 거시오ㅡ柳宿 柳樹ㅡ' 부분에서 언문으로 풀이한 후에 그 의미를 명확히 표식하기 위한 것이라 여겨지는데, 한문으로 주석을 달아 '柳宿·柳樹'이라 표기해두었다는 사실이라 할 것이다.

| 국역 |

서양선비가 말한다 : 사람으로써 천주와 같다고 여김은 과도하게 높인 것이요, 사람으로써 사물과 하나이니 사람을 흙·돌과 같다고 이름은 과도하게 낮춘 것입니다. 예전의 과도함으로 말미암아 사람을 날짐승·길짐승으로 여길까 두려워하고, 지금의 과도함으로 말미암아 사람을 흙·돌이라 여길까 두려워합니다. 무릇 인류를 이끌어 흙·돌로 여김을 선비

께서는 따르겠습니까. 그것은 믿을 수가 없기에 변론하기 어렵지 않습니다. 천하 사이에는 무릇 같은 부류들이 많으며, 혹은 다른 사물인데 같은 이름으로 같은 게 있으니, 예컨대 하늘의 버들별자리[유숙柳宿]와 버드나무[유수柳樹]기 이것입니다. 혹은 같은 무리의 같음으로 같은 게 있으니, 많은 수효가 모두 모여서 하나가 되니, 예컨대 한 우리의 양들은 다 같은 무리가 되며 한 군대의 병졸들이 다 같은 군대가 됨이 이것입니다.

[제19강]

원문 : 분별각동分別各同
언해 : 일흠의 ᄀᆞᆺ흠을 분변흠이라
국역 : 각기 같음을 분별하다

| 원문 | (1)

"혹유동리지동或有同理之同 여근・천・심삼자상동如根・泉・心三者相同 개약근위백지지본蓋若根爲百枝之本 천위백파지원泉爲百派之源 심위백맥지유시야心爲百脉之由是也 차삼자고위지동此三者姑謂之同 이실즉이而實則異 혹유동종지동或有同宗之同 여조수통위지각如鳥獸通爲知覺 열우각류시야列于各類是也 혹유동류지동或有同類之同 여차마여피마如此馬與彼馬 공속마류共屬馬類 차인여피인此人與彼人 공속인류시야共屬人類是也 차이자략가위지동의此二者略可謂之同矣"

| 언해 |

"혹 리의 ᄀᆞᆺ흠으로 ᄀᆞᆺ다 ᄒᆞᆫ는 거시 잇스니 마치 쌀희와 십과 ᄆᆞᄋᆞᆷ 세 가지를 ᄀᆞᆺ흔 리치라 흠은 대개 쌀희는 일빅 나무의 근본이오 십은 일빅 너물의 근원이오 ᄆᆞᄋᆞᆷ은 일빅 혈믹의 연유됨이니 이 세 분수는 아직 ᄀᆞᆺ다 ᄒᆞ나 실은 다른 거시오 혹 원셩픔의 ᄀᆞᆺ흠으로 ᄀᆞᆺ다 ᄒᆞᆫ는 거시 잇스니 마치 금슈는 다 ᄀᆞᆺ치 지각의 류로 ᄀᆞᆺ다 ᄒᆞ나 류는 다르고 혹 류의 ᄀᆞᆺ흠으로 ᄀᆞᆺ다 ᄒᆞᆫ는 거시 잇스니 마치 이 ᄆᆞᆯ이 뎌 ᄆᆞᆯ과 흔 류오 이 사름이 뎌 사름과 흔 류 됨이니 이 두 가지 분수는 대략 ᄀᆞᆺ다 닐올 거시오"

> **교주** 언해의 '원셩픔의 ᄀᆞᆺ흠'이 원문에는 '同宗之同'으로, 언해의 '이 두 가지 분수는 대략 ᄀᆞᆺ다 닐올 거시오'가 원문에는 '此二者略可謂之同矣'라고 되어 있음에 유의하였다.

| 국역 |

혹은 같은 이치라 같은 게 있으니, 예컨대 뿌리·샘·심장 세 가지가 서로 같습니다. 대개 뿌리가 모든 가지의 근본이 되고, 샘이 모든 갈라진 물의 근원이 되고, 심장이 모든 맥박의 말미암음이 되는 것 같음이 이것입니다. 이 세 가지가 짐짓 일러 같다고 하지만, 실제는 오히려 다릅니다. 혹은 같은 종파라 같은 게 있으니, 예컨대 날짐승·길짐승이 통하여 서로 알고 깨달으니 각기의 부류에 배열됨이 이것입니다. 혹은 같은 부류라 같은 게 있으니, 예컨대 이 말과 저 말이 함께 말의 부류에 속하고, 이 사람과 저 사람이 함께 사람의 부류에 속함이 이것입니다. 이 [같은 종파라 같은 것과 같은 부류라 같은 것] 두 가지는 거의 같다고 이를 수 있습니다.

| 원문 | (2)

"혹유동체지동或有同體之同 여사지여일신如四肢與一身 동속일체언同屬一體焉 혹기명부동或其名不同 이식즉동而寔則同 여방훈제요이명如放勳帝堯二名 총위일인언總爲一人焉 자이자내위진동玆二者乃爲眞同 부위천하만물개동夫謂天下萬物皆同 우차삼등하거于此三等何居"

| 언해 |

"혹 톄의 굿홈으로 굿다 ᄒᆞᄂᆞ 거시 잇ᄉᆞ니 마치 ᄉᆞ지가 일신으로 더브러 굿흔 톄오 혹 일홈은 굿지 아니하ᄃᆡ 실은 굿다 ᄒᆞᄂᆞ 거시 잇ᄉᆞ니 마치 방훈과 뎨요ㅣ—둘 다 요님금 일홈— 일홈은 다ᄅᆞ나 실은 흔 사ᄅᆞᆷ의 일홈이니 이 두 가지 분수ᄂᆞᆫ 춤 굿흔 거시라 만일 텬하만물을 다 굿다 ᄒᆞ면 이 우희 세 가지 등분은 어ᄃᆡ 거홀고—실은 다ᄅᆞᄃᆡ 굿홈과 대략 굿홈과 춤 굿흔 세 등분이라—"

교주 언해의 '이 두 가지 분수ᄂᆞᆫ 춤 굿흔 거시라'가 원문에는 '玆二者乃爲眞同'이라 되어 있음에 유의하였다. 아울러 언해의 '이 우희 세 가지 등분은 어ᄃᆡ 거홀고'가 원문에는 '于此三等何居'로 되어 있음에 유의하였다.

역해 원문 '如放勳帝堯二名 總爲一人焉' 대목의 근거는 『書經[尙書]』「虞書」<堯典>의 '曰若稽古帝堯 曰放勳' 대목으로, '堯'는 名이고 '方勳'은 號라는 풀이(金景芳·呂紹綱, 『≪尙書·虞夏書≫新解』, 沈陽:遼寧古籍出版社, 1995, pp.9-10)에 따른다. 李相鎭 (외) 解譯, 『서경』, 자유문고, 개정증보판 1쇄, 2004, pp.21-22도 참조가 되었다.

혹은 같은 본체라 같음이 있으니, 예컨대 팔·다리(사지四肢)가 몸통 하나와 더불어 일체에 속해 있음입니다. 혹은 그 이름은 같지 않지만 실은 곧 같으니, 예긴대 방훈放勳과 제요帝堯는 두 이름이나 다 한 사람이니, 이 둘은 그래서 참으로 같음이 됩니다. 무릇 이르기를 천하 만물이 다 같다고 함은, 이 세 가지 구분[같은 종파라 같은 것, 같은 부류라 같은 것, 같은 일체라 같은 것] 어디에 해당하는 것입니까.

| 원문 | (3)

"중사왈中士曰 위동체지동야謂同體之同也 왈군자이천하만물위일체자야曰君子以天下萬物爲一體者也 간형체이분이아間形體而分爾我 즉소인의則小人矣 군자일체만물君子一體萬物 비유작의非由作意 연오심인체여시緣吾心仁體如是 기유군자豈惟君子 수소인지심雖小人之心 역막불연亦莫不然"

| 언해 |

"즁ᄉᆡ 굴오듸 일톄 ᄀᆞᆺ다 홈은 군ᄌᆡ 텬하 만믈노써 일톄를 삼음이니 각〃 제 몸을 위ᄒᆞ야 너와 나를 ᄂᆞᆫ홈은 소인이라 군ᄌᆞᄂᆞᆫ 만믈을 일톄 ᄀᆞᆺ치 넉이니 ᄯᅳᆺ을 지어 홈이 아니라 내 ᄆᆞ음의 어진 톄로 말믜암음이 〃 ᄀᆞᆺᄒᆞ니 엇지 군ᄌᆞ만 그러ᄒᆞ리오 소인의 ᄆᆞ음도 ᄯᅩᄒᆞᆫ 그러 ᄒᆞ리이다"

교주 언해의 '각〃 제 몸을 위ᄒᆞ야'가 원문에는 '間形體'로 되어 있음에 유의하였다.

| 국역 |

중국선비가 말한다 : 이르기를 같은 본체라 같음이라 하고, 말하기를 군자는 천하 만물로써 일체로 삼는 자라 했느니, 형상과 본체를 분간하고 너와 나를 나누면 소인입니다. 군자가 만물을 일체로 여기는 것은, 일부러 뜻을 지어냄에서 말미암은 것이 아니라 내 마음의 어진 본체에 연유함이 이와 같으니, 어찌 오직 군자만이 그렇겠습니까. 비록 소인의 마음일지라도 역시 모두 그럴 것입니다.

[제20강]

원문:만물일체내우언비진일체萬物一體乃寓言非眞一體

언해:만물의 일톄된다 흠은 셜스 흔 말이오 춤 일톄란 말이 아니라

국역:만물이 일체라고 함은 바로 빗대어 한 말이지 참으로 일체가 아니다

| 원문 | (1)

"서사왈西士曰 전세지유前世之儒 차만물일체지설借萬物一體之說 이익우민열종우인以翼愚民悅從于仁 소위일체所謂一體 근위일원이이僅謂一原耳已 여신지위진일체如信之爲眞一體 장반멸인의지도의將反滅仁義之道矣 하위기연야何爲其然耶 인의상시仁義相施 필대유이必待有二"

| 언해 |

"셔스 ᅵ 굴오딕 전셰샹 션빅 ᅵ 만물이 일톄라 ᄒᆞᄂᆞᆫ 말을 비러 어린 빅셩들을 인도ᄒᆞ야 어진 딕로 깃거나 나오게 흠이니 닐온바 일톄라 흠은 흔 근원이라 흠과 굿치 셜스 흔 말이라 만일 춤 일데됨으로 밋으면 장춧 인의지도 ᅵ 멸홀지라 엇지ᄒᆞ야 그러ᄒᆞ고 인의의 서로 베풀미 반드시 물과 나의 두 스이에 잇서 인은 스랑을 쥬ᄒᆞ고 의는 공경을 쥬ᄒᆞᄂᆞ니"

> **고주** 언해의 '전셰샹 션빅 ᅵ'가 원문에는 '전세지유前世之儒'로, 또한 언해의 '어린 빅셩들을 인도ᄒᆞ야 어진 딕로 깃거나 나오게 흠이니'가 원문에는 '以翼愚民悅從于仁'으로 되어 있음에 유의하였다. 그리고 언해의 '반드시 물과 나의 두 스이에 잇서'가 원문에는 '必待有二'라고 되어 있음에 유의하였다. 한편 언해의 '인은 스랑을 쥬ᄒᆞ고 의는 공경을 쥬ᄒᆞᄂᆞ니' 부분이 원문에는 없다.

| 국역 |

서양선비가 말한다 : 예전 세상의 유학자가 만물이 일체라는 주장을 빌려서 어리석은 백성들이 어짊으로 기쁘게 복종하게끔 도우려고 이른바 일체가 겨우 하나의 근원이라 단지 말했을 뿐입니다. 만일 믿어서 실행함이 진정으로 일체가 되면, 곧 도리어 어짊과 의로움의 도리가 없어질 것인데, 어찌 그렇게 되겠습니까. 어짊과 의로움이 서로 베풀어지려면 반드시 어짊과 의로움 둘 다 있어 대기해야 합니다.

| 원문 | (2)

"약이중물실위일체若以衆物實爲一體 즉시이중물실위일물則是以衆物實爲一物 이단이허상이但以虛像 위지이이爲之異耳 피허싱彼虛像 언능상애상경재焉能相愛相敬哉 고왈故曰 위인자추기급인야爲仁者推己及人也 인자이기급인야仁者以己及人也 의자인노노장장야義者人老老長長也 구요인기지수俱要人己之殊 제인기지수除人己之殊 즉필제인의지리의則畢除仁義之理矣 설위물도시기設謂物都是己 즉단이애기봉기위인의則但以愛己奉己爲仁義 장소인유지유기부지유인독득인의호將小人惟知有己不知有人獨得仁義乎 서언인기書言人己 비도언형非徒言形 내겸언형성이乃兼言形性耳"

| 언해 |

"만일 만물노써 실노 일톄를 삼으면 이는 만물노써 실노 흔 물건을 삼음이오 다만 뷘 형상으로 분별홈이니 뎌 뷘 형상이 엇지 능히 서로 스랑ᄒ고 서로 공경ᄒ리오 고로 골오ᄃᆡ 인을 ᄒᄂᆞᆫ 쟈ᄂᆞᆫ—션을 닥ᄂᆞᆫ 쟈— ᄌᆞ긔를 밀외 ᄂᆞᆷ의게 밋고—ᄌᆞ긔의 원치 아니홈은 ᄂᆞᆷ의게 원치 아니 ᄒᆞ다 ᄯᅳᆺ— 인흔 쟈—임의 션흔 쟈ᄂᆞᆫ ᄌᆞ긔노써 ᄂᆞᆷ의게 밋츠며—션흔 표양이 ᄂᆞᆷ을 화흔다 ᄯᅳᆺ— 의라 ᄒᄂᆞᆫ 쟈ᄂᆞᆫ 내 부모를 몬져 스랑ᄒ고 ᄂᆞᆷ의 부모ᄭᅡ지 스랑ᄒ며 내 형장을 몬져 공경ᄒ고 ᄂᆞᆷ의 형장ᄭᅡ지 공경ᄒᆞ야 나와 ᄂᆞᆷ의 분별이 잇ᄂᆞ니 나와 ᄂᆞᆷ의 분별이 업시 일톄 되면 인의지도ㅣ 온젼이 업슬지라 설수 물이 도시 내라 ᄒᆞ면 다만 ᄌᆞ긔를 스랑ᄒ고 ᄌᆞ긔를 공경홈으로써 인의를 삼을지니 장춧 소인으로 ᄒᆞ야곰 ᄌᆞ긔만 잇ᄂᆞᆫ 줄을 알고 ᄂᆞᆷ이 잇ᄂᆞᆫ 줄을 아지 못ᄒ리니 홀노 인의지도를 힝ᄒ랴 글에 ᄂᆞᆷ과 ᄌᆞ긔를 말홈은 흔갓 밧긔 형상만 말흔 거시 아니라 안희 셩졍을 겸ᄒᆞ야 닐옴이니라—사롬이 형상이 ᄀᆞᆺ홈으로 인의를 힝홈이 아니라 안 셩졍의 친소원근과 후박을 ᄂᆞᆨ화 맛당흔 ᄃᆡ로 홈이라—"

교주 언해의 '만일 만물노써 실노 일톄를 삼으면 이는 만물노써 실노 흔 물건을 삼음이오' 부분이 원문에는 '若以衆物實爲一體 則是以衆物實爲一物'라고 되어 있으며, 언해의 'ᄌᆞ긔를 밀외 ᄂᆞᆷ의게 밋고'가 원문에는 '推己及人也'로 되어 있음에 유의하였다. 그리고 언해의 '의라 ᄒᄂᆞᆫ 쟈ᄂᆞᆫ 내 부모를 몬져 스랑ᄒ고 ᄂᆞᆷ의 부모ᄭᅡ지 스랑ᄒ며 내 형장을 몬져 공경ᄒ고 ᄂᆞᆷ의 형장ᄭᅡ지 공경ᄒᆞ야'라고 상세히 풀었으나 원문에는 '義者人老老長長也'로만 되어 있음에 유의하였다. 또한 언해 '도시' 및 원문의 '都是'는 '모조리'의 의미로 풀이된다. 한편 언해의 '글에 ᄂᆞᆷ과 ᄌᆞ긔를 말홈은'이 원문에는 '書言人己'라고, 또한 언해의 '흔갓 밧긔 형상만 말흔 거시 아니라 안희 셩졍을 겸ᄒᆞ야 닐옴이니라' 부분이 원문에는 '非徒言形 乃兼言形性耳'로 되어 있음에 유의하였다.

역해 원문의 '則是'에 관한 『中韓辭典』, 1989, p.3004; 2006, p.2541의 풀이 '①오직 …뿐. 다만

...뿐. ...이지만 ②만약' 중에서 이 문맥에서는 '오직 ...뿐'이 적합하다고 판단하여 이를 취하여 국역하였다.

원문의 '仁者以己及人也 義者人老老長長也' 부분은 『孟子』1 「梁惠王」上 '老吾老以及人之老 幼吾幼以及人之幼 天下可運於掌('내 부형父兄을 공경하여 남의 부형에게까지 미치며, 내 집 자제子弟를 사랑하여 남의 자제에게까지 미친다면, 천하를 손바닥에 놓고 움직일 수 있을 것입니다.')' 대목(『經書』, 1982, p.468)을 인용하여 활용한 것이다. 정인재 역, 「제4편」, 『천주실의』, 2000, p.214 각주 54) 참조. 국역은 조수익 (등) 공역, 『맹자』, 전통문화연구회, 초판, 2011; 초판 2쇄, 2012, p.23 참조.

| 국역 |

만약 만물을 실로 일체로 여기면, 오직 만물을 실로 한 사물로 여길 뿐이지만, 다만 허상으로써 여기기를 달리할 뿐이니, 저 허상이 어찌 서로 사랑하고 서로 공경할 수 있겠습니까. 그러므로 말하기를 어짊을 실행하는 것은 자기를 미루어 남에게 미침이라고 합니다. 어짊이라는 것은 자기로써 남에게 미침이요, 의로움이라는 것은 사람이 부형父兄을 부형으로 연장자를 연장자로 모심이니, 모두 남과 자기의 구별이 필요하며 남과 자기의 차이를 없애면 어짊과 의로움의 도리를 모두 없애는 것입니다. 설령 이르기를 사물이 모두 자기라고 하는 경우는 단지 자기를 사랑하고 자기를 받듦으로써 어짊과 의로움으로 삼음이니, 장차 소인은 오직 자기가 있음을 알며 남이 있음을 알지 못하면서 홀로 어짊과 의로움을 얻을 수 있겠습니까. 책에서 말하는 남과 자기는 비단 형상만을 말한 것뿐만 아니라, 오히려 형상과 성정性情을 아울러 말한 것일 따름입니다.

| 원문 | (3)

"차부인덕지후且夫仁德之厚 재원부재근在遠不在近 근애본체近愛本體 수무지각자역능지雖無知覺者亦能之 고수항윤하故水恒潤下 취습처합동류就濕處合同類 이양존본체야以養存本體也 화항승상火恒升上 취건처합동류就乾處合同類 이양전본성야以養全本性也 근애소친近愛所親 조수역능지鳥獸亦能之 고유궤유반포자故有跪乳反哺者 근애기가近愛己家 소인역능지小人亦能之 고상유고로행험조故常有苦勞行險阻 위절도爲竊盜 이양기가속자以養其家屬者 근애본국近愛本國 용인역능지庸人亦能之 고상유군졸치명故常有群卒致命 이어강구간귀자以禦强寇奸宄者"

| 언해 |

"쏘 어진 덕의 후흠이 먼 딕 잇고 갓가온 딕 잇지 아니호니 갓가히 본톄를 스랑홈은 비록 지각업는 쟈도 능히 ᄒᆞᄂᆞᆫ 고로 물은 ᄒᆞᆼ샹 아리로 흘너 습흔 곳을 맛나 류 〃 서로 합ᄒᆞ야 본톄를 양ᄒᆞ고 불은 ᄒᆞᆼ샹 올나가 조흔 곳에 나아가 류 〃 서로 합ᄒᆞ야 본톄를 양ᄒᆞ며 갓가히 소쳔을 ᄉᆞ랑흠은 금슈도 ᄯᅩ흔 능히 ᄒᆞᄂᆞᆫ 고로 ᄭᅮ러 졋ᄲᆞᄂᆞᆫ 양과 도리워 먹이ᄂᆞᆫ 가마귀 ᄀᆞᆺ흔 것도 잇스며 갓가히 제 집을 ᄉᆞ랑흠은 소인도 ᄯᅩ흔 능히 ᄒᆞᄂᆞᆫ 고로 고로옴과 험조흠을 ᄒᆡᆼᄒᆞ며 심지어 도젹ᄒᆞ야 가족을 양ᄒᆞᄂᆞᆫ 쟈도 잇스며 갓가히 본국을 ᄉᆞ랑흠은 용인도 ᄯᅩ흔 능히 ᄒᆞᄂᆞᆫ 고로 츌젼흔 ᄉᆞ졸이 치명ᄭᅡ지 ᄒᆞ야 적국을 막ᄂᆞᆫ 쟈도 잇거니와"

교주 언해의 '습흔 곳을 맛나 류 〃 서로 합ᄒᆞ야 본톄를 양ᄒᆞ고' 부분이 원문에는 '就濕處合同類以養存本體也'로, 이와 달리 언해의 나중 '본톄를 양ᄒᆞ며' 부분이 원문에는 '以養全本性也'로 되어 있음에도 유의하였다. 한편 언해의 '불은 ᄒᆞᆼ샹 올나가 조흔 곳에 나아가' 부분에서 '조흔 곳'의 '조'는 '건조乾燥하다'의 '조'의 의미로 쓴 것으로 읽혀진다. 그리고 언해의 '고로 ᄭᅮ러 졋먹ᄂᆞᆫ 양과 도리워 먹이ᄂᆞᆫ 가마귀 ᄀᆞᆺ흔 것도 잇스며' 부분이, 원문에는 '故有跪乳反哺者'로 되어 있으며, 또한 언해의 '고로옴과 험조흠을 ᄒᆡᆼᄒᆞ며'가 원문에는 '常有苦勞行險阻'로 되어 있음에 유의하였다.

| 국역 |

그런데 어진 덕의 후함은 멀리 있고 가까이에 있지 않으니, 본체를 가까이 사랑함은 비록 지각이 없는 것이라도 역시 할 수 있습니다. 그러므로 물은 항상 아래로 흘러 습한 곳으로 나아가 같은 부류와 합함으로써 본체를 기르고 지키며, 불은 항상 위로 오르고 건조한 곳으로 나아가 같은 부류와 합함으로써 본래의 품성品性을 기르고 온전히 합니다. 가까운 사람을 가까이 사랑함은 날짐승 · 길짐승도 역시 할 수 있으니, 그러므로 꿇어서 젖먹이거나 내뱉어 먹이는 것도 있습니다. 자기 집을 가까이 사랑함은 소인도 역시 할 수 있으니, 그러므로 늘 괴롭게 애씀이 있고 험준한 길을 가며 몰래 훔쳐서 그 가족을 부양하는 자도 있습니다. 조국을 가까이 사랑하는 것은 평범한 사람도 역시 할 수 있으니, 그러므로 언제나 무리를 지은 병졸들이 목숨을 다함으로써 강력한 침략자와 안팎의 간악한 무리를 막아 내는 것입니다.

[제21강]

원문: 인시급원仁施及遠

언해: 인익의 베플미 먼듸 밋춤이라

국역: 어짊을 베풂이 멀리 미친다

| 원문 | (1)

"독지인지군자능시원애獨至仁之君子能施遠愛 포복천하만국이무소불급언包覆天下萬國
而無所不及焉 군자기부지아일체君子豈不知我一體 피일체彼一體 차오가오국此吾家吾國
피이가이국彼異家異國 연이위개천주보존생양지민물然以爲皆天主保存生養之民物 즉분당
겸절애휼지卽分當兼切愛恤之 기약소인단애기지골육자재豈若小人但愛己之骨肉者哉"

| 언해 |

"홀노 지극히 어진 군즈는 능히 스랑을 멀니 베퍼 어진 무움이 텬하만국을 덥허 포용ㅎ
야 밋지 아니홀 바 법스니 군즈ㅣ 엇지 내 몸 놈의 몸과 내 집 놈의 집과 내 나라 놈의 나라
희 다룸을 아지 못ㅎ리오마는 그 싱각에 보텬하 만물이 무비 텬쥬의 싱양 보존ㅎ시는 바
쟈라 고로 맛당흠을 눈화 겸ㅎ야 스랑ㅎ느니 엇지 소인의 즈긔 골육만 스랑ㅎ는 쟈 굿ㅎ
리오"

> **교주** 언해의 '텬하만국을 덥허 포용ㅎ야'가 원문에는 '包覆天下萬國'으로, 언해의 '그 싱각에 보
> 텬하 만물이 무비 텬쥬의 싱양 보존ㅎ시는 바쟈라' 부분이 원문에는 '然以爲皆天主保存生
> 養之民物'로 되어 있음에 유의하였다.

| 국역 |

홀로 지극히 어진 군자는 멀리까지 사랑을 베풀어 천하의 만국을 포위하여 전복시켜 미
치지 않는 곳이 없으니, 군자가 어찌 내 온몸, 저 온몸과 이 내 집, 내 나라와, 저 다른 집,
다른 나라를 알지 못하겠습니까. 그러나 생각하기를 모두가 천주께서 보존하며 생성해서
양육하는 백성·사물이라 바로 본분에 적합하게 또한 절실히 사랑하여 불쌍히 여기시니,
어찌 소인과 같이 단지 자기의 부모·형제만을 사랑하겠습니까.

| 원문 | (2)

"중사왈中士曰 위이물위일체謂以物爲一體 내인의지적乃仁義之賊 하위중용열체군신어

구경지내호何爲中庸列體群臣於九經之內乎"

| 언해 |

"즁ᄉᆞㅣ 굴오ᄃᆡ 믈노ᄡᅥ 일톄라 닐옴을 인의 〃 멸홈이라 ᄒᆞ시니 그러면 엇지ᄒᆞ야 중용에
군신이 일톄라 ᄒᆞ야 구경 안희 버렷ᄂᆞᆫ고—구경은 아홉 가지 겹법—"

교주 언해의 '군신이 일톄라 ᄒᆞ야 구경 안희 버렷ᄂᆞᆫ고' 부분이 원문에는 '列體群臣於九經之內
乎'라고 되어 있음에 유의하였다.

역해 원문의 '九經'은 『中庸』 제20장 중 '凡爲天下國家 有九經 曰脩身也 尊賢也 親親也 敬大
臣也 體群臣也 子庶民也 來百工也 柔遠人也 懷諸侯也(무릇 천하와 국가를 다스림에 아
홉 가지 법도가 있으니, 몸을 닦음과 현자를 높임, 친척을 친애함, 대신을 공경함, 신하의
본체가 되어 생각해줌, 백성들을 자식처럼 사랑함, 백공들을 오게 함, 먼 곳의 사람을 부
드럽게 감싸줌, 제후들을 품어주는 것이다.')라고 하였음에서 유래한다. 원문은 『經書』,
1982, p.807 참조. 국역은 조수익 (등) 공역, 『논어·대학·중용』, 2016, p.189을 참조하
여 일부 손질하였다. 이 '九經'을 James Legge, *The Chinese Classics* Vol. 1 The Doctrine
of the Mean, Hong Kong University Press, 1949; 臺北:敦煌書局, 1977; 全州:古典文化社,
1983, p.408에서 'nine standard rules'라고 풀이하였음도 참조하였다.

| 국역 |

중국선비가 말한다 : 이르기를 사물과 칠체가 됨으로써 마침내 어짊과 의로움을 해치는
것이라 하면, 어찌 『중용』에서 '신하의 본체가 되어 생각하라.'는 것을 아홉 법도[9경九經]
의 안에 열거하였겠습니까.

| 원문 | (3)

"서사왈西土曰 체물이비유언지體物以譬喩言之 무소상언無所傷焉 여이위실언如以爲實
言 상리불천傷理不淺 중용령군체군신中庸令君體群臣 군신동류자야群臣同類者也 기초목
와석개가체야豈草木瓦石皆可體耶 오문군자어물야吾聞君子於物也 애지불인愛之弗仁 금
사지어인위일체今使之於人爲一體 필의균인지의必宜均仁之矣 묵적겸애인墨翟兼愛人 이
선유변지위비而先儒辯之爲非 금권인토니今勸仁土泥 이시유순지위시而時儒順之爲是 이
재異哉"

| 언해 |

"셔ᄉᆞㅣ 굴오ᄃᆡ 믈노 일톄된다 홈은 비유로ᄡᅥ 말ᄒᆞ면 샹홈이 업ᄉᆞ려니와 만일 실노ᄡᅥ 말

ᄒᆞ면 리ᄅᆞᆯ 샹홈이 젹지 아니ᄒᆞᆫ지라 즁용에 군신이 일톄라 홈은 군신이 동류로 ᄒᆞᆫ ᄆᆞ음과 ᄀᆞᆺ치 홈을 닐옴이어니와 엇지 초목와—기와—셕을 다 가히 일톄로 넉이랴 내 드ᄅᆞ니 군ᄌᆞ 는 믈을 ᄉᆞ랑ᄒᆞᄃᆡ 인으로 아니 ᄒᆞᆫ다 ᄒᆞ니—인은 션이니 금슈초목 ᄀᆞᆺ흔 류ᄅᆞᆯ 가히 죽인 즉 죽이고 가히 버힐 즉 버힐지니 사ᄅᆞᆷ의와 ᄀᆞᆺ치 인도ᄅᆞᆯ 쓰지 아니ᄒᆞᆫ다 ᄯᅳᆺ— 가ᄉᆞ 사ᄅᆞᆷ과 일 톄되면 반ᄃᆞ시 맛당이 고로 인이ᄅᆞᆯ 베풀지라 묵젹의 겸ᄒᆞ야 ᄉᆞ랑홈을 션유ㅣ—젼션비— 분변ᄒᆞ야 그ᄅᆞ다 ᄒᆞ엿거늘—묵젹의 도ᄂᆞᆫ 내 부모나 ᄂᆞᆷ의 부모나 등분 업시 ᄀᆞᆺ치 ᄉᆞ랑ᄒᆞᆫ다 ᄒᆞ니라— 이제 사ᄅᆞᆷ의게 권ᄒᆞ야 흙과 돌을 내 몸과 ᄀᆞᆺ치 일톄로 인이ᄒᆞ라 ᄒᆞ매 째 션비ᄶᅮ 슌죵ᄒᆞ야 늘 타ᄒᆞ니 괴이ᄒᆞ뎌"

교주 언해의 '믈노 일톄된다 홈'이 원문에는 '體物'로, 언해의 '만일 실노써 말ᄒᆞ면'이 원문에는 '如以爲實言'으로 각각 되어 있음에 유의하였다. 또한 언해의 '가ᄉᆞ'가 원문에는 '今使之'으 로 되어 있음에 유의하였다. 한편 언해의 '이제 사ᄅᆞᆷ의게 권ᄒᆞ야 흙과 돌을 내 몸과 ᄀᆞᆺ치 일톄로 인이ᄒᆞ라 ᄒᆞ매'가 원문에는 '今勸仁土泥'로 되어 있으며, 언해의 '째 션비ᄶᅮ 슌죵ᄒᆞ 야 늘 타ᄒᆞ니'가 원문에는 '而時儒順之爲是'로 그리고 언해의 '괴이ᄒᆞ뎌'가 원문에는 '異哉' 로 되어 있음에 유의하였다. 이 가운데 언해의 '늘 타ᄒᆞ니' 부분은 '늘 그러타ᄒᆞ니'를 필사 하는 과정에서 잘못된 게 아닐까 싶다.

역해 원문의 '君子於物也 愛之弗仁'은 『孟子』13 「盡心章句」 上 '孟子曰 君子之於物也 愛之而 弗仁 於民也 仁之而弗親 親親而仁民 仁民而愛物(맹자께서 말씀하셨다. '군자가 사물에 대 해서 아끼지만 사람을 사랑하듯 하지는 않으며, 사람에 대해서 사랑하지만 어버이처럼 친 애하지는 않는다. 어버이를 친애하고 나서야 백성을 사랑하며, 백성을 사랑하고 나서야 사물을 아낀다.')'에서 인용된 것이다. 정인재 역, 「제4편」, 『천주실의』, 2000, p.189 각주 56) 참조. 원문은 『經書』, 1982, p.733 참조. 국역은 조수익 (등) 공역, 『맹자』, 2012, p.218 을 참조하여 일부 손질해서 제시하였다.

| 국역 |

서양선비가 말한다 : 사물의 본체로써 비유하여 말하면 손상됨이 없겠습니다만, 만일 실 제로 여기고 말하면, 이치를 손상시킴이 적지 않기에, 『중용』에 임금으로 하여금 여러 신 하의 본체가 되어 생각하라고 한 것은 임금과 신하가 부류가 같아야 한다는 것이지, 어찌 풀·나무·기와·돌이 모두 본체가 될 수 있다는 것이겠습니까. 제가 들건대, '군자는 사 물을 사랑하되 어질지는 않는다.'라고 하나, 이제 사물들로 하여금 사람에게 일체가 되라 하 면 반드시 마땅히 골고루 어질어야 할 것입니다. 묵적墨翟[묵자墨子]은 사람을 두루 평등 히 사랑하라고 하였지만, 예전의 유학자는 변론하여 그르다 하였는데, 이제 흙·진흙에도

어질 게 대하면서 현재의 유학자들이 순종하여 옳다고 여기니 이상합니다.

[제22강]

원문: 물성이다부동위미物性以多不同爲美
언해: 물성이 만히 굿지 아니흠으로써 아름다음을 삼느니라
국역: 사물의 성품이 많이 같지 않음으로써 아름다움을 삼는다

| 원문 | (1)

"천주지위천지급기만물天主之爲天地及其萬物 만유번연萬有繁然 혹동종이류或同宗異類 혹동류이체或同類異體 혹동체이용或同體異用 금욕강지위일체今欲强之爲一體 역조물자지지의逆造物者之旨矣 물이다단위미物以多端爲美 고취패자욕패지다故聚貝者欲貝之多 취고기자욕기지다聚古器者欲器之多 기미자욕미지다嗜味者欲味之多 령천하물균홍색令天下物均紅色 수불염지誰不厭之 혹홍혹록或紅或綠 혹백혹청或白或靑 일관지불염의日觀之不厭矣 여악음개궁如樂音皆宮 수능령지誰能聆之 사궁乍宮 사상乍商 사각乍角 사치乍微 사우乍羽 문지문지聞之 삼월식三月食 부지미의不知味矣 외물여차外物如此 내하불연호內何不然乎"

| 언해 |

"텬쥬ㅣ 텬디와 만물을 문드시매 만상이 삼〃 흔지라 혹 품은 굿흐딕 류는 다른며 혹 류는 굿흐딕 톄는 다른며 혹 톄는 굿흐딕 소용은 다른니 이제 억지로 이 일톄를 삼으면 조물쥬의 거록흐신 쯧을 거스림이라 물은 곳치 만흠으로써 아름다음을 삼는 고로 보픠를 모호는 쟈는 보픠를 갓초와 만코져 흐고 녯 그릇슬 모호는 쟈는 그릇슬 갓초와 만코져 흐고 맛슬 즐기는 쟈는 맛슬 갓초와 만코져 흐느니 이제 텬하 물건이 다 붉은 빗치되량이면 뉘 스려 아니 흐리오 반드시 오쇠이 구비흐여야 날마다 보와도 슬치 아니흘 거시오 만일 풍악이 다만 흔 가지 궁셩만—오음 중 흔 소릭— 되량이면 뉘 듯기를 즐겨 흐리오 반드시 오음을 추례로 알외여야 듯고 삼월이 되도록 밥 먹는 자미를 아지 못홀지라—공즈ㅣ 소〃라 흐는 풍악을 듯고 삼월을 밥맛슬 모른다 흐니라— 밧긔 물건도 이 굿흐니 안희 졍리ㅣ 엇지 그럿지 아니흐리오—사롬의 모옴이 물에 베플미 각〃 달나 일톄 아니라 쯧—"

교주 언해의 '만상이 삼〃 ᄒᆞᆫ지라'가 원문에는 '萬有繁然'으로 되어 있음에 유의하였다. 또한 언해의 '고로 보픠를 모호ᄂᆞᆫ 쟈ᄂᆞᆫ 보픠를 갓초와 만코져 ᄒᆞ고'가 원문에는 '故聚貝者欲貝之多'로, 언해의 '반ᄃᆞ시 오식이 구비ᄒᆞ여야 날마다 보와도 슬치 아니ᄒᆞᆯ 거시오' 부분이 원문에는 '或紅或綠 或白或靑 日觀之不厭矣'로 되어 있음에 유의하였다. 그리고 언해의 '반ᄃᆞ시 오음을 ᄎᆞ례로 알외어야 듯고' 이 부분이 원문에는 없고 원문에는 '乍宮 乍商 乍角 乍微 乍羽'라는 대목이 있을 뿐이다.

역해 원문의 '三月食 不知味矣' 대목은 『論語』 「述而」 '子在齊聞韶 三月不知肉味 曰 不圖爲樂之至於斯也(공자께서 제齊나라에 계실 때 순舜 임금의 음악인 소韶를 들으시고, 이것을 배우는 석 달 동안 고기 맛을 모를 정도로 심취하시더니 말씀하셨다. '순임금이 음악을 만든 것이 이처럼 아름다울 줄은 생각하지 못했다.')'에서 인용된 것이다. 정인재 역, 「제4편」, 『천주실의』, 2000, p.219 각주 58) 참조. 원문은 『經書』, 1982, p.192 참조. 국역은 조수익 (등) 공역, 『논어 대학 중용』, 2012, pp.57-58 참조

| 국역 |

천주께서 천지 만물을 만드심에 만물이 번성해지니 혹은 같은 종파이나 다른 부류이고, 혹은 같은 부류이나 다른 본체이며, 혹은 같은 본체이나 다른 효용입니다. 이제 억지로 일체로 만들려 하면 조물주의 뜻을 거스르는 것입니다. 사물은 가닥이 많음을 아름다움으로 삼습니다. 그러므로 조가비를 모으는 자는 조가비가 많기를 바라고, 옛 그릇을 모으는 자는 그릇이 많기를 바라며, 맛을 즐기는 자는 맛이 다양하기를 바라니, 천하 만물로 하여금 모두 붉은색이 되게 하면, 누가 싫증을 내지 않겠습니까. 붉거나 초록이거나 희거나 푸르거나 날마다 보아도 싫증 나지 않을 것입니다. 만일 악기의 소리가 모두 궁宮이면, 누가 그것을 즐겨 하겠습니까. 언뜻 궁宮소리이다가 언뜻 상商소리이다가 언뜻 각角소리이다가 언뜻 치微소리이다가 언뜻 우羽소리이면, 듣고 [공자께서 음악을 배우실 때 그러셨듯이 심취하여] '석 달 동안 음식을 먹어도 맛을 알지 못할 것입니다'. 밖의 사물도 이와 같으니, 안에서는 어찌 그렇지 않겠습니까.

| 원문 | (2)

"오전명석각류이각성위수吾前明釋各類以各性爲殊 불가도이모이不可徒以貌異 고석사여활사모동류이故石獅與活獅貌同類異 석인여석사모이류동石人與石獅貌異類同 하야하야何也 구석류야俱石類也"

"내 임의 각 류룰 붉이 플어 각 셩픔으로써 다름을 삼고 흔갓 모양으로써 다루다 아니혼 지라 고로 돌노 믄든 ᄉᄌ와 춤 ᄉᄌᄂᆫ 모샹은 ᄀᆞᆺᄒᄃᆡ 류ᄂᆫ 다르고 돌사룸과 돌ᄉᄌᄂᆫ 모샹은 다르ᄃᆡ 류ᄂᆫ ᄀᆞᆺᄒᄂᆞ니―돌의 류― 엇지뇨 다 돌의 류ㅣ라"

교주 언해의 '참 ᄉᄌ'가 원문에는 '活獅'라 되어 있다.

제가 앞서 명쾌히 풀어 각각의 부류가 각각의 품성으로써 특수하여, 다만 외모로써 부류 가 달라질 수 없다고 했습니다. 그러므로 돌사자와 살아 있는 사자는 외모는 같으나 부류 가 다르며, 돌사람과 돌사자는 외모는 다르지만 부류는 같으니, 어째서일까요. 모두 돌 부 류입니다.

[제23강]

원문:각물본행불의혼各物本行不宜混
언해:각 물의 근본 셩졍을 맛당이 혼잡지 못홈이라
국역:각기 사물의 본디 품행이 섞여서 안된다

"샹문오션생해류체지졍왈嘗聞吾先生解類體之情曰 ᄌ립지류自立之類 동체자고동류同 體者固同類 동류자불필동체同類者不必同體 우왈又曰 동체자지행위同體者之行爲 개귀젼 체皆歸全體 이병지각지而幷指各肢 셜여우수능구조환난說如右手能捄助患難 즉일신양수 개칭자비則一身兩手皆稱慈悲 좌수습투左手習偸 비유좌수위적非惟左手謂賊 우수젼체개 칭위적의右手全體皆稱爲賊矣"

"일즉 우리 션싱ᄭᅴ 물류와 물톄의 ᄯᅳᆺ을 플어 의논ᄒᆞ심을 드르니 ᄀᆞᆯ오ᄃᆡ ᄌ립흔 쟈의 류 ᄂᆞᆫ 톄ㅣ ᄀᆞᆺᄒᆞ면 진실노 류ㅣ ᄀᆞᆺ거니와 류ㅣ ᄀᆞᆺ흔 쟈ᄂᆞᆫ 반두시 톄ㅣ ᄀᆞᆺ지 안타 ᄒᆞ고―돌사 룸과 돌ᄉᄌᄂᆫ ᄀᆞᆺ흔 돌의 류로ᄃᆡ 톄ᄂᆞᆫ 사룸과 즘승이 다르다― ᄯᅩ ᄀᆞᆯ오ᄃᆡ 젼톄의 ᄒᆡᆼ위ᄂᆞᆫ 미양 일톄로 도라가 각지톄 함ᄭᅴ ᄒᆡᆼ함이 되니 가스 우슈로 환난을 구ᄒᆞ엿시면 일톄에 두

손을 다 즈비ᄒᆞ다 닐ᄏᆞᆯ 거시오 좌슈로 도적ᄒᆞ엿시면 비단 좌슈만 도적이 아니라 우슈와
전톄를 다 도적이라 닐을지니"

| 국역 |

일찍이 저희 선생께서 부류와 본체의 실상을 풀어 말씀하기를, '자립하는 부류는 같은
본체의 것과 본래 같은 부류이나, 같은 부류인 것이 반드시 같은 본체는 아니다.'라고 하
셨습니다. 거듭 말씀하기를, '같은 본체의 것이 하는 행위가 모두 전체로 돌아가되, 아울러
각 지체를 가리킨다.'라고 하셨습니다. 설명하기를 만약 오른손이 환난을 구조하는 경우에
는 한 사람의 두 손 모두가 자비로웠다고 일컬으며, 왼손이 익숙히 도둑질하는 경우에는
비단 왼손이 도둑이라 말하지 않을 뿐만 아니라 오른손과 몸 전체 모두 일컫기를 도둑이
라 하는 것입니다.

| 원문 | (2)

"추차셜야推此說也 위쳔하만물일톄謂天下萬物一體 즉셰인소위則世人所爲 진가상위盡
可相謂 쳑일인위도跖一人爲盜 이ᄇᆡᆨ이병가위도而伯夷并可謂盜 무왕일인위인武王一人爲
仁 이주역위인而紂亦謂仁 인기톄동이동지因其體同而同之 기불혼각물지본행호豈不混各
物之本行乎"

| 언해 |

"이 말노 ᄎᆞᄎᆞ 밀외면 텬하 만류ㅣ 다 일톄된즉 셰샹 사름의 ᄒᆡᆼ위를 다 일톄의 ᄒᆡᆼ위로 닐
오리니 도쳑—녯 악인— ᄒᆞᆫ 사름이 도적이 되엿시니 ᄇᆡᆨ이—녯 츙신—도 흠긔 도적이 되랴
무왕—어진 님금— ᄒᆞᆫ 사름이 션ᄒᆞ니 은쥬—악ᄒᆞᆫ 님금—도 ᄯᅩᄒᆞᆫ 션이 되랴 그 톄의 ᄀᆞᆺᄒᆞᆷ을
인ᄒᆞ야 ᄀᆞᆺ다 ᄒᆞ면 엇지 각 물의 본셩을 흐림이 아니냐"

| 국역 |

이러한 해설로 추측컨대 일컫기를 천하 만물이 일체라고 할 때 이 세상 사람이 하는 바
는 다 [일체의 행위라고] 서로 일컬을 수 있으니, [옛 악인] 도척盜跖 한 사람이 도둑이 되

었으니, [옛 충신] 백이伯夷도 아울러 도둑이라 일컬을 수 있으며, 무왕武王 한 사람이 어젊을 했으니 주紂도 역시 일컫기를 어질다고 할 것입니다. 그 본체가 같음으로 말미암아서 같다면, 어찌 각각 사물의 본래 품행을 혼란스럽게 하는 게 아니겠습니까.

| 원문 | (3)

"학사논물지분學士論物之分 혹유동체或有同體 혹유각체或有各體 하용병중물위동체何用駢衆物爲同體 개물상연즉동체야蓋物相連則同體也 상절즉이체야相絶則異體也 약일강지수재강내若一江之水在江內 시여강수일체是與江水一體 기주지일작既注之一勺 즉작중지수則勺中之水 어강내수수가위동류於江內水誰可謂同類 기잉위동체언豈仍謂同體焉 니천지만물일체지론泥天地萬物一體之論 간상주簡上主 혼상벌混賞罰 제류별除類別 멸인의滅仁義 수고사신지雖高士信之 아불감불저언我不敢不詆焉"

| 언해 |

"학ᄉ의 물리를 의논홈이 혹 ᄀᆞᆺ흔 톄도 잇고 혹 각 톄도 잇스니 엇지 뭇 물을 다 합ᄒᆞ야 동톄라 ᄒᆞ리오 대개 서로 련흔 즉 동톄오 서로 ᄭᅳᆫ허진 즉 다른 톄라 마치 흔 강물이 강 안희 잇스면 강슈로 더브러 일톄될 거시오 만일 흔 잔에 옴겨 부은 즉 잔 가온ᄃᆡ 물이 강 가온ᄃᆡ 물노 더브러 뉘 가히 동류라 닐오며 엇지 가히 동톄라 닐오리오 텬디 만물 일톄지논에 거릿겨 샹쥬를 쉬이 넉이고 샹벌을 흐리고 물류를 어즈러히고 인의를 멸ᄒᆞ면 비록 놉흔 션빅가 밋노라 홀지라도 내 감히 ᄭᅮ짓지 아니치 못ᄒᆞ리라"

교주 언해의 '학ᄉ의 물리를 의논홈'이 원문에는 '學士論物之分'으로, 언해의 '뭇 물'이 원문에는 '衆物'이라 되어 있음에 유의하였다. 또한 언해의 '텬디 만물 일톄지논에 거릿겨'가 원문에는 '泥天地萬物一體之論'으로 되어 있다.

| 국역 |

학자가 사물의 분별을 논의함에 혹은 같은 본체가 있고 혹은 각각의 본체가 있으니, 어찌 만물을 같은 본체라고 문장으로 쓸 필요가 있겠습니까. 대개 사물이 서로 연결되면 같은 본체이며, 서로 단절되면 다른 본체입니다. 만약 하나의 강물이 강 안에 있으면 이는 강물과 일체이고, 이미 부어서 하나의 표주박이면 표주박 안의 물이지 누가 이 물이 강 안의 물과 같은 부류라고 말할 수 있으며, 어찌 여전히 이르기를 같은 본체라고 하겠습니까. 천지 만물이 일체라는 논조를 고집하면 하느님도 대수롭지 않게 여기고 상·벌을 뒤섞어 부류와 구별을 없애고 어젊과 의로움을 없앨 것이니, 비록 고명한 학자는 믿을지라도 저는

감히 들추어 꾸짖지 않을 수 없습니다.

| 원문 | (4)

"중사왈中士曰 명론소소明論昭昭 발의배이發疑排異 정교야正敎也 인혼지불멸人魂之不滅 불화타물不化他物 기문명의既聞命矣 불씨윤회육도佛氏輪回六道 계살지설戒殺之說 전문성교불여傳聞聖敎不與 필유소회必有所誨 망래일교지望來日敎之"

| 언해 |

"즁ᄉᆞㅣ 글오ᄃᆡ 붉은 의논이 소〃ᄒᆞ야 의심을 발ᄒᆞ고 이단을 물니치니 진실노 바른 교ㅣ라 사ᄅᆞᆷ의 혼이 멸치 아니ᄒᆞ고 다른 물건으로 화치 아니ᄒᆞᆷ은 임의 명을 드럿거니와 불시의 류회뉵도―환도인싱 ᄒᆞᆫ다 ᄯᅳᆺ―와 상싱을 경계ᄒᆞᆷ은 젼ᄒᆞ야 드ᄅᆞ매 셩교ㅣ 허치 아니ᄒᆞᆫ다 ᄒᆞ니 반ᄃᆞ시 ᄀᆞᄅᆞ칠 바 잇실지라 ᄇᆞ라건대 명일에 ᄀᆞᄅᆞ치소셔"

> **교주** 언해의 '소〃' 및 원문의 '소소昭昭'는 '빛나는 모양'을 나타내는 표현이다. 그리고 언해의 '의심을 발ᄒᆞ고 이단을 물니치니'가 원문에는 '發疑排異'으로, 언해의 '상싱을 경계ᄒᆞᆷ은'은 원문에는 '戒殺之說'로 되어 있음에 유의하였다. 또한 언해의 '젼ᄒᆞ야 드ᄅᆞ매 셩교ㅣ 허치 아니ᄒᆞᆫ다 ᄒᆞ니'가 원문에는 '傳聞聖敎不與'로 되어 있음에도 유의하였다.

| 국역 |

중국선비가 말한다 : 명쾌한 논의가 아주 밝아 의심을 파헤치고 이단을 물리치니 바른 종교입니다. 사람의 혼이 불멸함과 다른 사물로 바뀌지 않음은 이미 가르침을 들었습니다. 부처의 여섯 세계[지옥地獄·아귀餓鬼·축생畜生·수라修羅·인간人間·천상天上]를 윤회輪回한다고 함과 살생殺生을 금하는 말을 전해 들었으나 성스러운 종교에서는 허용하지 않지만, 반드시 가르치는 바가 있을 것이니 바라건대 내일 가르쳐 주십시오.

| 원문 | (5)

"서사왈西土曰 구릉기평丘陵既平 의질하유蟻垤何有 여구원절차余久願折此 자소기문子所嗜聞 역오소희강야亦吾所喜講也"

| 언해 |

"셔ᄉᆞㅣ 글오ᄃᆡ 구릉―뫼―을 임의 평ᄒᆞ엿시니 가얌의 둑이야 무어시 어려오리오―임의 어려온 도리ᄅᆞᆯ 벽파ᄒᆞ엿시니 그나마는 어렵지 안타 말―내 오릭 이ᄅᆞᆯ 변논ᄒᆞᆷ을 원ᄒᆞᆫ지라

ᄌᆞ네 듯기 즐겨 ᄒᆞᄂᆞᆫ 바오 내 ᄯᅩᄒᆞᆫ 강논ᄒᆞ기를 깃거ᄒᆞᄂᆞᆫ 바로라"

교주 언해의 '가얌의 둑이야 무어시 어려오리오'가 원문에는 '蟻垤何有'로, 언해의 '내 ᄯᅩᄒᆞᆫ 강논ᄒᆞ기를 깃거ᄒᆞᄂᆞᆫ 바로라'가 원분에는 '亦吾所喜講也'라 되어 있음에 유의하였다.

역해 원문 '余久願折此'의 '折'은 『中韓辭典』, 1989, p.3051; 2006, p.2579의 풀이에 '⑨시비를 가리다'라고 되어 있어 이를 취하여 국역하였다.

| 국역 |

서양선비가 말한다 : 구릉이 이미 평탄해졌으니, 개미의 둑이 어찌 있으리오. 저는 오랫동안 이에 대해 시비 가리기를 원했는데, 그대가 듣기를 즐긴 바이니 나도 역시 강론하기를 기뻐하는 바입니다.

影印本 資料

註釋目錄本『天主實義』上卷
언해필사본『텬쥬실의』상권

天主降生一千九百廿三年

江蘇主教姚 准

上海土山灣印書館第四版

天主實義重刻序

嘗讀書而至仰觀於天俯察於地遠取諸物近取諸身之言不
覺嗒然與歎曰天地萬物俱有真理觀物察理乃見本原夫水
有源木有根天地人物之有一大主可弗識而尊親之乎易曰水
云乾元統天為君為父又言帝出乎震紫陽氏解之以為帝者
天之主宰然則天主之義不自利先生創矣則此天主實義之
理亦弁非新奇迥異於二氏之誕妄蓋二氏不知認主而以人
為神敬之如主寧忘其大本大原背其聖經賢傳。
良可哀也利先生學術一本真元譚天之所以為天甚晰暗世

之佐佛忘本者不勝側然遂昌言論斷原本師說演為天主實
義十篇用以訓善防惡其旨曰人知事君之為大正統而不知天之為大正統
也不事親不可為子不事君不可為臣不事天主不可為人
而尤勤懇于善惡之辨具論善者登天福堂作惡者墜地冥獄大
惡累性亦謂濟為善者登天福堂顧畏而遁逃
約使人悔過徙義遏欲全仁念本始而惕降監畏而遁逃
雪以應幾無從戾于皇天大主彼其梯航探賾自古不與中國
相通初不聞有所謂羲文周孔之教故其為說亦初不襲吾濂

洛閩之解而特於小心昭事大旨乃與經傳所紀如券斯合
獨是天堂地獄拘者未信要於福善禍淫者恒言察乎天地
亦自實理舍善逐惡比於厭康莊而陟崇山浮漲海亦何以異
苟非赴君父之急關忠孝之大或告之以虎狼蛟鱷之愚而弗
信也而必欲投身試之是不亦冥頑弗靈甚哉臨女無貳原自
心性實學不必疑及禍福若以懲愚儆惰則命討過揚合存是
義訓俗立教固自苦心嘗讀其書往往不類近儒而與上古素
問周髀考工漆園諸編默相勘印顯粹然於正至其檢身
事心嚴翼匪懈則世所謂皐比而儒者未之或先信哉東海西

海心同理同所不同者特言語文字之際而是編者出則同文
雅化又已爲之前茅用以鼓吹休明贊敎厲俗不爲偶然亦豈
徒然固不當與諸子百家同類而視矣余友汪孟樸氏重刻於
杭而余爲僭并數語非敢炫域外之書以爲聞所未聞誠謂共
戴皇皇而欽崇要義或亦有習聞而未之用力者於是省焉而
存心養性之學當不無裨益云爾。
萬曆疆圉叶洽之歲日躔在心浙西後學李之藻盥手謹序

天主實義序

天主實義大西國利子及其鄉會友與吾中國人問答之詞也
天主何　上主也實云者不空吾國六經四
子聖聖賢賢有曰　上主監觀四方曰　小心昭事夫誰
以爲空空之說漢明自天竺得之好事者曰孔子嘗稱西方
聖人殆謂佛與相與鼓煽其說若出吾六經上烏知天竺中
國之西而大西又天竺之西也佛家西竊閉他剌名勸誘
愚俗之言而衍之爲輪廻中竊老氏芻狗萬物之說而衍之
爲寂滅一切塵芥六合直欲超脫之以爲高中國聖遠言涇

鮮有能服其心而障其勢且或內樂悠閒盧靜之便外慕汪
洋宏肆之奇前厭馳騁名利之勞後懼沉淪六道之苦古倦
極呼天而今呼佛矣古祀天地社稷山川祖禰而今祀佛矣
古學者敬畏昭事而今念佛作佛矣古仕者寅亮天工不敢
自暇自逸以瘝民而今大隱居朝逃禪出世矣夫佛天竺
之君也吾國自有君師三皇五帝三王周公孔子及我
太祖以來皆是也彼君師侮慢而駕說于其上吾師欽若
而立極于其下彼國從之無責爾吾舍所學而從彼何居程
子曰儒者本天釋氏本心師心之與法天有我無我之別也

兩者足以定志矣是書也歷引吾六經之語以証其實而深
詆譚空之誤以西政西以中化中見謂人之棄人倫遺事物
猥言不著不染爲爲脫輪廻也乃輪廻之誕明甚智力
于身謀分町畦于膜外要爲獨親其親獨子其子也乃乾父
之爲公又明甚語性則人大異于禽獸語學則歸于爲仁而
始于去欲時亦或有吾國之素所未聞而所嘗聞而未用力
者十居八九矣利子周遊八萬里高測九天深測九淵皆不爽
毫末吾所未嘗窮之形象既已窮之有確據則其神理當有
所受不誣也吾輩卽有所存而不論論而不議至所嘗聞而

未用力者可無憬然悟惕然思孜孜然而圖乎愚生也晚足

不徧閭域識不越井天第目擊空譚之弊而樂夫人之譚實

也謹題其端與明達者共繹焉

萬曆二十九年孟春穀旦後學馮應京謹序

天主實義引

平治庸理惟竟於一故賢聖勸臣以忠忠也者無二之謂也五

倫甲乎君臣爲三綱之首夫正義之士此明此行在古昔值

世之亂群雄分爭眞主未決懷義者莫不深察正統所在爲則

奉身殉之閟或與易也邦國有主天地獨無主乎國統於一天

地有二主乎故乾坤之原造化之宗君子不可不識而仰思焉　天主

人流之抗罔無罪不犯巧奪人世猶未饜足至於圖僭　天主

之位而欲越居其上惟天之高不可梯升人欲難遂因而謬布

邪說欺詿細民以泯沒　天主之跡妄以福利許人使人欽崇

而祭祀之蓋彼此皆獲罪於　天主所以天主降災世世以重

也而人莫思其故哀哉哀哉豈非認偷爲主者乎聖人不出醜

類胥燔誠於幾於銷滅矣竊也從幼出鄉廣游天下視此

厲毒無陬不及意　中國堯舜之氓周公仲尼之徒大理天學

必不能移而染焉而亦間有不免者竊欲爲之一證復惟迂方

孤旅言語文字與　中華異口手不同開動炒材質鹵莽恐欲

昭而彌瞑之鄙懷久有慨焉二十餘年旦夕瞻天泣禱仰惟

天主矜宥生靈必有開曉匡正之日忽承二三友人見示謂雖

不識正音見偷不聲固爲不可或傍有仁惻矯殺聞聲與起攻

之寶乃述答中士下問吾儕之意以成一帙嗟嗟愚者以目所

不睹之爲無也猶瞽者不見天有日也然日光實在目

自不見何患無日　天主道在人心人自不覺又不欲省不知

天之主宰雖無其形然全爲目則無所不見全爲耳則無所

聞全爲足也凡爲善者必信有　上尊者理夫世界若云無是瞽或

有而弗預人事豈不塞行善之路也乎人見

之威也則無所不到在肖子如父母之恩也在不肖如憲判

霹靂之響徒擊枯樹而不卽及於不仁之人則疑上無主焉

知天主報咎恢恢不漏遲則彌重耳顧吾人欽若　上尊非特

焚香祭祀在常想萬物原父造化大功而知其必至智以營此。
至能以成此至善以備此以致各物萬類所需都無缺欠始爲
知大倫者云但其理隱而難明廣博而難盡知而難言然而
不可不學雖知 天主之寡其寡之益偷勝於知他事之多願而
觀寶義者勿以文微而微 天主之義也若夫 天地莫
載小篇孰載之。

時

萬曆三十一年歲次癸卯七月既望利瑪竇書

天主實義上卷目錄

天主實義上卷

首篇論天主始制天地萬物而主宰安養之

耶穌會士利瑪竇述

中士曰夫修己之學世人崇業凡不欲徒委生命與禽彙等者必於是殫力焉脩己功成始稱君子他技雖隆終不免小人類也成德乃真福祿無德之幸誤謂之幸實居其患耳世人他之人路有所至而止所以繕其路非為其路乃為其所至而止也吾所脩之道將奚所至而止本世所及雖己暑明死後之事未知何如聞先生周流天下傳授天主經旨迪入為善願領大教西士曰賢賜願不識欲問天主何情何事中士曰聞尊教道淵而玄不能以片言悉但貴國惟崇奉天主謂其始制乾坤人物而主宰安養之者愚生未習聞諸先正未嘗講

幸以謂我西士曰此天主道非一人一家一國之道自西徂東諸大邦咸習守之聖賢所傳自天主開闢天地降生民物至今經傳授復無容疑也但貴邦儒者鮮適他國故自天主開闢吾域之文語諸人物吾將譯天主之公教以徵其為真教姑未論其尊信者之眾且賢與其經傳之所云且先舉其所據之理凡人之所以異於禽獸無大乎靈才也靈才者能辯是非別真偽而難欺之以理之所無人能推理所以人能窮理禽獸之愚雖有知覺運動差同于人而不能明達先後內外之理緣此其心但圖飲啄與夫待時匹配云耳人則超拔萬類內稟神靈外覩物理察其末而知其本視其固然而知其所以然故能不辭今世之苦勞以專精修道圖身後萬世之安樂也圖不能強之以然而顯夫不真者乎理所真是我不能不以為真是理所偽誕不能不以為偽誕斯于人身猶太陽

於世間普遍光明捨靈才所是之理而狥他人之所傳無異乎尊竟物方遊日光而持燈燭也今子欲聞天主教原則吾直陳此理以對但伐理剖析或有異論當悉折辯勿以襲我此論天主正道公事也不可以私遜廢之中士曰茲何傷乎鳥得羽翼以翔山林人稟道理以窮事物故論惟徇理焉理之體用廣甚雖聖賢亦有所不知焉一人不能知之一國或能知之一國不能知而千國之人或能知之君子以理為主理在則順理不在則咈誰得而異之西士曰天地宰以理數子欲先詢所謂始制作天地萬物而時主宰之者予謂天下莫著明乎是也人誰不仰目觀天觀天之際誰不默自嘆曰斯其中必有主之者哉夫即天主吾西國所稱陡斯是也玆為子特揭二三理端以證之其一曰吾以良吾不待學之能為良能也今天下萬國各有自然之誠情莫相告諭而皆敬一

上尊莅雖者顏寂望救如望慈父母焉爲惡者捫心驚愧如懼一敵國焉則豈
非有此遉違能主宰世間人心而使之自能乎其二曰
知覺者必不能于本處所自有所移動而中度數以度數勁則或藉外靈才
以助之設汝懸石於空或實水上石必就下至地方止不能復勁緣夫石自就
下水之與空非石之本處所故也若風發于地能於本處皆自動然皆隨發亂動
勁非度數至如日月星辰麗于天各以天爲本處能免悖乎哉一以天勁徵
觀上天自東運行而日月星辰自西循逆之度數各依其則次合各安其
位會無纖忽差武爲者倘無尊主斡旋主軰其間能免悖乎哉今
海上下風濤而無覆溺之虞雖未見人亦知一舟之中必有掌舵智工撐駕持
握乃可安流平渡也其三曰　一以鳥獸物雖本有知覺然無靈性其或能行靈
作勁徵

者之草必有遉者爲形勁之試觀鳥獸之類本冥頑不靈然饑知求食渴知求
飲畏鐮繳而薄者冥爲綱罟而潛山澤或吐哺或踠乳俱以保身孼子防害就
利與靈者無異此必有尊主之隲能如此也譬如親萬千箭飛過於此
每每中鵠我雖未見張弓亦識必有善射者乃可無失中云中士曰天地間
物至頤信有主宰然其原制造化萬物何也微也西士曰大凡世間許多
事情宰於造物理似有二至論物初原主絶無二也雖然再將二三理解之其
一曰凡物不能自成必須外爲者以成之蓋物不能自造成也
如銅鑄小毬日月星宿出海萬物備焉非巧工鑄之銅能自成乎况其
於工匠之手知此則識天地不能自成定有所爲制作者卽吾所謂天主也譬
如銅鑄之大晝夜旋行日月揚光辰宿布象山生草木海育魚龍潮水隨月其間員

首方趾之民聽明出于萬品誰能自成如有一物能自作已必宜先有一己以
爲之然旣已有己何用自作如先初未始有己者必非己也故物不
能自成其二曰　一以物本不靈莫不有安排之者如觀宮室
前有門以通出入後有園以種花果庭在中間以接賓客室在左右以便寢臥
楹柱居下以貞棟梁茅茨居上以蔽風雨如此則處置協宜而後主人安居之
以爲快則能置協宜由巧匠營作而後能成也又觀銅鑄之字本各爲一字而能
接續成句排成一篇文章苟非明儒安置之何得自然偶合乎夫天地萬物
咸有安排一定之理有質有文而不可增減焉夫天高明上覆地廣厚下載
分之爲兩儀合之爲宇宙辰宿之天高乎日月之天包乎火水包乎
氣氣浮乎水土水行於地地居中處而四時錯行以生民虫草木水養龜鼈蛟

龍魚鼈氣育飛禽走獸火煖下物吾人生於其間秀出等夷靈超萬物禀五常
以司衆類得百骨全養其生而至飛走鱗介諸物爲其無靈性不能自置所用
足能行血脉五臟全養其生而至飛走鱗介諸物爲其無靈性不能自置所用
與人不同則生而或得毛或得羽或得鱗或得介等營衣服以遮蔽身體也或
具利爪或具尖角或具硬蹄或具長牙或具強嘴或具毒氣等當兵甲以敵其
不忌牛馬非待敎而識其傷我吾故雞鴨避鷹而不避孔雀與牛馬遊小也又
下至一草一木爲其無知覺之性可以護己及以全果種而備鳥獸之累故植
而或生刺或生皮或生甲或生粟皆生枝葉以圍蔽之吾試忖度此世間物安
排布置有次有常非初有至靈之主賦予其質豈能優游於宇下各得其所哉

其三曰、一以物始微。吾論衆物所生形性，或受諸胎、或諸出卵、或發乎種，皆非由己制作也。且問此胎卵種蟾蟾一物，其必有所以為始能生者，而後始特異乎他物。果於何而生乎？則必須推及每類初宗，皆不在於本類能生者，化生萬類者，即吾所稱天主是也。中士曰、西士曰：

萬物既有所生之始，如謂之先生者謂之天主。非天主也。物之有始有終者，鳥獸草木是也；有始無終者，天地鬼神及人之靈魂是也。天主則無始無終，而為萬物始、為萬物根柢焉。無天地鬼神人物則由天主生，天主無所由生也。凡物莫不皆然。則似物自為物，於天主出己無容置啄矣。然觀人從人生，畜從畜生，天主生物乃始化生物類之諸宗，既有諸宗自生，今以物生物。

如以人生人，其用人用天，則生人者豈非天主，譬如鋸鑿雖能成器，皆由匠者使之也。誰曰成器乃鋸鑿非人乎？吾先釋物之所以然，則其理自明。試論物之所以，然有四焉。

物之所以然有四曰，其物維何？有作者、有模者、有質者、有為者。夫作者造其物而施之於他物也，模者狀其物置之於本倫別之於他類也，質者物之本來。體質所以受模者也，為者定物之所向所用之所以，此四者俱可觀焉。譬如車然。

與人為作者，軌轍為模者，薪乾氣為質者，所以乘於人為為者，於生物亦可觀。

為譬如火然，有生火之原火為作者，熱乾氣為模者，薪柴為質者，所以燒煮物為為者。天下無有一物不具此四者，四之中其模者質者此二者在物之內為物之本分，或謂陰陽是也。按天主為物之所以然，但云作者為者，不云模質者，蓋天主不能為物之本分。吾按天主為物之所以然，但云作者為者，不云模質者，蓋天主

渾全無二。胡能為物之分乎？至論作與為之所以然，又有近遠公私之別。公遠者大也，近私者其少也。

天主為物宗，之所以然，天主為物公、至大而其餘所以然、近私且小者，皆統于大者。公者，夫雙親為子之所以然，稱為父母，近也。私也。使無天地覆載之安得產其子乎？故吾古儒以為所以然之初所以然，也天地安能生育萬物乎？則天主固無上，至大之所以然也。

生育萬物者，則天主掌握天地安能以然中士曰：字內之物衆，而且異竊疑所出必為不一。猶之江河所發皆有源，今言天主惟一。敢問其理？

西士曰：物之本主乃衆物之所從出，備有衆物德性德性圓滿超然。無以尚之，使疑天地之間物之本主有二焉，不知所云二者是相等乎否乎？

如非相等，必有一微。其微者自不可謂公尊，其公尊者大德成全蓋以加焉。如

曰相等，一之已足。何用多乎？又不知所云二尊能相等滅否。如不能相滅，則其能猶有窮限，不可謂圓滿。至德之尊，能奪滅則彼可以被奪滅者非天主也。且天下之物，極多極盛，苟無一尊維持調護，不免散壞。如作樂，大成苟無一師集衆小成完音，亦幾絕響，是故一家止有一長、一國止有一君、一身止有一首，二則亂矣。一人止有一身、一則怪異甚矣。吾以是知乾坤之內雖有鬼神多品，獨有一天主始制作天地人物，而時主宰安養之。子何疑乎？中士曰：耳聆至教，盆信天主之說，問於賢臣，賢臣答曰，退三日思之至期

天主無二，窮難測別，天主至大至尊，豈易達乎？如人可以易達亦非天主矣。古者一君欲知天主之說，問於賢臣，賢臣答曰，退三日思之，至期又問答曰：更六日方可對。如是已六日，又求十二日以對。君怒曰：汝何戲答曰：

臣何敢戲但天主道理無窮臣思深而理日微亦猶瞪目仰瞻太陽益眩益
昏是以難對也昔者又有西士聖人名謂懊悟斯諦諾欲一槩通天主之說而
書之於册一日浪遊海濱心正尋思忽見一童子掘地作一小窩手執蠑殻汲海
水灌之於小窩竭大海入小窩童子曰吾欲以此殻盡汲海水傾入此
曰若何甚愚欲以人力竟天主之大義而入之之微册耶語畢
小窩不盡客又何為勞心焦思欲以小器竭大海入之之微册耶語畢聖人笑
不見聖人亦為悟知有形聲者天主命神以譬戒之也蓋物之大羲也列於類者考
其異同則知其性也有形聲者則知其情也有限制者
吾度量自此界至彼界則可知其體也若天主者非類之屬超越眾類也何以測其
誰類乎既無形聲豈有迹可入而遊乎其體無窮六合不能為遊際何以測其

純備無滓而為眾善之歸宿不善者雖微而不能為之累也其恩惠廣大無壅
無塞無私無類無所不及小虫細介亦被其澤也夫乾坤之內善性善行無不
從天主稟之雖然比之于本原一水滴於滄海不如也天主之福德隆盛滿圓
充實而天主不可全明況竟發之哉中士曰噫豈哉諭矣
洋洋優優豈有可以增豈有可以減者哉故江海可盡汲濱沙可計數宇宙可
能窮究而天主不可窺開之而始見大道之而終見大元之而及終日不敢復贊詰朝再
以請也西士子自聰睿聞寡知多余何力為然知此論則難處已平要基已
安餘工可易立矣

第二篇解釋世人錯認天主

中士曰玄論飲耳醉心終夜思之忌寢今再承教以竟心惑何為謂吾中國有

高大之倪乎庶幾乎舉其情性則莫若以非者舉之以是以有則愈遠
矣中士曰夫極是惡有者亦安得以非以無閒之西士人器之陋不足以盛
天主之巨理也惟知物有卑賤天主所非是然而不能窮其所為尊貴也惟知
尊有缺陷也非天也非地也而其高明博厚較天地猶甚也非鬼神也而其神
靈鬼神不當也非人也而其遏遏聖睿也非所謂道德也而為道德之源也彼賢
無往無來而吾欲言其以往者但曰無始也欲言其以來者但曰無終也其善
而意其體也無處可以容殼之而無所不盈充也不動而為諸勤之宗無手無
口而化生萬彙教諭萬生也其能也無毀無衰而可以無事可以逃其知如對目也其善
昧無謬而已往之萬世以前未來之萬世以後無事可逃其知如對目也其善

三教各立門戶老氏謂物生於無以無為道佛氏謂色由空出以空為務儒謂
易有太極故惟以有為宗以誠為學不知尊旨誰是西士曰有曰誠雖未盡吾儒謂
空於天主理大相刺謬其不可崇尚明矣夫儒之霸曰有曰誠雖未盡吾弟兄無曰
固庶幾乎中士曰吾國君子亦痛斥二氏深為恨之西士曰恨之不如辯其釋
言辯之不如析之以理二氏之徒亞天主大父所生吾弟兄矣譬吾弟兄病狂
顛倒怪誕吾為兄之道恒乎恨乎在以理喻之而已余嘗博覽儒書往往憾嫉
二氏夷狄排之謂斥異端而不見揭一鉅理以非之我以彼為非彼亦以我為
非紛紛訟兩不相信千五百餘年不能合一使互相執理以論辯則不言而
是非審三家歸一耳西鄉有諺曰堅繩可繫牛角理語能服人心憾國之鄉方
上古不止三教纍纍數千百枝後復為我儒以正理辯喻以善行嘿化今惟天主

母故郊社之禮以祭之。如太極爲天地所出，是世之宗考姊也，古先聖帝王臣
祀與宜首及爲，而今不然，此知必太極之解非也。先生辯之最詳，于古聖賢無
二意矣。西士曰：雖然，天地爲尊之說未易解也。夫至尊無兩，惟一焉耳。曰天曰
地，是二之也。吾國天主即經言上帝，與道家所塑玄帝玉皇
之像不同。彼不過一人，修居于武當山，俱亦人類耳，人惡得爲天地主耶？天
主乃古經書所稱上帝也。中庸引孔子曰：于郊社之禮，所以事上帝也。朱註曰：不
言后土者，省文也。竊意仲尼明一之以不可爲二，何獨省文乎？周頌曰：執競武
王，無競維烈，不顯成康，上帝是皇。又曰：于皇來牟，將受厥明，明昭上帝。
聖敬日躋，昭假遲遲，上帝是祗。雅云：維此文王，小心翼翼，昭事上帝。商頌云：
平慶夫帝也者，非天之謂。蒼天者抱八方，何能出於一乎？禮云：五者備當上帝

其饗。又云：天子親耕粢盛秬鬯，以事上帝。湯誓曰：夏氏有罪，予畏上帝，不敢
正。又曰：惟皇上帝，降衷于下民，若有恒性，克綏厥猷惟后。金縢周公曰：乃命于
帝庭，敷佑四方。上帝有庭，則不以蒼天爲上帝可知。歷觀古書，而知上帝與天
主特異以名也。中士曰：世人好古，惟愛古器古文，豈如先生之據古理也。善教
引人復古道爲然。猶有未諭者，古者多以天爲尊，是以朱註解帝爲天，解天惟
理也。程子更加詳曰：以形體謂天，以主宰謂帝，以性情謂乾。故朱敬天，不
識如何。西士曰：天地不可更思之。如以天解上主，得之矣。以天解上主之載謂乎？天
有九重之析分，烏得爲一尊也。昨已悉矣，天主之稱甚明，不容妄解，況蒼天者
可爲物主宰也。九重之天自西自東，或上或下，無頭無腹，無手無足，使與其神
而以九層斷焉，彼或東或西，無頭無腹，無手無足，使與其神心爲一活體，豈非

甚可笑訝者哉！況鬼神未嘗有形，何獨其最尊之神爲有形哉？此非特未知論
人道，亦不識天文及各類之性理矣。上天旣未可爲尊，況于下地乎？衆足所踏
踐，汙穢所歸寓，安有可尊之勢？惟此一天主化生天地萬物以存養人民，宇
宙之間無一物非所以育吾人者。吾宜感其恩主，加誠奉敬之可
耳，可捨此大本大原之主，而反奉其役事吾者哉？則吾豈其發
有蓋之心乎？夫大抵頭見天邃，惟知事天而已。西士曰：有智愚差等各別。
中國雖大邦，諒有智亦不免有愚民，以目可視爲無，故但知
事有色之天地，不復知有天之主也。遠方之俗，忽至長安道中，驚見皇宮殿
宇巍峩崒嵂，則施禮而拜曰：吾拜吾君。今所爲奉敬天地，多是拜宮闕之類也。
智者乃能推見至隱，視此天地高廣之形，而遂知有天主主宰其間，肅心持

志以尊無形之先天焉。指兹蒼蒼之天而爲欽崇乎君子，如或稱天地，是語法
耳。譬若知府縣者，以所屬府縣之名爲己稱，南昌太守稱謂南昌府，南昌縣大
尹稱謂南昌縣者。比此物天地之主，或稱謂天主，不敢以天地爲體也，有原主在
也。吾恐人誤認此物原之主而實謂天地爲，非苟且踈畧。中士曰：明師論物之原，
不留疑處。天主之事又加深篤，愧吾世儒彷彿疑地，而詳尋他事，不知歸元之
學。夫父母授我以身體髮膚，我固當孝，君長賜我以田里樹畜，使仰事俯育，我
又當尊君。別此天大父也，君大君也，爲衆祖之所出，豈可徒求生養萬
物，奚可錯認而忘之？訓諭難悉，願以異日竟焉。西士曰：子所求非利也，惟真道。我
是問耳。大父之慈將必佑講者以傳之，祐聽者以受之，吾子有問，吾敢不惟命。

第三篇 論人魂不滅大異禽獸

中士曰吾觀天地萬物之間惟人最貴非鳥獸比參天地又謂之小天地現世人比吾復察爲獸其情較人反爲自適何者其方生也忻忻自能行動就其所養具毛羽爪甲不俟衣履不待稼穡無倉廩之積藏無供爨之工器隨飲食可以育生隨便可以休息嬉遊大造而嘗有餘閒其間豈有彼我貧富尊卑之殊豈有可否先後功名之慮哉熙熙逐日從其所欲爾矣人之生也母嘗痛苦出胎赤身開口先哭似已自知生世之難初生而弱步不能移三春之後方免懷抱壯有各有所役無不苦勞農夫四時反土于畎畝客旅經年徧度于山海百工勤動手足士人晝夜劇神殫思爲所勞心小人勞力者也五旬之壽五旬之苦至如一身疾病何嘗百端營覬醫家

之書。一目之病三百餘名況罄此全體又可勝計乎其治病之藥大都苦口。即宇宙之間不拘大小虫畜肆其毒具能爲人害如相盟詛不過一寸之虫足殘九尺之軀人類之中又有相害作爲凶器斷人手足截人肢體非命之死多是人戕今人猶嫌古之武器不利則吾身入土中莫之能逃故古賢有戒縱遇太平之世何家成全無缺有財貨而無子孫有子孫而無才能而身無安逸有愁終爲大悲所承結以至于死身入土中莫之能逃故古賢有戒其子曰爾勿欺己爾勿昧心人所競往惟于死身身爲溝壑極醜陋極大喜樂而爲小不幸而死入世始起死曰死則已畢已月過一日少一日近墓一步夫此只訴其外苦耳其內苦誰能當之凡世界之苦辛爲眞苦心其快樂爲僞快樂其勞煩爲常事其

娛樂爲有數。一日之患十載訴不盡又一生之愛專豈一生所能盡述乎人心在此爲惡忿懼四情所伐醫樹在高山爲四方之風所鼓胡時得靜或溺酒色或惑功名或迷財貨誰有安本分而不求外者雖與之四海之廣兆民之采不止足矣然則人之道人猶未曉況於他道而或從釋氏或由老氏或師孔氏而折斷天下之心於三道也乎又有好事者另立門戶載以新說不久而三教之岐以至於三千教而天下之道日益乖亂上峯下不者侮士受桀子遊君臣相忌兄弟相離夫婦相離朋友相欺滿世皆詐詔誑誕而無復眞心嗚呼誠視民如大洋間著風浪舟舶友溺而其人蕩漾波心沉浮海角且各急于已難莫肯相顧或執碎板或乘朽蓮或持敗籠隨手所值緊操不捨而相繼以死罠可惜也不知天主何故生人於

此患難之處。則其愛人反似不如禽獸焉。世人迷吾癡心猶戀愛之不能割使有甯泰當何如此。世人昏愚欲於是爲大業闢田地圖名聲禱長壽謀子孫篡弑攻訐無所不爲豈不殆哉古西國有二闊賢一名熙蠟一名德牧黑蠟恒笑德牧恒哭因覩世人之逐虛物也笑因識之哭因憐之耳又聞近古一國之禮不知今尚存否凡有產子者親友共至其門哭而吊之爲其人之生于苦勞世也則以生爲凶以死爲吉焉也凡有喪者爲其門作樂賀之爲其人之去勞苦世也。現世人非人世也。所以不以禽獸之本處所也所以而可謂達現世之情者也。爲人智居于世界之苦辛爲眞苦心其快樂爲僞快樂其勞煩爲常苦其儒也請以儒喻今大比選試時日士子似勞徒隷似逸有司豈厚徒隷而薄士於是反自得有餘也人之在世不過暫夾寄居也所以不足也賢友

子乎蓋不越一日之事而以定厥才品耳試疑則聲自尊自卑也吾觀天主
亦誑人于本世以試其心而定德行之等也故現世者吾所僑寓非本處久居也
吾本家室不在今世在後世不在人在天當于彼創本業焉今世爲本處所
也故鳥獸各類之像俯向於地人爲天民則昂首向順於天此世爲本
音禽獸之徒也以天主爲海於人固無怪耳中士曰是何語乎佛氏說與天主教大異人
世天堂地獄便是佛教吾儒者不信西士曰是何語乎
亂法殺人則儒同獸鳳凰飛蝙蝠亦飛則鳳凰蝙蝠同獸事物有一二情相
似而其實大異不同者天主古教也釋氏借天主天堂地獄之義以傳己私意邪
道吾傳正道豈反豈弗講乎釋氏未生天主教人已有其說修道者後世必登
者不以三四正語雜入其誰信之

三十二

天堂受無窮之樂免墮地獄受不息之殃故知人之情靈常生不滅中士曰夫
常生而受無窮之樂人所欲無大於是也但未深明其理西士曰人靈魂永不滅
有魂魄兩者全而生焉其死則其魄化散歸土而魂常在不滅吾入中國嘗聞有
以魂爲可滅而等之禽獸者其餘天下名教名邦皆省人魂不滅而大殊於禽
獸者也吾言此理子試虛心聽之魂有三品草木禽獸及人魂彼世界之魂有三品下品名曰
生魂即草木之魂是也此魂扶草木以生長草木枯萎魂亦消滅中品名曰
覺魂則禽獸之魂也此能附禽獸長育而又使之以耳目視聽以口鼻啖嗅以
肢體覺物情但不能推論道理至死而魂亦滅焉上品名曰靈魂即人魂也此
兼生覺魂能扶人長養及使人知覺物情而又能推論事物明辨理義
人魂與草木禽獸魂所以不同人身雖死而魂非死永存不滅者爲凡知覺之事倚賴于身

三十三

形身形死散則覺魂無所用之故草木禽獸之魂依身以爲本情身歿而情魂
隨之以殞若推論明辨之事則不必倚據于身形而靈自在身雖歿形魂換
其靈魂仍復能用之也故人與草木禽獸不同也中士曰何賴身身與否西士
曰長育身體之事無所長育矣則以四肢知覺者人靈魂賴乎身身死而靈魂存不滅
以鼻司爲啖以目司爲視之以耳司爲聽之則色之置目前則不
見色矣聲不近于耳則聲不聞矣臭不近于鼻則能辨遠則不辨也味之鹹酸甘
苦一一也聾者不聞聲同一日也瞽者不見日色冷熱硬煖合於身我方覺之則不覺也況聲
同一耳也則知不入則不知冷熱硬煖者近于身則爲身所役不能擇其是非如禽獸也
以入口則知味聲近于耳則聲入矣臭近于鼻則能辨遠則不辨也味之鹹酸甘
若夫靈魂之本用則不恃乎身爲身則爲身死而魂滅
見可食之物即欲食不能自己豈復明其是非人當飢餓之時若義不可食立

三十四

志不食雖有美味列前不屑食矣又如人身雖出遊在外而此心一點縈念家
中常有歸思則此明理之魂賴身爲用者哉子欲知人魂爲不滅之緣須悟世界
之物凡見殘滅必有殘滅之者殘滅之因從相悖起物無相悖決無相
滅也形物雖滅形物雖日月星辰麗于天何所繫屬而卒無殘滅者因無相悖故也凡天下之物莫
不以火氣水土四行相結以成火性熱乾則背于水水性冷濕也氣性溫熱
則背于土土性乾冷也此四行相結以成既同在相結一物之內其物
豈得長久和平其間未免時相伐競但有一者偏勝其物必致壞亡故此有四
行之物無有不泯滅者夫靈魂則否耶西士曰人靈魂周全無四端神誠無悖
徵其實何有乎理有數端自悟則可釋疑也其一曰身之主宰著形之魂
神誠無悖也然吾烏知人魂爲神自悟則可釋疑也其一曰身之主宰著形之魂

三十五

不能爲身之主而恒爲身之所役以就墮落是以禽獸常行本欲之役狥其情
之所導而不能自檢獨人之魂能爲身主而隨吾志之所縱止故意有專向力
卽從爲雖有私欲豈能違公理所令乎則靈魂信專一身之樞屬于神者也與
有形者異也其二曰　神兩性徵　一物之生惟得一心若人則兼有二心獸心
人是也則亦有二性一乃形乃性一神性也故舉凡情之相背亦由所發之
性相背爲人之遇一事也且同一時也而有兩念並興厥覽兩逆如吾或惑酒
色旣似迷戀從又復慮其非理從彼謂之獸心與禽獸無別從此謂之人心
一物而並不覩之也人于一心一時不能一聲而並不聽之也是以兩相悖之
與天神相同也人于一心一時不得兩情相背並立如目也不能一時覩
情必由兩相背之心兩相悖之心必由兩相背之性也試當二江之水一鹹一

淡則雖未見源泉亦證所發不一矣其三曰　無形之事徵　物類之所好惡恒與
其性相稱爲故着形之性惟着形之事爲好惡而超形之性以無形之事爲受
惡吾察萬生之情凡禽獸所貪娛味色四肢安逸耳已所驚駭惟飢勞四肢
傷殘者也其四曰　以人有無形之念想徵　凡受事物者必以受之之態
形之事耳已是以斷曰此諸類之性爲甚畜無形者也其四曰　以人有
形而神之德善罪惡之事爲神也若人之所喜惡雖亦有
兩端者也其此靈魂圓則心受之水圓器方則所受之水方此乃得吾所受
受爲譬如瓦器受之于心如有黃牛于此吾欲明物如以己心受其物爲其態
如是之則人魂之神何以疑乎我欲明物如以己心受之體則視其黃牛
也乃牛色耳聽其聲曰非牛也乃牛聲耳啖其肉味曰非牛也乃牛肉味耳則

知夫牛自有可以脫其聲色味等形者之情而神爲者又如人觀百雉之城可
豎之于方寸之心何以方寸之地能容百雉之城乎能容神所受者
自非神也未之有也其五曰　以人欲悟之有所司官者徵　天主人使之有所司官者固與
其所屬之物相稱者也目視則所屬者色相耳司聽則所屬者音聲鼻口司
臭可嗜則所屬者臭味耳目口鼻身有形者則併色音臭味之類均有形焉吾一
心乃有司欲司悟二官者亦無形矣司悟之所屬善者及諸無形則司
欲司悟之爲其官者亦無形也司悟之性能達形之性非神而何中士曰設使吾
能通無形之性也夫人能明達鬼神及諸無形之性非神而何中士曰設使吾
言世無鬼神則亦言無形無形之性然此人必先明鬼神無形之情性方可定
士曰雖人有言無鬼神無形之性然此人必先明鬼神無形之情性方可

之曰有無爲焉苟弗明曉其性之態安知其有無哉如日雪白非黑者必其明黑
白之情然後可以辨雪之爲白而非黑則人心能通無形之性能通無形之性
六以人之知無限徵　六以人之知無限　以人之知無限如以線縈雀于木不能展翅
能反觀諸己徵　肉心之知猶如小器有限不廣如以線縈雀于木不能展翅
高飛線之阻也是以禽獸雖得知覺有形之外情不能通又弗能反諸己而知
其本性之態若無形之心最愎最宏非小器所限直通乎無碍可審矣而知
所束之線則高飛屍天誰得而禦所以言人之靈非惟知其物外形情且暢曉其
隱體而又能反觀諸己明此非惟有形盆可審矣所以言人
魂爲神不容泯滅者也因有此理實爲修道基焉又試揭三四端理以明徵
靈魂不滅以其一曰　以人心欲傳播善名而遺世微之　普名于後世微之
數端徵之　以其一曰　以人心皆欲傳播善名或立力業或輯書冊或謀術藝或致
生不倦是故行專期協公評以遺人稱賞或立力業或輯書冊或謀術藝或致

身命凡以求令聞廣譽願各于世離捐生不惜此心人大概皆有之而愚者則
無愆愚則愈無焉試問死後吾聞知吾所遺聲名否如以形論則吾
免朽化何爲能聞愁在不滅所遣譽名善惡寔與我生無異者謂靈魂
隨時聽焉此聲名何與于我而人人求之至死不休彼孝子慈孫中國之古禮未
四季侑其祖廟設其裳衣薦其時食以說考妣使其形神盡亡不能聽吾告哀
視吾稽顙知吾事死如事生事亡如事存之心則固非自國君至於庶人大禮
乃童子空戲耳其二曰（二功人心）天主降生萬品有物有則無徒物無空則且
歷苧各品之情皆求遂其性所願欲而不外求其勢之所難裘是以魚鼈之欲潜
川淵而不冀遊于山嶺兔鹿性喜走山嶺而不欲潜于水中故鳥獸之欲非在

常生不在後世之辭天堂受無窮之樂其下情所願不踰本世之事獨吾人雖
習聞異論有神身均滅之說亦無不貪愛長生願居樂地享無疆之福者設使
無人可得以盡實其情豈天主徒賦心于衆人哉何不觀普天之下多有拋
別家產離親骨肉而往深山窮谷誠心修行此輩人心不以今世爲重新望來世
眞福若吾魂隨身而歿詎不枉費其意乎其三曰（三以現世人）天下萬物惟
人心廣大窮本世之事物弗充滿則其所以爲人在後世可曉矣蓋天
主至仁凡厥所爲人不能更有非議彼各依其性態以生其物之態故欲
使禽獸止于今世則所付之願不徒在一世隨落事求飽而飽止求一飽而求
飽生乎千萬世則不圖止求一世須臾之欲於是不圖而飽而求人
之必莫得焉試觀商賈殖貨之人雖金玉盈箱富甲州縣心無懷足又如仕

者軀身世之浮名超明時之挺徑惟圖軒冕華袞爲榮卽至于垂紳朝陛晉職
台陛心猶未滿甚且極之奔有四海臨長百姓福貽子孫其心亦無底極此不
足怔怔皆緣天主所賦情欲原乃無疆之壽無限之樂豈可以今世浅微之樂姑
爲堅足者乎一蚊之小不可飽龍象一粒之微弗充吾心心不
嗟天嘆曰大主公父爾實生吾人聲于爾惟爾能親戚友朋旣死之後尚
能安足也其四曰（四以人人）聲自有良覺人死之後有魂在
其屍然而猛獸之死弗懼者人性皆懼死者雖親戚友朋旣死之後莫肯安意近
可懼而獸魂全散無所留以驚我也其五曰（五以現世不能得）天主報應無私善
者必賞惡者必罰如今世之人亦有爲惡者富貴安樂爲善者貧賤苦難天主
固待其旣死然後取其善魂而賞之取其惡魂而罰之若魂同身終而滅天主

安得而賞罰之哉中士曰君子之生異于小人則身後亦宜異于小人死生同
也則所以異者必在于魂也故竊有一種言善者能以道存聚本心是以生死
而心不散滅惡者以罪敗壞本心是以身死而心之散滅隨焉此亦可誘人於
善焉西士曰（辯人魂散滅之說）人之靈魂不拘善惡皆不隨身後而滅萬國之士信之
天主正經載之余以數端實理證之矣此分善惡之殊則有賞罰之正道矣據于經不據于理
未敢以世之重事輕信爲新說而簧鼓滋惑也勸善沮惡一身之主四肢之勤宗信以
而求他經遇人魂匿沙匿水可以聚散魂乃神如之何可裁使惡行能散身心則是小人必不壽
神散身殲之可也以身散神如之余以爲惡不止何以散心猶能散身耶心之于身重乎血血旣散
矣然不能立則心旣散身焉又能行況心堅乎身積惡于己不能散身何獨能
身且不能立則心旣散身焉又能行況心堅乎身積惡于己不能散身何獨能

散其心乎若生時心已散何待死後乎造物者因其善否示易其性性非常生之性則雖其間有善者善未絕倬鳥獸常生焉鬼之性縱其為惡未絕倬慶鬼殄沒則惡人之心豈戀焉滅亡之禍則其刑亦未公固非天主之心豈出慈悲乎一旦謂惡之魂概受況彼沒者飢饉而無惡意縶無苦幸無刑而受罰而罪豈反厭心散則甚引夢世人以無懷為惡引夢而不專一旦謂心散如吾所務不在本性內專而在外調如吾本性之體縱身與神非我繼繼為天主慈之具使我為人其散亡逸削謂心亡非必項散夢亡者也吾意藏以總微換而之惡者惡心以罪惡醣亦非由我常由天主命英吾周年而散則期年以散而吾不能永久命其

綜乎常生不滅而吾為能沒之耶願我所用何如善用之則安泰慎用之則險危云耳吾竟本性如得純金吾或以之造祭神之器或以之造褻穢之器皆我自為之然其本性賤能排此理之大端哉中士曰卒勝天上之大光增嘆于心則卒降地下之大瞑誰能排此理之大端哉中士曰呼今吾方知人所異於禽獸不聞二性者非幾希也靈魂不滅之理甚正也西士曰期己行於禽獸不聞二性必之殊者頑也吾高士志浮人品之理願等己乎鄒類者哉賢友得契身言必躍如然性退異矣行宜勿邇焉

第四篇辯釋鬼神及人魂異論而解天下萬物不可謂之一體

中士曰昨吾退習大誨果審其皆有真理不知吾國迂儒何以攻折鬼神之實為正逩也西士曰以古經古禮吾過察大邦之古經書無不以祭祀鬼神為天

子諸侯重尊故敬之如在其上如在其左右豈無其事而故為此矯誣哉盤庚曰失於政陳於茲高后乃崇降罪疾曰曷虐朕民又曰茲予有亂政同位乃貝玉玉祖乃乃告高我后曰作丕刑於朕孫迪高后丕乃崇降弗祥西伯戡黎祖伊諫紂曰天子天既訖我殷命格人元龜罔敢知吉非先王不相我後人惟王淫戲用自絕盤庚之命四百祿而猶祭之而猶懼之而謂其能降罪降不祥而能相其後孫則必以湯為仍在而未散矣金縢之後而謂殷先王既崩而能降罪則以死者之靈魂為永在不滅矣金縢周公曰予仁若考能多才多藝能事鬼神又曰我之弗辟我無以告我先王召誥曰天既遐終大邦殷命茲殷多哲王在天越厥後王後民詩云文王在上於昭於天文王陟降在帝左右周公召公何人乎其謂成湯文王既崩之後猶在

天陟降而能保佑國家則以人魂死後為不散泯矣以二公為聖而以其言為証可乎異端熾行譸張為幻難以攻詰後之正儒其奈何必將理斥其邪說明論鬼神之性有庶幾矣中士曰今之論鬼神者各自有見或謂天地間無鬼神之殊或謂信之則有不信之則無或謂如說有則非如說無則非亦非如說有無則得之矣西士曰之異說三言一切以攻鬼神而莫思其非將排詆佛老之徒而不覺忤古理之旨且夫鬼神有無諸經所指之鬼神也吾心信否能著矣而所謂二氣良能造化之迹氣之屈伸非諸經宗廟天地之異名異職如西域獅子知者信其有愚人或不信然而獅子本有彼不信者能減獅子之類哉又況鬼神者哉凡事物有即有無即無蓋小人疑鬼神有無因就學士而問以釋疑

如答之以有無豈非愈增其疑乎諸言之旨無他可以為無惟曰有則
人莫見之則無矣然茲語非學士者議論乃郊野之誕中無色形之物而欲以
肉眼見之比方欲以耳啖魚肉之味可乎誰能以俗眼見生者之
魂乎誰人測之以目觀物不如以理度之夫目或有所差惟理無謬也觀
者以普天之下也謂大如甕底耳儒者以理而計其高遠之極則知其大乃過
於自視誰見其木非曲也任目觀形則以影為物謂能動靜然以理細察則知形
必有光者耳已決非有物況能動靜乎故西校公語曰耳目口鼻四肢所知覺物
無光者耳已決非有物況能動靜乎故西校公語曰耳目口鼻四肢所知覺物
明事物之奧理無他道焉因外顯以推內隱以其然索其所以然如觀屋頂烟

騰而屋內之必有火者可知昔者因天地萬物而證其固有天地萬物之主也
因人事而證其有不能散滅之靈魂也則以證鬼神之必有亦無異道矣如
死者形朽滅而神飄散泯然無迹此一二匹夫之云無理可依奈何以議聖賢
之所既按乎哉中士曰春秋傳載鄭伯有死後為屬必以形見之也人魂無形而移
變有形之物此不可以理推矣夫生而無異于人豈死而有越人之能乎若死
者皆有知則慈母有深愛子一旦化去生而無異于人豈春秋
士曰辯人死後其魂在家之設春秋亦言伯有死後為屬則古春秋世亦已信人魂之不
散滅矣而俗儒以非薄鬼神為務豈非春秋罪人乎夫謂人死者非謂人魂死之謂
惟謂人魄耳人形耳靈魂者生時如拘縲絏中既死則如出暗獄而脫手足之
拳盎達事物之理為其知能當益滋精臨于俗人不宜為怪君子知其然故不

以死為凶懼而忻然安之謂之歸于本鄉天主制作萬物分定各有所在不然
則亂如死者之魂仍可在家豈謂萬物在天上不得降於地下
而雜行草木草木生於地也亦不得升於天上而雜乎星宿居於天上不得往而食之
後其魂豈管水底魚飢將死雖有香餌在岸亦不得往而食之異也或以勸善以懲惡以聽人死之
得移動豈得回在家中凡有回世界者此亦不難之事天主欲人盡知死後魂存而有著顯於人必托
一虛像而發見焉此亦天主使之或不知天主欲人盡知死後魂存而有著顯於人必托
而寗有罔詆無忌憚教惑民以己所不受妄言之殃矣可不慎乎中士曰謂人之神魂死後
散泯者以神為氣耳氣散有遠漸之殊如人不得其死其魂魄神魂死後
易辯且其人身後之魂必受妄言之殃矣可不慎乎

伯有是也又曰陰陽二氣為物之體而無所不在天地之間無一物非陰陽則
無一物非鬼神也如尊教謂鬼神及人魂如此則與吾常所聞無大異焉西士
曰以氣為鬼神靈魂者紊物類之寔名者也立教者萬類之理當各類之本名
古經書云氣云鬼神文字不同則其理亦異有祭鬼神者矣未聞有祭氣者
何今之人紊用其名乎云氣漸散可見其死其氣速散乎漸散乎何其不回
世乎死後之事未必知之密者奚用妄論之哉中庸之盡妄吾試問之夫
神何時散盡何病疾使之散鳥獸常不得見其死其氣速散乎漸散乎
且鬼神在物與魂神在人大異焉鬼神體物與靈魂魂神在人各有分別
辭迎其意可也蓋仲尼之意謂鬼神其德之盛耳非謂鬼神即是其物也
人形為一體故人以是能論理而列於靈才之類彼鬼神在物如長年在缸非
人形為一體故人以是能論理而列於靈才之類彼鬼神在物如長年在缸非

虹之本分者與紅分爲二物而各列於各類故物雖有鬼神
也但有物自或無靈或無知覺則天主命鬼神引導之以適其所茲所謂體物
耳矣與聖君以神治體國家同焉則天下無一物非靈是天下每
物有鬼神而每以鬼神爲靈如草木金石豈可謂之靈哉彼文王之民感君之
物靈而莫之顧耶豈可謂草木金石是也
或另得生氣而長大如草木是也或更得知覺如禽獸是也
或混亂物之類等而莫之顧耶分物之類貴邦士者曰靈或得其形如金石是也
至謂其臺曰靈臺謂其沼曰靈沼不足爲奇
亦混亂物之類等而益精而得靈也
如人類是也吾西庠之上猶加詳焉觀後圖可見但其依賴之類最多難以圖
盡故器之而特詧其類之九元宗云

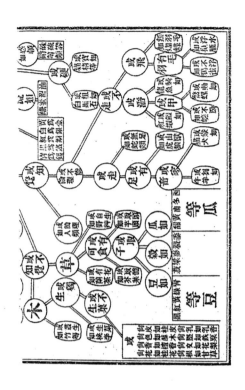

凡此物之萬品各有一定之類有愚有智者
傳中國有儒謂鳥獸草木金石皆靈與人類齊豈不令之大謬也士曰雖吾
國有謂鳥獸之性同乎人但鳥獸性偏而人得其正雖謂鳥獸有靈然其靈微
渺人類則得靈之廣大也是以其類異也西士曰以向分物類
類僅別同類之等耳正山偏山大山小山皆爲山類也
靈之一類靈之得靈者正不肖得靈之偏豈智獲靈之大愚人獲靈之小則人
人之一類靈也能論理者惟人類本分故天下萬類無形者與能論也生者爲一類則
可以別物異類焉耳試言之者其類甚多苟觀物類之圖則無形者異類也生者爲一類
不生者異類也生者爲一類惟人之中論有
正偏小大均列於會論之類而惟差精粗
正偏小大。

物宗類圖

固同類于人者也。但不宜以似爲眞，以由外來者爲內本。譬如因見銅壺之漏，能定時候，即謂銅水本體可乎？將軍者，有智謀以全軍而敗敵，其士卒顧其令，而或進或退，或伏或突，以成其功，誰曰士卒之本智？不從外聲者乎？明于其視各類之行勤，熟察其本情，而密求之所，及則知鳥獸者有鬼神之暗誘，而引之以行上主之命，出于不得不然，非有自主之意。吾人類則一氣然物之貌類不同，以是各分其類。如見身只是鰻鱻殼鱻龜鱻殼之水而莫知其然。中士曰：雖云天地萬物共陰陽之氣，氣以造物，物以類異，如魚之在水，其外水與肚裏之水同，鰌魚肚裏之水與鯉魚肚裏之水同，則魚之類亦不一焉，故觀天下之萬像而可以覩萬類矣。西士曰：

（小字）以外貌像不設徒以像分物　可別物類

五十四

也。是別像之類者，其像固非其物也，以像分物，不以性分物，則犬之性猶人之性，犬牛之性猶人之性歟。是告子之後又一告子也。以泥塑虎塑人，二者惟以貌像謂之異，宜也。活虎與活人謂止以其貌異焉，決不宜矣。以貌像別物者，

（小字）氣非生活之本則泥人其貌雖殊其爲泥類則一耳若以氣爲

懼相同不可謂異類，如以泥虎泥人，其貌異焉，何適而神。以爲生活之本，則生者何由得死乎？物死之後氣在內猶充滿，何謂死。

（小字）活之本也　非生活之本也

能離氣爲四行之一而同之于鬼神及靈魂亦不足性若知氣爲一行，則不難說知氣爲四行而同之于鬼神及靈魂。亦不足性若知氣爲一行，則不難說。

其體用矣。且夫氣和水火土三行而爲萬物之形者也，而靈魂者爲人之內分。一身之主以呼吸出入其氣，蓋人與飛走諸類皆生氣，內以便調凉，其心中之火，是故恒用呼吸出入每息更氣，而出熱致凉以生焉。魚潛水間水性甚

五十五

冷，能自外透凉于內火，所以其物多無呼吸之資也。夫鬼神非物之分，乃無形

（小字）鬼神無柄司造化之事無柄世之專權故仲別物之類，其本職惟以天主之命。

尼，敬鬼神而遠之。彼福祿爲罪，非由天主耳。而時人謀之，由鬼神者，

（小字）世之專權故仲

得之則非其得之道也。夫遠之意與獲罪乎天無所禱同豈可遠之解無之，而陷仲尼于無鬼神之惑哉。中士之儒者，明察天地萬物本性皆善。

但有宏理不可更易，以爲物有巨微，其性一體，而化歸于天主。此亦人魂而與物爲一體。故勸人勿爲惡，以玷己之本善，勿違養以犯己之本理焉甚。

物以侮其內心之主宰焉。又曰：人物壞喪，不滅本性，而化歸于天主，

（小字）物與主宰不合西士曰：茲語之謬，比前所聞者愈甚。

不滅之謂。但恐於先生所論天主者不合，

（小字）物與主宰不合可爲一體

曷敢合之乎。吾不敢以此簡吾上主之尊也。

天主經有傳昔者天

五十六

主化生天地，即化生諸神之彙。其問有一鉅神，名謂輅齊拂兒，其視已如是靈

明，便傲然曰：吾可謂與天主同等矣。天主怒而并其從者數萬神變爲魔鬼降

置之於地獄。自是天地間始有魔鬼，有地獄矣。夫語物與造物者同，乃輅齊拂

兒、鬼傲傲語焉，敢述之歟。

（小字）禁佛氏証經不覺染其毒

邦免乎。平地上民不可妄比肩地上君而可同天主乎？人謂曰：爾爲爾，

（小字）禁佛氏証經周公仲尼之論貴

我爲我，而今凡溝瀆民虫與上君曰：爾豈不謂極抗大悖乎哉。

士曰：佛氏無遜于上主也，其貴人身與人德，有可取也。天主之德固厚，而吾人

亦具有至德天主固具無愆而而吾人心亦能應萬尊試觀先聖調元閟物立

敎明倫養民，以耕鑿機杼，利民以舟車財賞，其舉基經世垂萬世不易之鴻猷，

五十七

而天下永賴以安未聞莫先聲而天主自作自樹以臻至治由是論之人之德
能雖天主周或輪焉誣云誑造天地獨天主能乎世不達己心之妙而曰心局
身界之內佛氏見其大不肯自屈則謂是身也與天地萬物咸蘊乎心是心無
遠不逮無高不升無廣不括無細不入無堅不破故其證根者宜知方寸間儼
居天主焉非天主甯如是耶西士曰佛氏未知己奚知天主彼以眇眇躬受明于
天主偶蓄一材飾一行矜誇傲睨諸德之敵也一豢傲於心百行皆敗焉
人德乃適以賤人喪德耳傲者諸德之敵也一豢傲於心何哉
人有曰心無諂而積德如對風堆沙里身後天下不有其知非崇謔讓天主之弗讓如遜入何哉西士聖
視聖人戰翼乾乾敬畏明威身後沙里聖人崇謔讓天主之尊是豈賞吾身尊吾
居聖而令恒人擬天主乎夫德基于修身成于昭事故周家之德必以昭事為

務今以所當凜然敬事者而曰吾與之同焉悖何甚乎至於裁成庶物蓋因天主
已形之物而順材以成之非先自無而能創之也如製器然陶者以金斷者
以木然而金木之質先備也無體而使之有體人孰能之成人者若夫天主造物
敷之非人木無性而能使之有性也
有一令而萬象即出焉故日無窮能也能以無而為有若夫天主造物則以無而為
之印楮帛楮木之印非可執之為印矧乃印之蹟耳人物之理求其本而遂用耳故日所未暗則
微營之原卵邱而復以印諸物不亦謬乎習者之心含天地具萬物乃翻陰覈止木若陰陽
物之體也惟仰視俯察蘊其形而達其理求其本而遂用耳故日所未暗亦
心不得有若陰陽容止木若陰陽容止木均有天地即能造作
之豈可乎必吾順行乃可信焉天主萬物之原能生萬物者人即與之同富亦

能生之然誰人能生一山一川于此乎中士曰所云生天地之天主者與存養
萬物天上之天主者佛氏所云我也古與今上與下我無間焉蓋全一體也第
緣四大沉淪昧晦而情隨事徙真元曰鑿德機日弛而吾天主井淪也則吾之
不能造養物非本也其流使然耳夜光之珠以蒙垢而損厥值追究其初體防
可為知也西士曰吁唏哉有是毒喤而世人競茹之悲欷非淪昧之極孰敢謂
萬物之原天地之靈為物淪昧平哉夫人德堅白尚不以磨礦變其真體物用
凝固不以運動失其常度至大無上乃以人生幻軀能累及而汚惑
之是愚反勝靈欲勝斯理神勝于形為性之根于四大之中以昧弱之平夫
解矣且兩間之比於造物者能囿之于四大之役如首上靈神於心內
天上之天主於我既共一體則二之澄徹混淆無異焉譬如首上靈神於心內

靈神同為一體也故適痛楚之遭變故之值首之神混淆心之神鈞混淆焉必
不得一亂一治之矣今吾心之混淆則吾於天主共為一體豈不驗乎夫日天主與物同
徹又不免我心之混淆而外無他物或謂其在物而為內分之一或謂物為天主
或謂天主即是其物而使則如械器為匠之所使用此三言皆傷理者吾逐逐辯之也其云天主即
所使物則如宇宙之間雖有萬物富無二性既無二性則無萬物豈不混殺物理
是各為物則則各是物豈天主自為賤而不及
況物有常情皆欲自全無欲自害吾視天下之物固有相害相殘者如水滅火
火焚木大魚食小魚強禽吞弱禽既吾視天下之物皆身卽吾主吾祭吾主卽自為祭
一存護乎然天主無可戕害之理從是說也吾身卽吾主吾祭吾主卽自為
耳益無是體也果爾則天主可謂木石等物而人能耳順之乎其曰天主為物

之內本分則是天主微乎物矣凡全者皆其大于各分者也斗大于升升乃斗
十分之一耳外者包乎內若天主在物之內爲其本分則物大于天主而天主〔天主非物且問天主〕
反小也萬物之原乃小乎其所生之物其然乎豈其然乎〔在人內分〕
在人內分爲尊主旣爲賤役爲賤役而聽他分之命固不可也如匠者用器械〔天主內本分〕
專擅一身之綱則天下宜無一人爲惡者何爲惡者滋衆耶天主爲善之本根
德純無滓旣爲一身之主宿致蔽於私欲态爲邪行德何衰耶當其制作乾坤
無爲不中節奚今司一身之行乃有不中者又爲諸戒原乃有不守戒者不能
乎不識乎不思乎不肯乎皆不可謂也其曰物不以物殺物非其綱非其舟非其使〔天主無使用其物〕
何謂之同一體乎循此辨焉〔如匠者用器械〕其說謂萬物行動不係於物皆

天主事如械器之事皆使械器者之功夫不曰耒耕田乃曰農夫耕之不曰
斧劈柴乃曰樵夫劈之不曰鋸斷板乃曰梓人斷之則是火莫爇水莫流鳥莫
鳴獸莫走人莫騎馬乘車乃皆惟天主者也小人穴壁踰牆孁旅于野非其罪
亦天主使之之罪乎亂天下者莫大於信之語矣且凡物不以物爲善之人亦悉非其功何
爲富貴之乎天主惟歸其所結物類爾矣如物壞死而皆歸本分則將返歸天主而不
返歸于天主則惟歸共所結物類爾矣如物壞死而皆歸本分則將返歸天主而不
謂壞死乃益生全人亦誰不悅速死以化歸上主乎孝子爲親厚置棺槨何不
令考妣遠化爲上壽乎嘗謂天主始爲萬物而制作之者也其性渾全成就而物
不及測剄謂之同吾審各物之性善而理精〔物性善精者謂天主之迹〕謂天主之迹可也
謂之天主則謬矣試如見大跡印於路因聵大人之足會過于此不至以其跡

爲大人觀畫之精妙慕其畫畫者曰高手之工而莫以是爲卽畫工天主生萬森
之物以我推微其意至精極盛仰念愛慕無時可釋使或泥于偏說忘其本原
豈不大誤夫誤乎物之原非他由其不離乎物之所以然也何在于本物〔物之所以然如所以〕
然者有在物之內分如陰陽是也有在物之外分矣第其不能辨乎物之外分〔天主作物〕
爲其體有在物之內且非一端或在物如加作者之類是也天主作物
在馬爲白馬寒在冰爲寒冰或在物如所以然之在人焉或依賴之在自立者如白
在家在庭焉或在物已然若日光雖在水
所照馬雖在鐵而各物各體本性弗離謂天主之在物如此固無所妨也但光雖在水〔火雖在物〕
晶火雖在鐵而燒紅鐵焉以末摋端可云天主之在物耶如光雖在水
可離水晶天主不可離物天主無形而無所不在所不在不可截然分而別之

故謂全在於全所亦可也謂全在各分亦可也中士曰聞明論先疑釋矣有謂人
於天下之萬物皆一如何西士曰以人爲同乎天主過尊也以人與物一謂人
同乎土石過卑也由前之過懼有人欲同乎禽獸由今之過懼人不欲爲土石夫
率人類爲土石子從之乎其不可信不難辯矣或以多口總聚爲一如一
寮之羊爲同群一軍之卒皆爲同軍之同以多口總聚爲一如一
有異物同名之同如柳宿與柳樹是也或有同群之同以多口總聚爲一如一
同乎分別葢若根爲百枝之本泉爲百泒之源心爲百脉之由是也此三者姑謂
之同而實則異或有同宗之同如鳥獸通爲知覺列于各類是也或有同類之
同如此馬與彼馬如四肢馬類與一身同屬一體爲或其名不同而寔則同如飛動
矣或有同體之同如四肢馬類與一身同屬一體爲或其名不同而寔則同如飛動

帝堯二名總為一人焉茲二者乃為真同夫謂天下萬物皆同于此三等何居
中士曰謂同體之同也曰君子以天下萬物一體者也豈惟君子雖小人之心亦
莫不然西士曰一體萬物非由作意緣吾心仁體如是
仁所謂一體一原耳已如信之為真一體則是以眾物實為一物而但以虛
耶仁義相施必待有二若以眾物實為一體將小人惟知有己不知有人也仁者以己及
人也發者人老長長以俱要人己之殊除人己之殊則畢除仁義之理矣
罵物都是己則但以愛己奉己為仁義將小人
乎嘗言人己非徒言形乃兼言形性耳且夫仁德之厚在遠不在近近愛仁義

前世之儒借萬物一體之說以翼愚民悅從于

雖無知覺者亦能之故水恆潤下就濕處合同類以養存本體也火恆升上就
乾處合同類以養全本性也近愛所親鳥獸亦能之故有跪乳反哺者近愛己
家小人亦能之故常有苦勞行險阻為竊盜以養其家屬者仁施包覆
能之故常有群卒致命以禦強寇奸先者至于仁之君子能施遠愛及遠
天下萬國而無所不及為君子豈不知我一體彼小人但愛己及
國然以為皆天主保存生養之民物即分當兼切愛恤之豈若小人彼異
骨肉者哉中士曰體物以譬喻言之無所傷焉如以為實言儒理不淺中庸令君體
內乎西士曰謂以物一體乃仁義之賊何為中庸列體群臣於九經之
群臣君臣同類者也豈草木瓦石皆可體耶吾聞君子於物也愛之弗仁今使
之於人必宜均仁之矣墾瞿粲粲人而先儒辯之為非令仁土泥而

時儒順之為是異哉天主之為天地及其萬物萬有繁然或同宗異類或同類
異體或同體異用今欲強之為一體遂造物者之旨矣何以多端為
美故聚貝者欲用之多聚古器者欲器之多嗜味者欲音宮之多令天下物均為
色誰不厭之或紅或綠或白或青日弱矣不厭矣嗜味者欲音宮
乍為角作徵作羽開之三其食不知味矣外物如此內何不然乎吾前問澤
各類以各性為徵異不可徒以貌異故石獅與活獅貌異異
類同何也自立之類皆園同類者園同類
類者不必同體又曰名物本行同體者之行為皆歸全體而幷指各肢說如右
手能捄助患難則一身兩手皆稱慈悲左手習偷非惟左手謂之盜而
稱為賊矣推此說也謂天下萬物一體則世人所為盜可相謂距一人為盜而

物性以多為美不可為美

伯夷并可謂盜武王一人為仁而紂亦謂仁因其體同而同之豈不混各物之
本行乎學士論物之分或有同體或有各體何用聯眾物為同體蓋物相違則
同體也相絕則異體也若一江之水在江內是與江水一體既注之一勺則勺
中之水於江內水誰可謂同類豈仍謂同體為泥天地萬物一體之論簡上主
混賞罰除類別滅仁義信之我不敢不詆焉中士曰明論昭昭發疑排
異正教也人魂之不滅不化他物既聞命矣佛氏輪回六道戒殺之說傳習聖
教不與必有所謂望來日教之西士曰丘陵既平蟻垤何有余久願折此子所
嗜聞亦吾所喜講也

天主實義上卷終

天 主 實 義

七十

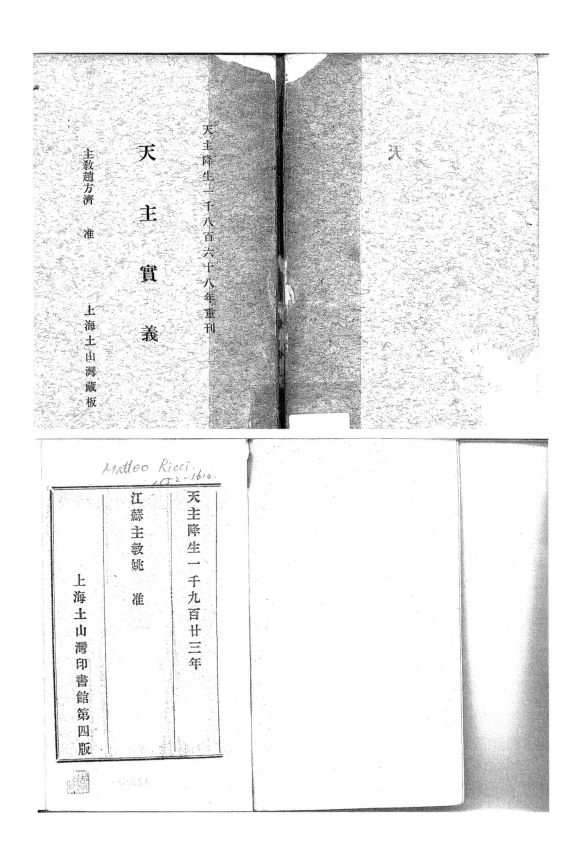

天主降生一千八百六十八年重刊

天主實義

主教趙方濟　准

上海土山灣藏板

天

Matteo Ricci. 1552-1610.

天主降生一千九百廿三年

江蘇主教姚　准

上海土山灣印書館第四版

天主實義重刻序

嘗讀易而至仰觀於天俯察於地遠取諸物近取諸身之言不

覺喟然與歎曰天地萬物俱有眞理觀物察理乃見本夫水

有源木有根天地人物之有一大主可弗識而尊親之乎易亦

云乾元統天爲君爲父又言帝出乎震紫陽氏解之以爲帝者

天之主宰然則天主之義不自利先生刱矣則此天主實義之

理亦幷非新奇迥異於二氏之誕妄蓋二氏不知認主而以人

爲神敬之如主尊之勝於君父忘其大本大原譚天之所以爲天甚晰曙世

良可哀也利先生學術一本眞元

一

텬쥬실의셔

-1-

-2-

텬쥬실의 셔

국가호정은 견쥬의 쎄로신 견리라면 불나라이 으심

실혀의 눙희호시이잇셔믈 증거호미 흠이라

견리의 쥭지미잇셔믈 증거호미오

후나혼 량능으로써 증거호고

후나혼 견동으로써 증거호고 이라

후나혼 쥭슈의 동쟝홈으로써 증거 ᄒ

후나혼 슈쳐에으지못호믈로써 증거

흐로

좋다 후혼 불의 흐뎌로써 증거호고 증거

흐로

견쥬 ᄂ 부시무롱 二흐편

견쥬ᄂ 영뎌의 말음을 바닷이라 三흐편

불의 흐에서 이가지의 셩이라 四흐편

견쥬ᄂ 말흐으로 희상의 음 호쟝이라 七편

견쥬ᄂ 온짓능과 희상의음 호쟝이라 八편

견쥬 의 본셩이 쌜별 두에 호월호이라 十편

-15-

메이편은 희샹샤롬와 견쥬로그못 불을흐미라

씨가지ᄌ져어 눙을로써 희샹을샹흐것이라

불능의 현디흠을 방편 후의 샹을샹흐것이라 十一편

래쥬의 돈 十三편

불누포미잇눈의이잇셔 주셔립쟈와 의리쟈라 十四편

래루과 다一샹의 존원이되지못흐믈이라 十五편

우희이 리롤 포함흐이 서가지이셔샹이라 十六편

견쥬의 무형흔 덕이 날의 경되흐로 포함 편

흐이라 十七편

현쥬ᄂ 곳평셔에 날흔 샹제오 황진오샹 메

두에우라 十八편

견대一 강희 쥬져되지못흐믈이라 十九편

한을로써 견쥬 라칭흐믈이 불당흐이라 二十편

렴샹편은 샹의흔홈이 불당흐아 크게 금슈와

다롬을 의논흐믈이라

희샹샬의 금슈 부라 二름이라 二十一편

희샹샬의 이셔옹으로써 흐원의이라 二十二편

희샹은 불과샬의 샹의혼졍시 거롤되이라 二十三편

불샤의 편 랑의옹의 샬의 성시 셩슈롯더라

크게 라롬이라 二十四편

텬쥬실의샹권

- 21 -

- 22 -

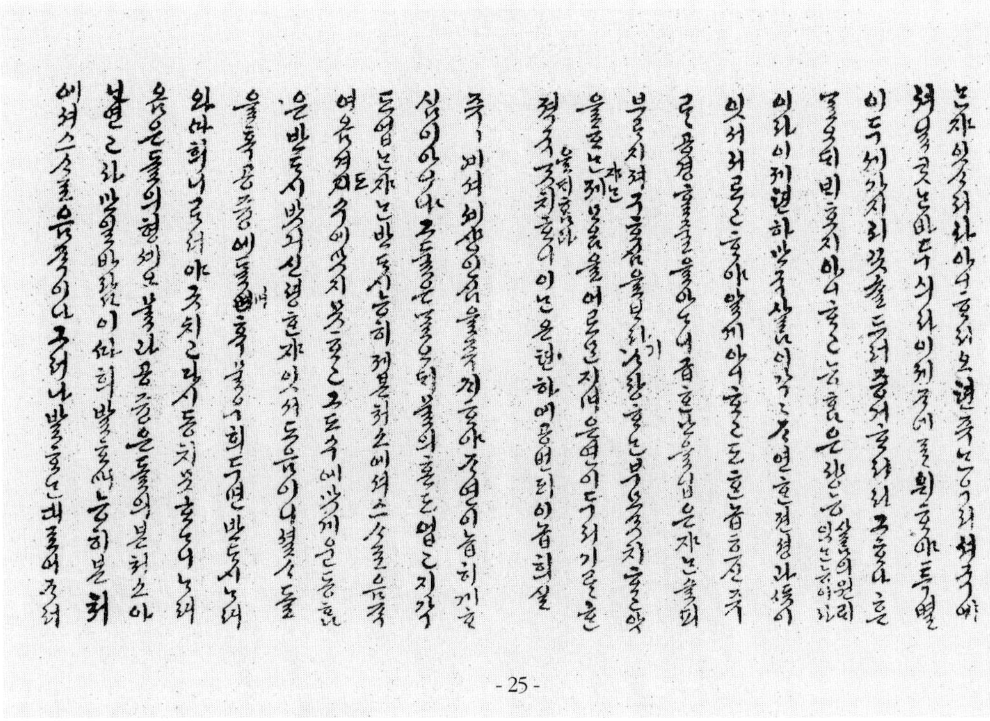

- 25 -

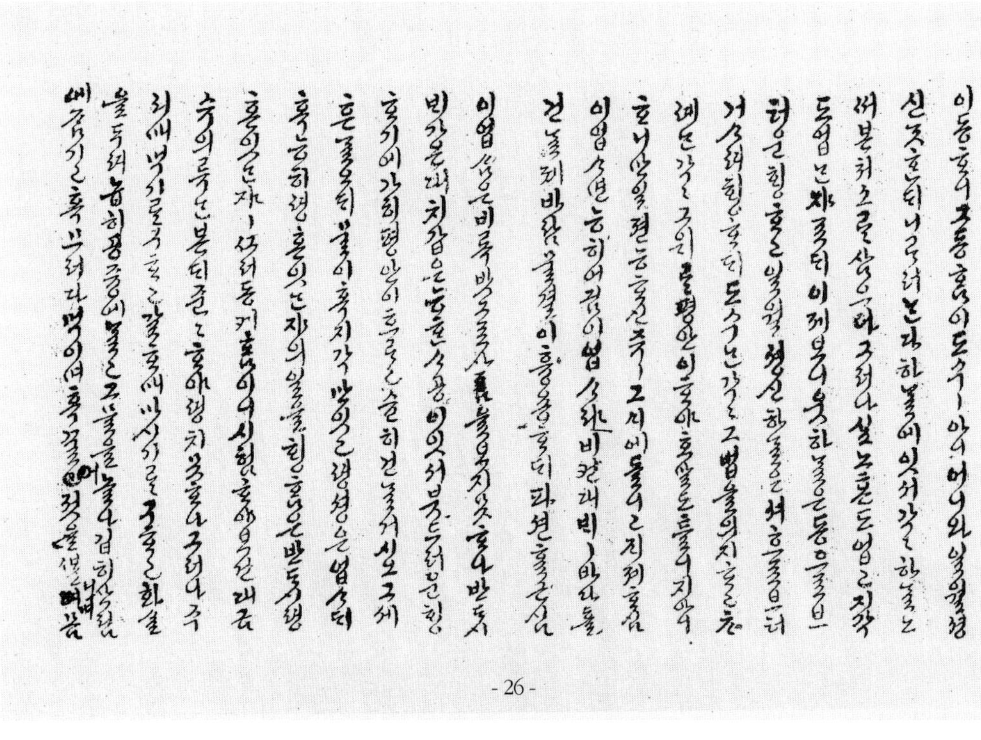

- 26 -

-33-

-34-

-51-

-52-

-55-

-56-

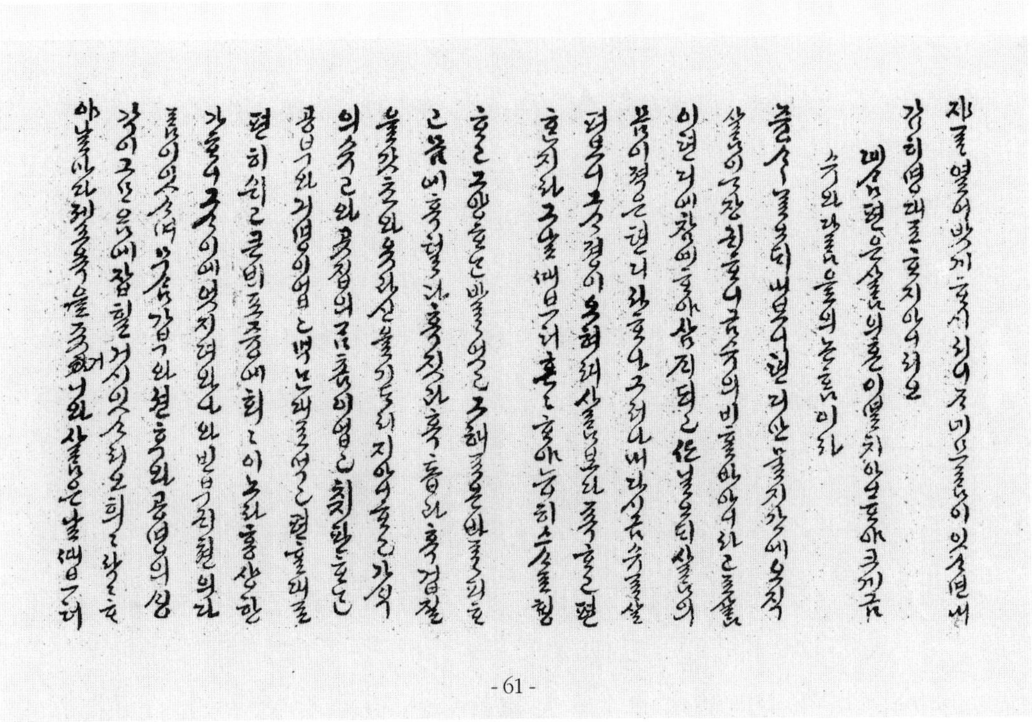

- 61 -

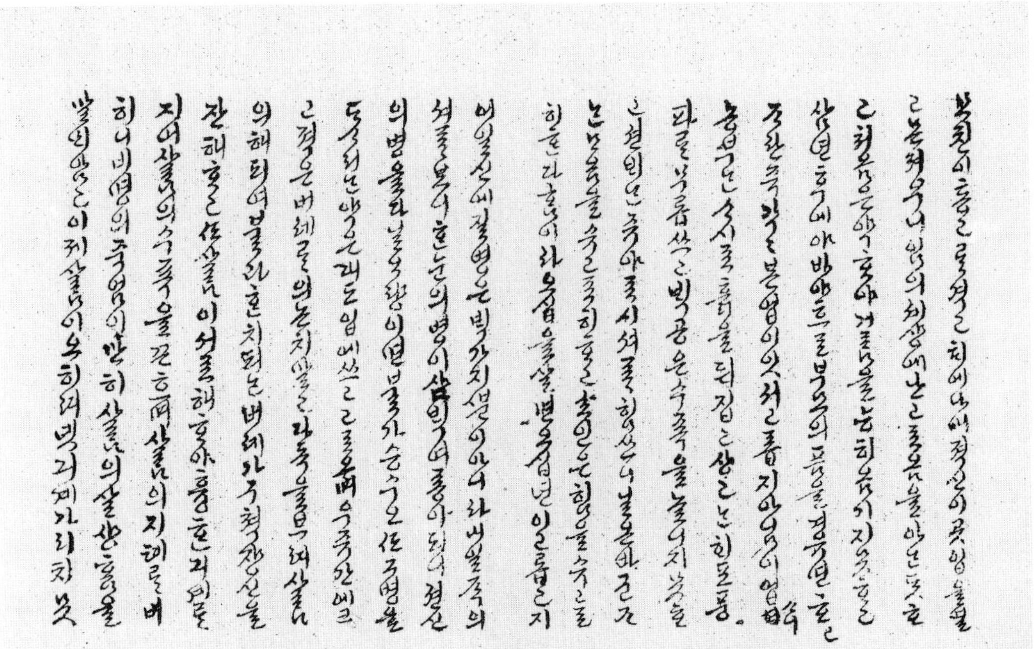

- 62 -

-67-

-68-

-69-

-70-

-73-

-74-

-83-

-84-

-91-

-92-

-95-

-96-

- 103 -

- 104 -

-107-

-108-

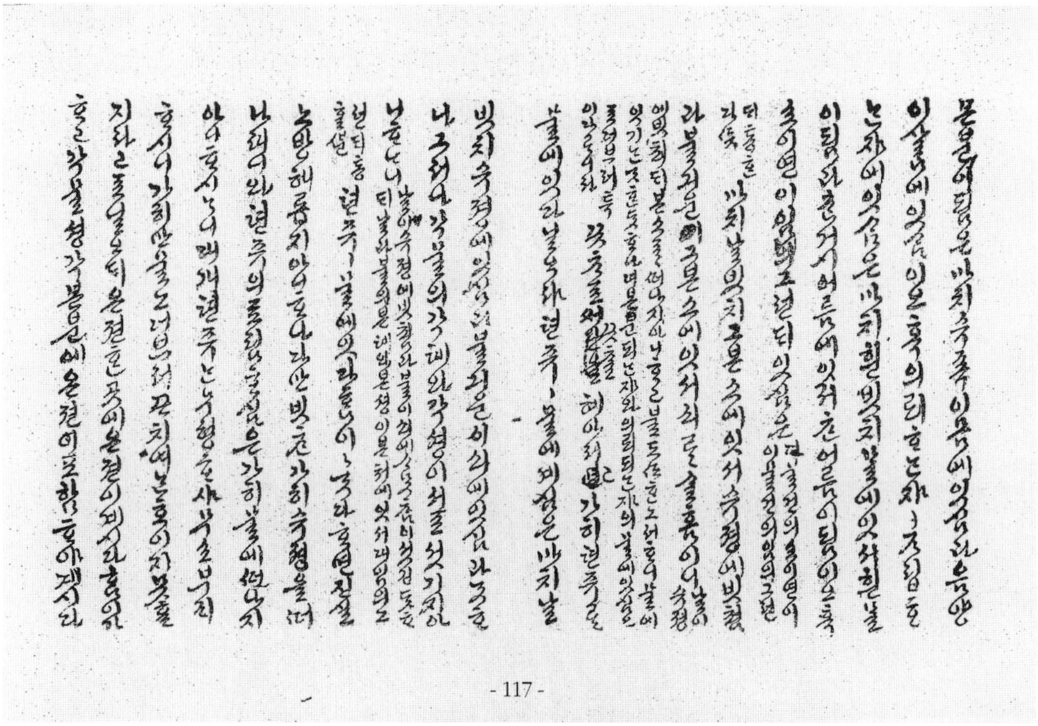

- 117 -

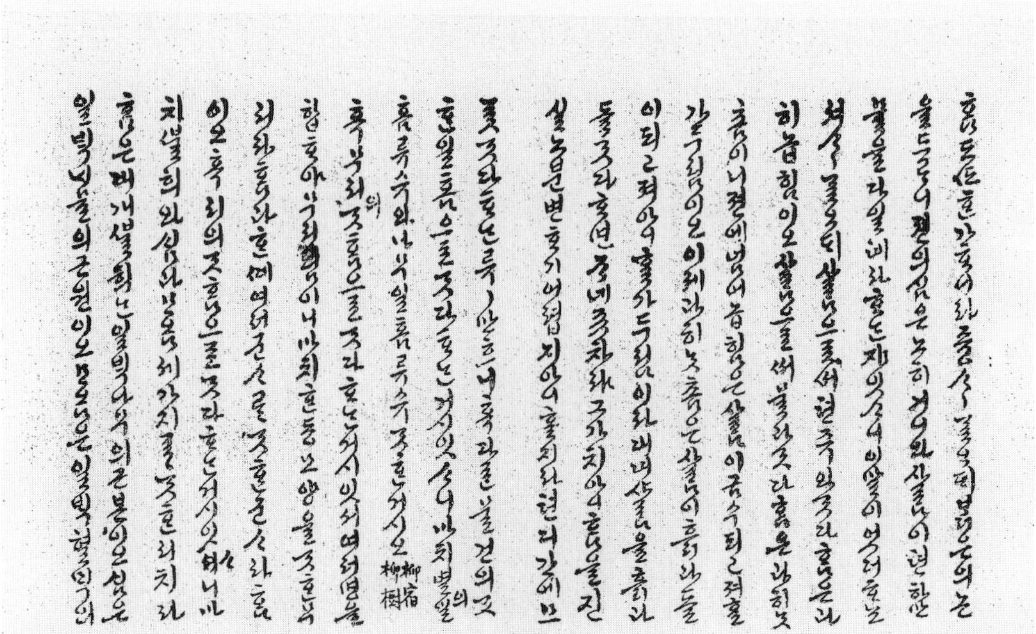

- 118 -

- 125 -

- 126 -

-129-

-130-

혼의 일홈이잇느니라

젹시의 셩졍을 다 히 화한다라이잇느니라

복희와 신셩이 여러 곳에 나려스되

샹데쯰 계를 긔록ᄒᆞ여난쟈긔능셩이안이ᄒ나냐

치가지낫ᄉᆞᄋᆞ라ᄃᆞᆫ진ᄉᆞᆫᄆᆞᄒᆞᆼᄉᆞᆼ이안이ᄒᆞ다라

텬쥬ᄭᅴ명도ᄋᆞᆯᄉᆡ을ᄉᆞ하라

여뎔편은괴뎌공을ᄆᆞ홈의본ᄂᆞᆫ젼도
근는젼빈훌쳐앙ᄒᆞ엿ᄉᆞᆯ의본ᄒᆞ다라

공교화홈이어인거슨환을안엇ᄉᆞᆯ라

텬쥬ᄭᅴ강셩ᄒᆞᆯᄉᆞᆫ잇ᄉᆞ라

셩을ᄉᆞᆫ는어졉은은존흔쟈근힝ᄒᆞᆯ덕이라
을삼ᄂᆞ니라

여슈회쳔하빈항을ᄀᆞᆷᄉᆞᆯᄌ졔졉젼이ᄉᆞ안이ᄒ라

ᄆᆞ슈회젼빈홀판의ᄌᆞ혼치ᄋᆞ분이졈ᄀᆞ졉이ᄂᆞᆫ우ᄉᆞ라

한도들ᄂᆞᆫ쟈혼치ᄋᆞ분이졈ᄀᆞ졉ᄭᅵᄂᆞᆫᄒᆞ여ᄉᆞ라

부ᄌᆞᆨ그ᄆᆞᄒᆞ로지졉을얼ᄆᆞᆫ변ᄒᆞᆯᄉᆞ라

블ᄒᆞ졉지그ᄒᆞ이쳐ᄌᆞᄌᆞ잇ᄉᆞ라

텬쥬와국군과갓근이쳐야ᄆᆞ거슨ᄆᆞ블ᄉᆞ
텬쥬는ᄀᆞ공ᄆᆞᆫ답안ᄉᆞᄋᆞ우ᄋᆞᆯᄂᆞᆫᄃᆞ으라셔

긔벽지그미실ᄆᆞ의ᄃᆞ든곳이라

쉬국셩인이ᄅᆞ셔ᄆᆞᄉᆞ면얻ᄒᆞᄀᆞ긴졍ᄒᆞᄃᆞ이라
부쥬ᄭᅴ셩으로즈근거를ᄒᆞ거ᄒᆞᄃᆞ라

노용필 盧鏞弼

서강대학교 문과대학 사학과 및
동 대학원 석사 · 박사 졸업 (문학박사, 한국사전공)

가톨릭대학교 인간학연구소 연구교수
전북대학교 HK 교수
한국사학연구소 소장

〈저서 · 역서 · 편저 · 공저 목록〉

저서

『한국도작문화연구』 (한국연구원, 2012)
『한국고대인문학발달사연구』 (1) 어문학 · 고문서학 · 역사학 권 (한국사학, 2017)
『한국고대사회사상사탐구』 (한국사학, 2007)
『신라진흥왕순수비연구』 (일조각, 1996)
『신라고려초정치사연구』 (한국사학, 2007)
『朝鮮後期天主學史硏究』 (韓國史學, 2021)
『한국천주교회사의 연구』 (한국사학, 2008); 金京善 译, 『韩国摄取西方文化史研究』
(北京:學苑出版社, 2021)
『한국 근 · 현대 사회와 가톨릭』 (한국사학, 2008)
『≪동학사≫와 집강소 연구』 (국학자료원, 2001)
『한국근현대사회사상사탐구』 (한국사학, 2010)
『한국현대사담론』 (한국사학, 2007)
『이기백한국사학기초연구』 (일조각, 2016)

역서

『고대 브리튼, 그들은 어떻게 살았을까』 (일조각, 2009)
『교요서론 — 18세기 조선에서 유행한 천주교 교리서 —』 (한국사학, 2013)
『천주실의』 (어진이, 2021)

편저

『벗은 제2의 나다 : 마테오 리치의 교우론』 (어진이, 2017)
『한국중국역대제왕세계연표』 (한국사학, 2013)

공저

『최승로상서문연구』 (일조각, 1993)
『이기백한국사학의 영향』 (한국사학, 2015) 외 다수

天主實義 · 텬쥬실의 상권

초판 1쇄 발행   2021년 6월 25일

지은이 / 노용필
펴낸이 / 곽정희

편집 · 인쇄 / 준프로세스 김병근 이국경

펴낸곳 / 韓國史學
등록번호 / 제300-2004-184호   일 자 / 2004년 11월 24일
주 소 / 서울특별시 종로구 삼일대로 30길 23 (익선동, BIZ WELL) 911호
전 화 / 02-741-4575   팩 스 / 02-6263-4575
e-mail / people-in-korea@hanmail.net
국민은행 계좌번호 / 324702-04-073289 / 예금주 곽정희(어진이)

  * 저자와의 협의 하에 인지는 생략합니다.
  ** 韓國史學은 한국사학의 발전에 기여할 전문서적을 만드는 곳으로,
    평생 오로지 한국사학의 올바른 기틀을 세우기 위해 사셨던
    李基白 선생님의 학덕을 기리고 이으려고
    펴낸이가 설립하였습니다.

ISBN 979-11-85368-06-1 93230

값 : 45,000원